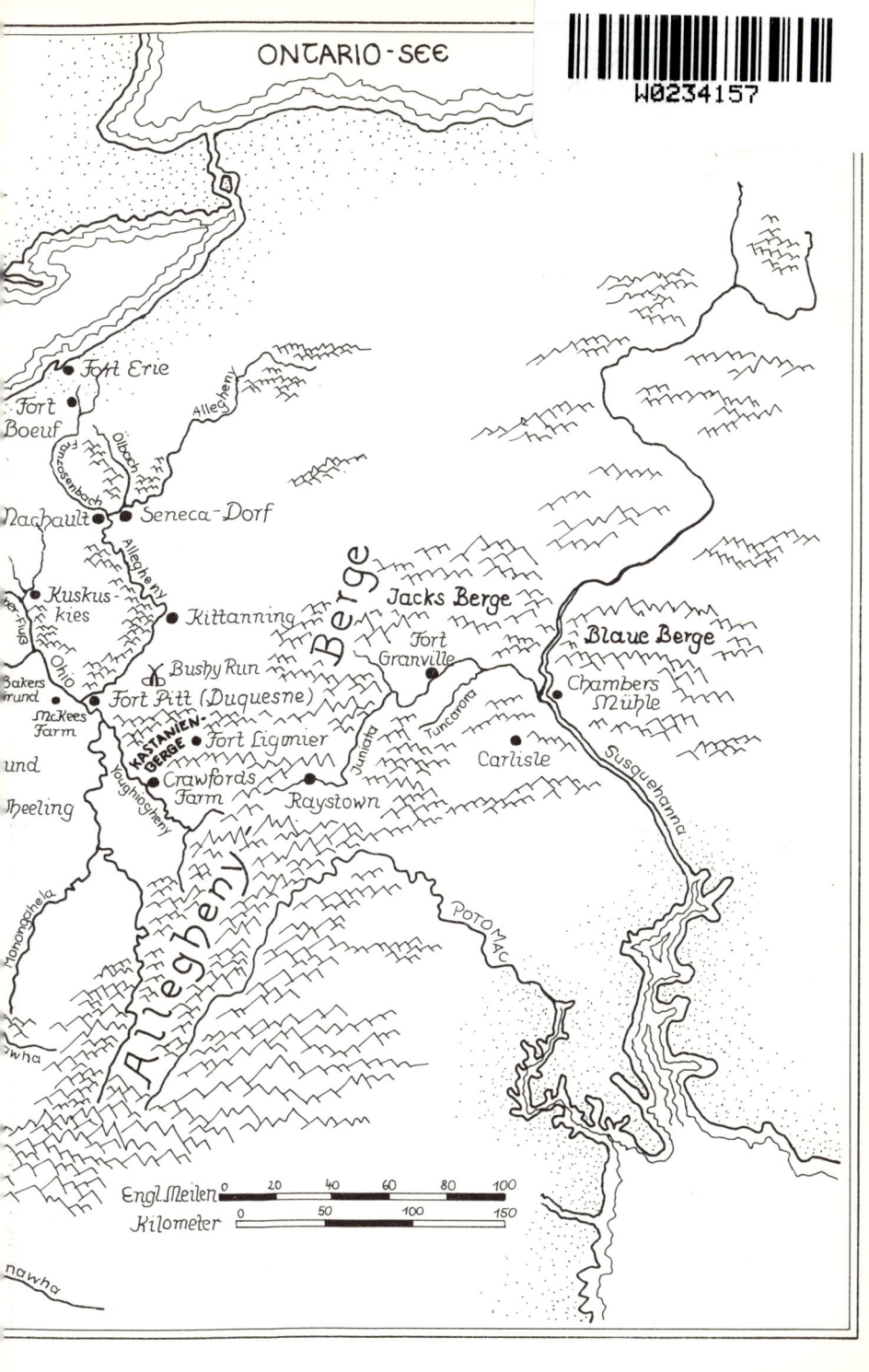

ONTARIO-SEE

Fort Erie

Fort Boeuf

Allegheny

Olbach

Tancosenbach

Nachault

Seneca-Dorf

Allegheny

Kuskus-kies

Kittanning

Jacks Berge

Berge

Fort Granville

Blaue Berge

Chambers Mühle

erfluß

Ohio

Bushy Run

Bakers grund

Fort Pitt (Duquesne)

McKees Farm

KASTANIEN-BERGE

Fort Ligonier

Juniata

Tuncarora

Carlisle

Susquehanna

und

Wheeling

Youghiogheny

Crawfords Farm

Raystown

Monongahela

Allegheny-

POTOMAC

nawha

awha

Engl.Meilen   0   20   40   60   80   100

Kilometer   0   50   100   150

Günter Sachse
...und wo ist des Indianers
Land?

»Die Franzosen beanspruchen
alles Land zur Rechten,
die Engländer alles Land
zur Linken des Ohio.
Und wo ist des Indianers Land?«

Die Häuptlinge der Ohio-Indianer 1752
an Christoffer Gist, den Unterhändler der Ohio-Companie
für den Landerwerb

GÜNTER SACHSE

# ... und wo ist des Indianers Land?

Das Leben des Simon Girty

C. Bertelsmann

Überarbeitete Neuausgabe
Erstmals 1961 erschienen unter dem Titel »Der weiße Indianer« im
Georg Westermann Verlag Braunschweig

1. Auflage

© 1987 by C. Bertelsmann Verlag GmbH, München
Umschlaggestaltung: Klaus Renner
Gesamtherstellung:
Mohndruck Graphische Betriebe GmbH, Gütersloh
ISBN 3-570-03995-1

# Inhalt

## I

## II

## III

# ERSTER TEIL

## Das Fort am Juniata

Solange die Sonne noch über Jacks Bergen im Westen stand, kamen die Rothäute nicht an das Fort heran. Dreimal hatten sie angegriffen, dreimal waren sie mit blutigen Köpfen abgewiesen worden. Sie brachen noch ein paarmal mit Geschrei aus den Wäldern hervor, die sich am Osthang des Juniatatales entlangzogen, schwangen ihre Tomahawks, schossen ein ungezieltes Feuer gegen die Palisaden und krochen in den Maisfeldern herum. Aber sobald sie sich auf der Blöße zeigten, die das Fort auf hundert Meter im Umkreis umgab, flog ihnen von den Schießscharten her das Blei der langen Büchsen um die Köpfe. Hier und dort schrie ein Verwundeter auf, und schon flutete der wilde Spuk zurück in die Wälder. Daran konnten auch die zornigen Kommandos der französischen Offiziere, die aus guter Deckung am Waldrand die Indianer antrieben, nichts ändern.

Leutnant Armstrong, der stellvertretende Kommandant von Fort Granville, hatte seine pennsylvanischen Schützen gut in der Hand. Es waren kaum dreißig Männer, Milizsoldaten und Siedler, die dort an den Schießscharten standen. Denn der größere Teil der Besatzung war am Morgen mit Hauptmann Ward ins Tuskaroratal abgerückt, um die verlassene Getreideernte einzubringen.

Überall an der Grenze brannte es, seit zwischen England und Frankreich der Entscheidungskampf um den Besitz von Nordamerika begonnen hatte, und besonders im Stromgebiet des obe-

7

ren Ohio hatte das Jahr 1756 einen blutigen Sommer gebracht. Auf französischer Seite fochten die Indianerstämme des Westens mit der wilden Grausamkeit ihrer Rasse. Nach der furchtbaren Niederlage, die General Braddocks Armee vor einem Jahr am Monongahela erlitten hatte, hatten auch die Delawaren das Kriegsbeil gegen die englischen Eindringlinge und Landräuber ausgegraben. Und es verging kaum eine Nacht, daß nicht über den Alleghenies oder den Blauen Bergen der Himmel rot war vom Brand eines Grenzeranwesens.

Jedermann im Fort kannte die Härte dieses Kampfes. Jeder wußte, was ihn erwartete, wenn es dem roten Häuptling, der sich den Namen Hauptmann Jacobs zugelegt hatte, gelingen sollte, mit seinen hundert Delawaren über die Palisaden zu kommen. Und es hätte der anfeuernden Rufe des Leutnants Armstrong nicht bedurft, die Männer auf ihrem Posten, die eingeteilten Scharfschützen in den Obergeschossen der Blockhäuser an den Schießscharten zu halten.

Der Leutnant, mit seinen fünfundzwanzig Jahren schon ein erfahrener Indianerkämpfer, war unermüdlich. Denn es gab viel zu bedenken, wenn das erst vor einem Jahr erbaute Fort gehalten werden sollte – von dem kleinen Häuflein, das nach dem Auszug von Hauptmann Ward übriggeblieben war. Beobachter waren eingeteilt, ein Teil der Schützen blieb ständig am Gewehr, Patrouillen gingen die Palisaden ab. Die wenigen Frauen, die mit ihren Familien im Fort Zuflucht gesucht hatten, gossen Kugeln, wenn sie nicht unter der Leitung der tüchtigen Mrs. Turner eine warme Mahlzeit für die Männer richteten. Die größeren Kinder gingen ihnen dabei zur Hand, während eine Handvoll halbwüchsiger Jungen als Meldegänger diente.

Die Männer durften nur schießen, wenn der Feind aus den Maisfeldern auf die Blöße trat, und auch dann nur mit gezieltem Einzelfeuer. Denn Pulver und Blei waren kostbar und würden noch benötigt werden, wenn es hart auf hart ging. Mehr noch als die Sorge um die Munition bedrückte den Leutnant der Mangel an Wasser. Nicht an Trinkwasser, dafür war gesorgt; aber in wenigen Stunden kam die Nacht, dann würde es Brandpfeile regnen auf Palisaden und Blockhäuser. Und zum Feuerlöschen reichte der kleine Brunnen nicht aus. Der Fluß war zwar nahe, aber die Indianer würden noch näher sein…

Ab und zu klatschte eine Kugel, weither vom Waldrand abgefeuert, mit erlahmendem Schwung gegen die Palisaden oder die Wand eines Hauses, fiel zur flachen Münze abgeplattet herab oder blieb zwischen den roh behauenen Stämmen stecken.

»He, Junge!« Der Leutnant fuhr einen stämmigen Burschen von vielleicht fünfzehn Jahren an, der nach der vom Feind abgewandten Seite über den Fluß starrte. »Was stehst du da herum! Auf, sammle die Bleitaler, nützen uns jetzt mehr als Gold. Und nimm dein Messer und kratz die Kugeln aus dem Holz – da, dort, siehst du? Vorwärts, beeil dich, solange du noch Licht hast. Haben keine Zeit zu träumen!«

Der Junge hatte dem Offizier ein Paar blitzender schwarzer Augen zugewandt, die unter dunklen Brauen deutlichen Protest ausdrückten. »Ich träume nicht, Sir! Ich beobachte den Fluß.«

»Ach was, der Fluß braucht dich nicht zu kümmern. Tu, was ich dir gesagt habe. Die Nacht kommt, und wir werden jedes Lot Blei brauchen, uns die Delawaren vom Hals zu halten. Also los, Junge – heißt du nicht Turner?«

Wieder klang es wie Protest: »Ich heiße Simon Girty!«

»Nanu? Ist nicht Missis Turner deine Mutter?« fragte der Leutnant. Jedermann im Fort kannte die lebhafte Frau, die unaufgefordert überall Hand anlegte, obwohl sie einen Mann und fünf Söhne zu versorgen hatte.

Aber der Junge war schon wieselflink auf das nächste Blockhaus zugelaufen. Auf halbem Weg blieb er plötzlich stehen, wandte sich zu dem Offizier um und rief, daß es über den Platz schallte: »Missis Mary Turner, geborene Newton, verwitwete Girty – daß Ihr's wißt! Ich heiße Simon Girty, und dabei bleibt es!« Zog sein langes Messer aus dem Gürtel und schleuderte es mit Schwung gegen die Hauswand, daß das Blatt tief in den Stamm fuhr, und sprang im selben Augenblick der Waffe nach.

Seltsame Brut, diese Turners! dachte der Leutnant. Aber aus gutem Holz. Auch der Vater, John Turner, ein bärenstarker rothaariger Ire, stand seinen Mann. Armstrong hatte ihn zu seinem Stellvertreter im Kommando gemacht, obwohl ihm der verschlagene Blick seiner Augen nicht gefiel. Aber Turner war ein erfahrener Händler, kannte sich bei den Indianerstämmen aus, und sein selbstbewußtes Auftreten hatte ihm im Fort Respekt verschafft.

## Die Ruhe vor dem Sturm

Mit dem sinkenden Abend wurde es still über dem Fort Granville und dem Juniatatal. Die Waffen schwiegen. Am östlichen Berghang stiegen am Waldrand einige Rauchsäulen steil in den Abendhimmel; dort hielten die Delawarenkrieger ihr Mahl und brieten am Spieß das erbeutete Vieh, das bei dem plötzlichen Überfall in ihre Hände gefallen war. Im Westen, jenseits des kleinen, schnellfließenden Flusses, sank der rote Sonnenball hinter den Bergkamm. Hin und wieder brüllte in einer Ecke des Forts eine der wenigen Kühe, die die Grenzer vor dem Angriff der Wilden hatten retten können.

Leutnant Armstrong hatte seinen Rundgang beendet. Er stieß die Tür zu einem der Häuser auf und rief in den raucherfüllten Raum hinein: »Wie steht's, Missis Turner, können wir Essen ausgeben? Noch ist es hell genug, werden noch eine Weile Ruhe haben. Wir wollen die Zeit nutzen!«

Mrs. Turner, eine zierliche Frau in mittleren Jahren, trat auf die Schwelle, wischte die Hände an der Schürze ab und erwiderte energisch: »Kann sofort losgehen. Das Fleisch ist gar, und die Maiskuchen sind gleich fertig.« Sie legte die Hände als Sprachrohr an den Mund und rief: »Simon! – James! – George!«

Der durchdringende Ruf fand ein dreifaches Echo. Sie wandte sich dem Offizier zu und sagte: »Die Jungen werden den Männern das Essen bringen, ich sorge dafür, Leutnant!«

»Danke, Missis Turner«, erwiderte er herzlich. »Wenn wir Sie nicht hätten! Haben Mann und Söhne zu versorgen und sind doch immer für alle da. Wirklich – Sie sind die Mutter von Fort Granville!«

»Schon gut, Leutnant«, sagte sie. »John Turner und Thomas, mein Ältester, mögen die Waffe führen. Das ist Grenzerlos. Aber die andern sind noch Kinder – gebe Gott, daß sie es erleben, Männer zu sein.« Sie fuhr mit der Hand über die Augen, als wollte sie schwere Gedanken wegwischen, und zwang sich zu einem Lächeln.

Armstrong ergriff ihre Hand. »Haben Sie Vertrauen, Missis Turner, wir werden es schaffen.« Er wandte sich um und ging.

Der schwarzhaarige Simon kam wie ein Wirbelwind daher. Als er den Leutnant sah, pflanzte er sich vor ihm auf und rief: »Geben Sie mir eine Büchse, Sir! Ich schneuze die Kerze auf zwanzig Schritt. Mein Vater Simon Girty«, er warf einen trotzigen Blick auf seine Mutter, »hat mir das Schießen beigebracht.«

»Schweig, Simon, und bring deinem Vater John Turner das Essen!« fuhr ihn die Mutter an. »Nehmt die Beine in die Hand, James und George«, rief sie den beiden jüngeren Söhnen zu, »es gibt noch viel zu tun. Und wenn ihr das Essen verteilt habt, dann geht ihr schlafen. Morgen ist auch noch ein Tag!« Herrgott, hoffentlich! fügte sie in Gedanken hinzu.

Leutnant Armstrong hatte sich den Palisaden an der Feindseite zugewandt. Eben hob sich die Gestalt eines Milizsoldaten gegen den Abendhimmel ab; er stand auf dem Wall, der diesseits der pfählernen Wand aufgeworfen war, und spähte angestrengt in die Richtung der aufsteigenden Rauchsäulen.

»Komm runter, Peter!« rief der Leutnant. »Sie knallen dich ab wie einen Truthahn! Wozu haben wir Schießscharten in den Häusern!«

»Nichts los, Leutnant«, erwiderte Peter Walker, ein sehniger junger Mann in Armstrongs Alter. »Sie fressen sich den Wanst voll. Noch haben wir gutes Büchsenlicht«, er sprang vom Wall herab und trat zu dem Offizier, »aber heut nacht werden sie's uns warm machen!« Er warf einen besorgten Blick auf die untergehende Sonne.

»Halb so wild!« Eine dünne Fistelstimme mischte sich ein. »Wird eine mondhelle Nacht, gut für unsere Büchsen, wenn wir nur nicht zu früh schießen!«

Ein hagerer Alter mit einem Ziegenbart tauchte neben dem Leutnant auf. Ein hirschledernes, fransenbehängtes Wams umhüllte die dürre Gestalt, die Beine steckten in ledernen Leggings, die Füße in indianischen Mokassins.

»Jim! Immer noch rüstig auf den Beinen!« begrüßte Armstrong den alten Fallensteller. »Was meinst du, wird Hauptmann Jacobs heute nacht angreifen?«

»So gewiß, wie dort über dem Bach der Mond aufgeht«, erwiderte der Alte. »Bin nur gespannt, ob der krummbeinige Shingas auch dabei ist.«

»Shingas, der Delawarenkönig?« rief Armstrong. »Dann gnade uns Gott! Er ist der gefährlichste von allen Häuptlingen, gerissen und tapfer, so klein er ist!«

»Halb so wild, Leutnant«, warf der Alte ein, »hat auch nur ein Fell zu vergeben!«

»Aber was sollte der hier im Gebiet von Hauptmann Jacobs?« fragte Walker.

»Pack schlägt sich, Pack verträgt sich!« kicherte Jim. »Wird wohl schon seit ein paar Monden bei ihm in seiner Residenz Kittanning am Allegheny sitzen. Brauen da eine dicke Suppe zusammen, scheint mir. Wenn mich meine alten Augen nicht getrogen haben, hocken da drüben nicht nur Delawaren ums Feuer, sind auch Shawnees und Senecas dabei. Die Franzosen haben uns alle alten Freunde ausgespannt. Haben ihnen versprochen, uns in den Atlantik zurückzujagen, wo wir hergekommen sind.«

Im Nordosten, wo sich das glitzernde Band des Juniata zwischen den Bergen verlor, war der volle Mond aufgestiegen. Es war ein Glück für die kleine Besatzung von Fort Granville, daß er sein Licht über das Tal streute. Aber es war ein ungewisses Licht, das

12

die drohende Gefahr noch erregender machte. Immerhin war ein Teil der Blöße rings um das Fort zu übersehen, und die Schützen konnten im Mondlicht sogar Kimme und Korn übereinbringen.

»Ist gut, Simon«, sagte John Turner, als ihm sein Stiefsohn das Essen gebracht hatte, »geh jetzt und leg dich schlafen. Wirst früh genug wieder aufstehen müssen.«

»Schlafen?« stieß der Junge hervor. »Ich muß den Fluß beobachten, Peter Walker hat mich eingeteilt!«

»Der Teufel soll ihn holen! Hier hat keiner einzuteilen außer mir!« Als er den spöttischen Seitenblick des Jungen bemerkte, fügte Turner widerwillig hinzu: »Und der Leutnant natürlich.«

Simon machte wortlos kehrt und verschwand in der Dunkelheit. Er wußte, was er zu tun hatte.

»Hat mir doch nichts zu trinken mitgeschickt, die Frau!« brummte Turner vor sich hin und schob ein Stück Fleisch in den Mund, der von einem kurzen roten Bart halb verdeckt war.

»Bringt sie dir selber, Mann!« Mrs. Turner drückte ihm eine bauchige Rumflasche in die Hand und fuhr leise fort: »O Gott, John – was soll daraus werden? Werdet ihr das Fort halten können?«

»Das Fort, immer das verfluchte Fort, der Teufel soll es holen! Was schert mich das Fort? Sollen wir hier verrecken um diesen Haufen Balken?«

»Um Gottes willen, Mann, sei still! Wenn dich jemand hört! Wie kannst du so reden. Du weißt doch, was passiert, wenn die Roten das Fort nehmen!«

John Turner setzte die Flasche ab. »Kann ich für die blöde Politik der Federfuchser? Sollen die großen Herren sich prügeln! Wozu das alles? War nicht alles gut hier im Lande, ging unser Handel nicht blendend? Was passiert, fragst du? Mir, uns passiert gar nichts, wenn das Fort rechtzeitig übergeben wird. Soll ich mich mit den Roten schießen? Sie sind meine Kunden!«

13

## Sie kommen!

Simon Girty war der erste, der die tödliche Gefahr erkannte. Er hatte nicht geschlafen, sondern Stunde um Stunde zum Fluß hinuntergespäht. Es war nicht nur der Stolz über den Auftrag, der ihm alle Sinne gespannt hielt, er traute der kleinen, tiefeingeschnittenen Schlucht nicht, die vom Fluß her direkt auf das Fort zulief und nicht eingesehen werden konnte.

Hell lag das Mondlicht auf dem gegenüberliegenden Flußufer. Die Böschung war steil, und kaum einen Steinwurf weiter begann das undurchdringliche Dunkel des Bergwaldes. Die Wasser des Juniata im Schatten des Forts rauschten leise. Vom Waldrand erklang Eulenruf und fand Antwort flußab. Im Rücken des Wächters lag das Fort, eine geduckte, dunkle Masse, in Schweigen gehüllt. Simon wußte, daß viele Augen und Ohren in fiebernder Spannung ins Halbdunkel gerichtet waren, dem anderen Waldrand im Osten entgegen, von wo der Feind erwartet wurde.

Erwartet wurde? »Paß gut auf, Simon«, hatte Peter Walker gesagt. »Wer weiß, ob sie nicht über den Fluß kommen!«

Leise tappten Schritte vorüber: die Patrouille. Abgerissene Fetzen halblauter Worte, ein verhaltenes Räuspern, vorbei. Vom Fluß her drang ein kurzes, hartes Klatschen: ein Lachs war gesprungen. Bald darauf plumpste es dumpf am jenseitigen Ufer, das mußte ein Biber sein. Allerhand los am Fluß heute nacht! Aber das machte wohl die Erregung, die Anspannung der Sinne vor der Gefahr, daß man alles so deutlich empfand.

Wieder ein Eulenruf, gleich darauf ein zweiter, diesmal näher, fast schon drüben am Fluß. Und da – was war das? Raschelte dort eine Bisamratte im Schilf, ganz nahe, am diesseitigen Ufer? Und der Eulenruf jetzt, kam er nicht dort aus der Schlucht zu seinen Füßen? Frecher Vogel!

Eulen – so nahe? Herrgott, rote Eulen waren das, mit bemalten Gesichtern! Sie waren da, die Indianer!

Angst, scheußliche Angst, wie ein Krampf im Leib. Er will

schreien, weglaufen. Aber da ist schon die rote, grellbemalte Fratze, zwei Arme stützen sich auf die Palisade, eine Brust, mit weißen Streifen bemalt, die im Mondlicht hell leuchten.

Simon hat das Messer in der Hand – wie lange schon? – und das Messer wirbelt durch die Luft. Schwapp! macht es, und das Heft zittert mitten auf einem der weißen Streifen. Die Fratze reißt das Maul auf, wirft den Kopf in den Nacken, und – der Spuk ist verschwunden.

Jetzt schreit er, der Junge, jetzt hat er Luft, Entsetzen preßt sie aus den Lungen. Aber der Schrei geht unter, wird übertönt von dem Lärm in seinem Rücken: Gewehrfeuer – eine Salve drüben, einzelne Schüsse hüben, der Schlachtruf der Indianer schon auf der Blöße, und Getrappel von vielen, vielen Hufen.

Vielstimmige Schreie gellen über das Fort hin: »Sie kommen! – Sie sind beritten! – Sie greifen zu Pferd an! – Schießt! – Laßt sie nicht heran! – Die Brandpfeile…«

Und der Junge steht da, allein, und seine Rufe gehen unter im Lärm des Gefechts auf der anderen Seite. Und da ist schon wieder so eine Fratze über den Pfählen, und dort noch eine, und er hat kein Messer mehr, nichts, was er ihnen entgegenschleudern kann.

Aber warum schreit der eine rote Teufel jetzt auf und fällt rücklings hinunter? Und war das nicht ein Knall, ein Schuß neben ihm? Simon Girty, der Junge, ist nicht mehr allein in seiner Not. Da ist der alte Jim an seiner Seite, und er hat gleich zwei Büchsen, die eine, abgeschossene, wirft er dem Jungen zu, und mit der zweiten schießt er die andere Rothaut ab, kichernd, mekkernd, als wäre er nicht bei Verstand.

Und immerzu brabbelt er etwas vor sich hin dabei. Nur »lade!« ruft er laut und wirft Simon Kugelbeutel und Pulverhorn zu, nachdem er die zweite Büchse selbst geladen hat. Und wieder fällt einer der Indianer, die neu aufgetaucht sind.

Simon lädt mit fliegenden Händen. »Narren!« meckert der Alte und schießt, und ein Delaware hat einen roten Fleck auf der weißbemalten Brust und fällt zurück. »Beritten! Idioten!« kichert Jim, und ein anderer schlägt vornüber ins Innere der Palisadenwehr. »Halb so wild! Haben das gestohlene Vieh vor sich hergetrieben, die Gauner – kann doch noch Gäule von Kühen unterscheiden.«

Merkwürdig, es ist so still geworden im Rücken der beiden einsamen Verteidiger – aber so hell vor ihnen. Sie können nicht durch den pfählernen Zaun sehen, aber da flackert gelbes Licht, und Rauch steigt auf. Zugleich geht ein seltsames Zischen durch die Luft über sie weg, und da sind zahllose Sternschnuppen, nein, Kometen am Himmel und fallen nieder auf das Fort.

»Hunde!« knirscht der Alte, »sie haben Feuer an die Palisaden gelegt!« Und die Kometen, das sind Brandpfeile, die unablässig auf das Fort niederregnen. Nun ist auch der Schlachtruf der Indianer da. Er kommt aus der Schlucht und vom jenseitigen Flußufer – so gewaltig, daß die ganze Welt davon erfüllt scheint.

Aber jetzt sind auch die Verteidiger zur Stelle, sie haben den Scheinangriff durchschaut und endlich die wirkliche Gefahr erkannt. Und wo einzelne Delawarenkrieger schon den Fuß ins Innere gesetzt haben, da fällt sie das Blei der langen Büchsen an, dringen die Siedler mit Äxten, Sensen und Gewehrkolben auf sie ein, daß sie mit schnellem Sprung vom Wall über die Palisaden setzen. Denn im Kampf Mann gegen Mann ist es für einen Indianer nicht schimpflich, das Weite zu suchen.

Allen voran kämpft der Leutnant Armstrong. »Mut, Leute!« ruft er laut, »das bißchen Feuer wird bald erloschen sein!« und: »Gebt acht auf die Häuser, kappt die Brandpfeile!«

Er hätte es nicht zu befehlen brauchen. Ein Teil der Männer war schon dabei, die aufflackernden Brände mit Wasser oder Erde zu ersticken und die Brandpfeile mit Beilen und Gewehrkolben abzuschlagen. John Turner führte das Kommando. Ihm war es lieber, Feuerwehr zu spielen, als sich im Kampf die Rache der Delawaren zuzuziehen.

Aber es waren zu wenige Hände im Fort, gleichzeitig den Ansturm der Indianer abzuwehren und das überall aufflackernde Feuer zu bekämpfen. Und es waren zu viele Brandpfeile, und in jeder Minute kamen neue hinzu. Mochten auch Frauen und Kinder mithelfen, sie konnten nicht verhindern, daß bald die Hälfte der hölzernen Häuser in hellen Flammen stand.

Vor allem konnte niemand den Brand löschen, der, von der Schlucht her genährt, außen an den Palisaden fraß und bald eine breite Lücke in die Befestigung reißen würde. Drohender wurde der Kampfruf der Delawaren, die nun ungehindert über den Fluß gelangen konnten, da Rauch und Feuer den Verteidigern die ohnehin geringe Sicht nahmen.

Während sich James und George mit der Mutter mühten, die Brände in den Häusern zu löschen, blieb Simon Girty an der Seite des Leutnants und lud ihm die Büchse, die Armstrong immer wieder, bald hier, bald dort auf den Wall springend, gegen die Schlucht hin abfeuerte. Auch dem alten Jim, der sich seine Ziele viel bedächtiger suchte und stets traf, versah er diesen Dienst.

Als der Leutnant wieder einmal nach einer frisch geladenen Büchse griff, wurde er am Arm festgehalten. Ein kleiner, dunkelhäutiger Siedler französischer Abkunft war es, der ihm zuraunte: »Sir! Lassen Sie mich mit den Offizieren, meinen Landsleuten, reden, damit wir freien Abzug erhalten!«

Der Leutnant schlug die Hand weg, die ihn festhielt, und erwiderte: »Das erste französische Wort in dieser Sache, und ich knalle dich nieder!«

»Halb so wild!« kicherte der alte Jim, der eben eine neue Büchse in Empfang nahm. »Solange der alte Zaun da hält...« In diesem Augenblick erschütterte ein Krachen die hölzerne Wehr, ein Funkenregen stob in den Nachthimmel und warf ein gespenstisches gelbes Licht über das Fort.

»Sie rammen die Palisaden!« schrie der Leutnant und sprang, die Büchse schußbereit, auf den Wall.

Wieder das Krachen, wieder die goldene Funkengarbe am Himmel, dann ein Splittern und Knacken: in einer Breite von sechs Metern neigten sich die Palisaden und fielen langsam gegen den Wall. Eine breite Bresche klaffte zwischen Angreifern und Verteidigern. Wohl schoß der Leutnant seine Büchse in das Gewimmel der Feinde ab – aber gleich darauf ließ er die Arme sinken, warf den Kopf zurück und fiel, von mehreren Kugeln gleichzeitig in die Brust getroffen, rücklings vom Wall herunter.

Triumphgeschrei dröhnte aus der Schlucht und vom Ufer herauf. Lähmendes Entsetzen befiel die Verteidiger des brennenden Forts. Simon hatte die Faust in den Mund gestopft, um nicht zu schreien. Für ihn war nicht nur die schützende Wehr, für ihn war eine Welt zusammengebrochen, deren Inbild, der tapfere Führer, nun dort unten am Fuße des Walles lag, nur noch ein lebloses Bündel. Jetzt, gleich mußte sich der rote Sturm durch die Bresche ergießen. Die Männer im Fort faßten die Waffen fester, bereit, ihr Leben so teuer wie möglich zu verkaufen.

Aber da erschien nur eine weiße Fahne, ein Fetzen Stoff, am Rande der Schlucht und bewegte sich schnell auf die Bresche zu, leuchtete auf im Schein des Feuers. Und in die lastende Stille sprach eine Stimme in gebrochenem Englisch, mit französischem Akzent:

»Freunde! Bürger des Juniatatales! Wir wollen nicht euer Leben. Legt die Waffen nieder, übergebt das Fort! Es ist für euch nutzlos. Denkt an eure Frauen und Kinder! Ihr sollt frei sein und eurer Arbeit nachgehen. Wir wollen nur das Fort zerstören. Ihr braucht es nicht, denn wir wollen den Frieden, und ihr wollt ihn auch. Ich, Capitaine de Villiers, fordere euch zur Übergabe auf!«

War es ein Wunder, daß Hoffnung in die Herzen der Siedler fiel? Den kleinen Franzosen freilich, der mit seinen Landsleuten hatte verhandeln wollen, hatte eine verirrte Kugel schon aller irdischen Nöte enthoben. Andere bluteten aus Wunden, die ihnen mehr der Zufall als die Kriegskunst der Angreifer zugefügt hatte.

Rauchgeschwärzte Gesichter starrten ratlos auf den weißen Fetzen, der ihnen, die führerlos geworden waren, einen kleinen Hoffnungsschimmer verhieß.

Dies war der große Augenblick für John Turner. Vom Kampf hatte er sich ferngehalten, aber jetzt war seine Stunde gekommen. Schon stand er auf dem Wall und rief: »Monsieur le Capitaine, wir vertrauen auf Ihr Wort und ergeben uns! Wir wollen den Frieden!«

# Die Indianerstadt

Das also war der Frieden, den der französische Hauptmann de Villiers den Verteidigern von Fort Granville versprochen hatte!

Ein langer Zug müder, verzweifelter Gestalten bewegte sich in den grauenden Morgen. Der Himmel hinter ihnen war rot. Aber es war nicht die aufgehende Sonne, es war das brennende Fort, das mit seiner Glut den Himmel rötete.

Das Greinen der Kinder war verstummt, die Seufzer der Frauen und die Flüche der Männer waren erstickt unter der Todesdrohung der indianischen Wächter. Der Pfad führte steil aufwärts, in den düsteren Bergwald hinein. Es ging nach Westen, der endlosen Wildnis entgegen. Und es war nicht nur Verzweiflung, die Männer und Frauen zu Boden drückte, es waren die schweren Lasten an geplündertem Gut, die die Indianer den Gefangenen aufgebürdet hatten: Lebensmittel, Munition, Werkzeug und Gerät – alles, was den Roten für die Flammen zu schade und für den eigenen Gebrauch wertvoll erschienen war.

Simon freilich empfand die Last nicht, die er zu tragen hatte, seinetwegen hätten die Wilden ihm noch einen Pulversack aufladen können. Was ihn drückte, war auch nicht die Verzweiflung, sondern die Schande. Dort hinten, nun schon tief unter ihm, verbrannte die Leiche des tapferen Leutnants, der seine Pflicht getan hatte. Sie hatten ihn nicht einmal begraben dürfen, der französische Offizier hatte es verboten. Und John Turner war es, sein Vater, der die Waffen gestreckt und den Kampf aufgegeben hatte, noch ehe er richtig im Gange gewesen war.

## Der Verräter

Vater? Simon knirschte mit den Zähnen. Niemals! Er würde ihn nie als Vater anerkennen, diesen prahlerischen Händler, der nur darauf bedacht war, Geld zu scheffeln. Was nützte ihm nun sein Geld, was nützte ihm sein feiges Verhalten vor dem Franzosen? Der hatte ihn nicht eines Blickes gewürdigt, sondern nur mit der Hand gewinkt: den Verräter mochten die Indianer nach seinem Verdienst behandeln.

Die Mutter freilich tat Simon leid. Er verstand sich nicht mehr mit ihr, etwas war in ihm zerbrochen, als sie vor zwei Jahren diesen John Turner geheiratet hatte, kaum ein Jahr nach Vaters Tod. Aber sie war eine tapfere Frau. Wie sie jetzt wieder mit den Roten fertig geworden war! Sie hatte keine Last zu tragen, keine außer ihrem jüngsten Kind, dem zweijährigen John, der aus der Ehe mit John Turner hervorgegangen war. Wie hatte sie den Delawaren angefaucht, der ihr das Kind wegnehmen wollte! Nein, die Mutter zeigte keine Angst, und sie wurde von den Roten sogar mit einer Art von Höflichkeit behandelt.

Steil führte der Pfad bergan. Den Männern lief trotz der Morgenkühle der Schweiß von der Stirn, hin und wieder stöhnte einer leise unter seiner schweren Last. Aber sobald einmal ein halblauter Fluch über die Lippen kam, pfiff die Gerte eines der Delawaren, die schweigend und leichtfüßig neben dem Zug daherschritten, dem Gefangenen über den Schädel.

Frieden! Simon schnaubte verächtlich durch die Nase. Wer wollte von Indianern Frieden erwarten! Und gar von ihren hochnäsigen Verbündeten, den Franzosen! Gewiß, niemand war getötet worden, als die Roten in das brennende Fort eindrangen. Im Nu waren sie überall, denn John Turner hatte auch noch das Tor öffnen lassen, um seinen Friedenswillen zu beweisen. Als ob das Loch in der Palisadenwand nicht groß genug gewesen wäre, die Fratzen hereinzulassen! Sicher hätten sie am liebsten alle Weißen skalpiert, aber dazu war ihr Respekt vor den französischen Offizieren zu groß, die mit einer Handvoll Soldaten dabeistanden. So hatten die Roten sich damit begnügt, die Verteidiger zu entwaffnen und die brennenden Häuser zu plündern.

Das alles war das Werk dieses John Turner, seines Stiefvaters! Wie Simon ihn in diesem Augenblick haßte! Oh, er hatte alles gesehen und gehört, denn er hatte ja danebengestanden, als Turner geglaubt hatte, nun als Kommandant des Forts eine Rolle spielen zu können.

»Bruder!« hatte er den kleinen Häuptling angesprochen, der neben dem stiernackigen Hauptmann Jacobs den Wall betreten hatte, »Bruder, wir meinen es ehrlich mit dem Frieden.«

»Bruder?« hatte der Häuptling in gutem Englisch geantwortet. »Seit wann sind wir Brüder?«

»Nun«, hatte Turner dreist erwidert, »seit Adam und Eva, denke ich!«

»Dann bin ich froh, daß ich nicht näher mit dir verwandt bin!« Verächtlich hatte sich der Häuptling abgewandt.

Dann war alles sehr schnell gegangen. Die französischen Offiziere waren mit der Hauptmacht abgerückt, nach Osten, wohl zu neuen Raubzügen und Überfällen auf Siedlungen und Forts. Sie hatten dafür gesorgt, daß das Fort Granville vollends niederbrannte. Als die Gefangenen dann von dem Bewachungskommando angetrieben wurden, das geplünderte Gut auf ihre Rükken zu laden, hatte John Turner noch einmal versucht, sich bei den Indianern anzubiedern.

»Kennen wir uns nicht?« hatte er den Führer angesprochen. »Hab' ich dir nicht deine Biberfelle abgekauft und guten Rum dafür geliefert? Ich bin Händler.«

»So, du Händler«, hatte der Wilde entgegnet, »dann du gut für

dieses!« Und hatte ihm auf die breiten Schultern einen Zentner-
sack Salz geladen, unter dem Turner nun den Berg hinauf-
schwitzte, daß ihm das Wasser aus allen Poren lief.

Langsam wurde es heller, man konnte wenigstens die Baum-
wurzeln erkennen, die sich über den Pfad zogen, und das
schmale Stück Himmel zwischen den hohen Tannenwipfeln
färbte sich grauviolett. War das nicht Peter Walker, der da vor Simon den Berg hinanstolperte? Er trug nur einen kleinen Sack auf
der Schulter, aber der mußte schwer sein, denn er drückte ihn
schier zu Boden. Wahrscheinlich waren es Bleikugeln. Armer
Peter!

Jetzt verhielt er den Schritt – der Indianer neben ihm schien es
nicht zu merken oder nicht merken zu wollen, und raunte Simon
zu: »Bleib ein wenig zurück!«

Was will er? dachte Simon und warf einen verstohlenen Blick
nach dem Indianer, der mit unbewegter Miene neben ihm her-
schritt. Der Rote trug seine Büchse schußbereit unter dem Arm.
Wollte Peter etwa…?

Simon ging langsamer, stöhnte leise, als ob ihm die Last zu
schwer wäre, und taumelte ein wenig nach links, näher an seinen
Bewacher heran.

In diesem Augenblick schlug Peter Walker, der rüstiger ausge-
schritten war und wieder neben seinem Wächter ging, diesem
den schweren Bleisack über den Kopf, daß er zusammenknickte,
und war mit einem Satz im Tannendickicht verschwunden.

Simon durchfuhr es wie ein Blitz. Aber er sah auch, wie sein
roter Begleiter im Nu die Büchse angeschlagen hatte und im
nächsten Augenblick den Abzug durchkrümmen mußte, sobald
der Flüchtling zwischen den Bäumen sichtbar würde.

Da, schon einen Steinwurf weiter unten brach er durch das
Unterholz! Simon stolperte blitzschnell über eine Baumwurzel
und warf sich mitsamt seiner Last nach links, dem roten Schützen in die Flanke. Der flog zur Seite, der Schuß ging fehl, und ein
gellender Schrei entfuhr dem geprellten Wächter und pflanzte
sich durch die Reihe der Indianer fort.

Simon ging er durch Mark und Bein, der Skalpschrei der Wilden: »Eijäijäijä!« Zugleich spürte er einen dumpfen Schlag mit dem Gewehrkolben über den Kopf und sank in die Knie. Das wutverzerrte Gesicht des Wilden beugte sich über ihn, und es fehlte nicht viel, so wäre Simons Schädel unter seinem Tomahawk geborsten.

Aber ein lebender halbwüchsiger Junge war eine wertvollere Beute für einen Indianer als der Skalp eines Wehrlosen, und so ging das Schicksal für diesmal an ihm vorüber. Bergab verhallten die eiligen Sprünge der Verfolger, die dem flüchtigen Walker auf der Spur waren. Als sie sich später dem Zuge, der seinen Weg fortgesetzt hatte, wieder anschlossen, waren ihre Gürtel leer: Peter Walkers Skalp hing nicht daran.

## Die Stadt am großen Strom

Eine volle Woche lang bewegte sich der Elendszug nach Westen. Die Sonne brannte, Regen fiel, Gewittersturm brauste über die Berge. Auf dem massigen Höhenrücken der Alleghenies stieß der Zug auf einen breit ausgetretenen Indianerpfad, der bald in freieres, sanfter gewelltes Land führte. An die Stelle der finsteren Tannenwälder traten lichte Eichenhaine. Bachtäler mit üppigem Graswuchs wechselten mit Waldstücken voller hochstämmiger Buchen, Ahorne, Birken und Eichen. Wild belebte die Landschaft. Hirsche ästen ohne Scheu am Wege, Scharen von Truthühnern baumten auf knorrigen Riesenstämmen. Waschbären, Opossums und Wildschweine trotteten in die Büsche, hin und wieder ging eine große Wildkatze mit mächtigem Satz ab.

Aber die unglücklichen Gefangenen hatten kein Auge für die Schönheit der Wildnis, durch die sie ihre müden Leiber und ihre Lasten schleppen mußten. Abends sanken sie inmitten der indianischen Wachtfeuer in todähnlichen Schlaf, nachdem sie ihre Handvoll Hirse oder Mais, manchmal auch einen Fetzen halbgaren Wildbrets hinuntergeschlungen hatten. Sobald der Tag graute, trieben die Wächter sie mit Stockschlägen hoch. Wären die Männer und Frauen nicht vom rauhen Leben der Grenze gehärtet gewesen, manch einer wäre wohl auf der Strecke geblieben.

Endlich, am Nachmittag des siebten Tages, sahen sie von einer Höhe aus tief unten das breite Band eines Stromes. Es war der Allegheny. Am diesseitigen Ufer dehnte sich, umgeben von einem breiten Gürtel gelbreifer Kornfelder, die Delawarenstadt Kittanning, die »Stadt am großen Strom«: unregelmäßig gruppiert wohl ein halbes Hundert Häuser, teils Rundbauten, mit Rohr oder Rinde gedeckt, teils hölzerne Langhäuser mit Giebeldächern; in der Mitte am Fluß ein großer freier Platz mit dem Ratsfeuer.

Tage des Wartens, stumpf hingebracht in der qualvollen Enge stickiger Hütten. Wahllos die Familien getrennt, die Söhne von den Eltern, der Mann von der Ehefrau gesondert. Der niedrige Eingang einer jeden Hütte mit einem Büffelfell verhängt, vor ihm die regungslose Gestalt des indianischen Wächters, unbewegten Gesichts, mit keinem Laut für die fremden Bleichgesichter erreichbar. Die Zeit schien stillzustehen.

Bis nach trostlos verdämmerten Tagen eines Abends ein heller Ruf über die Stadt dahinschwang, aus tausend Kehlen aufgenommen wurde und in den Jubel über die Heimkehr der Krieger dumpfe Trommeln klangen. Vom Berg herab gellte der Skalpruf.

Die ganze Nacht hindurch flammte das Ratsfeuer und warf seinen Schein auf die Runde rot, schwarz und weiß bemalter Krieger und auf die bronzenen Gesichter der Delawarenfrauen. Abgerissene Fetzen endloser Reden wehten zu den Gefangenen herüber, dazwischen erklangen Rufe und dumpfes Gemurmel der Menge. Beifall und Stolz lagen darin, aber auch Grimm und Trauer. Später mischten sich andere Laute darunter, schwermütig-eintönige Gesänge, die anhoben, sich entfernten und sich in den Feldern verloren: die Totenklage der Frauen, die ihre Beschützer und Ernährer beweinten.

## Angeklagt: der weiße Mann

Gegen Mittag des folgenden Tages wurden die Gefangenen aus ihren Hütten gejagt und auf dem freien Platz zusammengetrieben. Dem Ratsfeuer gegenüber, in einiger Entfernung, war ein geschwärzter Baumstamm aufgerichtet, um den ein Wall von trockenem Reisig geschichtet war. Die Gefangenen hätten keinen Blick auf die im Dreiviertelrund versammelten Delawaren zu werfen brauchen, um zu wissen: das dort war der Marterpfahl, und die Versammlung der Krieger und Greise, Frauen und Kinder erwartete ihr blutiges Fest.

Ehe sie sich noch untereinander verständigen konnten, wurden sie in Gruppen eingeteilt und mußten sich innerhalb des Zuschauerringes auf den Boden setzen. Simons Augen suchten die Mutter. Aber keine Frau war dabei.

Jetzt legte sich eine Hand auf seine Schulter, eine Stimme wisperte ihm ins Ohr: »Halb so wild! Wird nicht so heiß hergehen heute, werden sich mit einem Schaustück begnügen, denke ich. Das Volk muß sein Theater haben.«

»Jim!« flüsterte Simon, glücklich, die vertraute Stimme des Alten zu hören, den er seit der Schreckensnacht im Fort nicht mehr gesehen hatte. »Jim, weißt du, wo Mutter ist?«

»Sieh dorthin, mein Junge, wo die Häuptlinge stehen!«

Jetzt sah es auch Simon: mit den anderen weißen Frauen saß seine Mutter auf einem erhöhten Platz, auf dem in vollem Kriegsschmuck ein halbes Dutzend indianischer Führer stand. Sie sah angestrengt auf eine Gruppe von Wilden, die einen einzelnen weißen Mann bewachten. Ihm waren die Hände auf dem Rücken gebunden. Jetzt wandte er den Kopf...

»John Turner!« zischte der alte Jim. »Ich sehe schwarz für ihn. Sie wollen ihr Opfer haben!«

Es war Simons Stiefvater, und er schien zu wissen, daß es schlecht um ihn stand. Nun rief der hochgewachsene Häuptling – Simon erkannte ihn wieder, es war Hauptmann Jacobs – seinen

Namen, und John Turner schritt hocherhobenen Hauptes dem kleinen Hügel zu. Das Gemurmel ringsum verstummte, die Zeremonie nahm ihren Lauf.

Während der Gefangene auf Weisung seiner Wächter am Fuß des Hügels haltmachte, begann Hauptmann Jacobs eine lange Rede, von der kaum einer der Gefangenen ein Wort verstand, ausgenommen der alte Jim, der im Laufe seines langen Jägerlebens die Delawarensprache erlernt hatte. Nur daß oft das Wort Agalashima vorkam, das Engländer bedeutete, verstand auch Simon. Und aus den sparsamen Erklärungen des alten Jim konnte er entnehmen, daß der Delawarenhäuptling sie als Landräuber verdammte, die Mehtikoshe, die Franzosen, jedoch lobte.

Simon hörte nicht hin. Seine Gedanken waren bei dem Mann, der dort streng bewacht zu Füßen des Häuptlings stand, das Haupt ungebeugt dem Ankläger zugewandt.

War das John Turner, sein ungeliebter Stiefvater? War das der eilfertige Händler, der nie etwas anderes im Sinne gehabt hatte als Geld und Gewinn? Warum bettelte er nicht um sein Leben, der Überläufer von Granville? Hatte er noch ein Eisen im Feuer – oder hatte Simon sich so lange in ihm getäuscht?

Simons Gedanken gingen um Jahre zurück, zu den Bildern des Schreckens, die schon seine Kindheit überschattet hatten, wie es im Grenzerleben so oft war. Er sah seinen Vater Simon Girty, den Händler von Chambers' Mühle, wie er im sinnlosen, trunkenen Streit in seinem eigenen Hause vom Beil des delawarischen Freundes Der Fisch getötet worden war. Und er sah den weißen Freund des Vaters, John Turner, Monate später in der Tür stehen, einen blutverkrusteten Skalp am Gürtel. Simon Girty, der Freund, sei gerächt, brüstete er sich, und könne Ruhe finden im Grabe. Er, John Turner, habe den Mörder gefällt. Im ehrlichen Kampf Mann gegen Mann...

Gemurmel und Beifallsrufe begleiteten hin und wieder die langatmige Rede des Häuptlings. Als er schließlich endete, schlugen die Krieger klirrend ihre Waffen aneinander.

Simons Augen suchten zum hundertsten Mal die Mutter. Sie

saß noch immer mit unbewegter Miene, den kleinen John im Schoß, und blickte auf ihren Mann. Der erwiderte von Zeit zu Zeit ihren Blick, sah aber sonst wie gelangweilt auf die Gruppe der Häuptlinge, aus der sich nun eine kleine Gestalt löste: Shingas, der Delawarenkönig, wie Jim erklärte. Er ging auf den Gefangenen zu und hob die Hand, worauf das Delawarenvolk im weiten Rund verstummte.

»Hat der weiße Mann mit dem Nacken des Büffels und dem Gesicht des Fuchses gehört, was der Häuptling, den er Hauptmann Jacobs nennt, geredet hat?« begann er in englischer Sprache, mit dem Tomahawk auf Turner weisend.

»Gehört schon, aber nicht alles verstanden«, antwortete dieser ausweichend.

»So will ich es ihm noch einmal sagen. Der Große Geist hat dieses Land seinen roten Kindern gegeben. Vom Meer bis an die Schneeberge, von Mitternacht bis zu den heißen Ebenen gen Mittag. Den Lenape gab er die Ufer des Delaware, von den Blauen Bergen bis ans Meer, und sprach: ›Jagt, hier ist Wild. Pflanzt und sät, hier sind fruchtbare Erde, Sonne und Regen. Fischt, hier ist Wasser, süßes und salziges.‹ Denn er wollte, daß seine Kinder glücklich seien. Solange die Sonne scheint und das Wasser in den Flüssen fließt, hatten die Lenape Raum für ihre Lagerplätze. Aber dann kam von Sonnenaufgang die schwarze Wolke, und Männer mit blassen Gesichtern stiegen aus dem Meer. Auf schwimmenden Häusern kamen sie gefahren, und ihre Lippen redeten schön. Mag sein, daß es in ihrem Land keine Elche und Büffel gab, daß ihre Erde unfruchtbar, ihr Wald verdorrt war. Deshalb gaben die Lenape ihnen einen Platz an ihrem Feuer, damit sie sich wärmen konnten, Wildbret zur Sättigung, Felle für ihre Lagerstatt, und sie gaben ihnen Land.

Aber es kamen immer mehr Blaßgesichter aus dem armen Land jenseits des Meeres, und sie wollten immer mehr Wildbret, immer mehr Felle, immer mehr Erde. Die Lenape gaben es ihnen. Doch je mehr sie gaben, um so mehr wollten die weißen Männer haben. Und so führten endlich die Flüsse Blut.

27

Doch die Lenape wollten das Kriegsbeil begraben. Sie zogen der untergehenden Sonne nach und ließen ihr Land den Langmessern. Dreimal seither ist dieses Volk gewichen, dreimal sind ihm die Langmesser, zahlreich wie die Vögel am Himmel, nachgekommen. Stets haben sie gelobt, nie mehr Land zu beanspruchen, und immer haben sie Versprechen und Verträge gebrochen. Immer!

Heute ist es wieder soweit. In den Wäldern am Juniata und in den Blauen Bergen dröhnt die Axt, knallen die Büchsen. Hirsch und Elch, Bär, Truthahn und die Biber der Flüsse sind geflohen, und der Lenape hat keinen Raum mehr, seine Decken zum Schlafen auszubreiten. So muß er, wenn er nicht verhungern will, abermals das Kriegsbeil ausgraben. Und es wird kein Gras über die Straße des Krieges wachsen, ehe nicht die Jagdgründe der Lenape frei sind von den Langmessern!

Ich frage den weißen Mann mit dem Fuchsgesicht: Was hat er in unserm Land zu suchen?«

»Ich bin Händler«, antwortete John Turner ruhig. »Man sagt, der König der Delawaren sei ein kluger Kopf. So wird er wissen, daß ich seinem Volk die Felle des Bibers, des Wapitihirsches, des Bären abkaufe und ihm dafür Decken, Pulver, Blei, Salz und Gerät liefere. Nicht zu vergessen den guten Rum, den die Delawaren so lieben.«

»So«, unterbrach ihn der Häuptling heftig, »der Fuchs ist ein Händler. Die Delawaren kennen viele Händler, Mehtikoshe und Agalashima. Die Mehtikoshe sind gut, wir nennen sie unsere Brüder. Von den Agalashima sind wenige gut, aber keiner mißt mit so falschen Gewichten wie der Rotkopf. Seine Zunge ist gespalten, seine Augen blicken scheel.«

»Das ist nicht wahr, Häuptling!« rief Turner wütend. »War mein Rum nicht gut, habe ich euch nicht immer sofort bezahlt für eure verlausten Felle?«

»Der Fuchs mag seine Zunge im Zaum halten!« fuhr Shingas nun drohend fort. »Keiner hat soviel Wasser unter den Rum gemischt, keiner soviel Asche unter das Pulver wie er! Aber«, er trat noch einige Schritte näher an den Gefangenen heran und sah ihm fest in die Augen, »wer wollte dem Fuchs das Stehlen verbieten? Wir wollen heute von etwas anderem reden: Wo ist unser Bruder Der Fisch?!«

Turner fuhr wie unter einem Peitschenhieb zusammen. Fahle Blässe überzog sein Gesicht.

»Jetzt ist er hin!« flüsterte der alte Jim. »Nun mußt du stark sein wie ein Mann, mein Junge!« Er legte Simon, dem der Atem stockte, die Hand auf die Schulter.

Aber John Turner hatte sich schnell gefaßt. Wenn es so stand – die roten Bestien sollten nicht die Freude haben, ihn schwach zu finden.

Mary Turner hatte den kleinen John an sich gezogen. Sie war weiß wie ein Leinentuch. Sie wußte, was nun kommen würde.

John Turner, der nichts mehr zu verlieren hatte, stieß ein hartes Lachen aus. »Der Fisch?« antwortete er höhnisch, »nun, er ist in den ewigen Jagdgründen, wenn es welche gibt! Ihr wißt, er hatte das Gastrecht verletzt und meinen weißen Bruder Simon Girty erschlagen, in dessen Haus. Er mußte sterben, und er ist in ehrlichem Kampf gefallen!« Herausfordernd blickte er in die Runde.

»In ehrlichem Kampf?« rief Shingas. »Von eurem schändlichen Gift gefällt! Nie wäre Der Fisch dem scheeläugigen Rotkopf unterlegen, hätte ihn nicht der böse Geist, der im Feuerwasser wohnt, mit Blindheit geschlagen und mit Schlaf umgarnt! Im Schlaf hat der Fuchs ihn getötet.« Er wandte sich um und rief der Menge auf delawarisch etwas zu, was wie eine Frage klang.

»Welche Strafe verdient der scheeläugige Rotkopf?« übersetzte der alte Jim flüsternd.

Schweigen lag über dem weiten Rund, aber sogleich ging Bewegung durch die Reihen. Jeder Krieger stieß seine Waffe mit der Spitze auf den Boden. Ein dumpfes Dröhnen rollte über den Platz: das Todesurteil für John Turner.

Der Delawarenkönig Shingas warf einen triumphierenden Blick auf seinen Gefangenen, der sein Schicksal wohl begriff, und winkte mit der Hand. Sogleich stürzten sich die Bewacher auf Turner, um ihn an den Marterpfahl zu schleppen.

Aber John Turner, der bärenstarke Ire, schüttelte die roten Schergen wie Ungeziefer ab und schritt mit erhobenem Haupt auf den Pfahl zu. Eine Welle des Beifalls lief durch die Zuschauer – das war etwas für die Indianer, Mut und Tapferkeit gaben dem blutigen Fest die rechte Würze.

John Turner starb wie ein Mann. Es war der einzige Dienst, den er seiner Familie noch erweisen konnte. Drei Stunden dauerte die Qual. Rotglühende Gewehrläufe bohrten sich in seine Glieder, der Skalp wurde ihm vom Kopf gerissen, brennende Zweige wurden in sein Fleisch gesteckt.

Doch der stiernackige Mann war nicht zu fällen. »Mary!« schrie er endlich, »John!« Und: »Thomas! Simon! James! George!« Er nahm Abschied von den Seinen, die längst die Augen hatten abwenden müssen. Mary Turner hielt den Kopf des kleinen John von dem furchtbaren Schauspiel abgewandt, um die Seele des Kindes vor dem Schrecken zu bewahren. Simon hatte dem Stiefvater längst all seinen Zorn, seine Abneigung abgebeten; er stöhnte in ohnmächtiger Verzweiflung.

Jetzt bäumte sich der todwunde Mann noch einmal auf. »Die Delawaren sind alte Weiber! Geht, zieht euch Weiberkittel an!« schrie er laut über den Platz. Es war genug. Er wollte das Ende, die Erlösung.

Sie kam sogleich. Diesen Schimpf verstanden die Delawaren augenblicklich. Tief senkte ein Krieger den Tomahawk in seinen Schädel, die Beleidigung seines Volkes zu sühnen.

John Turner hatte ausgelitten.

# Flinkfuß, der Seneca

Simon tauchte die Hand ins Wasser und wusch das Blut ab, das ihm Stirnhaar und Brauen verklebte. Dann warf er einen verstörten Blick zurück auf die rauchenden Trümmer der Delawarenstadt Kittanning, die soeben hinter einer Flußbiegung verschwanden.

Er hockte auf dem Boden eines Kanus, das von vier indianischen Kriegern den Allegheny aufwärts gerudert wurde. Rechts und links glitten weitere Kanus stromauf. Auch sie waren mit halbnackten Indianern bemannt, deren Oberkörper und Gesichter die schwarz-rote Kriegsbemalung trugen. Bei allen war der Schädel bis auf die lange schwarze Skalplocke kahlgeschoren.

Rauhe Gesellen, diese Senecas, die ihn da mit sich nach Norden führten in ihre Heimatdörfer! Als er vorhin nicht schnell genug ins Kanu gesprungen war, weil er seinen Brüdern James und George hatte Lebewohl sagen wollen, war ihm der lange Stiel eines Tomahawks über den Schädel gefahren, daß er eine blutende Platzwunde davontrug. Nun, er wollte sich künftig besser vorsehen. Aber daß diese Teufel etwas anderes mit ihm vorhatten, wie der alte Jim ihm zugeraunt hatte, als ihn am Marterpfahl zu rösten, das konnte er nicht glauben. Auf alle Fälle wollte er die Augen offenhalten, ob sich irgendwo eine Möglichkeit zur Flucht zeigte.

Ein Stoß in den Rücken ließ ihn aus seinen Gedanken auffahren. »Komm, du auch rudern!« rief ihm der ältere Krieger zu, der Ansehen genoß unter den übrigen, und übergab ihm sein Ruder. Simon drehte sich um, kniete in Fahrtrichtung und tauchte das Stechpaddel im Takt mit den Indianern ein, wie es ihn sein Vater einst gelehrt hatte. Ausrufe der Bewunderung zeigten ihm, daß die Indianer mit seiner Leistung zufrieden waren.

Es war ein strahlender Septembermorgen. Bald stieg die Sonne über die Uferberge und brannte vom Himmel herab, daß Simon der Schweiß den Rücken hinunterrann. Der Indianersommer war seit Menschengedenken nicht mehr so schön gewesen wie in diesem Jahr 1756, das für die Grenze so blutig verlief. Ab und zu griff der grüne Urwald mit mächtigen Laubgewölben über den Strom und bot Schatten. Dann wieder waren die steilen Ufer kahl oder felsig, und mehrmals kamen sie an Indianerdörfern vorüber, die wie Schwalbennester am Rande der Hochebene klebten.

Simon tauchte das Paddel tiefer ein, um die heißen Hände in der Flut zu kühlen. Auf und nieder, in immerwährendem Gleichmaß stachen die Ruderblätter ein und warfen das Kanu mit kräftigem Schwung vorwärts, der starken Strömung entgegen.

## Die Schlacht um Kittanning

Allmählich fiel die Erregung der letzten Tage von Simon ab. Seit John Turners Tod waren die Gefangenen von einer Aufregung in die andere gestürzt worden. Erst war Simons Mutter plötzlich mit dem kleinen John von einem französischen Kommando nach Fort Duquesne mitgenommen worden. Dann hatte eine große Versammlung am Ratsfeuer stattgefunden, zu der auch König Biber, Shingas' Bruder, erschienen war. Auch ein hoher französischer Offizier hatte daran teilgenommen, und hinterher war so viel Rum geflossen und eine solche Trunkenheit in der Stadt gewesen, daß die Gefangenen um ihr Leben bangten.

Aber zwei Nächte darauf, bei Morgengrauen, waren vom Wald her plötzlich die Kugeln der langen Büchsen unter die Delawaren und ihre Bundesgenossen gefahren. Zwar hatte Hauptmann Jacobs die Gefangenen sofort über den Strom ans andere Ufer schaffen lassen, doch Simons Bruder Thomas, der Älteste, hatte seinen Wächter niedergeschlagen und war in der Verwirrung des Gefechts entkommen.

Von der Höhe des westlichen Ufers aus hatte Simon den Kampf verfolgt, den Oberst Armstrong, der Bruder des in Fort

Granville gefallenen Leutnants, gegen Hauptmann Jacobs führte. Sieben Kompanien pennsylvanischer Miliz, an die dreihundert Mann, standen gegen eine fast dreifache Übermacht an Delawaren, Shawnees und Senecas. Es schoß aus den Maisfeldern, von den Hügeln und bald schon zwischen den Häusern der Stadt, die mehr und mehr in Flammen aufging. Hauptmann Jacobs fiel, als er aus seinem brennenden Haus hervorbrach und, das Todeslied auf den Lippen, gegen die Langmesser anstürmte.

Dennoch wäre die Lage für die pennsylvanischen Schützen bald verzweifelt geworden, hätte nicht das Feuer auch auf die Langhäuser übergegriffen, in denen große Mengen von französischem Schießpulver gelagert waren. Viele Pulverfässer explodierten, Häuser, Dächer und Menschen wirbelten durch die Luft, und ein Feuersturm ergriff in wenigen Minuten die ganze Stadt. Entsetzt flohen die Indianer, von dem höllischen Lärm verwirrt, über den Fluß in die Wälder, und Oberst Armstrong konnte seine Truppe aus der zerstörten Stadt herauslösen.

Noch in der folgenden Nacht hatte der Delawarenkönig Shingas die rauchenden Trümmer von Kittanning endgültig räumen lassen und die Gefangenen – ein Teil war während des Überfalls entkommen – auf die Delawarensippen und die Bundesgenossen verteilt. Dabei hatte der finstere Senecakrieger die Hand auf Simon Girty gelegt, und mit Sonnenaufgang waren sie aufgebrochen, den Allegheny aufwärts.

Gegen Mittag litt Simon sehr unter der heißen Sonne. Schwäche befiel ihn, rote Ringe tanzten vor seinen Augen, und einige Takte lang mußte er mit dem Rudern aussetzen.

»Müde?« fragte der Führer und wollte Simon das Ruder abnehmen.

»Hunger!« rief Simon, der seit eineinhalb Tagen keinen Bissen mehr zu sich genommen hatte, und machte eine unmißverständliche Bewegung mit der Hand zum Mund.

Ein Lächeln glitt über das Gesicht des Indianers. Er zog ein kaum faustgroßes Ledersäckchen hervor, reichte es Simon und forderte ihn mit einem Zeichen zum Essen auf. Es war Pemmikan, geriebenes Dörrfleisch in Bärenfett. Simon schlang gierig den halben Inhalt des Beutels hinunter.

Aber der Indianer entriß ihm das Säckchen. »Nix vill, nix gutt!« rief er und hielt Simon einen anderen Beutel hin, in dem indianisches Mehl glitzerte. Das graugelbe Pulver war aus geröstetem Mais gemahlen und mit Ahornzucker gesüßt. Simon nahm davon, tauchte seine Hand kurz in den Fluß und verzehrte den Brei mit großem Behagen. Er wußte, daß man von dieser Reisekost nur wenig braucht, weil das Mehl im Magen quillt, und er fühlte sich gestärkt und erfrischt. Sogleich nahm er das Rudern wieder auf.

Am Abend schossen die Indianer einige Truthähne von einer knorrigen Rieseneiche, zogen die Kanus an Land und brieten das Wildbret an kleinen Feuern. Simon lag ein wenig abseits mit gebundenen Füßen, von denen ein langer Riemen zum Handgelenk seines Bewachers lief. Er sah noch eine Weile den Widerschein der Flammen über die rot-schwarzen Gesichter huschen und hörte die unverständlichen Laute ihrer kehligen Sprache, bald aber umfing ihn tiefer Schlaf.

Kurz nach Sonnenaufgang ging es weiter, den Allegheny hinauf, der sich nun in zahlreichen Schleifen durch waldiges Bergland wand. Nach Stunden wurde zur Linken, wo am Westufer des Flusses ein großer Bach mündete, ein kleines Fort sichtbar, über dem leuchtendweiß das Lilienbanner wehte.

»French!« rief der Indianer Simon zu und wies auf die französische Flagge. »Mehtikoshe, gutt!« Dann schrie er etwas zum Wachtturm hinauf, auf dem mehrere Posten mit Gewehren standen. Von dort kam die Antwort: »Passez!« Das Fort Machault an der Mündung des Franzosenbachs in den Allegheny stand in freundschaftlichen Beziehungen zu den Indianerstämmen der Umgebung.

Weiter glitten die Kanus das schmale Bett des Allegheny aufwärts, nunmehr in östlicher Richtung, in die grüne Dämmerung dichter Laubwälder hinein. Simon hing schweren Gedanken nach. Bald, vielleicht noch heute, würde sich zeigen, was auf ihn wartete.

Plötzlich erklang aus dem vordersten Kanu ein gellender Schrei, der sogleich von den anderen Indianern aufgenommen wurde und am Südufer des Flusses ein vielfaches Echo fand. Rechter Hand öffnete sich der Wald zu einer weiten Lichtung, saftige Grasflächen und abgeerntete Felder bedeckten die Blöße, und einige Steinwürfe oberhalb lagen, an den Waldrand gebettet, die Langhäuser des Senecadorfes.

Jetzt dröhnte dumpf eine einzelne Trommel vom Dorf her, dann erscholl Jubelgeschrei von Frauen und Kindern, und sogleich wirbelte eine Schar den Hang herab auf die Bucht zu, an der die Kanus soeben anlegten.

Der Finstere sprang an Land und warf einen mißbilligenden Blick auf die anstürmende Meute von Kindern. Dann hob er die Hand und stieß einen lauten Ruf aus. Sogleich verstummte die wilde Jagd, alle blieben stehen, sogar die Hunde trotteten winselnd zum Dorf zurück.

Der Häuptling – das mußte Simons Begleiter wohl sein – gab den Indianern im Kanu ein Zeichen. Darauf zerrten sie Simon ans Ufer und banden ihn mit Händen und Füßen an den Stamm einer Birke. Der Häuptling aber schritt einer steinalten Frau entgegen, die jetzt durch das Spalier der achtungsvoll schweigenden Menge langsam den Hügel herabkam.

Es gab ein kurzes Gespräch zwischen dem Häuptling und der Dorfältesten, einige kurze Befehle an Männer, Frauen und Halbwüchsige, und schon entfaltete sich ein geschäftiges Leben. Am Eingang des Dorfes wurde ein buntbemalter Pfahl aufgerichtet, neben dem die alte Frau Platz nahm. Die übrigen Dorfbewohner bildeten, Krieger, Frauen und Kinder bunt gemischt, eine enge Gasse, die den Hang hinauf auf den bunten Totempfahl zuführte.

Simon wußte, was das bedeutete: er sollte Spießruten laufen. Alle, die diese Gasse dort bildeten, würden mit Stöcken, Knüppeln, ja vielleicht sogar mit Keulen und Gewehrkolben auf ihn einschlagen. Stürzte er, so konnte es seinen Tod bedeuten. Mindestens aber mußte er den qualvollen Lauf von vorn beginnen. Kam er aber durch bis an den Pfahl, so war er vorerst gerettet. Dann würde die Versammlung des Dorfes oder gar die des Stammes über Leben und Tod entscheiden.

Bei diesem Spiel wollte Simon seinen Mann stehen! Heimlich straffte er Muskeln und Sehnen, spannte und lockerte die Sprunggelenke. Mochten die Roten ihm in der Ausdauer überlegen sein, an Schnelligkeit auf kurzer Strecke war er nicht zu schlagen.

Jetzt kam der Häuptling mit zwei sehnigen jungen Burschen, die lange Weidenknüppel in der Hand hielten, die Wiese herab. Simon wußte, diese beiden waren die Treiber.

Der Häuptling band den Gefangenen los und versuchte, ihm mit ein paar englischen Brocken und mit Zeichensprache die Aufgabe begreiflich zu machen. Aber Simon winkte ab und bedeutete ihm, er wisse schon, worum es gehe. Dann warf er einen fragenden Blick auf die beiden Indianerburschen, die in seinem Alter sein mochten: ob es losgehen könne.

»Aye!« rief der Häuptling und nickte.

Wie ein Panther sprang Simon zur Seite, entriß dem einen der langbeinigen Burschen seinen Knüppel und schleuderte ihn weit über den Fluß, daß er im Dickicht des jenseitigen Ufers verschwand. Wut- und Beifallsgeschrei kam aus der Menge. Während der so Geprellte noch seinem Handwerkszeug nachstarrte, war Simon schon dem Schlag des anderen ausgewichen und hetzte in langen Sprüngen den Hang hinauf, dem Eingang der Gasse zu.

Der Indianerbursche mit dem Knüppel blieb ihm dicht auf den

Fersen. Einmal, zweimal schlug Simon Haken und entging dem Schlag, der ihm zugedacht war. Dann aber, unmittelbar vor dem ersten Paar des Spaliers, verhielt Simon blitzschnell, kauerte sich nieder, daß sein Verfolger auf ihn stürzte, und trug ihn tatsächlich wie einen Schild auf dem Rücken, als er nun die Gasse hinaufrannte und wohl Schläge sammelte, aber nicht auf dem eigenen Buckel!

Zehn, zwanzig, dreißig Schritte weit ging es gut, Wutgeschrei und Gelächter brandete über das seltsame Gespann hinweg, und manch ein Schlag traf den genarrten Treiber.

Doch dann wurde Simon die Last zu schwer. Er warf sie mit Wucht nach rechts in die Mauer der Gasse und sprang gleich darauf nach links zwischen zwei Indianern hindurch, hinter dem nächsten wieder in die gänzlich verwirrte Gasse hinein und gelangte, ohne mehr als einige Zufallstreffer einzuheimsen, wohlbehalten am Fuße des Totempfahles an. Aufatmend schlang er die Arme um ihn.

Es wurde ein berühmter Gassenlauf, den Simon Girty da vollführte. Jahrelang noch wurde an den Feuern des Senecas und andernorts im Ohiogebiet davon erzählt. Und Simon gewann wirklich das Leben dabei.

Denn als er am Pfahl hockte und die Gasse sich unter Geschrei und Gelächter auflöste und das Volk sich im Halbkreis um ihn scharte, trat eine kleine Indianerfrau mittleren Alters aus dem Kreis, legte Simon die Hand auf den Kopf und sagte ein paar ernste Worte, die er nicht verstand.

Der Häuptling machte ihm deutlich, daß die tapfere Hekasuta ihren Gatten verloren habe und nun für sich und ihre kleinen Kinder einen Sohn beanspruche, der ihr bald Ernährer und Beschützer sein könne. Und daß er, Simon Flinkfuß, dieser Sohn sein solle, wenn er es wolle.

Ja, er wollte. Dies war das Leben. So hatte der alte Jim doch recht behalten, Gott schütze ihn! Nur auf diese Weise konnte er dem Marterpfahl entgehen.

Hekasuta wollte nun gleich den neugewonnenen Sohn mit

sich in ihr Haus nehmen. Aber da erhob sich Protest aus dem Volk. So einfach ging es nicht. Getuschel, Geschnatter, Gewisper – und wenig später tänzelten vier ranke Indianermädchen aus der Menge hervor, schwangen lange Riemen aus Hirschhaut über ihren Köpfen, schlangen sie um den Gefangenen und zerrten ihn, der freilich nicht widerstrebte, den Hang hinunter bis an den Fluß. Dort stießen sie ihn in das seichte Wasser der Bucht, warfen ihn um, rollten ihn hin und her, daß ihm Hören und Sehen verging, und wuschen ihm unter ständigen Gesängen das weiße Blut aus den Adern. Dann führten sie ihn, der dabei fast ertrunken wäre, ans Ufer, legten ihn ins hohe Gras und flößten ihm einen Trank ein, in den die Krieger der Senecas einige Tropfen ihres Blutes hatten fließen lassen.

So wurde Simon Girtys weißes Blut abgewaschen und mit rotem erneuert, und Simon Flinkfuß war ein Seneca geworden.

# Der große Jäger Eisenarm

Mit leuchtenden Bannern schritt der Herbst über das Land. Er kam von Norden über die großen Seen, brachte Altweibersommer und Waldfruchternte mit und verschwand südwärts über die Berge, Blätterfall und Reifnächte zurücklassend.

Simon verging die Zeit wie im Fluge. Er lebte wie auf einem anderen Stern. Das Neue brach über ihn herein, nahm ihn gefangen und löschte die Vergangenheit aus.

Anfangs hatten ihn die Halbwüchsigen mit Beschlag belegt. Tagaus, tagein mußte er an ihren wilden Spielen teilnehmen. Meist spielten sie Treibball mit langen Schlägern, deren Schlagflächen aus Hirschleder geflochten, und mit ledernen Bällen, die mit Hirschhaar fest gestopft waren. Jede Partei hatte ein Tor aus Stangen zu verteidigen, in das die Gegenpartei den Ball treiben mußte. Oder sie schlugen mit großer Geschicklichkeit aus Weidengerten gebundene Reifen um die Wette. Oft galt es auch, durch den rollenden Reifen den Pfeil zu schießen – eine Übung, in der Simon bald allen Altersgenossen voraus war.

Mehr als das Spiel interessierten Simon die Fertigkeiten und Künste, die ein Jäger und Krieger beherrschen mußte. Im Messerwerfen tat es ihm keiner der Burschen gleich, und mit Pfeil und Bogen wußte er bald fast ebensogut zu treffen, wie er es schon früh mit der Büchse gekonnt hatte. Aber seine Sehnsucht, selbst ein Gewehr zu besitzen, blieb lange Zeit unerfüllt. Selbst wenn er genug Hirschdecken, Biberfelle oder gar den Pelz eines schwarzen Bären gehabt hätte, um im Frühjahr bei dem französischen Händler eine Büchse dagegen einzutauschen: die Feuerwaffe durfte er erst führen, wenn er als Krieger in den Stamm aufgenommen worden war. Übers Jahr vielleicht konnte er für würdig befunden werden, seine Medizin – Namen und Totemtier des Kriegers – zu erwerben.

Die Spiele der Jugend befriedigten Simon schon bald nicht mehr. Er brannte darauf, mit den Männern auf die Jagd zu gehen. Aber die Ernte an Mais, Kürbissen und Bohnen war so gut gewesen, und der Wald hatte den Tisch der Indianer so reichlich mit Nüssen, Eicheln, Kastanien, Preiselbeeren und wildem Obst gedeckt, daß es mit der Jagd noch gute Weile hatte.

So saßen die Männer beisammen, rauchten ihren Tabak, spuckten in die Asche des Feuers und lauschten den Reden der Alten. Sie bastelten Pfeile und Bogen, Schlingen und Tomahawks, schlugen Feuersteine zurecht und schraubten sie in die Schlösser ihrer Büchsen. Die meiste Zeit aber verbrachten sie beim Würfelspiel, warfen abwechselnd die sechs knöchernen Würfel in eine große Holzschüssel und zählten die schwarzen oder die weißen Flächen, die oben lagen. Oft hielt die Spielleidenschaft die Männer die ganze Nacht hindurch wach, und manch einer verspielte schon im voraus seinen Anteil an den Fellen, die sie im Winter erbeuten wollten.

Nur der Häuptling Eisenarm, der Düstere, hielt sich meist

vom Würfelspiel fern und ging allein auf die Jagd. Eines Tages wagte Simon ihn anzureden, obwohl indianische Sitte es verbot, denn das Alter und die Häuptlingswürde waren durch schweigende Zurückhaltung zu achten.

»Mein Vater möge mir verzeihen«, sagte er höflich, wobei er das Irokesische mit englischen Sprachbrocken vermischte, »wenn ich es wage, mein Gesicht zu ihm zu erheben, und ihn bitte, mir sein Ohr zuzuwenden.«

Der Häuptling schnitzte weiter an seinem Kalumet, der Friedenspfeife mit dem Kopf aus rotem Stein und dem langen hölzernen Rohr. Er drehte den kunstvoll geschnitzten Pfeifenkopf zwischen den Fingern, betrachtete ihn von allen Seiten und sagte: »Der Flinkfuß hat Ameisen unter der Sohle, scheint mir. Wer ein Krieger werden will, muß alle Hast und Ungeduld ablegen. Was ist es, das dich umhertreibt wie einen Eichelhäher ohne Nest?«

Simon hätte jetzt eine Höflichkeitspause einlegen müssen. Aber er war noch weit entfernt von der angelernten Ruhe eines Indianers. Ungeduldig rief er:

»Der Winter steht vor der Tür! Hekasuta und ihre Kinder haben kein Dörrfleisch mehr unterm Dach hängen, keine Hirschkeule im Rauch. Es wird Zeit, daß wir vorsorgen. Ich mag nicht mehr mit den Kindern im Dorf spielen, ich bin groß und stark genug, mein Vater: Nimm mich mit auf die Jagd!«

Lange schwieg der Häuptling und schnitzte weiter am roten Pfeifenstein. Endlich sprach er: »Jedes Ding braucht seine Zeit. Der Baum muß wachsen, bis er Frucht tragen kann, der Apfel reifen, ehe er fällt. Der Winter wird kommen, wenn die Zeit erfüllt ist. Dann werden alle Männer des Dorfes die Spuren im Schnee verfolgen und den Hirsch, den Elch und den fleischgewaltigen Bison jagen. Die Elen kommen mit dem Winter über die Großen Seen. Wenn unsere Büchsen zu früh knallen in unseren Jagdgründen, vergrämen wir das Wild, noch ehe es ständig geworden ist.«

»Aber du jagst doch fast täglich, Eisenarm! Bitte, nimm mich

40

mit! Ich will von dir lernen, was ein guter Jäger können und wissen muß!«

Der Häuptling versank in tiefes Nachdenken. »Eisenarm jagt nur mit Pfeil und Bogen«, sagte er endlich. »Kein Büchsenknall soll vor der Zeit das Wild schrecken. Eisenarms Väter haben ohne Feuerstrahl, Pulver und Blei gejagt und wußten nichts von Feuerwasser, Blattern und Blutkrankheit. Sie lebten ohne die Gaben des weißen Mannes frei und glücklich.«

Er erhob sich, trat auf Simon zu und legte ihm die Hand auf die Schulter. »Aber mein Sohn Simon Flinkfuß ist reinen Herzens, die Arglist des weißen Mannes hat seine Seele noch nicht vergiftet. In seinen Adern fließt das Blut der Senecas, er wird ein großer Krieger werden und seinen roten Brüdern vorangehen!«

Der Häuptling Eisenarm blickte zum Abendhimmel auf, an dem die Mondsichel gelb über dem Alleghenytal aufstieg. »Ein Seneca darf nicht nur Krieger, er muß vor allem Jäger sein. Mein Sohn Simon Flinkfuß hat weise gesprochen. Wenn der Mond rund ist, wird er mit Eisenarm auf die Jagd gehen!«

Simon war glücklich. Einen vollen Monat lang durfte er den schweigsamen Häuptling auf die Pirsch begleiten, lernte Spuren lesen, das Wild lautlos gegen den Wind beschleichen und den Pfeil zur rechten Zeit ins Zentrum des Lebens abschnellen. Und Simon Flinkfuß war ein gelehriger Schüler.

*Muskwa, der Bär*

Eines Nachts war Schnee gefallen, Vorbote des Winters, der über die Großen Seen kam. Simon erwachte auf der Pritsche am Eingang des Langhauses, in dem Hekasutas Familie den ersten Raum bewohnte. Beiderseits des Mittelganges, in dem die Feuerstelle ihren Platz hatte, waren meterhohe Pritschen zum Schlafen und zum Sitzen angebracht. Darauf lagen warme Felle und Decken für die Schläfer. In Kopfhöhe wurden auf einem Regal Schüsseln, Vorräte und Bekleidung aufbewahrt. Am Mittelpfosten der Pritsche hing das Wiegenbrett, auf dem tagsüber der jüngste Sproß der Familie, ein Säugling, festgebunden war. In aufrechter Stellung mit Fellstreifen umwickelt, das Köpfchen mit weichem Biberpelz gehalten, blieb das Kind wohlverwahrt und konnte das Kommen und Gehen im Langhaus beobachten. Denn hinter dem ersten Raum, in dem Hekasutas Familie wohnte, folgten in der Tiefe des Hauses drei weitere, jeder mit dem eigenen Feuer als Mittelpunkt und mit Pritschen beiderseits des Ganges.

Die Morgenkühle, die durch den halboffenen Fellvorhang am Eingang drang, hatte Simon geweckt. Oder war es der leise Eulenruf gewesen, der eben in der Nähe erklungen war? Der junge Jäger kroch unter der Decke aus Waschbärenfell hervor, schlüpfte in das lederne Obergewand, streifte Leggings und Mokassins über und griff nach Bogen und Köcher. Zwischendurch stopfte er rasch den Mund mit Popcorn voll, geröstetem Mais, der mit Ahornsirup gesüßt war. Dann huschte er aus dem Haus in die fahle Dämmerung.

Neben der großen Birke stand schon der Häuptling Eisenarm. Wortlos wandten sich beide dem Waldrand zu und tauchten im dichten Tann unter.

Der Schnee, der über Nacht gefallen war, ließ den erfahrenen Jäger die Spuren im Walde lesen wie ein Buch – vielmehr wie die Bilderschrift auf einer Hirschdecke oder einem Rindenstück, da ja weder die Indianer noch die Masse der Grenzer lesen oder schreiben konnten. Dort hatte das flinke Eichhörnchen die Pfötchen gesetzt, hier war ein Krähenpaar über die Blöße gelaufen. Der Weg des Fuchses zu seinem Bau und der Absprung des Marders unter der knorrigen Steineiche zeichneten sich deutlich im Schnee ab. Aus der Rehspur las der Häuptling Alter und Geschlecht der Tiere und ihre Gangart. Die dort waren auf der Flucht gewesen, und der sie gejagt hatte, war ein ausgewachsener Wolf. Aber der graue Räuber war noch nicht hungrig, er jagte noch nicht im Rudel wie im tiefen Winter und hatte die Rehspur bald wieder verlassen.

Simon sah alles, es hätte der kurzen Handbewegungen des Häuptlings nicht bedurft, ihn auf die sprechenden Zeichen im Schnee hinzuweisen. Fast lautlos eilten sie dahin, mit den federnden, weitausgreifenden Schritten der Indianer, die Knie stets ein wenig krumm, den Kopf vorgeneigt, die Augen auf den nahen Waldboden voraus gerichtet, Gehör und Geruchssinn nach allen Seiten aufnahmebereit.

Das niedere Wild streiften sie kaum mit einem Blick. Heute pirschten sie auf das Rudel stattlicher Wapitihirsche, das seit Tagen jenseits der moorigen Schlucht nahe dem großen Windbruch stand. Zwei der Tiere wollten sie zur Strecke bringen, zuvor aber das Rudel in die Nähe des Dorfes drücken, damit sie die Beute nicht allzuweit tragen müßten.

Inzwischen war es hell geworden, und es begann wieder zu schneien. Feiner, körniger Schnee trieb den Jägern ins Gesicht. Es war gut, daß die Jagdkleidung schon dem Winter angepaßt war: das Wams aus Biber- und Waschbärenfell war mit dem Pelz nach innen gekehrt, so daß es auch bei großer Kälte warmhielt. Eine weiche Pelzkappe bedeckte den Kopf, während Beinkleider, Leggings und Mokassins aus dem üblichen festen Hirschleder waren. Hekasuta hatte ihren Adoptivsohn Flinkfuß aufs beste eingekleidet, und er brannte nun darauf, ihr und den Geschwistern eine Portion Wildbret heimzubringen.

Als die beiden Jäger den Abhang zu dem moorigen Grund erreichten, wo an die Stelle des Hochwaldes niederes Gesträuch trat, blieb Eisenarm plötzlich stehen und kniete blitzschnell hinter einem Haselbusch nieder. Simon folgte augenblicklich und sah nun, kaum dreißig Schritt seitab, einen kapitalen Schaufler und eine Hirschkuh auf einer kleinen Blöße stehen und unruhig zu den Jägern herüber winden.

Eisenarm warf Simon einen kurzen Blick zu, hob den Bogen, spannte die Sehne und ließ im selben Augenblick schon den gefiederten Pfeil auf das Blatt des Hirsches schwirren.

Simon schoß fast gleichzeitig auf die Hirschkuh, aber doch um Bruchteile einer Sekunde später, als ihm schon der Knall von Eisenarms Bogensehne im Ohr hing. Es mochte sein, daß die Hindin vor dem Geräusch der Sehne oder vor dem Schwirren des Pfeiles schreckte; jedenfalls sprang sie, während der Hirsch auf der Stelle in die Knie brach, mit mächtigem Satz ab, dem düsteren Grund zu. Simons Pfeil war ihr tief in die Flanke gefahren, sie war weidwund, aber nicht sogleich tödlich getroffen.

Schon kniete der Häuptling neben dem Hirsch, um ihm den Fangstoß mit dem Weidmesser zu geben. Simon aber hetzte mit langen Sprüngen in die Schlucht hinab und verfolgte die flüchtige Hirschkuh. Hellroter Schweiß wies ihm den Weg: das Tier mußte in der Lunge verletzt sein und konnte nicht mehr allzuweit kommen.

Tiefer und tiefer führte ihn der rasende Lauf in den moorigen Grund. Dornengestrüpp, umgestürzte Baumriesen, verwitterte Stümpfe und modriges Wurzelwerk konnten Simon Flinkfuß nicht aufhalten. Schon glaubte er das harte, trockene Husten des todwunden Tieres zu hören und verhielt vor der Finsternis eines Tannendickichts – da traf ein zorniges Brummen sein Ohr, ein roter Rachen mit gelben Fangzähnen bleckte ihn an, und aus dem schwarzen Tannenloch erhob sich, noch schwärzer, Muskwa, der Bär. Er mochte sich gerade zum Winterschlaf eingelagert haben und war nun böse über die Störung.

Flucht! war Simons erster Gedanke. Aber zu beiden Seiten war dorniges Dickicht, in dem er sich verfangen hätte. Rückwärts war der Fluchtweg offen. Doch ein wütender Schwarzbär kann verteufelt schnell sein. Außerdem – ein Simon Flinkfuß flieht nicht! Schon hatte er den Pfeil auf die Sehne gelegt, den Bogen bis zum Bersten gespannt, und flupp! schwirrte das Geschoß gegen die Brust des Bären.

Der aber ließ sich gerade auf die Vorderbranten fallen, um den frechen Störenfried anzunehmen, und so fuhr ihm der Pfeil tief in die Schulter, ohne ihm ans Leben zu gehen. Muskwa schüttelte sich kurz, schlug mit einer wütenden Bewegung der Brante den Schaft des Pfeiles ab und griff nun seinen Gegner an. Zorniges Husten belferte auf, weißer Wutgeifer flockte herab.

44

Simon stand wie erstarrt, das Messer in der Faust, und erwartete den furchtbaren Feind. Schon glaubte er den stinkenden Atem des Zottelpelzes zu riechen, da erklang dicht hinter ihm der Knall einer Bogensehne, ein Pfeil schwirrte an seinem Kopf vorbei und bohrte sich in das linke, tückisch funkelnde Auge des Bären. Gleich darauf griff eine Hand nach Simons Schulter und riß ihn mit Gewalt zurück.

Der Schwarzbär, von Eisenarm empfindlich getroffen, drehte sich einmal um sich selbst, erhob sich fauchend und röchelnd auf die Hinterbeine und versuchte, mit den Vorderbranten den Pfeil aus dem Auge zu reißen. Dabei bot er Eisenarm die zottige Brust ungeschützt dar.

Der Häuptling sprang vor, stieß sein langes Messer dem Bären tief zwischen die Rippen und machte ebenso schnell einen Satz rückwärts, um dem Todeskampf des Tieres auszuweichen.

Muskwa fiel vornüber, fetzte mit den Branten den Waldboden auf und blieb dann still liegen; dabei stieß er ein klagendes, wehleidiges Jaulen aus, das Simon durch Mark und Bein ging.

Eisenarm aber trat nun auf den verendenden Bären zu, sah entrüstet auf ihn nieder und rief: »Schäm dich, Muskwa, zu jammern wie eine Memme! Du weißt, zwischen dein Geschlecht und meines ist Krieg gesetzt von alters her. Hättest du mich besiegt, ich hätte meinem Volk nicht solche Schande gemacht wie du, sondern wäre wie ein Krieger gestorben!«

Inzwischen war der Bär verendet und zu keiner Antwort mehr fähig. Eisenarm stieß ihm den Fuß in die Weiche, aber Muskwa rührte sich nicht mehr. Blut quoll aus dem zottigen Brustpelz und färbte den Schnee dunkelrot.

Der Häuptling setzte den Fuß auf den Kopf des erlegten Bären, in dessen Auge noch die Spitze des abgebrochenen Pfeiles steckte, und stieß einen hellen Schrei aus. Die Jagd war beendet, und auf der Strecke lag ein edleres Wild als das, worauf die Jäger gepirscht hatten.

»Es war nur ein Schwarzbär«, sagte Eisenarm herablassend. »Er ist von Natur feige. Wäre er nicht aus dem Winterlager aufgeschreckt worden, er hätte die Flucht ergriffen. Aber«, fügte er mit einem ernsten Blick auf Simon hinzu, »wäre Eisenarm nicht schnell genug zur Stelle gewesen, dann hätte Muskwa den tollkühnen Flinkfuß umarmt und zerdrückt. Kein Jäger wagt es, mit dem Pfeil einen Bären zu reizen.«

Er streifte geschickt mit Messer und Jagdbeil dem Bären die Decke ab. Dann schnitt er das noch blutwarme Herz heraus und verzehrte es roh. Danach sang er mit hohler Stimme: »Muskwa lebte im dunklen Tann, fraß Beeren und stahl den Bienen den Honig. Aber dann lief er dem großen Jäger Eisenarm über den Weg. Ja, wäre Muskwa rechtzeitig geflohen, wie es seine Art ist! Aber er wollte kämpfen, und er starb unter dem Messer des großen Jägers Eisenarm!«

Dann wandte er sich Simon zu und sagte: »Die Senecas jagen den Bären mit dem Blei ihrer Büchsen. Eisenarms Väter aber suchten den furchtbaren grauen Bären, gegen den Muskwa ein schwacher Feigling ist, in seiner Höhle auf und töteten ihn, nur mit dem Messer und einer Decke bewaffnet. Eisenarm ist seiner Väter würdig. Er hat selbst den grauen Bären mit dem Messer erlegt. Hier, Flinkfuß mag die Narben sehen, die ihm der Graue geschlagen hat, bevor ihn Eisenarms Messer fällte!« Er knöpfte sein Wams auf und wies auf die tiefen, vernarbten Risse, die sich über die linke Schulter und Brust zogen.

Simon war wie benommen. Aber er sah doch mit leuchtenden Augen zu dem Häuptling auf, den er bewunderte. Dann fiel ihm die weidwunde Hirschkuh ein, und er sagte: »Ich will nach der Hindin suchen, sie kann nicht mehr weit gekommen sein!«

Doch der Häuptling trug ihm auf, bei dem Bären zu bleiben, während er mit dem erlegten Hirsch ins Dorf gehen und Männer für den Abtransport des Bären holen wollte. Die Hirschkuh konnten sie dann immer noch suchen, wenn nicht die Wölfe sie inzwischen zerrissen hatten. »Mach ein großes Feuer, Flinkfuß, falls die Wölfe kommen«, schloß er. »Ich glaube aber nicht, daß sie schon frech werden. Der Winter beginnt erst.«

## Der alte Jim

Als Eisenarm gegangen war, entfachte Simon mit Feuerstein, Zunder und etwas Pulver ein Feuer, für das trockenes Holz genug in der Nähe lag. Das Prasseln der Flammen und das Knistern des Holzes machten die tiefe Stille der Wildnis weniger lastend für Simon, dem die Einsamkeit noch etwas Ungewohntes war. Er schnitt ein Stück aus einer Keule des Bären und briet es an einem Haselstock.

Der bruzzelnde Bärenschinken verbreitete einen verlockenden Duft, das Feuer schuf einen unsichtbaren Raum um den jungen Jäger und gab ihm das Gefühl der Geborgenheit. Dies also war das freie Jägerleben in der Wildnis, nach dem er sich gesehnt hatte. Die Erlebnisse der Jagd klangen in ihm nach, und Glücksgefühl durchströmte ihn, als er an seinen Lehrmeister dachte.

Unwillkürlich liefen seine Gedanken zurück zu dem kleinen Senecadorf am Fluß. Wie selbstverständlich hatten sie ihn in ihre natürliche Gemeinschaft dort aufgenommen! Wie umsorgte ihn die schweigsame Hekasuta, wie schnell war er in den Kreis der Jugend hineingewachsen. War alles Schwere, das hinter ihm lag, nur ein Traum gewesen? Die Flucht aus der Siedlung Shermanstal in das Fort Granville, der Fall des Forts, der Tod des Stiefvaters am Marterpfahl, die Schlacht um Kittanning? Mußte er nicht eigentlich verzweifeln nach dem Verlust der Mutter, der Brüder?

Aber Simon Girty war schon früh ein Träumer gewesen, der seine eigenen Wege ging. Seit dem Tode des Vaters und der neuen Ehe der Mutter hatten sich die Bande zur Familie gelockert. Und was an Idealen in der Brust des Jungen geschlummert hatte – war es nicht das harte, männliche Leben in der Wildnis, die einsame Jagd, der Ruhm kühner Taten gewesen? Die düstere, sagenumsponnene Traumwelt der Ferne wob die Bilder seiner Phantasie, und ihr war er nun ganz nahe, so nahe, daß aller Schmerz um Verlorenes ausgelöscht war.

Ein Rascheln im Gebüsch ließ ihn aus seinen Gedanken auffahren. Blitzschnell griff die rechte Hand ans Messer, die linke zum Bogen, der neben ihm an der Erde lag. Waren sie da, die Wölfe?

Angestrengt spähte Simon in das Dickicht. Aber kein gelbes Lichterpaar glomm aus dem Dunkel auf, kein Schatten schnürte am Boden. War es vielleicht nur ein Marder oder ein Eichhörnchen gewesen?

Wie eine Katze glitt Simon auf das Dickicht zu und sprang im nächsten Augenblick hinter den Stamm einer Bergfichte, den Bogen scharf gespannt: dort zeichnete sich im dichten Unterholz der Umriß einer menschlichen Gestalt im ledernen Jagdwams ab.

»Komm hervor, wer du auch bist!« rief Simon auf englisch und hielt den Pfeil auf den Fremden gerichtet.

»Halb so wild, mein Junge!« antwortete eine wohlbekannte Fistelstimme, und der alte Fallensteller trat auf die Blöße. Er trug die lange Büchse umgehängt, eine Decke über der Schulter, und neben dem Pulverhorn hing ein feister Truthahn an seiner Seite.

»Jim!« schrie Simon auf und eilte dem alten Mann entgegen, der ihn in die Arme schloß. »Jim! Wie kommst du hierher?«

»Hab' ich dich endlich gefunden, Simon!« sagte der Alte. »Bin schon seit Wochen hinter dir her, und fast hätte mich der frühe Winter nach Haus gejagt in meine Hütte am Schwarzleck. Aber dann hörte ich, wie sie an den Feuern der Cayugas von Simon Flinkfuß erzählten, der den Senecas beim Gassenlauf eine Nase gedreht hat. So kam ich den Ölbach herab und über den Allegheny an euer Dorf.«

»Und warum bist du nicht hereingekommen, Jim? Bei Eisenarm und seiner Sippe gilt das Gastrecht, wir hätten dich gut aufgenommen!«

»Halb so wild!« Der Alte kicherte. »Hab' eine alte Rechnung stehen bei den Senecas am Allegheny, schon zwanzig Jahre lang. Bin nicht wild darauf, auf meine alten Tage noch am Pfahl zu stehen, und sei es auch nur zum Spaß für die Kinder.«

Er setzte sich neben Simon ans Feuer, schnitt sich ein Stück vom gebratenen Bärenschinken ab, den ihm der Junge anbot, und aß mit Heißhunger. Zwischendurch schwatzte er in einem fort. »Hab' die vergangene Nacht über dem Dorf im Wald gelegen und heut früh eure Spur verfolgt. Seid mir aber weggerannt, meine alten Knochen wollen nicht mehr so schnell.«

Er sah sich um und blickte lächelnd auf den Bären, der säuberlich auf seine Decke gestreckt war. »Habt euch allerlei vorgenommen, ihr beiden Jäger. Mir scheint, hier ist's ziemlich heiß hergegangen. Und eine Hirschkuh, die weidwund im Walde lag, hab' ich aufgesammelt und mitgebracht. Liegt da drüben im Gebüsch.«

Simon sprang auf. »Also hast du sie gefunden, Jim! Sie gehört dir, das ist Jagdbrauch. Wo ist sie? Ich will sie holen!«

»Bleib, Junge, ich bin noch nicht zu Ende mit meiner Geschichte. Da steckt noch ein Mann im Busch, ein seltsamer Kauz; er bewacht das Wild. Ich traf ihn heute früh. Ist ein Betbruder, der seine Haut zu Markte trägt. Will den Senecas Kreuz und Gebetbuch aufschwatzen und sie fromme Weisen lehren. Ist einer von den Mährischen Brüdern, den Moraviern, wie wir sagen. Kommt direkt aus Bethlehem – na ja, Bethlehem irgendwo in der Gegend des Delaware natürlich. Er soll noch eine Weile bleiben, wo er ist. Ich möchte noch etwas mit dir bereden.«

Prüfend musterte er Simon von Kopf bis Fuß, und es war nicht zu erkennen, ob ihm der junge weißhäutige Indianer gefiel. »Bist schon ein richtiger Seneca geworden, wie mir scheint. Hast gar kein Verlangen nach deiner Mutter und den Brüdern, he?«

Simon fuhr auf: »Was weißt du, Jim? Wo sind sie?«

Der Alte kaute genießerisch an einem Fetzen Bärenschinken. Dann wischte er sein Messer an der ledernen Fransenhose ab, steckte es in den Gürtel, spuckte in den Schnee und fuhr bedächtiger fort: »Die Mutter war in Fort Duquesne. Dort ist der kleine John von einem französischen Pfaffen getauft worden, katholisch, versteht sich. Ihr seid ja wohl von der Sorte. Weiß nicht, ob sie noch dort sind, denn König Biber hat die Gefangenen für sich beansprucht. Und James ist bei den Shawnees, irgendwo am oberen Ohio. Von George weiß ich nur, daß der krötige Shingas ihn mitgenommen hat. Hatte an dem Jungen Gefallen gefunden. Wird ihn wohl in seiner neuen Residenz Kuskuskies am Biberfluß zu einem tüchtigen Delawarenkrieger machen wollen.«

»So sind die Girtys in alle Winde zerstreut!« rief Simon. »Und Thomas? Ist er entkommen, damals beim Kampf um Kittanning?«

»Soviel ich weiß, ja«, erwiderte der Alte. »Er soll nach Shermanstal zurückgekehrt sein. Aber er wird wenig Freude daran haben. Die Roten haben dort alles niedergebrannt und ausgeraubt.«

»Und nun?« fragte Simon düster. »Was soll aus all dem werden? Ist noch immer Krieg zwischen Engländern und Franzosen? Brennen die Siedlungen, fliehen Frauen und Kinder, und die Soldaten stecken die Indianerdörfer an?«

»Ja, mein Junge, noch immer. Sollen drüben im alten Europa mächtig aufeinander losschlagen. Deshalb können wir hier nicht zur Ruhe kommen. Einer kann nur Herr sein in Amerika, sagt man. Und sie rüsten in unseren Kolonien zu neuen Feldzügen, wollen die Franzosen aus dem Ohiogebiet vertreiben, ihren Handel zerstören und die Grenze immer weiter nach Westen vorantreiben. Brauchen viel Land, unsere Siedler, immer mehr kommen über den Ozean, haben großen Hunger nach Land.«

»Und die Indianer?« rief Simon. »Wo ist ihr Land?«

Der Alte schwieg eine Weile. Dann sagte er langsam: »Hast nicht unrecht, mein Junge. Kann nicht viel Gutes daraus kommen. Aber du bist ein Engländer, dein Platz ist bei deinen Landsleuten.« Er stand auf und legte Simon die Hände auf die Schultern: »Komm mit, mein Junge! Hab' dich endlich gefunden! Will dich zu deinen – zu deinen Leuten bringen. Ehe dein Häuptling zurück ist, sind wir über alle Berge!«

Simon sah den alten Fallensteller traurig an. »Zu meinen Leuten?« erwiderte er. »Wo sind sie? Bei den Engländern? Mutter ist bei den Franzosen in Fort Duquesne, hast du gesagt, oder bei

König Biber. Meine Brüder sind bei den Shawnees und bei den Delawaren. Vater ist tot. John Turner, mein Stiefvater, ist in Kittanning verbrannt. Und Thomas ist heimatlos.«

»Hör auf, Junge, es treibt mir altem Mann das Wasser in die Augen! Was willst du tun? Kannst du hier leben – unter den Rothäuten?«

»Sei mir nicht böse, Jim! Du hast soviel Mühe auf dich genommen, mich zu finden, aber ich kann nicht. Wohin sollte ich gehen? Jetzt gehöre ich hierher. Alle sind gut zu mir. Es ist kein Falsch in ihnen. Sie sind tapfer, und sie nehmen niemand das Land weg. Und Hekasuta, meine Pflegemutter, braucht mich, sie hat kleine Kinder, die versorgt werden müssen.«

Er trat einen Schritt zurück und richtete sich straff auf. »Nein, Jim«, sagte er stolz, »ich will ein Krieger werden und ein Häuptling der Senecas!«

Der Alte schüttelte den Kopf. »Ist eine verrückte Welt, Junge! Weiß aber auch nichts Besseres, wenn ich drüber nachdenke. Mag ja noch manches anders kommen mit den Jahren. Aber jetzt…«, er legte die Hände als Trichter an den Mund und rief in den Wald hinein: »He, Bruder Christian! Kommt her, bringt die Hirschkuh mit!«

Schritte wurden laut, dann teilte sich das Gebüsch, und hervor trat ein langer, hagerer Mann im schwarzen langschößigen Mantel, der durch die Wildnis stark gelitten hatte. Er trug das verendete Wild vor sich her wie den Leichnam eines Aussätzigen und schien froh, die unheilige Last am Feuer absetzen zu können. Dann ging er auf Simon zu und sagte auf irokesisch: »Der Friede Gottes sei mit dir, mein Bruder! Ich heiße Christian Friedrich Post, führe mich zu deinem Volk, daß ich ihm meine Botschaft bringe!«

Simon erwiderte englisch: »Setzt Euch ans Feuer, Herr! Der Häuptling Eisenarm wird bald zurück sein. Ihm müßt Ihr Euer Anliegen vorbringen.«

Der alte Jim umarmte Simon und rief: »Gott schütze dich, mein Junge! Wenn er es will, werden meine alten Augen dich wiedersehen. Heute weiß ich nichts Besseres für dich, als was dein eigener Entschluß dir eingibt!«

Er nahm seine Jagdbeute und die lange Büchse auf und verschwand, nach einem flüchtigen Kopfnicken zu dem Missionar hin, mit schlurfenden Schritten im Wald.

# Das Dorf am Allegheny

Der Mond rundete sich, schwand wieder, erneuerte seine Gestalt und wurde abermals rund. Auf den Jagdmonat, den die Jengis den November nannten, folgte der Hörnermonat, in dem die Hirsche das Geweih abwarfen.

Die Männer zogen tagsüber zur Jagd aus. Abends knirschte der Schnee unter ihren Schritten, wenn sie mit Wildbret beladen heimkehrten, und in den Kupferkesseln dampfte das Fleisch über den Feuern. Es war ein gutes Jagdjahr. Dank Eisenarms Vorsorge war das Wild nicht vorzeitig vergrämt worden. Die Hirsche standen in Rudeln auf den Bergwiesen, Elch und Bison wechselten durch die Jagdgründe des Dorfes, und hin und wieder wurde ein Bär eingebracht. Seine Tatzen waren ein Leckerbissen, und einen Bärenschinken im Rauch hängen zu haben gehörte zum indianischen Winter wie der Truthahn zum Neujahrsfest der Jengis, der Engländer.

Je früher im Winter der Bär zur Strecke gebracht wurde, um so besser. Sein Wintervorrat an Fett, mit dem er sich in der Höhle einlagerte, war begehrt: Bärenfett war wichtig für die Schönheitspflege. Die bronzefarbenen Gesichter wurden damit eingesalbt, bevor die mit Hirschtalg angeriebene rote Farbe aufgetragen wurde. Vor allem mußten die Skalplocke des Kriegers und der dicke, schwarze Zopf der Frau mit Bärenfett balsamiert werden, damit das Haar tiefschwarz und glänzend blieb.

Für Simon waren die Tage erfüllt von der Jagd. Die Abende und die Ruhetage gehörten Hekasuta und den Stiefgeschwistern. Simon erzählte von der Jagd und lauschte den Geschichten und Fabeln, mit denen die Mutter ihre Kinder zur Ruhe brachte.

Oft saß er auch im Haus des Häuptlings, in dem hinter Eisenarms Wohnraum eine Art Halle für die Versammlung des Dorfes freigehalten war, und hörte den Worten seines Lehrmeisters zu. Die alte Frau, deren Stimme so viel galt in der kleinen Gemeinschaft, saß meist schweigend dabei am flackernden Feuer. Simon wußte nicht, ob sie die Mutter oder die Großmutter des Häuptlings war. Ihr Gesicht, von tausend Runzeln durchzogen, blieb unbeweglich, die glanzlosen Augen schienen nach innen zu blikken. Nur hin und wieder öffnete sie den zahnlosen Mund und sprach mit leiser Stimme Worte, die scheinbar beziehungslos im weiten Raum der Halle verklangen, in Wahrheit aber an den jungen Jengi gerichtet waren: Worte der Weisheit, ehrwürdige Überlieferung aus früheren Jahrhunderten, Bilder und Gleichnisse aus der indianischen Religion.

Fast unmerklich, ohne es zu wissen, wuchs Simon hinein in die seltsame Welt indianischen Naturglaubens, in ihre Anschauungen, ihre Gesetze und ihre Ängste. Von der Mutter Erde hörte er, die in ihrem Schoß die roten Kinder geboren hatte. Wie sie blind wie die Kaninchen in der Tiefe lebten, wo es finster war und kein Sonnenstrahl hindrang. Und daß sie Mäuse fingen im Dunkeln mit ihren Händen, bis Ganawagah durch Zufall eine Öffnung fand, durch die er an die Oberfläche kam. Und daß er dort oben einen Hirsch mit den Händen erwürgte und das wohlschmekkende Fleisch hinunterbrachte und von dem herrlichen grünen Land dort oben erzählte. Wie sie dann hinaufstiegen, die roten Kinder der Mutter Erde, und das grüne Land unter Sonne und Wind in Besitz nahmen – alle bis auf die wenigen, die keinen Mut hatten und noch heute als Erdschweine tiefdrinnen im Dunkeln lebten. Und daß die Indianer, weil sie einmal ihre Brüder gewesen, keine Kaninchen und keine Erdschweine äßen.

Vom Großen Geist hörte Simon, der die Welt erschaffen habe

und die Insel Amerika, die auf dem Rücken einer großen Schildkröte schwimme. Aber daß er sehr fern sei und nur bisweilen in Donner und Blitz zu seinen Kindern rede. Daß aber sein Walten in der belebten Natur allgegenwärtig sei und in Baum und Berg, in Tier und Blatt webe.

Ja, der Große Geist sei fern und kämpfe gegen riesige Wasserfluten und gewaltige Tiere. Aber sein Wille und Gesetz sei seinen roten Kindern nahe im Leben und Weben der Natur. In ihr gebe er seinen Kindern Zeichen, die seinen Willen offenbaren. Kein wildes Tier jage in den Bergen, kein Vogel singe, kein Blatt rausche, das nicht das Schicksal des Indianers lenken und ihn warnen könne. Deshalb müsse ein jeder sich seinen Schutzgeist in der Natur suchen, sei es Tier, Pflanze oder Wolke, ihm vertrauen, auf seine Weisung hören und ihm opfern: von Zeit zu Zeit ein saftiges Stück Wildbret, ein gewebtes Tuch, ein kostbares Fell oder eine Pfeife Tabak.

Hätte man Simon aufgefordert, seinem Christenglauben abzuschwören, so hätte er sich gewiß geweigert, hätte Ohr und Herz allen Einflüssen verschlossen oder wäre gar entlaufen in die froststarrende Wildnis. Aber daran dachte kein Indianer. Seine Naturreligion, vielgestaltig abgewandelt unter der großen Zahl indianischer Völker und Stämme, schuf weder Bekenner noch Bekehrte, weder Märtyrer noch Scheiterhaufen. Eisenarm hing, wie die meisten Indianer, am Glauben der Väter, der ihm zu Zeiten hohen Mut, aber auch kindliche Angst eingeben konnte. Doch wäre es ihm nicht eingefallen, Simon zu einem Bekenntnis zu nötigen. Die indianische Religion war ein unlöslicher Bestandteil des indianischen Lebens, ein Geflecht aus Gefühl, Verehrung, Aberglauben und Angst. Man konnte mit diesem Glauben leben, aber man konnte nicht zu ihm übertreten.

Also lauschte Simon dem Klang der Worte und nahm Bilder und Gleichnisse in sich auf, ohne einen Zwiespalt in der eigenen Brust zu empfinden. Er war katholisch getauft und von der Mutter nach den Geboten erzogen worden, aber eine Kirche hatte er nie betreten. In jener vordersten Zone der Grenze, in der er aufgewachsen war, hatte es keine Gotteshäuser gegeben, noch nicht. Und Vater und Stiefvater hatten wenig Wert darauf gelegt, diesen Mangel bei ihren gelegentlichen Besuchen im Hinterland auszugleichen.

## Der Missionar

Eines Abends, als Simon müde und mit steifgefrorenen Gliedern von der Jagd heimkam, empfing ihn Hekasuta mit den Worten: »Der Jengi mit der schnellen Zunge ist wieder da. Heute abend brennt das Feuer in der Ratshalle. Wir sollen hören, was der fremde Vogel singt. Die alte Frau will es.«

»Der Missionar?« rief Simon unwillig. »Juckt ihm das Fell, will er den Soldaten vom Fort in die Arme laufen? Die Männer sind müde von der Jagd!« Er war überrascht, daß der Moravier es wagte, sich hier, fast unter den Kanonen des französischen Forts, zu zeigen und gar eine Versammlung zu riskieren. Damals, als ihn der alte Jim in die Bärenschlucht mitgebracht hatte, war er nur eine Nacht geblieben und im Morgengrauen auf verschwiegenen Pfaden westwärts über den Allegheny geleitet worden. Denn der allmonatliche Besuch des französischen Kapitäns stand bevor, der den Engländer vielleicht in Stock und Eisen hätte schließen lassen. Immerhin war Krieg zwischen England und Frankreich.

Nun war er also zurück von den Delawaren am Biberfluß, und wie er versprochen und mit Eisenarm verabredet hatte, kam er auf dem Rückweg in das Senecadorf und wollte nun seinen Missionsauftrag erfüllen. Der Häuptling war nicht auf die Einhaltung dieses Versprechens erpicht gewesen. Aber die Gesetze der Gastfreundschaft und der Höflichkeit schrieben ihm vor, den Fremdling zu empfangen. Auch war die Kunde von der Kraft seiner Rede schon seinem Besuch vorausgeeilt.

Längst hatte sich die frühe Winternacht über das Dorf am Waldrand gesenkt, als die Männer und Frauen in der Ratshalle zusammenkamen. Klirrender Frost lag über dem Land, am Himmel stand der bleiche Mond und warf sein Licht auf die schneeige Blöße. Nebelmilch schwamm über dem Fluß, nächtlicher Eulenruf kam vom Waldrand, und von fern klang das Heulen der Wölfe herüber und fand Antwort bei den Dorfhunden. In den Häusern war es still. Die Papusen, die Kinder, schliefen unter der Felldecke, aber die ältesten unter den Halbwüchsigen, auch Simon Flinkfuß, durften als stumme Zuhörer an der Versammlung des Dorfes teilnehmen.

Das flackernde Feuer warf seinen Schein auf die Runde der Männer und Frauen. Schweigend saßen sie auf den schmalen Pritschen, die sich ringsum an den Wänden entlangzogen, oder auf mitgebrachten Felldecken am Boden. An der Stirnseite der Halle saß die alte Frau, zu ihrer Rechten der Häuptling Eisenarm. Beide waren in festliche Gewänder aus Hirschleder gekleidet, die mit Fransen und kunstvoller Muschelstickerei geschmückt waren. Links von ihnen saß der Missionar und sah aufmerksam im Kreise umher, als wollte er die Versammlung prüfen. Endlich ergriff Eisenarm das Wort und sagte: »Die weißen Väter vom Großen Fluß finden selten zu uns. Sie sind die Freunde der Delawaren, die dem Langen Haus untertan sind. Der Wind hat Eisenarm zugeraunt, daß auch Schnelle Zunge an den Ratsfeuern der Delawaren heimisch sei. Er soll eine Delawarentochter zum Weibe haben.«

Der Häuptling schwieg eine Weile, bis das Murmeln verebbt war, das sich in der Versammlung erhoben hatte. Dann fuhr er fort: »Nun, die Senecas haben das Kriegsbeil mit den Delawaren längst begraben. Sie wollen ihr Ohr der Botschaft, die von den weißen Vätern am Großen Fluß kommt, nicht verschließen. Schnelle Zunge mag vorbringen, was ihm aufgetragen worden ist.«

Christian Friedrich Post hatte sich erhoben. Er trat einen Schritt vor in den freien Raum in der Mitte der Halle, sammelte sich mit einem Blick in das Feuer und begann:

»Es ist wahr, daß ich eine delawarische Frau hatte. Sie ist gestorben. Meine Augen sind naß von Tränen, die ich um sie geweint habe, aber mein Herz ist froh. Denn sie ist im Himmel des allmächtigen Gottes, der Herr ist über alle Völker. Dort lebt sie glücklich und frei von aller Not und Angst. Sie ist im wahren Glauben gestorben und also in das ewige Leben eingegangen.«

Er machte eine Pause, um seine Worte wirken zu lassen, und fuhr dann mit erhobener Stimme fort: »Denn der wahre Gott, der Himmel und Erde und alle Kreatur geschaffen hat, liebt seine Kinder, die weißen und die roten. Er wollte sie befreien von allen Ängsten, die ihnen der Aberglaube an böse Geister und dunkle Mächte eingab. Deshalb hat er seinen eigenen Sohn auf die Erde gesandt...« Mit bewegten Worten und mit dem Feuer der Begeisterung erzählte er vom Leben Christi auf Erden. Das war den Indianern nicht neu, denn der französische Pater, der hin und wieder vom Fort Machault herüberkam, hatte ihnen schon des öfteren davon erzählt. Aber er hatte es immer vermieden, von Sünde und Schuld aller Menschen zu sprechen und den Indianern diese Last ebenfalls aufzubürden. Vielmehr hatte er stets das Verbindende zwischen beiden Anschauungen herauszustellen gesucht und seine Hörer behutsam an die Grundpfeiler der christlichen Lehre herangeführt.

Nicht Christian Friedrich Post. Von seiner Rede selbst mitgerissen, schilderte er den Kreuzestod Christi und sprach von der Schuld und der Sündhaftigkeit, die alle Menschen betreffe, ihn selbst und seine Zuhörer eingeschlossen.

Aber da entgegnete ihm Eisenarm ruhig und bestimmt: »Freund, wenn ihr Weißen den Sohn des Großen Geistes umgebracht habt, so haben seine roten Kinder nichts damit zu tun. Wäre er zu uns gekommen, wir hätten ihn nicht an den Pfahl gebunden und getötet. Wir hätten ihm einen Platz in unserem Haus gegeben, Felle zur Kleidung und Brot und Fleisch für den Hunger. Nein, Freund, diese Tat geht uns nichts an. Ihr müßt allein dafür büßen!«

Dem Missionar hatte es einen Augenblick die Sprache verschlagen. Er hatte sich in seinem Eifer zu weit vorgewagt und suchte nun nach einer Brücke über die Kluft, die sich zwischen ihm und seinen Zuhörern aufgetan hatte. Aber nun hob die alte Frau wie abwehrend die Hand gegen ihn und sprach mit brüchiger Stimme in die Stille:

»Es gab eine Zeit, da diese große Insel unsern Vätern gehörte. Der Große Geist hatte sie ihnen zur Wohnung gegeben. Aber dann kamen die weißen Männer über das Meer. Sie sagten, sie seien vor bösen Menschen geflohen, die ihnen ihren Glauben nehmen wollten. Unsere Väter gaben ihnen Land, Korn und Fleisch, und die Weißen gaben den Indianern Gift dafür. Und immer mehr Weiße kamen, und sie nahmen sich immer mehr Land. Krieg kam, und viel Blut floß.

Nun habt ihr einen großen Teil unseres Landes und könnt darin leben und euren Glauben behalten, den euch eure weißen Feinde nehmen wollten – dort, von wo ihr gekommen seid.

Junger Mann, uns alle hat der Große Geist geschaffen. Aber er hat uns verschieden gemacht, euch weiß und uns rot. Er hat uns zweierlei Sprache gegeben und zweierlei Religion. Der Große Geist weiß, was das rechte ist für seine Kinder. Wir sind mit unserer Religion, wie sie unsere Mütter uns gelehrt haben, zufrieden. Wir brauchen keine andere. Wir wollen euch euren Glauben nicht nehmen, aber laßt uns den unsern behalten!«

Sie erhob sich und verließ, auf den Arm des Häuptlings gestützt, die Halle, zum Zeichen, daß die Versammlung beendet war. Aber als der Missionar am andern Morgen mit geringerem Erfolg, als er ihn bei den Delawaren errungen hatte, das Senecadorf am Allegheny verließ, fand die alte Frau dennoch freundliche Worte zum Abschied: »Der Große Geist möge dir eine glückliche Reise schenken, bei Tag einen Himmel ohne Sturm und Wolken, bei Nacht eine warme Biberdecke, ungestörten Schlaf und angenehme Träume. Mögest du stets ungefährdet und sicher sein unter der großen Friedenspfeife!«

Damit entließ sie ihn, nachdem sie sich überzeugt hatte, daß er mit Wegzehrung versehen war: mit Dörrfleisch und Pemmikan, einer Hirschblase voll Bärenfett, mit Maisbrot und süßem Popcorn. Und Eisenarm ließ es sich nicht nehmen, den Gast eine halbe Tagesreise weit über die Berge nach Osten zu geleiten. Denn mochte Post auch in der Sache wenig ausgerichtet haben, seine Lauterkeit und die Kraft seiner Rede hatten ihm auch hier Achtung und eine gewisse Zuneigung eingetragen.

Das neue Jahr kam mit Sturm und Schneetreiben daher. Wochenlang mußten die Wege im Dorf morgens freigeschaufelt werden. Das war Frauenarbeit, wie überhaupt alles, was nicht mit Jagd und Kriegspfad zu tun hatte, Sache der Frau war. Sie hatte zu kochen, das Korn in Mörsern zu stampfen, das Maisbrot in der Asche zu backen. Sie mußte das Feuer unterhalten und für Brennholz sorgen. Sie gerbte die Hirschhäute und Biberfelle, nähte die Kleidung der Männer und hielt sie instand. Alle Geräte im Haushalt hatte die Frau zu fertigen; selbstverständlich war sie es auch, die die Äcker bestellte, säte, pflanzte und erntete. Sogar beim Hausbau trug sie die Hauptlast. War doch das Haus oder jedenfalls der Teil, den ihre Familie bewohnte, ebenso Eigentum der Frau wie das bewegliche Gut.

Männerwerk war die Jagd, und sie forderte alle Kräfte. Weithin über Berge und Wälder erstreckten sich die Jagdgründe. Stunde um Stunde dauerte die Hatz durch tiefen, verharschten Schnee. Durch Dornen und Dickicht, über steile Höhen und durch eisige Wildbäche ging die Verfolgung des flüchtigen Wildes. Hunger und Durst mußten ertragen werden, niemals durften die Glieder lahm, die Sinne stumpf werden von der Mühsal des Weidwerks. Es gab keine Schwäche, keine Müdigkeit, es durfte sie nicht geben, wollten das Dutzend Männer und die Handvoll halbwüchsiger Burschen die fast hundert hungrigen Mäuler des Dorfes stopfen.

Noch ernährte das Land am Allegheny seine roten Kinder. Die Grenze, die Westmark der weißen Siedler, tastete sich hundert Meilen östlich erst langsam vor. Aber es forderte die volle Kraft der Männer und den Bienenfleiß der Frauen als Tribut. Doch zu Zeiten gab das Land auch reichlich: mit den Ernten der kleinen Äcker, den Früchten des Waldes und seinem Wildreichtum. Dann konnten Arbeit und Weidwerk auch einmal ruhen. Denn keine indianische Hand regte sich aus einem anderen Grund als um die Notdurft, das dringende Bedürfnis zu stillen. Dann war die Zeit für Spiel und Tanz, für Gespinst von Geschichten und Sagen der Wildnis.

Höchstes Männerwerk aber war der Krieg. Es kam wie Sturm und Hagelschlag, brach mit Unheil herein oder reifte langsam heran, von Stolz und Bruderhaß genährt. Selten war es der Hunger nach Brot, der die Männer auf den Unreinen Pfad trieb, häufiger der Hunger nach Ruhm, ebenso oft der Drang nach Vergeltung erlittener Schmach oder Unbill. Für den Krieg mußten die Männer ihre besten Kräfte sparen, ihre höchsten Fähigkeiten und Tugenden ausbilden. Denn er allein brachte ihnen den Ruhm des Kriegers und die begehrteste Beute, den Skalp am Gürtel.

Simon sah die grausigen Trophäen, die auf Weidenruten gespannt an den Mittelpfosten der Langhäuser hingen. Bei dem einen mehr, beim andern weniger, und die jungen Krieger hatten oft nur einen einzigen oder auch gar keinen Skalp am Pfahl hängen. Es war begreiflich, daß sie darauf brannten, sich auch die Siegeszeichen zu erwerben, die Zeugnis ihrer Tapferkeit waren. Hekasutas Mann, der auf der Jagd von einem Bären getötet worden war, war ein tapferer Krieger gewesen. Sooft Simon abends müde von der Jagd auf der Pritsche lag, konnte er die sieben Skalpe zählen, die am Mittelpfosten über dem Feuer hingen. Wenn die Flamme lohte oder die Zugluft durch den Mittelgang fuhr, geschah es oft, daß die verfilzten staubgrauen Skalplocken ein gespenstisches Leben führten, als griffen die Geister der Erschlagenen nach ihrem geraubten Kopfschmuck.

Gegen Ende des Winters war der Salzvorrat des Dorfes aufgebraucht. Da die Ankunft des französischen Händlers, der in jedem Frühjahr kam, noch auf sich warten ließ, mußten die Männer das kostbare Gewürz in der Mudlecke gewinnen. Das war eine mühsame Arbeit, und der Ertrag war mäßig, aber er reichte aus, die Lücke zu füllen. Die Mudlecke war ein Hochmoor nördlich des Allegheny, wo in brackigen Tümpeln stark mooriges, aber salzhaltiges Wasser stand. Dort mußte Tag und Nacht auf lodernden Feuern die braune Bracke verdampfen, bis der Sud in den Salzpfannen zu einer harten Kruste gerann. Der Bodensatz wurde in Mörsern zerstampft und ergab ein zwar schmutziges, aber brauchbares Salz.

Simon hatte sich dem Salztrupp angeschlossen. Er versorgte zusammen mit Eisenarm und einigen anderen erfahrenen Jägern die Männer an den Kesseln mit Fleisch. Die Jagd war leicht und ergiebig dort, weil das Wild von weither kam, um in der modrigen Salzbrühe zu lecken, die auch im starken Winter nicht gefror.

## Opferkraut und Feuerwasser

Als der Froschmonat, den die Jengis den Februar nennen und in dem die Frösche ihr Gequak zum erstenmal wieder hören lassen, zu Ende ging, zog ein hohles Brausen durch die Wipfel auf den Höhen. Der Tausturm fuhr über das Land und zerbrach die klirrende Hülle über Berg und Baum. Das Schmelzwasser strömte zu Tal, und in wenigen Nächten war die riesige Schneedecke geschmolzen. Der junge Allegheny wälzte eine trübe Flut talwärts und trat weithin über die Ufer. Es war ein Glück, daß Dorf und Äcker hoch am Berg lagen.

Regen rann auf die Rindendächer. In den Hütten hing der Rauch von nassem Feuerholz, und selbst die Felldecken waren klamm von Feuchtigkeit. Als endlich der Frühlingswind das Wolkentuch zerriß, dampfte das Land unter der warmen Märzsonne. Am nächtlichen Himmel rauschte Vogelzug, Graugänse schrien, und hoch oben flogen, zum Keil formiert, die Kraniche gen Mitternacht. Steif und vor Schwäche schwankend erhob sich der Bär vom Winterlager, und überall schoß der Saft in die Bäume.

Dies war die Zeit, den süßen Saft des Ahorns zu zapfen. Das war Sache der Frauen. Die Wälder auf den Uferhöhen des Allegheny hatten reichen Ahornbestand. Die Stämme wurden angebohrt, der Saft aufgefangen, gesammelt und im Dorf über großen Feuern zu Sirup verkocht. Der Bodensatz kristallisierte zu braunem Ahornzucker, der in Mörsern zerrieben wurde.

Als Wald und Wiesen sich mit frischem Grün färbten, kam auch der Händler von Fort Machault herauf. Zwei Tage lang wurde mit munterem Scherz und endlosen Reden gehandelt, bis die Felle hüben und Pulver und Blei, Waffen, Salz, Tuchkleidung und Gerät drüben den Besitzer gewechselt hatten. Nicht zu vergessen der Rum, der schon während des Aushandelns reichlich floß und dem jungen Händler Drouillard manches Geschäft erleichterte.

Am dritten Tag brannte ein großes Feuer auf dem Dorfplatz. Der Nachmittag war mit Ballspiel, Bogenschießen und Wettlauf ausgefüllt. Dabei gelang es Simon Flinkfuß zum erstenmal, Fliegender Hirsch zu schlagen, den schnellsten Läufer unter den Kriegern des Dorfes.

Als die Sonne hinter den Waldrand sank, dampfte das Fleisch in den Kesseln. Das ganze Dorf versammelte sich im weiten Rund zum Festmahl. Der Gast Drouillard saß zur Linken der alten Frau auf einem Fäßchen Rum, dem die begehrlichen Blicke der Indianer galten.

Aber noch war es nicht Zeit, den Zapfhahn in den Faßboden zu treiben. Als alle in schweigender Erwartung dasaßen, trat der Häuptling Eisenarm vor, schöpfte aus jedem der großen Fleischkessel eine Kupferkelle heißes Fett und goß es ins Feuer, wo es zischend mit heller Flamme verbrannte. Es war das Dankopfer, das dem Großen Geist gebracht wurde.

Dann ging Eisenarm zu der alten Frau. Sie stand auf, nahm aus einer kleinen Schüssel eine Handvoll Bärenfett und salbte dem Häuptling damit Gesicht und Hände. Darauf reichte sie ihm eine Klapper – eine gestielte Holztrommel, die mit Maiskörnern gefüllt war – und einen Weidenkorb voll Tabakblätter.

Eisenarm trat ans Feuer, nahm eine Handvoll Tabak und warf sie auf einen der Steine, die am Rande der Glut aufgereiht waren. Während der Tabak auf dem glühheißen Stein schwelte, schüttelte der Häuptling seine Klapper und rief: »Herr über Berge und Wälder, gib deinen Kindern eine gute Jagd!«

Sobald das Opferkraut Feuer gefangen hatte und aufflackernd verglomm, nahm er eine neue Prise, warf sie auf einen anderen Stein und rief: »Großer Geist der Sonne, laß unsere Ernte reifen!« Dann bedachte er den nächsten Stein in der Reihe, klapperte abermals und rief: »Herr über Wolken und Wind, verschone uns mit Sturm und Blitz!« Und beim nächsten: »Großer Geist über den Wassern, behüte uns vor Flut und Hagelschlag!«

So ging es fort, zwölfmal, bis alle Schutzgeister und Elemente beschworen waren. Zuletzt kam das Feuer an die Reihe: »Herr der nährenden, wärmenden Flamme, erhalte unsere Häuser!«

Dann nahm Eisenarm die federgeschmückte Friedenspfeife, die ihm die alte Frau reichte, setzte sie schweigend in Brand, blies den Rauch in alle vier Himmelsrichtungen und gab sie dann an den Gast weiter. Der tat ein paar feierliche Züge daraus und reichte das Kalumet der alten Frau.

Der Häuptling aber klatschte in die Hände und rief: »Fanget an!« Darauf eilten von allen Seiten die jungen Mädchen in den Kreis, fischten Fleischstücke aus den Kesseln und servierten sie geschwind auf großen Blättern. Dazu gab es Maisbrot, das aus Körben verteilt wurde. Dann kam jeder mit seinem hölzernen Becher an das Feuer und empfing eine Kelle voll heißer Brühe, meist reines Fett, und nun hob ein Schmatzen und Schmausen an, das bis in die Nacht dauerte.

Simon hieb kräftig ein. Die Kessel schienen unerschöpflich, die Mägen der Indianer schier bodenlos. Bis zum Morgen hätte es so weitergehen können, aber noch ein anderer, höherer Genuß stand bevor: das Feuerwasser, das der Händler zum Abschluß des guten Handels spendierte. Noch saß er selbst auf dem begehrten Fäßchen und kaute an einem Stück Hirschfleisch herum, das er auf sein Messer gespießt und über der Glut geröstet hatte;

denn das Kochfleisch der Indianer war nicht nach seinem Geschmack.

Der Mond hatte schon ein gutes Stück seines nächtlichen Weges zurückgelegt, als Eisenarm die Hand hob und eine vielsagende Bewegung zu den Langhäusern hin machte. Das war das Zeichen für die Mädchen und jungen Burschen, schlafen zu gehen. Was nun kam, war allein Sache der Männer und Frauen, der Krieger und der Hüterinnen des Herdes. Kein Bursche, der noch nicht seine Medizin erworben hatte, kein Mädchen, das noch ungefreit war, durfte am Höhepunkt des Festes teilnehmen.

Als die Jugend wortlos verschwunden war, nahm der Häuptling seinen Becher und hielt ihn Drouillard zum Füllen hin. Der hatte inzwischen sein Fäßchen angezapft und ließ das duftende Teufelswasser in den Becher rinnen, bis er halbvoll war.

Noch einmal gedachte der Häuptling der höheren Macht, die alle Geschicke der Indianer lenkt. Aber er wußte wohl, daß der Große Geist in der Flamme, der er nun sein Trankopfer anvertraute, nicht persönlich zugegen war. Deshalb spritzte er wohlweislich nur ein paar Tropfen von dem Wasser, das so selig macht, in das Feuer. Als sie mit blauzuckendem Licht zischend vergingen, setzte Eisenarm den Becher an die Lippen und trank ihn in einem Zuge leer.

Bis in den grauenden Morgen brannte das Feuer, und lange noch klangen hohler Gesang und Gelächter über den Platz. Doch als der Tag sich über dem Alleghenytal ankündigte, stand der junge Händler als einziger auf und ging aufrechten Ganges zur Ruhe. Alle anderen, soweit sie nicht schon früher zu ihren Pritschen gewankt waren, schliefen rings um das Feuer ihren Rausch aus. Einige lagen mit dem Kopf in der Asche, andere waren auf halbem Wege zu ihren Hütten liegengeblieben, nach kurzer Beseligung vom Gift des weißen Mannes überwunden, Mann und Frau, ohne Unterschied. Der Häuptling Eisenarm war nicht darunter.

## Der Adler im Nest

Höher und höher stieg die Mittagsbahn der Sonne über die Berge im Süden. In Wald und Fluß wob ein vielfältiges Leben. Blitzend sprang der Lachs über die spiegelnde Flut, Biber raspelten im Uferschatten. Im Rohr flüsterte der Sommerwind. Die Luft war voller Vogelstimmen. In den Wiesen zirpten die Grillen, hochauf ragten die Tabakstauden, und auf den Feldern reifte der Mais.

Simon Flinkfuß wuchs zum Mann heran. Seine Glieder streckten sich. Die Brust wölbte sich unter breiten Schultern, Muskeln und Sehnen waren gestählt von der harten Übung der Jagd. Auf Oberlippe und Wangen sproß ein dunkler Flaum, und seine Stimme klang tief wie die des Häuptlings.

Schon überragte er seine Pflegemutter Hekasuta um Haupteslänge. Wenn er mit anderen Burschen im Schwitzhaus saß, wo glühende Steine den Schweiß aus den Poren trieben, neckten ihn seine Genossen wohl: »Der Flinkfuß braucht einen neuen Namen. Er hat jetzt den Nacken des Büffels und die Kraft des Bären!« Aber sie sprangen schnell davon, wenn ihnen seine Faust in die Rippen fuhr, und hüteten sich, mit ihm anzubinden.

Wenn aber die Krieger, nachdem sie ihr Schwitzbad genommen und im kühlen Fluß den Schweiß abgespült hatten, in der Sonne saßen und sich sorgfältig die Barthaare ausrupften, riefen sie ihm zu: »Geh zum Bären, Flinkfuß, daß er dir mit der klebrigen Zunge die Federn vom Gesicht leckt!« Denn einen Bart zu tragen galt als unschön bei den Indianern. Und da eine stopplige Wange die Bemalung hinderte, zupften sie sich mit zwei Muschelschalen jedes Barthaar einzeln aus. Aber Flaum ist noch kein Bart, und Simon Flinkfuß war noch kein Krieger, so sehr er sich auch danach sehnte. Oft lief er weit hinaus in die Wälder und hockte allein auf den Wolfsklippen hoch über dem silbernen Fluß und träumte in der Einsamkeit von künftigem Ruhm.

Von allen indianischen Tugenden hieß die schwerste für Simon Flinkfuß Geduld. Schwamm er nicht schnell wie der Otter im Fluß? Sprang er nicht drei Klafter weit über den Abgrund auf rasender Hatz, saß nicht sein Messer haargenau im kleinsten Ziel? Trieb seine Faust nicht den Nagel tief in den Stamm der Silberlinde und fand keinen Gegner mehr unter den Jungburschen im Dorf? Was fehlte ihm noch, daß er würdig wäre, ein Krieger zu werden?

Was ihm fehlte, war Geduld. Und sosehr er sich auch mühte, eines Tages verließ sie ihn ganz, und er schrie seine Not dem Häuptling und dem Pauwau, der Versammlung der Krieger, entgegen. Ganz gegen die Würde eines Indianers, der sein brennendes Herz hinter der Maske kalter Ruhe zu verbergen hat.

An einem heißen Mittsommertag kam ein Kanu den Fluß herab. Ein stark bemalter Indianer lenkte es ans Ufer, zog es auf den Sand und kam den Hang herauf. An der Skalplocke erkannte man den Seneca, und daß es ein Bote des großen Sachems Tagashata war, verriet der Wampum, die Schnur mit Muschelschalen, die er um den Hals trug. Sogleich verbreitete es sich wie ein Lauffeuer durch das Dorf: der Wampum war schwarz, schwarz auch die Bemalung des Boten auf Gesicht und Brust. Ein schwarzer Wampum aber bedeutete Krieg!

Bald rief das dumpfe Plomplom der Trommel die Krieger zum Pauwau in die Ratshalle. Die älteren Burschen durften dabeisein, sie mußten das Feuer besorgen und den schwarzen Pfahl aus Eschenholz in der Mitte der Halle aufrichten.

Die Ratspfeife ging um, und jeder Krieger blies den Rauch in alle vier Himmelsrichtungen. Dann brachte der Bote des Sachems seine Botschaft vor: daß die feindlichen Vettern, die Wyandots an den Ufern des Eriesees, die Herrschaft des Langen Hauses mißachteten. Etliche Banden seien über den Allegheny gekommen und hätten Dörfer überfallen und also den Frieden gebrochen, der seit soviel Wintern geherrscht habe, wie das Jahr Monde zähle. Eine Strafexpedition solle über den Allegheny ziehen und die Dörfer der aufsässigen Wyandots niederbrennen, ihre Maisfelder verwüsten und ihr Vieh wegtreiben.

Er zog ein Bündel schwarzgefärbter Pfeile hervor: jeder Pfeil bedeutete einen Tag. Der Häuptling Eisenarm solle jeden Morgen einen Pfeil aus dem Bündel ziehen. Der letzte zeige den Tag an, an dessen Abend sich die Horden der Senecas versammeln sollten. An den Quellen des Ölbachs sei der Treffpunkt. Wenn Eisenarm mit seinen Kriegern bei Sonnenaufgang aufbreche, könne er pünktlich am Abend zur Stelle sein. Er habe gesprochen, die Krieger möchten ihre Wahl treffen.

Jetzt ging der schwarze Wampum von Hand zu Hand im Kreise herum. Dann erhob sich Eisenarm und hielt eine lange Rede, in der er die bösen Vettern, die Wyandots, mit den Raubwölfen verglich: einzeln seien sie zu feige und kniffen den Schwanz ein, aber in Rudeln fielen sie im harten Winter das Wild an, jagten es und würgten es zu Tode. Die Senecas müßten die Raubwölfe ausrotten, auf daß wieder Ruhe einkehre in ihre Jagdgründe.

Dann griff er nach dem Tomahawk und umkreiste beim dumpfen Klang der Trommel den schwarzen Pfahl. Ein wiegender Rhythmus lag in seinen Schritten. Die Bewegungen des Häuptlings stellten ganz bestimmte Handlungen dar: den langen Anmarsch auf dem Kriegspfad und das Anschleichen gegen den Feind – der schwarze Pfahl war das böse Volk der Wyandots. Schneller wurden die Bewegungen, lauter die Trommel, und »Heh! Heh! Heh!« riefen die Krieger im Takt der Schritte. Schließlich schmetterte Eisenarm seinen Tomahawk tief in das Holz des Pfahles und ging gemessenen Schrittes auf seinen Platz zurück. Er hatte sich für den Krieg erklärt und seine Teilnahme am Feldzug gelobt.

Elfmal noch wurde der Kriegstanz getanzt, dröhnte die Trommel, gellten die Rufe der Männer im Takt: »Heh! Heh! Heh!« Alle Krieger des Dorfes gelobten, mitzuziehen auf den Unreinen Pfad.

Mit klopfendem Herzen hatte Simon zugeschaut. Anfangs war ihm der Schreck in die Glieder gefahren bei dem Gedanken, das Kriegsbeil werde gegen die Weißen, vielleicht sogar gegen die

Jengis ausgegraben – gegen das Volk, in das er geboren wurde. Aber sogleich hatte er den Gedanken verworfen: sein Volk war hier, er war ein Seneca geworden und gehörte zu seinen roten Brüdern.

Als dann der Bote verkündete, es gehe gegen die ungetreuen Wyandots nach Westen, war ihm doch ein Stein vom Herzen gefallen. Später riß ihn der Kriegstanz mit, der Rhythmus der Trommel und das Spiel der Waffen brachten sein Blut zum Sieden.

Als auch der letzte der Krieger seinen Tomahawk in den schwarzen Pfahl gesenkt hatte, sprang Simon Flinkfuß auf, riß das Messer aus dem Gürtel und holte weit aus, um es ebenfalls in das schwarze Holz zu jagen, zum Zeichen, daß er auch mitziehen wolle.

Aber sein Arm wurde von einer Faust umspannt und heruntergerissen, daß das Messer klirrend zu Boden fiel. Hart fuhr der Häuptling ihn an: »Ist mein Sohn Flinkfuß von Sinnen? Was tut ein Knabe im Rat der Männer? Was sonst als schweigen und hören?«

Simon war bleich wie Birkenbast, Scham und Zorn schnürten ihm die Kehle zu. Doch nun sagte der Bote des großen Sachems Tagashata ruhig: »Laßt uns hören, was der junge Seneca mit der hellen Haut zu sagen hat. An Kraft und Kühnheit scheint es ihm nicht zu fehlen. Gewiß wird er bald im Rat der Krieger sitzen.«

Da nahm Simon alle Kraft zusammen und rief: »Der junge Adler verkommt im Nest! Seine Flügel werden lahm, seine Krallen stumpf, wenn er sie nicht gebrauchen kann! Seine Augen werden blind vor Kummer. Er ist längst flügge – laßt ihn endlich einmal ausfliegen!«

Gemurmel erfüllte die Halle, aber es klang nicht nach Mißfallen. Der Häuptling Eisenarm lächelte, als er sagte: »Der Flinkfuß, der ein Adler werden will, hat nicht schlecht gesprochen. Das Herz ist ihm auf die Zunge gehüpft. Junge Adler soll man nicht ans Nest ketten. Ich frage die Krieger der Senecas: Ist unser Bruder Flinkfuß würdig, seine Medizin zu erwerben?«

Stille lag über der Versammlung. Simon stockte der Herzschlag. Jetzt mußte es sich entscheiden, ob er endlich an das Ziel seiner Wünsche gelangte. Alle wußten, was er leisten konnte, und es war manch einer darunter, mit dem er sich an Kraft und Geschicklichkeit wohl messen wollte.

Mit flackerndem Blick sah er in die Runde. Keiner der Krieger verzog eine Miene. Alle blickten auf den Häuptling, der selbst vom Schweigen der Männer betroffen schien. Nein, es war nicht so leicht, in die Gemeinschaft der Senecakrieger aufgenommen zu werden, überrumpeln ließ sich die Versammlung jedenfalls nicht.

Simon stieg das Blut zu Kopfe, Trotz wallte in ihm auf. Sie wollten nicht? Gut, wenn sie ihn nicht mitnahmen, wollte er auf eigene Faust losziehen und beweisen, wer er war!

Aber Eisenarm gab so schnell nicht auf. Er wußte, was jetzt nötig war: Rede und Gegenrede, das Spiel der Worte, der Gründe und Gegengründe. Alle wollten dem jungen Simon Flinkfuß wohl. Aber sie wollten auch die Würde des Pauwaus gewahrt wissen.

Der Häuptling trat auf Simon zu, nahm ihn am Arm und zog ihn in die Mitte der Runde. »Meine Brüder mögen urteilen!« rief er. »Hat unser Sohn Flinkfuß das Wild in unsern Jagdgründen gejagt? Traf sein Pfeil den starken Hirsch? Riß sein Messer dem weidwunden Elen die Kehle durch? Hetzte er das flüchtige Wild über Täler und Höhen? Jagte er den schwarzen Bären von seinem Lager auf und stellte ihn zum Kampf, Auge in Auge? Ist unser Sohn Simon Flinkfuß ein Jäger?«

Das war schon etwas anderes: »Hoah! Hoah!« Beifall erklang in der Runde.

Der Häuptling, nun seiner Sache sicher, fuhr fort: »Er war ein Kind, als er zu uns kam. Ist er es noch? Hat er nicht die Schultern des Elchs, den Nacken des Büffels? Wohnt nicht in seinem Arm die Kraft des jungen Bären? Springt er nicht wie das flüchtige Reh über den Wildbach, hat er nicht Fliegender Hirsch im Lauf eingeholt?«

»Hoah! Hoah!« Alle gaben ihre Zustimmung – bis auf Fliegender Hirsch, der finster vor sich niederblickte.

»Nun«, fuhr Eisenarm siegesgewiß fort, »sollen vielleicht die hündischen Wyandots die Skalpe behalten, die das mutige Herz eines jungen Senecas begehrt? Sollen wir auf den jungen Flinkfuß verzichten, den es nach dem Werk der Männer gelüstet?« Er blickte erwartungsvoll im Kreis umher.

Da hob Fliegender Hirsch die Hand und sagte, auf Simon deutend: »Er ist ein Weißer. Wer kann ihm ins Herz sehen? Unsere jungen Männer werden von dem großen Medizinmann Schwarze Eule geweiht und auf ihre Medizin vorbereitet. Schwarze Eule sieht durch Wände und Berge hindurch. Er kann auch das Herz des jungen Flinkfuß prüfen. Warum soll der weiße Indianer es leichter haben, ein Krieger zu werden, als unsere roten Söhne?«

»Hoah! Hoah!« dröhnte es durch die Halle. Das leuchtete allen ein, alles mußte seine Ordnung haben. Der mächtige Medizinmann würde den jungen Jengi schon auf Herz und Nieren prüfen.

Eisenarm lenkte sofort ein. »Fliegender Hirsch hat weise gesprochen«, sagte er. »Der Bote des großen Sachems wird unsere Bitte weitertragen: Wenn die Weiber der Wyandots auf den Trümmern ihrer verbrannten Dörfer sitzen und die Männer beweinen, deren Skalpe an unsern Gürteln hängen, dann wird Schwarze Eule in das Dorf an der Mündung des Ölbachs kommen und den jungen Flinkfuß auf die Mannesweihe vorbereiten. So lange wird der junge Seneca dem Männerwerk fernbleiben. Er soll sich bereit machen, seine Medizin zu erwerben, sobald der Mond zum zweitenmal rund ist.«

# Der Weiße Falke

Der Mais war schon geerntet und hing in goldenen Zöpfen von den Dachsparren der Langhäuser herab, als die Krieger heimkehrten. Sie führten außer zwei beutebeladenen Packpferden einen gefangenen Indianer mit sich. Es war ein junger Wyandot, der hochmütig auf die Frauen und Kinder des Senecadorfes herabsah. Ein gutes Dutzend erbeuteter Skalpe wurde an einer mit Bändern geschmückten Stange dem Zug vorangetragen. Wie eine Fahne wehten die blutverkrusteten Siegeszeichen im Abendwind. Groß war der Jubel auf dem Dorfplatz. Aber es ging nicht ohne Trauer ab: zwei Familien hatten ihren Ernährer zu beklagen.

Skalptanz und Siegesmahl machten die laue Spätsommernacht zum Tage. Die Krieger sangen von ihren Taten und von der Schmach der besiegten Feinde. Böse Worte fielen über die Blaujacken, die Franzosen in Fort Le Bœuf. Sie hatten die Strafexpedition der Senecas hindern wollen, die Wyandots zu überfallen, die mit den Franzosen im Bunde gegen die Jengis standen. Auf beiden Seiten hatte es Tote und Verwundete gegeben, und die Krieger des Langen Hauses hatten sich auf ihre alte Freundschaft mit den Engländern besonnen. Doch war den feindlichen Vettern die Strafe nicht erspart geblieben: die Dörfer der Wyandots am Franzosenbach lagen in Asche.

Am nächsten Mittag mußte der Gefangene die Gasse laufen. Stumm stand er unter der schon herbstgelben Birke am Flußufer und musterte das Spalier der Männer, Frauen und Kinder mit Verachtung.

Simon hatte seinen Platz fast am Ende der Gasse, dicht unterhalb des buntbemalten Pfahles. Das Schwatzen und Lachen der Menge stieß ihn ab. Er dachte an den Tag, als er selbst unter jener Birke gestanden hatte, zwischen Leben und Tod, wie er damals glaubte. Der junge Gefangene dort war kaum älter als er. Was mochte jetzt in ihm vorgehen? Lief er auch um sein Leben – oder waren die Würfel bereits gefallen, wartete schon der schwarze Pfahl auf ihn?

Plötzlich verstummte der Lärm der Menge, ein klatschender Rutenschlag, das Zeichen zum Beginn, fiel auf den Rücken des Gefangenen. Der fuhr in pfeilschnellen Sprüngen in die Gasse hinein und schoß tief geduckt, die Arme zum Schutz über dem Kopf gewinkelt, durch das Spalier. Wohl trafen ihn ein paar pfeifende Gerten oder auch wuchtige Schläge von Knüppeln und Keulen. Doch keiner brachte ihn zu Fall oder hemmte auch nur seinen Lauf.

Ärgerliche Rufe klangen auf, Frauen und Kinder machten mit Wutgeheul ihrer Enttäuschung Luft über das allzu kurze Vergnügen. Simon war plötzlich von der Erregung des Jägers ergriffen, der dem flüchtigen Wild auf den Fersen ist. Er packte den schweren Eichenknüppel fester und holte weit aus. Schon sah er den gefiederten Schopf des Läufers fast in Reichweite, da traf ihn ein Blick aus ovalen Augen.

Einen Wimpernschlag lang zögerte Simon. Und als er dann zuschlug, wußte er, daß es zu spät war. Erleichtert sah er gleich darauf den Gefangenen die Arme um den bunten Pfahl schlingen.

Er hätte ihn fällen können mit der Kraft seines Armes, vielleicht so gründlich, daß ihm die Qual der Marter erspart worden wäre. Aber – waren es die Augen mit ihrer stummen Sprache gewesen, oder war es die Erinnerung an das gleiche Schicksal, was ihn am Schlag gehindert hatte? Er fühlte sich dem jungen Krieger, der nun in stolzer Haltung neben dem Totempfahl stand, auf einmal brüderlich verbunden, und die Frage stand in ihm auf: Warum das? Was unterschied den jungen Indianer dort von seinen Peinigern? War er nicht Blut von ihrem Blute, waren sie nicht alle ein Volk? Warum zerfleischten sie einander?

Eisenarm, den ähnliche Gedanken bewegen mochten, trat nun auf den Gefangenen zu und richtete ein paar Worte an ihn. Da kam durch den Kreis der Dorfleute, die sich schwatzend um den

Pfahl scharten, die alte Frau zu dem jungen Wyandot. Sie hob die Hand, worauf der Lärm sogleich verstummte, und sagte:

»Der junge Krieger aus dem Stamm der Eries hat bewiesen, daß er ein Mann ist. Das Volk der Senecas sieht mit Wohlgefallen auf ihn, es verlangt nicht nach seinem Blut. Seine Augen sollen die Sonne sehen, die der Große Geist allen seinen roten Kriegern scheinen läßt. Er soll seinen Platz in unserm Haus haben, einen Sitz an unserm Feuer, seine flinken Füße und seine starken Arme sollen den Hirsch jagen in unsern Jagdgründen.

Auf meinem Haar liegt der Schnee von vielen Wintern. Meine Augen sahen viele Kinder zu Kriegern heranwachsen und den Unreinen Pfad betreten, und manche von ihnen kamen nicht wieder. Auch jetzt sind zwei tapfere Männer unseres Volkes nicht in unser Haus zurückgekehrt. Ihre Seelen sind auf die Reise gegangen in die Jagdgründe des ewigen Lebens. Sie sind glücklich, denn sie sind als Krieger gestorben. Aber ihre Squaws und ihre Papusen brauchen den Ernährer, der ihnen das Wildbret bringt, den Krieger, der ihr Herdfeuer beschützt. Ich frage dich, junger Freund: Willst du unser Bruder werden? Willst du eine der Witwen zur Frau nehmen und ihren Kindern ein Vater sein?«

Simon war froh. Wie gut, daß sein Schlag den jungen Krieger nicht niedergestreckt hatte! Gab es also doch ein Band, das die roten Völker umschloß, das stärker war als der Bruderhaß?

Aber nun öffnete der junge Wyandot die Lippen, die er bisher fest aufeinandergepreßt hatte.

»Die ehrwürdige Mutter der Senecas möge mir verzeihen«, begann er höflich, »wenn ich ihr widerspreche. Der Kranich ist noch ein junger Krieger, aber er ist ein Erie aus dem Geschlecht des Schwarzen Panthers, der einst der mächtigste Häuptling an den Großen Seen war. Er wäre selbst ein berühmter Häuptling geworden, wenn ihn nicht sein Unglück in die Gewalt seiner Feinde hätte fallen lassen. Wäre er frei, so müßten die Squaws der Senecas bald mehr Krieger beweinen, als dies Dorf Häuser hat. Sie müßten im Wald umherirren mit ihren Papusen und Wurzeln und Würmer fressen.

Nein, der Enkel des Schwarzen Panthers lebt nicht mit seinen Feinden und bricht ihr Brot. Die Senecas mögen ihr Wolfsgeheul anstimmen und ihr Feuer anzünden, damit ihnen warm wird und sie nicht mehr frieren vor Angst. Der Kranich will als tapferer Krieger sterben!«

## Am Pfahl des Todes

Der Hochmut des Gefangenen fiel auf fruchtbaren Boden, denn gleich schlug ihm wieder der Haß der gereizten Feinde entgegen. Auch Simon fühlte Zorn aufwallen. Was bildete sich der junge Fant ein? Simon hatte nicht übel Lust, ihm seinen Stolz auszutreiben.

Doch die indianische Sitte erforderte es anders. Der Enkel des Schwarzen Panthers wurde an den schwarzen Pfahl gezerrt, der mitten auf dem Dorfplatz aufgerichtet worden war. Dort mußte er sich setzen und seine Henkersmahlzeit einnehmen. Es war ein Gericht aus Hundefleisch mit Bärenfett und Preiselbeeren, eine Delikatesse für die indianische Zunge. Dann band man ihn nackt mit Hirschdarm und Stricken aus Birkenbast an den Pfahl, und Eisenarm schwärzte ihm Gesicht und Brust mit einem Gemisch aus zerstampfter Holzkohle und Fett.

Als aus dem Reisigwall rings um den Marterpfahl die ersten Flammen züngelten, sang der Kranich sein Sterbelied:

»Sieh mich an, Großer Geist, Herr des Lebens! Ich habe meinen Leib weggeworfen wie ein schlechtes Gewand. Meinen Leib dem Bösen Geist! Mag er faulen im Feuer, den Feinden zum Fluch. Unsterblich schwingt der Kranich die Schwingen: auf zu dir, Herr des Lebens, in die Gefilde der Väter!«

Simons Zorn war schnell verraucht. Trauer schnürte ihm die Kehle zu. Wo war hier Sinn, wo war hier Recht? Wem nützte dieses Opfer? Mit Ingrimm sah er auf die vergnügten Gesichter der Frauen und Kinder, die das Schauspiel genossen wie einen Maskentanz oder einen Hahnenkampf. Er war verwirrt und fand sich nicht mehr zurecht in der seltsamen Welt, die ihn hier umgab. Am liebsten würde er – ja, wenn er jetzt nur sein Messer irgendwohin schleudern könnte, seinem ratlosen Grimm Luft zu machen! Wohin? Auf den Gefangenen, dessen stolzes Sterbelied ihn soeben ergriffen hatte? Nein, besser noch in eine der grinsenden Fratzen ringsum. Aber das waren doch seine – ja, was denn eigentlich? Seine Freunde, seine Heimat, sein Volk?

Die kleinen Quälereien, die nun anhoben, schien der Kranich gar nicht zu bemerken: spitze Dornen, von Kindern in seine Haut gespießt, rauchende Stecken, in sein Fleisch gebohrt, während die Flamme sich näher fraß und gelber Rauch um den Pfahl schwelte.

Aber als die ersten Krieger mit rotglühenden Flintenläufen ankamen, die sie ihm durch Schenkel und Arme treiben wollten, da lachte der Gefangene höhnisch auf: »Die Senecas sind Schwächlinge!« rief er, und ein Wutgeheul antwortete aus der Runde. »In der Kunst des Marterns sind sie Stümper! Sie haben wohl noch nie einen Krieger am Pfahl gehabt und wollen jetzt probieren, wie man's macht! Bindet mich los, ich will euch zeigen, wie man einen Krieger martert! Gebt her das rote Eisen, und ihr sollt sehen, wie der Enkel des Schwarzen Panthers damit umgeht!«

War es die unerhörte Herausforderung, die die Krieger der Senecas verwirrte, war es Neugier oder einfach Überrumpelung – Fliegender Hirsch riß sein Messer aus dem Gürtel und hieb blitzschnell die Fesseln durch, die den Gefangenen an den Pfahl hefteten. Zwei ausgediente Flinten mit rotglühenden Läufen wurden dem Kranich entgegengestreckt.

Der ergriff sie am brandheißen Lauf, wendete sie in Gedankenschnelle und schlug das rote Eisen den stockverwirrten Senecas um die Ohren. Dann sprang er mit einem gewaltigen Satz in die Menge, dort, wo sie am dichtesten war. Ganz nahe an Simon Flinkfuß vorbei hetzte der fliehende Kranich – wieder traf Simon der dunkle Blick seiner Augen – und war schon auf dem freien Abhang zum Fluß, ehe sich die Runde von der Überraschung erholt hatte.

Wohl knallten die eilig angebackten Büchsen, schwirrten die Pfeile der Senecas hinter dem flüchtigen Wild her; doch der einzige, der mit dem sicheren Wurf seines Messers den Flüchtling hätte erreichen können, als er an ihm vorbeihetzte, rührte sich nicht. Simons Messer blieb im Gurt stecken. Der Enkel des Schwarzen Panthers gewann den Fluß und die Freiheit, weil der schnellste Läufer der Senecas den Fuß nicht vom Fleck rührte.

»Warum stand mein Sohn Flinkfuß wie angewurzelt, als der fremde Vogel den Klauen des Adlers entwischte?« fragte die alte Frau, als sich Aufregung und Enttäuschung der Menge gelegt hatten.

Simon brachte nur ein hilfloses Stammeln hervor. Er wußte selbst nicht, was in jener Minute in ihn gefahren war. Schließlich erwiderte er: »Es war, als hätte ich selbst am Pfahl gestanden. Ich weiß nicht, wie es gekommen ist, aber ich konnte nicht!«

Die alte Frau lächelte. Die tausend Runzeln, die Alter und Weisheit in ihr Gesicht gegraben hatten, gewannen ein rätselhaftes Leben, als sie sagte: »Mein Sohn Flinkfuß hat recht getan, als er nichts tat. Die Indianer sind wieder blind geworden wie die Erdschweine, als die sie einst in der Finsternis lebten. Sie bringen einander um und sehen die schwarze Wolke nicht, die über ihrem Land steht und sie alle verschlingen will. Alle roten Kinder sind Brüder. Wenn sie fortfahren, sich gegenseitig zu zerfleischen, werden die bleichen Männer die Herren des Landes sein. Denk daran, Simon Flinkfuß, mein Sohn.«

Schwer nur konnten sich die Senecas über das Vorkommnis beruhigen. Doch hielten Verdruß über die Niederlage und Achtung vor der Kühnheit des jungen Wyandots einander die Waage.

## Der mächtige Zauberer Schwarze Eule

Aber schon bald nahm ein anderes Ereignis die Sinne gefangen. Der Schatten des großen Medizinmannes fiel über das Dorf am Allegheny. In wenigen Tagen würde Schwarze Eule den Fluß herabkommen, und während im Dorf das Maisfest gefeiert wurde, sollte Simon Flinkfuß in der Einsamkeit der Wildnis seine Medizin holen.

In anderen Jahren war das Maisfest eine Zeit des Frohsinns, ausgelassener Spiele und großer Völlerei. Monatelang freute sich jeder im Dorf darauf. Doch diesmal war der mächtige Zauberer Schwarze Eule angesagt, und der Gedanke daran lag Männern und Frauen wie Blei in den Gliedern.

Schon tagelang vorher füllte sich eine Ecke der Ratshalle mit Geschenken, die die Dorfbewohner dem Medizinmann überreichen wollten, um ihn günstig zu stimmen. Von seiner Kunst und Gunst hing alles ab: die kommende Ernte, der Ertrag der Jagd, die Gesundheit der Männer, Frauen und Kinder. Er konnte die Krankheit bannen und den bösen Geist in vielerlei Gestalt sichtbar aus dem Körper des Kranken herausholen. Wenn er beim Maskentanz die Zaubertrommel schlug, konnte er den Geistern der Luft befehlen, wie er wollte. Was er in seinem Medizinsack bei sich trug und beim Opferfest in die Flammen streute, konnte gute und böse Medizin über das Dorf bringen. Es war gut, den großen Zauberer freundlich zu stimmen.

Als er kam, hatte Simon Flinkfuß schon eine Nacht und einen halben Tag lang in der großen Ratshalle gesessen, gefastet und sich in Einsamkeit und Stille gesammelt. Zwar schlug sein Herz schneller, als am Mittag Schweigen das Dorf befiel, weil Schwarze Eule mit seinem Gefolge vom Fluß den Wiesenhang heraufkam. Aber es war nicht Furcht, was ihn bewegte. Es war die Erwartung dessen, was ihm bevorstand, des Wunders, an das er glaubte, weil er nun ein Krieger werden wollte.

Während auf dem Dorfplatz die letzten Vorbereitungen für

das Maisfest getroffen wurden, saß Simon Flinkfuß allein dem großen Medizinmann gegenüber. Zunächst war er erschrocken, als der riesenhafte Mann in das Halbdunkel der Halle getreten war: eine unförmige Gestalt mit einer schwarzen Gesichtsmaske aus Eulenfedern, in die für Mund und Augen Schlitze eingelassen waren. Über dem buntbestickten Lederkleid trug er einen weiten Umhang aus blauem Tuch, dessen Ränder rot leuchteten. Inwendig hatte das Gewebe dasselbe leuchtende Rot wie die Waffenröcke der englischen Soldaten. Auf der Brust glänzte auf dem Lederwams ein schweres Gehänge aus Silberplatten, die bei jeder Bewegung klirrten, und um den Hals hing eine Kette aus Bärenkrallen. »Erzähle mir von dem Nest, aus dem du gefallen bist, junger Jengi!« begann jetzt der Zauberer Schwarze Eule mit hohler Stimme.

Simon war verwirrt. Das hatte er am wenigsten erwartet. Er war doch jetzt mit seinen Gedanken so weit weg von seiner Kindheit und von dem Volk, in das er geboren wurde. Stammelnd suchte er nach versunkenen Erinnerungen, und erst allmählich brachte er ein Bild der Welt zustande, die er so weit hinter sich gelassen hatte.

Während er erzählte, streute Schwarze Eule verschiedene Pulver in ein Büffelhorn, goß eine braune Flüssigkeit aus einer Kürbisflasche darauf und schüttelte das Ganze kräftig, wobei er unverständliche Worte murmelte.

Als Simon geendet hatte, gab der Zauberer ihm das Horn und hieß ihn den Inhalt in einem Zuge leeren. Der dickflüssige Trank schmeckte würzig und süß und erinnerte an das Feuerwasser der Jengis. Simon fühlte sich sogleich belebt und gestärkt, und seine Befangenheit schwand.

Da begann Schwarze Eule zu sprechen, rätselhafte Worte, die seltsame Bilder vor Simons Augen auslösten:

»Der Weg führt gen Mittag, wenn die Zeit erfüllt ist. Dort steht die schwarze Wolke. Heuschreckenschwärme kommen von Sonnenaufgang, fressen den grünen Wald. Stolze Männer mit falscher Zunge kommen von Mitternacht und Abend, legen

Feuer, die Heuschrecken zu töten. Der grüne Wald brennt, der Heuschrecken sind zuviel. Die Tiere des Waldes fliehen. Der rote Mann flieht. Die Wälder sind rot von Feuer und Blut. Und doch will der junge Jengi ein Krieger werden und Bruder des roten Mannes.«

Er nahm den Umhang von den Schultern, faltete ihn zusammen und legte ihn einmal mit der blauen Außenseite, dann mit der roten Innenseite auf seine Knie. Dabei sagte er: »Rotes Tuch, blaues Tuch – nichts schützt den roten Mann. Sein Kleid ist von Leder. Roter Mann: sei klug wie die Schlange, schlau wie der Fuchs. Nimm rotes oder blaues Tuch, solange es dich wärmt. Dann wirf es weg und kleide dich in das Fell der Waldtiere, die der Herr des Lebens dir geschenkt hat. Dein ist der Wald, roter Mann, aber die Heuschrecken wollen ihn fressen. Halte den Wald, roter Mann, sonst bist du bald ein toter Mann ...«

Simon war hellwach, seine Sinne waren geschärft, aber er vernahm die Stimme wie durch einen Schleier, der das Bild des Zauberers vor seinen Augen in die Ferne rückte. Er war bereit. Tief fielen die Worte in seine Seele.

»Geh gen Mittag«, fuhr Schwarze Eule fort, »bis die Sonne sinkt. Wenn du an die dreifach gegabelte Fichte kommst, richte dein Lager an ihrer Wurzel. Halte den Schlaf von dir fern. Hör die Stimmen des Waldes. Sprich kein Wort. Sieh auf die Bilder, die der Große Geist dir eingibt. Das erste Tier, das dir so nahe kommt, wie dein Messer trifft, und größer ist als zwei Spannen deiner Hände: dieses Tier sendet dir der Große Geist. Hör auf das, was es dir zu sagen hat. Gib acht auf die Stimme. Solange der Mond am Himmel steht, darfst du es nicht jagen. Wenn aber die Sonne aufgegangen ist, sollst du es jagen, dieses eine Mal. Und wenn du heimkehrst und trägst dein Totemtier als Beute, sollst du ein Krieger sein!«

Simon ging wie im Traum. Längst hatte er gewußt, was die indianische Sitte von ihm forderte, wenn er ein Krieger werden wollte. Aber wie und wo er seine Medizin holen durfte, das hatte ihm der große Medizinmann erst sagen müssen. Simon trug sein

Messer im Gürtel, Pfeil und Bogen – und die Sehnsucht nach dem Wunder mit sich. Unverzüglich war er aufgebrochen. Der Lärm des Maisfestes verklang hinter ihm, als er mit weit ausgreifenden Schritten in den Bergwald eintauchte.

Seit eineinhalb Tagen hatte er keine Nahrung zu sich genommen. Der Trank des Zauberers brannte noch in ihm und beflügelte seine Phantasie. Nach Süden, immer nach Süden führte sein Weg. Als die Sonne hinter den Bergen versank, fand er auf dem Höhenzug die dreifach gegabelte Fichte. Zwischen ihren Wurzeln richtete er aus Zweigen und Moos sein Lager.

## Auf der Suche nach dem Wunder

Mondlicht fällt auf die Berge, Eulenruf geistert im Tann. Mäuse rascheln im Laub, im Unterholz knackt es bald hier, bald dort, wo der Fuchs schnürt und der Marder schleicht auf nächtlicher Pirsch. Leben und Weben des Waldes erregt den Lauschenden, Gedanken kommen und gehen.

»Roter Mann – toter Mann«, hat der Zauberer gesagt. Steht es so? Sind die rechtmäßigen Herren des Landes, die Indianer der unermeßlichen Wälder und der fernen Ebenen, nicht mächtig und tapfer und zahlreich? Wie können sie je unterliegen?

Ist der Große Geist nicht mit seinen roten Kindern? Vielleicht, gewiß wird er ihnen den großen Häuptling schicken, der alle roten Völker zum Kampf führt und den Bruderzwist auslöscht. So wie er vorzeiten den göttlichen Hiawatha sandte, der die Irokesenstämme geeint und die Macht des Langen Hauses aufgerichtet hat unter den Indianern des großen Waldes.

Simons Gedanken gehen ihre eigenen Wege. Wie Nebelschleier liegt es vor seinen Augen. In seinen Adern kreist der berauschende Trank. Seine Sinne sind wach, doch die nächtlichen Stimmen des Waldes dringen wie aus weiter Ferne an sein Ohr: der Nachtwind flüstert in den Wipfeln, unablässig zirpen die Zikaden im Gras der kleinen Lichtung, die sich zu Füßen der mächtigen Fichte erstreckt. Hin und wieder ruft ein Nachtvogel zwischen den hohen Stämmen, und von fernen Hängen tönt Wolfsgeheul.

Stunde um Stunde verrinnt. Dem Schlaf braucht Simon nicht zu wehren. Er ist viel zu erregt, um seine große Stunde zu verschlafen. Jetzt tritt der volle Mond hinter dem Wipfel einer Buche hervor und gießt sein Licht über die kleine Blöße.

Und Simon Flinkfuß wartet. Sein Leib liegt zwischen den Wurzeln der dreifach gegabelten Fichte, seine Sinne sind auf die kaum einen Steinwurf breite Lichtung gerichtet, aber sein Geist ist fern. Er wandert mit Wolken und Wind.

Bilder steigen auf wie aus einem tiefen Brunnen, wechseln einander ab und überschneiden sich. Rotgeflügelte Heuschreckenschwärme fressen sich über das Land. Der grüne Wald fällt, Wipfel um Wipfel neigt sich knarrend zur Erde. Eisenarm steht in der Tür des Langhauses. »Wir jagen die Heuschrecken, Flinkfuß, nimm die Büchse hier«, sagt er und reicht Simon ein langes, blitzblankes Gewehr. Hekasuta, die schweigsame Pflegemutter, neigt sich über eine Näharbeit. Jetzt hebt sie den Kopf, sieht Simon traurig an und sagt: »Warum will mein Sohn schon gehen? Waren wir nicht gut zu ihm? Hier, nimm das rote Tuch zum Gewand. Das Lederwams wärmt nicht mehr. Du mußt klug sein wie die Schlange, listig wie der Fuchs. Wir sind blind geworden. Kleide dich in das rote Tuch, jage die Heuschrecken. Es kommt nicht auf das Tuch, es kommt auf das Herz an.«

Aber warum rücken die Wände des Langhauses auf einmal zusammen? Alles ist so eng, nur das Feuer – das Feuer leuchtet hell. Doch es brennt auf gefügten Steinen, kupferne Kessel hängen darüber an eisernen Haken. Und dort ist ein Tisch mit der schwalgenden Hirschtalgkerze darauf, zwei ungefüge Bänke, ein Fenster mit einer Hirschblase bespannt, milchiges Frühlicht fällt hindurch. Neben dem Herd steht die schwere Truhe, und an den rohbehauenen Wänden hängen Äxte, Büchsen und Pulverhörner. Hekasuta steht am Herdfeuer. »Hol Wasser, Simon«, sagt sie, »und gib den Pferden Heu. Aber keinen Hafer heute! Du mußt sparsamer sein! Los, scher dich und träum nicht schon wieder!« Und Eisenarm sitzt am Tisch und zählt Silbermünzen. »Laß ihn doch träumen, Mutter, wird früh genug aufwachen, wenn der Tanz losgeht. Scheint, daß die verdammten Franzosen alle Roten auf ihrer Seite haben. Ist ja auch kein Wunder, wenn das ganze hergelaufene Gesindel von der Küste wie die Heuschrecken über das Land herfällt.«

Heuschrecken? Eisenarm? Aber das ist doch gar nicht Eisenarm, und das ist auch nicht Hekasuta. Das ist die Mutter, seine Mutter, und das ist der Stiefvater, und das ist ihr Blockhaus in Shermanstal! Und da ist auch die Bleß, die rotbraune Kuh, dort draußen.

Simon fährt zusammen. Hat er etwa doch geschlafen, mit offenen Augen? Aber nein, dort ist doch die Bleß. Er kneift die Augen zusammen und ist nun hellwach. Dort drüben tritt eine Hirschkuh aus dem Dunkel auf die Blöße. Sie äst ruhig im Mondlicht, kaum einen Steinwurf von Simon entfernt.

Ihn ergreift fiebrige Erregung. Ist es – ist das sein Tier, das der Große Geist ihm sendet? Aber es ist noch zu weit weg, doppelt so weit, wie sein Messer ein Ziel treffen kann. Ob es näher kommt? Es muß ja näher kommen, es muß!

Doch da hebt die Hirschkuh den Kopf, die Lauscher spielen, sie windet und springt gleich darauf seitwärts ins Unterholz ab.

Simon schlägt die Hände vors Gesicht und stöhnt leise. Wie schwer dies alles ist! Warten, das halbe Leben besteht aus Warten! Er kann nicht länger warten! Dies ist die Stunde, da sich sein Schicksal enthüllt. Das große Wunder muß kommen...

Muß kommen? Sorge beschleicht ihn. Wenn es – wenn es nun nicht kommt? Wer zeigt ihm den Weg? Wer gibt ihm den Namen? Wird er ewig ein Namenloser bleiben, schicksalslos, ein Blatt im Winde? Er will ein Krieger werden! Er spürt die Kraft in seinen Gliedern, er fühlt, daß es ihn treibt, doch er will Gewißheit.

Aber gewiß ist nur die Nacht mit ihren Schatten und Lauten. Gewiß ist der Mond, der schon im Sinken ist, und der fahle Streifen über den Wipfeln, der bereits den nahenden Morgen ankündigt.

Einmal faucht ein Uhu in der Nähe, aber er ist nicht zu sehen. Dann knackt es im Dickicht, und zwei grüngoldene Lichter stehen einen Pulsschlag lang zwischen den schwarzen Stämmen – vorbei. Es wird eine Wildkatze gewesen sein, vielleicht gar ein Luchs.

Angst verspürt Simon keinen Augenblick. Wovor auch? Die Laute der Natur sind ihm vertraut. Böse Geister? Jetzt muß er lächeln. Für Hekasuta, für alle im Dorf, ja selbst für Eisenarm sind Wald und Flur voll von bösen Geistern, vor allem bei Nacht. Wenn der Sturm heult und Donner über das Tal rollt, zittern sie vor Angst und murmeln mit bleichen Gesichtern vor sich hin. Dann sprechen sie mit ihrem Schutzgeist, ein jeder mit einem andern.

Ja, natürlich, auch er soll seinen Schutzgeist bekommen in dieser Nacht. Nein, kein Zweifel jetzt! Wenn es dazugehört, dann seinetwegen auch einen Schutzgeist. Aber vor allem einen Namen, den Namen eines Kriegers, und Gewißheit über den Weg, der vor ihm liegt! Und endlich, endlich Schluß mit dem ewigen Warten!

Doch die Nacht ist fast vorüber. Schon hat der Mond seinen Schein verloren und steht wie ein Wölkchen am fahlgrünen Dämmerhimmel. Und jetzt – jetzt huscht ein Schatten von links auf die Blöße, verhält, richtet sich auf, ist ganz nahe: ein Eichhörnchen! Nur ein rotbrauner kleiner Nager, zu klein, zu klein! Geh nur, geh, kleiner Wicht, du kannst mir nichts bedeuten!

Aber warum erstarrt das Tierchen jetzt, schreckt zusammen und hockt wie angewurzelt am Fleck, ängstlich nach allen Seiten äugend? Und was ist dort oben? Am Morgenhimmel ein Schatten, er schwebt, breitklafternde Schwingen rütteln. Und dann stößt es hernieder, ganz nahe, wohl fünf Spannen groß. Gelbweißer Flaum schimmert am Leib, blaue Fänge recken sich und schlagen in den Leib des kleinen Nagers. Dann hackt der scharfe, krumme Raubvogelschnabel darauflos, daß die Fetzen fliegen.

Simon starrt und starrt. Wenn nur sein Herz nicht so laut schlüge, es könnte den Falken verjagen mit seinem Lärm! Dies ist sein Tier, sein Totem, vom Großen Geist gesandt! Gleich, jetzt muß die Stimme kommen. Er muß reden, der Falke. Denn wollte er nicht reden, er hätte mit der leichten Beute sogleich davonfliegen können.

Nicht hinsehen, nur hören, hören! Das Gesicht preßt sich ins kühle Moos. Herrgott – Jesus Christus – nein, nicht Christus, Manitu, Herr des Lebens: dein Sohn hört!

Schmatzen und Schlingen hört er, dumpfen Schlag des Schnabels, Fetzen von Fleisch und das Knacken von Knöchelchen.

Eine Ewigkeit vergeht. Die Stimme, wo ist die Stimme? Fast schmerzt die Anspannung der Sinne, die Erwartung will die Brust sprengen. Da – rauschender Flügelschlag, Windzug fächelt, ein Schatten vor dem Morgenhimmel – vorbei!

Keine Stimme. Kein Wort. Kein Weg in die Zukunft, Anruf des Schicksals. Nur ein paar geknickte Grashalme, ein wenig Blut und rotbraunes Gewöll. Aus.

Da ist nur das Klopfen des eigenen Herzens zu hören, das Summen des Bluts in den Ohren. Sonst ist alles leeres Schweigen.

Simon hebt den Kopf, ganz langsam. Über den Wipfeln steigt der Morgen auf. Jetzt spürt er die Kühle, ihn fröstelt. Das – das war alles? Ein Falke hat ein Eichhörnchen geschlagen.

Plötzlich bricht ein Stöhnen aus Simons Brust. Dann schüttelt es ihn, schüttelt ihn vor Leere, vor Kälte, vor Verzweiflung. Das ist alles, das war das große Wunder? Und nun lacht er, es ist ein hartes Lachen, das weh tut, und lacht, daß die Tränen ihm über die Wangen rinnen. Wie kühl das Moos ist, wie weich! Es tut gut, das heiße Gesicht hineinzupressen. Daß man Hitze und Kälte zugleich empfinden, daß man in einem lachen und weinen kann!

Weinen – nein, das ist es nicht. Es ist nur die Leere, wo vorher Fülle gewesen ist. Es ist ein weiter Weg vom Traum in die Wirklichkeit. Man taucht auf wie vom Grund eines tiefen Wassers. Und ist da nicht doch eine Stimme, die von weit her kommt, wie aus einem verschütteten Born: »Du träumst schon wieder, Simon« – das ist die Mutter! – »steh auf! Putz das Licht und sattle das Pferd! Dein Vater will zeitig reiten. Ein Grenzer muß früh aufstehn und wach sein.«

Simon erhob sich und streckte die steifgewordenen Glieder. So hatte also jeder seine eigenen Stimmen, die er hörte, und sie kamen von selbst, aus der Frühe des Lebens. Es war vergeblich, zu glauben, ein Simon Girty könne mit den Augen des Indianers sehen, mit seinen Ohren hören. Er war ein Weißer und würde es bleiben. Nun gut, so sollte es sein. Und jetzt hatte er Hunger, wölfischen Hunger, und der Teufel sollte den nächtlichen Indianerspuk holen!

Er schoß zwei Tauben, die im Frühlicht über die Blöße gurrten, und briet sie am schnell entfachten Feuer. Sie stillten seinen Hunger nicht, aber sie gaben ihm Lebenswillen und Entschlußkraft zurück. Er fand den Horst des Falken in einer hohen Fichte und schoß den Raubvogel am Nachmittag. Der Falke war silbergrau, fast weiß, auf Schwingen und Schwanz trug er blaue Bänder.

Simon balgte den Vogel ab, steckte sich ein paar Schwanzfedern in die Skalplocke und machte sich mit dem Balg auf den Heimweg.

Die Nacht lag schon lange über dem Alleghenytal, als er im Dorf ankam. Aber das Feuer brannte noch auf dem Dorfplatz, Gesang und Stampfen tanzender Füße klang durch das Dunkel. Das Maisfest ging mit Fleischbergen und Feuerwasser zu Ende.

Laute Rufe empfingen den Heimkehrenden. Er fiel über den Fleischkessel her, stopfte sich voll und ließ den berauschenden Trank durch die Kehle rinnen. Dann wies er sein Totemtier vor, und der mächtige Zauberer Schwarze Eule war zufrieden. »Der Weiße Falke wird ein großer Krieger werden!« sang er immer wieder mit hohler Stimme.

Der Häuptling Eisenarm gab Simon eine fast neue, blitzende Büchse, Kugelbeutel und Pulverhorn, dazu ein großes Stück vom roten Pfeifenstein. »Flinkfuß war unser Sohn«, rief er laut, »der Weiße Falke ist unser Bruder!«

»Hoah! Hoah!« klang es in der Runde.

Und der Weiße Falke tanzte den Kriegstanz unter dem Johlen und Singen der trunkenen Krieger. Dann fiel er aufs Lager im Langhaus und schlief einen vollen Tag und eine ganze Nacht lang.

# Krieg und Frieden

Der Winter war lang und hart. Als das Neujahrsfest gefeiert und das Feuer erneuert worden war, legte sich klirrender Frost über das Land. Am ewig wolkenlosen Himmel stieg die Sonne von Tag zu Tag höher. Sie schmolz mit ihren Strahlen die Oberfläche der tiefen Schneedecke, und die kaltklaren Nächte legten glitzerndes Eis darauf. Die böse Krustenzeit begann, das Wild brach mit blutenden Läufen in den Harsch ein, und die Wölfe wurden fett. Mondelang blieb der Spürschnee aus. Jagd und Hatz waren trotz der Schneeschuhe doppelt mühsam für den Jäger, die Jagdbeute war karg. Pulver und Blei wurden knapp, der Mais ging zur Neige. Der Hunger wurde ein stetiger Gast bei den Senecas im Dorf am Allegheny.

Doch endlich kam der Frühling und mit ihm der Händler Drouillard. Er brachte Pulver und Blei, Salz und Feuerwasser. Zwar hatten die Indianer nur einen kleinen Vorrat an Fellen zum Tausch anzubieten. Aber mit dem Händler war ein französischer Offizier vom Fort Machault gekommen. Er teilte das lebenswichtige Gut mit vollen Händen aus, sparte auch nicht mit Dekken und Rum und rief den Indianern zu:

»Nehmt hin, meine Brüder, was euch der Weiße Vater Graf Montcalm schickt! Es ist der Wille unseres Herrn, des großen Königs von Frankreich. Er liebt seine roten Kinder und will, daß wir alle eine Familie sind. Eure Not ist unsere Not, und unser Brot ist euer Brot!«

Und als das Feuerwasser schon reichlicher geflossen war, ließ der Franzose die Katze aus dem Sack. »Haben wir nicht immer wie Brüder miteinander gelebt?« rief er. »Hat der König von Frankreich je euer Land begehrt, eure Wälder, eure Flüsse, Seen und Berge? Seht nach Mitternacht, seht nach Sonnenuntergang: Freundschaft, Bruderschaft herrscht überall, Eintracht zwischen den Dörfern der Indianer und den festen Häusern des Königs von Frankreich. Wir treiben Handel, aber wir siedeln nicht. Der rote Mann gibt die Felle, die ihm die Tiere seines Waldes liefern, und der weiße Mann gibt Salz, Decken, Pulver und Blei. Wir haben unter der großen Friedenspfeife gelebt, solange wir zurückdenken können. Ist es nicht so, meine Brüder?«

»Hoah! Hoah!« riefen die Krieger zustimmend.

»Aber nun seht nach Sonnenaufgang, Brüder, hört das Krachen der Äxte, die euren Wald fällen! Seht die Jengis, zahlreich wie die Wassertropfen in den Flüssen, wie sie euer Land rauben, euer Wild niedermetzeln. Haben sie je ihr Wort gehalten, das sie euch, euren Vätern und Großvätern gegeben haben? Sie brennen eure Felder nieder, eure Häuser, verwüsten eure Jagdgründe. Der König von Frankreich hat ihnen Halt geboten. Er will, daß sie jenseits der Alleghenyberge bleiben. Aber die Jengis haben das Kriegsbeil ausgegraben. Der König von Frankreich hat sie geschlagen, und seine roten Kinder haben an seiner Seite gekämpft. Seit vor drei Wintern am Monongahela das Jengiheer vernichtet wurde, sind viele feste Häuser der Rotröcke, die nahe dem großen Wasser liegen, erobert und zerstört worden. Aber die Jengis sind zahlreich wie die Heuschrecken. Der König von Frankreich schickt neue Soldaten über das große Wasser. Sie sollen die Jengis über die Berge zurücktreiben. Der rote Mann mag sehen, wer sein Feind und wer sein Bruder ist: will er sein Land behalten und in Frieden leben, so muß er das Kriegsbeil abermals ausgraben und mit uns, seinen Brüdern, die Jengis vertreiben!«

Eisenarm antwortete vorsichtig: Der weiße Häuptling habe gute Worte gesprochen, und die Senecas an der Mündung des Ölbachs wollten diese Worte im Herzen behalten. Doch müsse zunächst der große Sachem Tagashata befragt und abgewartet werden, was an den Ratsfeuern des Langen Hauses beschlossen werde. Denn wo zwei schwarze Wolken gegeneinander zögen, müsse der rote Mann sorgen, nicht vom Blitz erschlagen zu werden. Der Weiße Vater Montcalm, der ein großer Krieger sein solle, habe weise gehandelt, als er reiche Gaben geschickt habe: je stärker er den roten Mann mache, desto mehr werde er sehen…

Von nun an kam öfter Besuch aus dem Fort, und die Mahnungen an die Irokesenvölker, als Frankreichs Verbündete in den Kampf gegen die englischen Landräuber einzugreifen, wurden drängender. Aber die Antwort des großen Sachems stand noch aus. Doch hieß es, daß der Statthalter des Königs von Frankreich selbst an den Ratsfeuern des Langen Hauses erschienen sei, daß aber die Irokesen sich nicht einig würden.

Simon, der nun ein Krieger war und Weißer Falke hieß, sah die Entwicklung mit Sorge. Bisher war der Krieg zwischen rotem und blauem Tuch nicht bis in die Berge am oberen Allegheny gedrungen. Seit dem Überfall auf Fort Granville hatten sich die Krieger des Dorfes von allen Streifzügen ferngehalten, die die benachbarten Delawaren und Shawnees gegen die Grenze unternommen hatten. Nun aber drängten die Franzosen auch die bisher neutralen Stämme zum Krieg. Mußten die Indianer nicht fürchten, zwischen den Mächten zerrieben zu werden?

Wenn das Pauwau zusammentrat, in dem auch der Weiße Falke eine Stimme hatte, riet er stets zur Vorsicht und Zurückhaltung. Bisweilen schien es ihm, als sähe er tiefer und weiter als seine indianischen Freunde. Seit er erfahren hatte, daß die dunklen Stimmen des Blutes, die in Träumen und Gesichten redeten, zu einem Indianer anders sprachen als zu ihm, dem weiß Geborenen, hatte sich manches geändert. Er sah nicht mehr in gläubiger Ehrfurcht zu allem auf, was Schicksalsglauben und Naturreligion dem roten Mann eingaben. Einiges mutete ihn an wie das Spiel von Kindern, anderes wie das Raunen von Märchen und Geschichten, wie sie an den Spinnrocken der Mütter im Juniatatal erzählt wurden. Und doch blickte er mit warmer Zuneigung auf alle die Menschen im Dorf, die ihr Leben mit Tier und Pflanze lebten, mit Sonne und Wind, mit den Gezeiten des Jahres und dem ewigen Kreislauf der Natur. Konnte dies alles so bleiben? Konnte es sich behaupten vor der drängenden Kraft der Grenze, vor dem Landhunger der Siedler?

Eines Abends im August war der Missionar Christian Friedrich Post wieder da. Er war von Südosten über die Berge gekommen und hatte drei Delawarenkrieger als Geleit bei sich. Die Männer waren vom weiten Weg erschöpft und führten die Pferde am Halfter.

Dennoch ließ es sich der Moravier nicht nehmen, in der nächtlichen Ratshalle zu den Kriegern zu sprechen. Er sei auf dem Weg nach Kuskuskies am Biberfluß, um den Delawaren den Frieden zu bringen. Der Weiße Vater in Philadelphia, Gouverneur Denny, sende ihnen eine Friedensbotschaft. Auch der Ostkönig der Delawaren, den die Jengis den »Redlichen John« nennten, rufe seine Brüder am Ohio und Allegheny zum Frieden auf. Die Senecas sollten ihre Ohren verschließen vor den falschen Reden der Franzosen, die die Indianer in den Krieg trieben, weil sie selbst für den Kampf gegen das mächtige England zu schwach seien.

Aber da kam er bei Eisenarm schlecht an. »Ihr habt den Krieg begonnen«, rief er, »ihr Engländer! Wir haben euch zu lange vertraut! Unsere Väter und Großväter nannten euch ihre Freunde, aber ihr wollt uns vernichten und uns unser Land rauben! Wir haben euch stets mehr geliebt als ihr uns. Denn wenn wir je die Söhne der Jengis gefangennahmen, so haben wir sie behandelt wie unsere eigenen Kinder. Ist es nicht so, mein Sohn Weißer Falke?«

Er streckte den Arm nach Simon aus. Der fühlte einen Wimpernschlag lang den überraschten Blick des Missionars auf sich ruhen. »Es ist, wie du sagst, mein Vater!« erwiderte Simon mit Nachdruck.

»Wir sind arm«, fuhr der Häuptling fort, »aber wir haben sie gekleidet, so gut wir konnten. Unser Herz ist besser als das der Jengis! Warum kämpft ihr nicht in eurem alten Land, ihr und die Franzosen, oder auf dem Meer? Warum kommt ihr in unser Land, um zu kämpfen? Weil ihr es besitzen wollt, euer Korn darauf bauen und es besiedeln. Glaubt der weiße Mann, wir hätten keine Augen im Kopf und kein Hirn im Schädel? Dies ist unser Land, Gott hat es uns gegeben!«

Diesmal war Post gewappnet, dem Ausbruch des Zorns zu begegnen. »Was Gott gegeben hat, wollen wir nicht nehmen«, entgegnete er ruhig. »Hier«, er zog ein großes Schriftstück aus dem hirschledernen Wams, das er jetzt anstelle der schwarzen Missionarskleidung trug, »hier steht geschrieben, was der Weiße Vater den Delawarenkönigen Shingas und Biber zu sagen hat. Meine roten Brüder vom Stamm der Schildkröte mögen es bezeugen!«

Er warf einen auffordernden Blick auf die drei Delawaren, die das Zeichen der Schildkröte auf dem Oberarm trugen. Sie nickten mit ernsten Gesichtern vor sich hin und murmelten: »Hau, hau!«

Mit erhobener Stimme fuhr Post fort: »Gott will, daß Frieden sei auf Erden. Seine weißen Kinder lieben den Frieden ebenso wie ihre roten Brüder. Darum sagt der Weiße Vater: Sobald die Franzosen aus dem Land am Ohio und am Allegheny vertrieben worden sind, werden die Engländer über die Alleghenyberge nach Osten zurückkehren in ihre Siedlungen. Und alles Land westlich der Großen Berge soll den Indianern gehören!«

»Hoah! Hoah! Hoah!« dröhnte nun der Beifall der Senecakrieger durch die Ratshalle. Das war es, was sie selbst begehrten. Und wenn der Jengi mit der schnellen Zunge solche Botschaft mit sich trug, so mochte der Große Geist seinen Weg beschirmen!

Im Morgengrauen geleitete Eisenarm mit einigen Kriegern den Missionar durch die Wälder nach Westen an den Fluß. Dort lagen zwei Rindenkanus im Ufergebüsch versteckt, mit denen die Boten, vom Fort her ungesehen, an das Westufer des Allegheny übergesetzt wurden. Mit Wegzehrung waren sie, nach dem

Gesetz indianischer Gastfreundschaft, reichlich versehen worden. Inzwischen führte Simon, der am besten reiten konnte, die Pferde einige Meilen weiter unterhalb durch eine Furt.

## Die Welt verändert sich

Als das Herbstlaub fiel, kam Nachricht von der Stadt des großen Sachems Tagashata: Am Großen Fluß habe in Lachanwake ein Friedenskongreß der Irokesen und der Delawaren mit den Jengis stattgefunden. Das Kriegsbeil mit den Engländern sei unter den Wurzeln eines Baumes begraben worden. Gras wachse über die Straße des Krieges, und die Senecas am Allegheny sollten nicht auf die Reden und Lockungen der Franzosen hören.

Bald darauf, gegen Ende des Jagdmonats, kam atemlos ein Läufer aus Venango. Die Senecas machten große Augen. Was bewog die Delawaren am Franzosenbach, die Freunde und Nachbarn der Blaujacken in Fort Machault, ihnen eine eilige Botschaft zu senden? Sie hatten einander lange gemieden und keinen Verkehr gepflogen.

Als der Bote nach indianischer Sitte die angebotene Pfeife genommen und den Rauch in alle vier Himmelsrichtungen geblasen hatte, stieß er hervor: »Das feste Haus der Mehtikoshe, das sie Fort Duquesne nennen, ist gefallen! Die Blaujacken haben es selbst angezündet, weil alle Indianerstämme am Ohio von ihnen abgefallen sind. Die Jengis tanzen auf den Trümmern und feiern ein Fest mit Soldaten, soviel der Wald Blätter hat, und mit den Kriegern der Lenape und der Shawnees. Die Mehtikoshe schwimmen bei Nacht mit ihren Kanus den Ohio hinab, sie fliehen!«

»Und eure Freunde im Fort, die feinen Herren, was machen die?« fragte Eisenarm spöttisch. »Haben sie Kanus, die den Franzosenbach aufwärts schwimmen können bis an ihr festes Haus am Eriesee?«

Der Bote entgegnete stolz: »Sie sind viele Winter lang unsere

Freunde gewesen und werden es bleiben! Die Lenape in Venango reden nicht mit falscher Zunge. Ihr Herz flattert nicht hin und her wie der Rauch im Wind. Die ehrwürdigen Väter der Mehtikoshe«, er meinte die französischen Missionare, »haben uns Gutes getan. Sollen wir es mit Bösem vergelten?«

»So werdet ihr kämpfen, wenn die Jengis kommen, um das feste Haus in Besitz zu nehmen?«

»Wir werden an der Seite unserer Freunde kämpfen!« erwiderte der Delaware. »Der Große Geist möge verhüten, daß die Krieger der Senecas gegen uns sind. Wir wollen den Frieden unter den indianischen Völkern. Aber unsere Ehre gebietet uns, unsern Freunden die Treue zu halten. Dies läßt dir der Häuptling Custaloga sagen, Bruder.«

Nachdem sich Eisenarm mit seinen Kriegern beraten hatte, antwortete er dem Boten aus Venango: »Der Delawarenhäuptling mag ruhig sein. Die Völker des Langen Hauses haben das Kriegsbeil gegen die Jengis begraben. Sie werden es nicht gegen die Franzosen ausgraben. Die Weißen mögen ihren Kampf unter sich ausfechten. Wenn sie sich zerfleischen, soll es uns recht sein!«

Der Bote ging. Die Nachricht von der Niederlage der Blaujakken gab den Feuernächten und den langen Winterabenden in den Langhäusern Gesprächsstoff. Aber der Krieg griff nicht nach dem Dorf am Allegheny. Die französische Garnison in Fort Machault wurde verstärkt, doch die Gerüchte von einer bevorstehenden Rückeroberung des Forts Duquesne erfüllten sich nicht. Es blieb ruhig am oberen Allegheny, und Simon vergaß über dem täglichen Weidwerk des Winters, daß die großen Entscheidungen auch in seine kleine, behütete Welt greifen konnten.

Nur hin und wieder kam ihm der Missionar Post in den Sinn. So hatte der feurige Mann mit der Kraft seiner Rede und dem Glanz seiner Augen die Franzosen besiegt, indem er ihnen ihre indianischen Verbündeten abspenstig gemacht hatte! Ihm war es gewiß um den Frieden gegangen, den Frieden, den er brauchte, um seine Missionsarbeit fortzusetzen. Aber ob der Gouverneur in Philadelphia wirklich sein Versprechen einlösen und das Land diesseits der Alleghenies räumen würde? Und wenn er es wollte – würde er es können? Gaben die Grenzer einen Fußbreit des Bodens preis, den sie mit Blut und Schweiß gewonnen hatten?

Als der Sommer zu Ende ging – es war das Jahr 1759 –, kam eine ganze Flotte von Kanus den Fluß herab. Sie brachte die Häuptlinge des Senecavolkes, und der große Sachem Tagashata war dabei. Sie legten am Ufer unterhalb des Dorfes an. Dort hatte Eisenarm eine Unterredung mit dem Sachem, an der nur die alte Frau teilnahm. Die Häuptlinge waren auf dem Wege nach dem eroberten festen Haus am Ursprung des Ohio, des Schönen Flusses, das die Jengis nun Fort Pitt nannten. Dort, wo Monongahela und Allegheny zusammentreffen und den Ohio bilden, sollte ein großer Kongreß der Indianer des Nordwestens mit den Jengis stattfinden und endgültig Frieden geschlossen werden. Frieden – obwohl die Franzosen immer noch in ihren Forts an den Großen Seen und sogar in Fort Machault saßen!

Eisenarm sollte den Sachem begleiten. Er hätte Simon, seinen lieben Sohn Weißer Falke, gern mitgenommen, aber der Sachem wollte es nicht. Er sei ein Weißer, sagte er, und man wisse nicht, was die Verhandlung dort bringe. Vielleicht wußte er schon mehr, als er sagen wollte.

Nach Sonnenuntergang brachen die Häuptlinge der Senecas auf, damit sie im Dunkeln unbemerkt unter den Kanonen von Fort Machault vorbeifahren konnten. Simon stand am Ufer und sah den Kanus nach, die in die Schatten der Nacht eintauchten. Was würde sein, wenn Eisenarm heimkehrte?

Er hatte dem Weißen Falken aufgetragen, mit der Jagd zeitig zu beginnen, aber Pulver und Blei zu sparen. Niemand wußte vorerst, von wo die lebensnotwendigen Dinge kommen sollten, wenn die Franzosen einmal ganz aus dem Lande vertrieben sein würden.

## Abschied von der Jugend

Eines Abends im Herbst kam Simon müde von der Jagd heim. Er war allein mit Pfeil und Bogen unterwegs gewesen und hatte einen stattlichen Hirsch zur Strecke gebracht.

Als er, mit dem Wildbret auf den Schultern, in der Abenddämmerung in die Tür trat, sah er Hekasuta allein am Feuer sitzen. Sie starrte wie abwesend in die Flamme, Tränen rannen ihr übers Gesicht. Als sie Simon bemerkte, schüttelte Schluchzen die kleine Gestalt, sie murmelte unverständliche Worte vor sich hin.

Simon warf das Wildbret zur Erde und trat auf die Weinende zu. »Was ist, Mutter?« fragte er rauh. Es ging ihm nahe, die Pflegemutter weinen zu sehen. »Ist etwas passiert?«

Hekasuta sah ihn einen Augenblick lang tieftraurig an. In ihren Augen stand Verzweiflung. »Eisenarm ist zurück«, sagte sie mit tonloser Stimme.

»Er ist wieder da?« rief Simon. »Das ist gut! Warum weinst du, wo der Häuptling zurück ist?«

Da sprang die sonst so schweigsame Hekasuta auf, schlang die Arme um Simon und barg das tränennasse Gesicht an seiner Brust. »O Simon, mein Sohn«, schluchzte sie, »warum willst du schon gehen? War ich nicht gut zu dir? Hast du eine bessere Mutter, die weiße, die dich geboren hat? Warum hat sie sich nie um dich gekümmert? Hat sie dir dein Gewand genäht, das Essen gerichtet, das Maisbrot gebacken? Sag es mir, sind die weißen Mütter besser als wir, die roten? Lieben sie ihre Kinder mehr?«

»Um Himmels willen, Mutter, was ist?« fragte Simon bestürzt. Nie hatte sich Hekasuta zu Liebkosungen verstanden, nie hatte Simon sie vermißt oder begehrt. Gerade das schweigsame Umsorgen, die wortlose Liebe der Pflegemutter hatte ihm eine Heimat gegeben, wie er sie sich besser nicht wünschte. »So sprich doch, was ist passiert?«

Aber Hekasuta drängte Simon zum Ausgang hin und stammelte: »Geh zu Eisenarm – er wird es dir sagen!«

Der Häuptling saß in der Ratshalle, den Kopf in die Hände gestützt. Neben ihm hockte die alte Frau und blickte mit unbewegter Miene ins Feuer.

»Du bist zurück, Eisenarm?« rief Simon, betroffen von dem Anblick. »Wie gut, daß du da bist! Aber was ist? Hekasuta weint. Was ist geschehen?«

Der Häuptling sah ihn mit einem langen Blick an, in dem Schmerz und Trauer lagen. Dann senkte er, ohne ein Wort zu sagen, den Kopf.

An seiner Statt ergriff die alte Frau das Wort. »Setz dich zu uns, mein Sohn«, sagte sie und wies auf den Platz zwischen ihr und dem Häuptling. »Der Große Geist gibt seinen Kindern oft Rätsel auf, die sie nicht zu lösen vermögen. Aber er sieht in die Zukunft, die uns verschlossen ist. Er gebraucht uns als seine Werkzeuge, die seinen Willen verwirklichen. Wir müssen gehorchen, ob wir wollen oder nicht.«

»Ich begreife nichts«, sagte Simon ratlos.

»Du wirst es begreifen, mein Sohn, und du wirst gehorchen, mag auch dein Herz schwer sein wie der Fels der Wolfsklippen«, erwiderte die alte Frau. »Die Jengis haben einen Friedensvertrag geschlossen mit den roten Völkern im Gebiet des Schönen Flusses. Sie haben uns das Land diesseits der Großen Berge versprochen zum ewigen Besitz. Aber sie haben gefordert, daß wir alle weißen Gefangenen in das feste Haus bringen, das sie Fort Pitt nennen, alle, ohne Ausnahme.«

»Ich bin kein Gefangener! Ich gehe nicht!« rief Simon leidenschaftlich. Eine Welle der Zuneigung überflutete sein Denken, der Liebe zu den Menschen, die ihm eine Heimat gegeben hatten.

»Du willst nicht, mein Sohn, ich habe es erwartet. Aber du mußt. Du mußt es tun – für uns. Denn unser Wort ist ohne Falsch, muß ohne Falsch bleiben. Dieser Vertrag wird gebrochen werden, wie alle Verträge, die weiße Männer mit Indianern geschlossen haben. Aber er wird nicht von uns gebrochen werden und nicht durch unsere Schuld...«

»Schuld!« rief Simon, »wo ist denn unsere, eure Schuld? Der

weiße Mann hat genug Schuld auf sich geladen. Sie reden mit falschen Zungen!« Sein Gefühl riß ihn mit sich fort, ehe er begriff, was dies alles für ihn bedeutete.

»Wir wissen es wohl. Und doch mußt du gehen, Weißer Falke, mein Sohn. Du mußt für uns gehen, damit wir ohne Schuld bleiben. Sieh, der Häuptling ist stumm vor Schmerz. Ich aber habe zuviel Leid gesehen, das der rote Mann erfahren hat. Ich weiß, daß auch dieser Schmerz ertragen werden muß.«

Die alte Frau schwieg einen Augenblick und schloß die Augen. Was sieht sie? dachte Simon und hielt den Atem an. Ist es Vergangenheit, ist es Zukunft?

»Wenn die Jengis ihr Versprechen halten«, fuhr die alte Frau nun leise fort, »dann können die Indianer diesseits der Großen Berge frei in ihren Jagdgründen leben. Wenn sie es aber nicht halten, dann kommt der Tag des Gerichts. Tapferkeit allein hilft jetzt nicht mehr. Auch nicht Haß. Wir müssen klug sein. Geh, mein Sohn Simon, geh in das feste Haus der Jengis! Vielleicht kannst du dann dem roten Mann helfen. Unsere Herzen bleiben bei dir. Denke daran.«

Und dabei blieb es. Simon Girty, der Weiße Falke, nahm Abschied vom Dorf am Allegheny und machte sich auf den Weg nach Fort Pitt.

# ZWEITER TEIL

## Die Blattern

Vier Winter waren über die Großen Seen gekommen, seitdem ein junger Senecakrieger im Rindenkanu den Allegheny abwärts gefahren war, um aus der Stille des indianischen Waldes in die laute Welt der Weißen zurückzukehren. Zum viertenmal reifte die Frucht auf den Feldern, aber keine Hand rührte sich, die Ernte einzubringen.

Auf den Wällen von Fort Pitt brannten die Wachfeuer. Sie warfen ihr flackerndes Licht auf das kahle Vorgelände der Festung. Nach Westen lag das Fort sicher in den Winkel der Flüsse gebettet, des Allegheny im Norden und des Monongahela im Süden, die hier mit ihrem Zusammenfluß den Ohio bilden. Dort wehrten die nackten Hänge des Hügels jedem Angriff. Aber nach Osten öffnete sich die Gabel der Flüsse. Hier drohte hinter der Feldmark der schwarze Wald. Und der Wald quoll über von indianischen Kriegern.

Jenseits der beiden Flüsse, im Norden und im Süden, standen wuchtig und schwarzschattend die Berge vor dem Nachthimmel. Steil stiegen sie aus dem Talkessel auf, mit mächtigen Felsbastionen, die des winzigen Menschenwerks aus Holz und Erde zu spotten schienen. Wo war hier Dauer? Von der aufblühenden Siedlung, die im Schutz des Forts den etwa hundert Siedlern mit ihren Familien und zahlreichen Händlern Heimat geworden war, zeugten nur noch verkohlte Trümmer: der Kommandant hatte die Häuser niederbrennen lassen. Grenzerschicksal. Die

Früchte jahrelangen Fleißes waren in einer einzigen Nacht von Flammen verzehrt worden, die die Grenzer mit eigener Hand entfacht hatten. Jetzt ging es um das nackte Leben.

Während die nächtlichen Wachen auf den Wällen patrouillierten und einander die Losung zuriefen, saß der Kommandant bei Kerzenschein in seinem Amtszimmer über einem Schreiben, das er an seinen Vorgesetzten, Oberst Bouquet, abgefaßt hatte. Hauptmann Ecuyer war ein harter Soldat und entschlossen, das Fort bis zum letzten Mann zu verteidigen. So hatte er auch an Bouquet geschrieben. Denn er wußte, daß sein Schweizer Landsmann alles daransetzen würde, Fort Pitt zu entsetzen.

Noch einmal überflog der Hauptmann seinen Bericht. Unter der weißgepuderten Perücke glitten die lebhaften Augen hin und her über das Papier. Als er seine Prüfung beendet hatte, erhob er sich und ging mit schnellen Schritten in dem kleinen Raum auf und ab, das kräftige Kinn nachdenklich auf die Brust gesenkt. Hatte er alles bedacht? War seine Schilderung der Lage nicht allzu zuversichtlich?

Zwanzig Jahre Heeresdienst in Europa und Amerika hatten ihm das Kriegshandwerk zur täglichen Gewohnheit werden lassen. Ihn focht so leicht keine Gefahr an, solange er die Mittel in der Hand hatte, ihr zu begegnen. Gewiß, die Belagerung dauerte nun schon einen vollen Monat, und die Lebensmittel gingen zur Neige. Aber die Verluste seiner Besatzung waren so gering, daß er allen Grund zur Zuversicht hatte. Und ihm lag daran, diese Zuversicht auch seinem Vorgesetzten einzuflößen.

Denn außerhalb der Wälle von Fort Pitt sah es böse genug aus. Wenn die Nachrichten stimmten, die er von Händlern und versprengten Soldaten empfangen hatte, so waren, seit der Ottawahäuptling Pontiac den roten Sturm gegen die englischen Kolonien entfesselt hatte, neun von den zwölf befestigten Plätzen westlich der Alleghenyberge gefallen! Ganz abgesehen von den unzähligen Siedlungen und Grenzeranwesen, die am oberen Ohio und bis tief nach Virginien und Pennsylvanien hinein in Flammen aufgegangen waren. Hunderttausend Menschen entlang der Grenze waren geflohen, Hunderte und Aberhunderte von den roten Bestien hingeschlachtet, Frauen und Kinder in die Gefangenschaft verschleppt worden.

Man mußte zuschlagen, ein für allemal Schluß machen mit dem Gesindel, die Indianer mit Feuer und Schwert ausrotten – früher konnte es keinen Frieden und keine Ruhe in diesem Land geben.

Immerhin – ein toller Kerl, dieser Pontiac! Innerhalb weniger Tage hatte er in einem Raum von über 100 000 Quadratmeilen sämtliche Forts genommen bis auf Detroit, Niagara und Fort Pitt! Wahrhaftig, seitdem vor fünf Monaten der Frieden zu Paris geschlossen und Amerika bis zum Mississippi und ganz Kanada dazu an England gefallen war, rasten die Flammen des Indianerkrieges über das Land wie nie zuvor. Ein schöner Frieden das!

Es war Zeit, daß die Bürger, die Großgrundbesitzer und die Kaufleute an der Küste aufwachten aus ihrer behäbigen Ruhe, Zeit, daß Bouquet mit seiner eiligst zusammengerafften Armee an der brennenden Grenze erschien. Und es war höchste Zeit auch für Fort Pitt mit seiner kleinen Besatzung und den vielen Flüchtlingen. Entschlossen griff der Kommandant zum Federkiel und fügte seinem Bericht den Zusatz an:

»Wir sind so zusammengepfercht im Fort, daß ich Seuchen befürchte. Denn ich kann, bei aller Sorgfalt, den Platz nicht so sauberhalten, wie es sein müßte. Tatsächlich gehen hier bereits die Blattern um. Ich lasse daher ein Hospital bauen im Schutze der Zugbrücke, wohin die Büchsenkugeln nicht reichen.«

Mit schwungvollen Zügen setzte er das Datum hinzu: 24. Juli 1763. Dann schüttete er Streusand darüber, faltete das Schreiben, siegelte es mit Petschaft und Wachs und rief der Ordonnanz zu: »Mr. Walker soll kommen!«

Gleich darauf trat ein jüngerer Mann in der Kleidung der Hinterwäldler ein. Oberhalb der hirschledernen Beinkleider sah er fast
wie ein Bürger aus Philadelphia aus. Doch steckten Jagdmesser
und Tomahawk im Gurt, und um den engsitzenden Tuchrock
waren Pulverhorn und Kugelbeutel gehängt. Das halblange Haar
hing in blonden Strähnen in den Nacken. Auf Peter Walker, den
Führer der aus Siedlern und Flüchtlingen gebildeten Miliz im
Fort, konnte sich der Kommandant verlassen.

»Der Brief an Oberst Bouquet ist fertig. Es geht nach Carlisle.
Wen wollen Sie schicken?« fragte Ecuyer.

»George Girty, Sir«, entgegnete Walker, »er wartet draußen.«

»Girty?« rief der Hauptmann unwillig, »unsern Dolmetscher?
Ausgeschlossen, ich kann ihn nicht entbehren!«

»Nicht Simon, Sir, George Girty, einen seiner Brüder. Er hat
lange bei den Delawaren gelebt. Wenn einer durchkommt – außer Simon, den Sie nicht entbehren wollen –, so ist er es.«

»Mr. Walker, ein Wort unter Männern.« Der Kommandant
trat nahe an den Führer der Miliz heran und sah ihm fest in die
Augen: »Der Brief an Oberst Bouquet ist wichtig. Er muß sein
Ziel erreichen. Unser aller Leben kann davon abhängen. Sie kennen unsere Lage: wir haben Munition genug, aber nur noch für
wenige Tage Proviant. Offen gesagt, ich traue diesen Halbindianern nicht über den Weg, diesen Girtys – weder Simon, so nötig
ich ihn brauche, noch diesem George, den ich nur vom Hörensa-
gen kenne, noch dem dritten, der sich immer bei den Shawnees
rumtreibt.«

»Sie meinen James, Sir«, fiel ihm Walker ins Wort. »Ich bin anderer Ansicht als Sie. Aber wenn Sie es wünschen, gehe ich
selbst. Sonst wüßte ich keinen, dem ich es zutraue, durch das Gewimmel von Rothäuten da draußen durchzukommen.«

»Unsinn, Mr. Walker! Kommt gar nicht in Frage. Aber trauen
denn Sie diesen Leuten? Diesen Halbindianern?«

»Simon Girty und seine Brüder sind keine Halbindianer, Hauptmann Ecuyer«, entgegnete Walker. »Ich kenne sie von Kind auf. Sie sind so gute Engländer wie Sie und ich. Und George wäre ohnehin heute nacht aufgebrochen nach Raystown. Er soll Arznei holen für den Doktor. Seine Mutter liegt schwer an Blattern.«

»Das ist gut, Walker«, rief der Hauptmann, »dann kommt er wieder, der Bengel! Das ist vortrefflich!«

»Kann ich nicht finden, Hauptmann«, erwiderte Walker trokken. »Hätte Mrs. Turner ein besseres Los gewünscht als die verfluchte Seuche.«

»Mrs. Turner!« stieß Ecuyer hervor, »so eine Schweinerei! Eine prachtvolle Frau, immer für andere da, nicht unterzukriegen! Aber wieso...«

»Sie ist die Mutter der Brüder Girty. War in zweiter Ehe mit John Turner verheiratet, der Anno sechsundfünfzig in Kittanning am Pfahl starb. An demselben Pfahl, an dem auch ich geröstet worden wäre, hätte mir Simon Girty nicht zur Flucht verholfen. War ein Junge von fünfzehn Jahren damals, Sir, hat seine Sache gemacht wie ein Alter. Daß er dann zu den Senecas kam, war weiß Gott nicht seine Schuld. Sowenig wie James und George dafür konnten, daß sie von den Delawaren und den Shawnees adoptiert wurden.«

In diesem Augenblick flog die Tür auf, und ein schlanker, junger Delawarenkrieger in vollem Kriegsschmuck trat ein.

»Verdammt«, zischte Hauptmann Ecuyer und riß seine Pistole vom Tisch, »wie kommt der rote Teufel hier herein?« Er spannte den Hahn und hielt die Waffe auf den Eindringling gerichtet.

Der sagte kein Wort. Um Peter Walkers Mund lag ein Lächeln, als er dem Hauptmann die Hand auf den Arm legte, der die Waffe hielt.

»Schießen Sie ihn nicht tot, Sir!« sagte er. »Sie brauchen ihn doch so nötig.«

»Was denn?« rief Ecuyer. »Das ist...«

»Ich bin George Girty, Sir, und will für Sie nach Raystown gehen!« sagte der Indianer nun in gut pennsylvanischem Grenzerenglisch.

»Donnerwetter, gut gemacht, diese Maskerade! Laß sehen, mein Sohn: tatsächlich, echte Gehänge im geschlitzten Ohr!« Verwundert betrachtete der Offizier die sehnige Gestalt, die in allem einem jungen Delawaren glich: auf dem schwarzen, fettglänzenden Haar, das zu einem dicken Zopf geflochten im Nakken hing, thronte die rote Bürste aus gefärbten Hirschgrannen. Ein mit Schnallen und Glasperlen geschmücktes Lederband umschloß Stirn und Kopf. Gesicht und Brust waren schwarz, rot und weiß bemalt, an den Unterarmen glänzten breite kupferne Reifen. Ein blaues Wolltuch umhüllte die linke Schulter, die Beine steckten in einer Art enganliegender Hose aus leichtem Wollstoff, die Füße in ledernen Mokassins, die mit bunten Schweinsborsten besetzt waren. Jagdmesser und Tomahawk im Gürtel, die lange Büchse in der Rechten, so stand der junge Krieger und genoß stumm die Wirkung seines Auftritts auf den Offizier.

»Wie lange warst du bei den Delawaren?« fragte der Hauptmann, als er die Musterung beendet hatte.

»Drei Jahre, Sir. Ist zwar schon ebenso lange her, daß ich nach Fort Pitt ausgeliefert wurde, bin aber seither oft in den Delawarendörfern am Ohio gewesen.«

»Ich weiß, ich weiß«, versetzte Ecuyer mit saurer Miene. Reichlich oft, wollte er sagen, aber er schluckte es hinunter. »Glaubst du, daß du durchkommst? Wie willst du's anfangen?«

»Denke schon, daß ich durchkomme, Sir. Fahre im Kanu, wenn der Mond weg ist, den Monongahela rauf, ein paar Meilen, bis hinter die Linie. Bin so bei Mittag in Fort Ligonier. Sollten dafür sorgen, Sir, daß der Kommandant dort ein Pferd rausrückt. Könnte dann noch vor Abend in Raystown sein.«

»Du mußt aber weiter, Junge, nach Carlisle«, unterbrach ihn der Kommandant. »Dort wirst du Oberst Bouquet finden. Ihm mußt du den Brief persönlich übergeben.«

»Das geht nicht, Herr!« erwiderte George Girty heftig. »Muß Arznei holen in Raystown und sofort zurück. Der Doktor wartet drauf.«

»Das ist wahr, Mr. Ecyuer!« ließ sich eine helle Stimme von der Tür her vernehmen. Ein auffallend kleiner junger Mann in Offiziersuniform kam mit schnellen Schritten auf den Kommandanten zu. »Der Mann muß so schnell wie möglich zurückkommen. Ich brauche dringend Pockensalbe und Chinawurzel, sonst stirbt mir die Hälfte meiner Blatternkranken. Ich habe absolut nichts mehr, womit ich helfen kann!«

»Unsinn, Mr. Knight!« rief Ecuyer unwillig. »Es geht nicht um die Kranken jetzt, es geht um die Gesunden und um das Fort! Wir sind Soldaten und führen Krieg. Der Kurier geht zur Armee Bouquet, und weiter nichts. Wenn er Ihnen Ihr Zeug mitbringt, habe ich nichts dagegen.«

»Sir, meine Mutter stirbt!« rief George empört. »Ich wage mein Leben, und ich tue es gern. Aber meiner Mutter muß geholfen werden! Was schert mich das Fort…«

»George!« fuhr ihn Walker an, »hüte deine Zunge!« Er wandte sich dem Hauptmann zu. »Er hängt an seiner Mutter. Hat sie lange genug entbehren müssen. Haben Sie Nachsicht, Sir!«

Der Arzt hatte mit finsterer Miene dabeigestanden. »Ich lehne jede Verantwortung ab, Hauptmann Ecuyer, wenn ich nicht meine Medikamente bekomme!« sagte er in scharfem Ton.

»Zum Teufel!« rief Ecuyer, »ich kann es doch nicht ändern! Was soll ich denn machen? Wissen Sie vielleicht einen Weg?«

»Ich weiß einen, Sir!« Es war George Girty, der achtzehnjährige Waldläufer, der die Ratlosigkeit beendete. »James muß mit, mein Bruder. Er bringt die Arznei von Raystown, und ich reite weiter nach Carlisle.«

»Gut, mein Junge, so soll es sein!« Der Kommandant war froh, sich so aus der Klemme ziehen zu können. »Einverstanden, Doc? Und Sie, Mr. Walker? Gut, dann bringen Sie den andern Halbindianer auf die Beine. Es wird Zeit, in einer Stunde müssen die beiden aufbrechen.«

Er wandte sich noch einmal an den jungen Delawarenkrieger: »Und wo willst du den Brief verstecken? Er darf auf keinen Fall in die Hände der Roten fallen. Willst du ihn im Haar verbergen?« George lächelte. »Dort würden sie ihn zuerst suchen, wenn sie mich fingen.« Er nahm den Tomahawk aus dem Gürtel, rollte das Schreiben zusammen und steckte es in den hohlen, langen Stiel der Waffe, den er mit einem Holzpropf verschloß. »Glaube kaum«, sagte er, »daß sie ihn dort finden.«

## Dies ist unser Land!

Als der Mond untergegangen war, zwei Stunden nach Mitternacht, stieß an der Westecke des Forts ein leichtes Rindenkanu in die schwarze Nacht hinaus. Über dem Fluß schwammen die ersten Frühnebel. Der Flackerschein der Wachfeuer tanzte unruhig darüberhin und zauberte ein ungewisses Spiel von Schatten und Figuren in den wogenden Dunst. So hätte auch das schärfste indianische Späherauge vom anderen Flußufer her das Kanu nicht ausmachen können. Lautlos stachen die beiden Indianer die Paddel ein. Das kleine Fahrzeug war im Nu von der Dunkelheit verschluckt.

Hauptmann Ecuyer machte mit Walker noch einen Rundgang über die Wälle. Überall waren Soldaten, virginische und pennsylvanische Grenzer auf ihren Posten. Wer nicht gerade zur Wache eingeteilt war, schlief in der warmen Sommernacht zu Füßen des Walles, die Büchse im Arm und eine Decke unter dem Kopf.

»Merkwürdig ruhig heute nacht«, wandte sich der Kommandant an Walker. »Es soll mich gar nicht wundern, wenn mit Sonnenaufgang der Tanz losgeht.«

Peter Walker zuckte die Achseln. »Wie oft in diesen Wochen haben wir das schon gedacht, Sir. Die Roten sind unberechenbar. Vielleicht haben sie sich wirklich in den Kopf gesetzt, uns auszuhungern.«

»Es wäre das einzige, was ihnen Erfolg verspräche. Unter uns gesagt, Mr. Walker«, Ecuyer zog seinen Begleiter beiseite und dämpfte die Stimme, »es sieht böse aus mit dem Proviant. Wenn wir das Fort nicht voller Frauen und Kinder hätten und die Kranken dazu – ich würde mit den dreihundert Soldaten und Siedlern ausbrechen, mich mit Bouquet vereinigen und die roten Hunde zu Paaren treiben.«

»Sie wissen, Hauptmann, daß kein Grenzer je seine Familie im Stich lassen würde!« sagte Walker scharf.

Einen Augenblick herrschte gespanntes Schweigen zwischen den beiden Männern. Beide blickten vom Wall hinab in das Innere des Forts, wo auf engem Raum fünf lange Holzbaracken lagen. Sie drängten sich um das wehrhafte Blockhaus, das mit seinen Schießscharten und Luken die letzte Zuflucht darstellte. Eine der Baracken war für die Blatternkranken geräumt worden. In den anderen Unterkünften waren Frauen und Kinder zusammengepfercht, während die Männer, Miliz und Reguläre, im Freien kampierten.

Der Hauptmann brach zuerst das Schweigen. »Große Worte, Walker«, sagte er, und es schwang Hochmut in seiner Stimme. »Wissen Sie, was es heißt, wenn Hunger und Seuchen in einer belagerten Festung umgehen? Wenn dazu noch die Hälfte der Belagerten aus Frauen und Kindern besteht? Wenn sie auf den Gassen verrecken, wenn niemand mehr die Kraft hat, die Leichen zu verscharren, wenn sich die letzten Überlebenden gegenseitig auffressen, soweit ihnen die Roten dazu Zeit lassen?«

Als Walker beharrlich schwieg, fuhr der Offizier fort: »Nun, es wird nicht dahin kommen, Mr. Walker. In wenigen Tagen wird Bouquet hier sein, ich habe ihm über unsere Lage keinen Zweifel gelassen. Dann hat der rote Spuk ein Ende, ein für allemal, so hoffe ich. Sollen sehen, wie sie in ihre Wälder verduften, wenn wir sie in die Zange nehmen.«

Er starrte auf den schweigenden Wald, der ringsum den Horizont begrenzte, und fuhr mit gepreßter Stimme fort: »Ja, das ist es, Walker: wir müßten sie aus ihren Schlupfwinkeln heraustreiben, mit Bluthunden müßten wir sie jagen, austilgen das Ungeziefer! Sonst gibt es keine Ruhe in diesem Land. Die Pest über sie, oder – die Blattern.« Er brach ab und hob den Kopf, als sei ihm plötzlich ein Gedanke gekommen. »Die Blattern«, murmelte er vor sich hin.

Walker wandte sich ab und ließ den Offizier stehen. Ihn widerte der Gefühlsausbruch an. Die Grenzer waren gewiß nicht zartbesaitet, und manch einer fluchte in diesen Tagen und Wochen auf die Indianer, in deren Dörfern er jahrelang als Händler gute Geschäfte gemacht hatte. Aber solchen Haß konnte Peter Walker nicht einmal einem Tier gegenüber empfinden, geschweige denn gegen die Indianer. Er wollte noch eine Mütze voll Schlaf nehmen. Bald würde die Sonne aufgehen. Vielleicht brach dann der rote Sturm los? Sollten sie kommen! Seine Grenzer würden ihnen einen heißen Empfang bereiten.

Die Indianer kamen nicht. Nicht einmal das sonst übliche Geplänkel fand an diesem Tag statt. Das ungewöhnliche Schweigen der Waffen lastete schwerer auf der Besatzung des belagerten Forts als der tägliche Kugelwechsel mit den indianischen Spähtrupps. Jeder hatte das Gefühl, daß sich etwas Besonderes vorbereitete.

So war es auch. Gegen Mittag löste sich eine kleine Gruppe Indianer vom östlichen Waldrand jenseits der Blöße. Sie waren anscheinend unbewaffnet und kamen langsam auf das Haupttor zu.

»Nicht schießen!« rief der eilig verständigte Kommandant den Wachen zu. »Laßt sie kommen! Wollen offenbar verhandeln, die Narren!« Er wandte sich an Walker, der neben ihm auf dem Wall stand: »Wo ist der Dolmetscher? Wo steckt denn der Girty wieder? Lassen Sie den Kerl holen, Mr. Walker!«

»Er wird bei seiner kranken Mutter sein, Sir«, erwiderte Walker. »Ich gehe selbst.«

Auf halbem Wege zur Krankenbaracke kam ihm ein junger Mann entgegen, der ganz in das lederne, mit Fransen besetzte Gewand des Pfadfinders gekleidet war. Den federgeschmückten breiten Filzhut in der Hand, unter dem Arm ein Bündel Decken, so kam die kraftvolle Gestalt langsam auf ihn zu. Unter den dichten schwarzen Brauen schien der Blick nach innen gekehrt, der Mann nahm offenbar nicht wahr, was um ihn her vorging.

»Simon«, rief Walker ihn an, »komm schnell, der Kommandant braucht dich!« Als ihn der verstörte Blick des Pfadfinders traf, ergriff er dessen Hand und fragte: »Was ist, Simon? Wie geht's deiner Mutter?«

»Tot«, erwiderte Simon Girty leise. »Sie ist vor einer halben Stunde gestorben. James kommt zu spät.«

»Mein Gott, wie ist das möglich!« stieß Walker hervor. »Diese Frau – mit soviel Energie.«

»Es war das Fieber, Peter. Sie hat lange ohne Bewußtsein gelegen, aber zuletzt war sie ganz klar.«

Walker drückte dem Freunde stumm die Hand. Der hob den Kopf mit einem Ruck, als wollte er sich gewaltsam aus seinen trüben Gedanken reißen, und schritt nun schneller aus. Schweigend erklommen sie den Wall und standen gleich darauf vor dem Kommandanten.

»Wo stecken Sie denn, Mr. Girty!« rief der unmutig. Als er den ernsten Blick des jungen Mannes auf sich gerichtet fühlte, fügte er widerwillig hinzu: »Was macht Mrs. Turner? Sie wird bald wieder auf den Beinen sein, nicht wahr?«

»Sie ist tot, Sir«, entgegnete Simon. »Das hier«, er wies auf die beiden Decken und das Leinentuch, die er unter dem Arm trug, »dies ist alles, was mir von ihr blieb.«

»Ja, sind Sie des Teufels, Mann!« fuhr der kleine Dr. Knight, der neben dem Kommandanten stand, auf ihn los. »Wollen Sie die Seuche mit aller Gewalt verbreiten?« Er war im Begriff, Simon das Bündel zu entreißen; doch vor dem Blitz, der ihm aus den schwarzen Augen entgegenschlug, wich er unwillkürlich zurück.

Simon begriff nicht sogleich. Was wollte dieses Männlein? Er hatte Lust, es mit einer Handbewegung vom Wall zu fegen.

Hauptmann Ecuyer jedoch hatte sogleich begriffen, um was es ging. »Lassen Sie ihn, Doc!« sagte er rasch. »Diese Naturburschen sind dagegen gefeit. Ich stelle die Decken sicher.« Blitzar-

107

tig war ihm ein Gedanke durch den Kopf geschossen, aber er behielt ihn für sich. Er wies auf die Gruppe Indianer, die sich inzwischen bis auf Rufweite dem Fort genähert hatte:

»Sehen Sie sich die Burschen an, Mr. Girty. Wer ist's? Kennen Sie jemand?«

»Die Anführer scheinen Shingas und Schildkrötenherz zu sein«, erwiderte Girty. »Ich will ihnen entgegengehen und fragen, was sie wollen.«

Die Delawarenhäuptlinge begehrten Einlaß in das Fort. Sie hätten eine Botschaft ihrer Stämme an den weißen Befehlshaber. Ecuyer hatte nichts dagegen, er hoffte zumindest Zeit dabei zu gewinnen. Rasselnd senkte sich die schwere Zugbrücke über den Graben. Würdevoll betraten die Häuptlinge mit ihrer Begleitung das Fort.

Nachdem die üblichen Höflichkeitsworte gewechselt waren, begann der kleine Shingas seine Rede:

»Wir wollen die Kette der Freundschaft festhalten, diese alte Kette, die unsere Vorväter mit euren Mitbrüdern, den Engländern, einst verband. Ihr habt euer Ende zu Boden fallen lassen, aber das unsere liegt noch fest in unsern Händen. Warum beklagt ihr euch, daß unsere jungen Männer auf eure Soldaten geschossen und euer Vieh und eure Pferde getötet haben? Ihr selbst habt die Veranlassung dazu gegeben. Ihr marschiert mit euren Armeen in unser Land, ihr baut immer mehr feste Häuser hier, obwohl wir euch immer wieder gesagt haben: Wir wünschen, daß ihr geht. Dieses Land gehört uns, nicht euch!«

Simon Girty übersetzte Satz für Satz der delawarischen Rede ins Englische, ohne ein Wort auszulassen oder hinzuzufügen. Aber es brannte ihm auf der Zunge zu sagen: Habt ihr Engländer nicht ein Dutzend und mehr Verträge geschlossen und den Indianern gelobt, das Land westlich der Alleghenyberge zu räumen, sobald die Franzosen vertrieben wären? Wundert ihr euch, wenn den Roten endlich der Geduldsfaden gerissen ist? Daß der große Pontiac euch zur Einhaltung eurer Gelöbnisse zwingen will?

Hauptmann Ecuyer indessen litt nicht unter Skrupeln. Das sei doch sonnenklar, begann er, daß die Forts nur dazu da seien, die Indianer mit Kleidung und Munition zu versorgen. Was sie denn anfangen wollten ohne diese Dinge? Von einer Räumung könne gar keine Rede sein.

»Ich habe genug Krieger«, rief er aus, »genug Proviant und Munition, dieses Fort drei Jahre lang gegen alle Indianer der Wälder zu verteidigen! Und wir werden es niemals preisgeben, solange noch ein einziger weißer Mann seinen Fuß auf amerikanischem Boden hat!«

Shingas erwiderte mit erhobener Stimme: »Der weiße Häuptling mag sich nicht täuschen: sechs indianische Völker sind auf dem Weg, Fort Pitt zu zerstören. Delawaren, Mingos, Shawnees, Wyandots, Ottawas und Miamis haben ihre Krieger entsandt. Schon sind alle anderen festen Häuser der Agalashima verbrannt – alle! Noch könnt ihr eure Soldaten, eure Frauen und Kinder retten und frei in eure Siedlungen jenseits der Großen Berge abziehen. Es geht um euer aller Leben!«

Ecuyer ließ sich nicht einschüchtern: »So will ich euch sagen, daß eine Armee von sechstausend Soldaten auf dem Marsch nach Fort Pitt ist, und eine andere von dreitausend marschiert gegen den verräterischen Ottawahäuptling Pontiac, hinter dem ihr alle blind herlauft in euer Verderben! Dies ist unsere Heimat, daß ihr's wißt. Ich sage euch: Wenn sich auch nur ein einziger Indianer vor den Wällen zeigt – ich werde euch mit Granaten empfangen, die bersten und zerreißen euch in Atome, und ich werde mit Kanonen feuern, die mit einem Sack voll Kugeln geladen sind!«

Simon übersetzte die Worte ins Delawarische, aber Haß und Hohn wollte er nicht wiedergeben. Überdies konnte Shingas so gut Englisch, daß er kaum einen Dolmetscher gebraucht hätte.

So war die Mission der Delawarenhäuptlinge vergeblich. Aber so hoch auch die Wogen der Erregung geschlagen waren – die Höflichkeit und Würde der Indianer konnten sie nicht zerstören. Die Verabschiedung ging in aller Form vor sich, mochten hernach die Waffen ihr blutiges Handwerk beginnen.

Doch auch Hauptmann Ecuyer schien Wert darauf zu legen, die Form zu wahren. Denn als die Häuptlinge sich schon abgewandt hatten und gemessenen Schrittes die Brücke betraten, hielt er einen der indianischen Begleiter am Arm fest: »Kein Gast geht ohne Geschenk von hier fort!« sagte er in freundlichem Ton, nahm rasch die beiden Decken und das Leinentuch, die Simon Girty noch immer unter dem Arm trug, und drückte sie dem verdutzten Indianer in die Hand. »Mögen sie euch wärmen!«

Simon war völlig verwirrt. Was sollte das? Aber er war mit seinen Gedanken schon wieder bei der Mutter, und alles andere war ihm gleichgültig.

»Ich ersetze sie Ihnen, Mr. Girty!« raunte der Kommandant ihm zu. Dann verschwanden die Indianer im Vorfeld, und die Zugbrücke schloß sich mit Kettengerassel.


## Der rote Sturm

Das Fort war in höchster Alarmbereitschaft. Zwei Stunden nach Sonnenuntergang, als eine schwarze Wolkenwand den Mond verhüllte, brachen die Indianer in Scharen aus den Wäldern hervor. Schauerlich gellte ihr Kriegsruf durch die schwarze Nacht und hallte von den Felswänden des Talkessels wider. Zahllose Kanus schwärmten über die beiden Flüsse, unablässig hagelte es Flintenkugeln, regnete es Pfeile gegen die Wälle und Palisaden und in den Innenraum des Forts.

Auf den Bastionen krachten in schneller Folge die Kanonen, und das Blei der Kartätschen fuhr in die dichten Reihen der Angreifer. Wenn die Feuerblitze für Augenblicke das Vorfeld erhellten und die Ziele erkennen ließen, peitschten die Büchsenschüsse der Verteidiger aus den Schießscharten. Mit Kolben und Beil, mit Messern, Dreschflegeln und Sensen empfingen die Grenzer jeden Indianer, der sich über die Palisaden schwingen konnte. So weit die Wachfeuer von den Wällen ihren roten Flakkerschein warfen, konnte sich kein Indianer im Vorfeld halten. Noch nicht.

Während der Höllenlärm um das Fort tobte, drängten sich Frauen und Kinder in den überfüllten Baracken und lauschten, ob das Geschrei der roten Angreifer näher kam. Die beherztesten unter den Grenzerfrauen aber gossen unentwegt heißes Blei zu Büchsenkugeln, schlugen die Brandpfeile von den Dächern und Wänden und löschten die Brände, die allerorts aus dem sonnengedörrten Holz aufflackerten. Andere versorgten die fieberwirren Kranken, Mütter wiegten ihre weinenden Kinder, und eine Gruppe pennsylvanischer Quäker sang pausenlos fromme Lieder. Die halbwüchsigen Jungen aber standen an den Schießscharten und luden ihren Vätern und Brüdern die Büchsen, während die Mädchen Trinkwasser herumreichten und die Verwundeten verbanden.

Der Tag brach an. Hauptmann Ecuyer stand aufrecht auf einer Bastion, bis ihm ein Pfeil in die Wade fuhr. Dann ließ er sich verbinden und saß fortan auf einem leeren Pulverfaß. Dreimal noch brandete der rote Sturm gegen die Palisaden, dreimal wurde er abgewiesen und flutete zurück in den Wald und über die Flüsse.

Aber das Fort war, seit es die Franzosen geräumt und niedergebrannt hatten, nie wieder richtig instandgesetzt worden. Zwar waren die mannshohen Palisaden erneuert, Häuser und Kasematte waren wiederaufgebaut worden. Doch die Wälle und Bastionen waren halb verfallen, und an der Flußseite hatten Allegheny und Monongahela vielerorts Kies und Sand angeschwemmt und kleine Dünen angehäuft, hinter denen die Indianer Schutz fanden. Sie gruben sich mit ihren Messern Löcher und schossen mit Bogen und Büchse auf jeden, der seinen Kopf über die Brustwehr zu heben wagte.

Drei Tage lang dauerte der Kampf. Immer wieder knallten hier und dort die Büchsen, schwirrten die Pfeile, hallte der Donner der Kanonen von den Uferbergen wider. Am vierten Morgen aber, als der fahle Schein der Frühe über die Kastanienberge kam, blieb es still. Es planschte noch kurze Zeit in den Flüssen, wisperte auf der Blöße – und als das Morgenlicht den Blick von den Wällen freigab, waren die Indianer verschwunden, lautlos, mitsamt ihren Toten und Verwundeten. Die Kaninchenbauten am Flußufer waren leer, die Feuer am Waldrand erloschen.

Erstaunt rissen die Männer im Fort ihre vor Übermüdung entzündeten Augen auf und schlossen sie alsbald, wo sie gingen und standen, zu bleiernem Schlaf.

Der Geisterzug der Indianer aber zog auf verschwiegenen Pfaden ostwärts durch die dichten Wälder: Bushy Run entgegen, der Entscheidungsschlacht, der blutigsten Schlacht, die je zwischen Indianern und Weißen auf dem amerikanischen Kontinent geschlagen worden ist.

Sie zogen der Niederlage entgegen, die der Feldherr Bouquet nach verzweifeltem Kampf den Ohio-Indianern bereiten und die das Schicksal des Pontiac-Aufstandes besiegeln sollte.

In dem vom roten Sturm erlösten Fort Pitt aber saß der verwundete Kommandant in seinem Amtszimmer und schrieb mit letzter Energie, bevor er sich dem langentbehrten Schlaf hingab, in sein Tagebuch:

»...ohne daß es Shingas und Schildkrötenherz bemerkten, gaben wir den Indianern zwei Decken und ein Leinentuch aus dem Blatternhospital. Ich hoffe, sie werden die erwünschte Wirkung haben.«

Wenige Wochen später begann unter den Indianerstämmen am Ohio die Blatternseuche zu wüten.

# Freiheit und Rum

In Rocks Schenke in Pittsburg ging es an diesem sonnigen Herbsttag des Jahres 1765 hoch her. Der große Schankraum war zum Bersten voll von Männern jeden Alters und aller Berufe, die es auf diesem Außenposten der Grenze gab: Pelzhändler, Siedler, Kaufleute, Soldaten, Waldläufer und sogar einige Handwerker, die ihre Werkstätten in der vor kurzem neu aufgebauten Siedlung errichtet hatten.

George Rock, der hünenhafte blonde Wirt, schob seine massige Gestalt unermüdlich durch das Gewühl der Gäste, begrüßte die zahlreichen Bekannten, nickte hierhin, rief dort ein paar freundliche Worte oder einen Scherz durch den Lärm. Gleichzeitig dirigierte er seine Negersklaven, die mit ewig freundlichem Grinsen die Gäste bedienten, und seine beiden halbwüchsigen Söhne, die bei solchem Hochbetrieb mit einspringen mußten. Hinter dem Schanktisch standen seine beiden Ältesten, während die Mutter mit den vier Töchtern in der Küche hantierte, um die unersättlichen Mägen der Gäste zu füllen.

Es war ein ständiges Kommen und Gehen, und längst nicht alle Gäste fanden Platz an den blankgescheuerten Eichentischen. Aber das machte nichts. Wir noch keinen Sitz erwischt hatte, trank einstweilen sein Bier oder seinen Whisky im Stehen. Es gab genug zu reden an jedem der langen Tische, und wenn ein Gast seinen Hunger gestillt hatte, machte er bereitwillig dem nächsten Platz und trank seinen Becher zum Nachtisch an der Theke.

Solange noch nicht alle satt waren, ging es bei allem Lärm noch friedlich zu, daß wußte George Rock. Sobald aber die Masse der Gäste abgefüttert war und ihren vielerlei Geschäften in der Stadt nachging, würde bei den Zurückbleibenden der Rum fließen. Dann konnte es vorkommen, daß der Wirt den einen oder anderen nach Haus schickte, weil er genug getrunken hatte und zu randalieren anfing. Wenn er sich fügte, war es gut. Wenn er aber frech wurde und gar mit dem Wirt Streit anfing, machte George Rock kurzen Prozeß. Noch nie war jemand in Rocks Schenke geblieben, dessen Zeit der Wirt für gekommen hielt. Er fand sich meist sehr schnell vor der Tür liegen, und selten war es nötig, daß die beiden ältesten Söhne des Wirtes mit anfaßten.

Auch an diesem Tage schrumpften die Fleischberge in Mrs. Rocks Küche schließlich zusammen. Wer zu tun hatte, war gegangen. Aber die Tische waren noch immer voll besetzt, und der Schankraum dröhnte vom Lachen und Reden der Unentwegten, die ihren Durst an Bier und an Neuigkeiten noch nicht gestillt hatten.

Viele der Gäste – Händler, Siedler und Pelzjäger – waren aus der Ohiowildnis gekommen und brannten darauf, zu erfahren, was in der Welt passiert und was Wahres an den Gerüchten war, die in diesen Tagen und Wochen an den Herdfeuern der äußersten Grenze wie an den Lagerfeuern der Wildnis umgingen. Und Fort Pitt oder, wie man nach dem Wiederaufbau der Siedlung sagte, Pittsburg war das lebendige Herz der vordringenden Grenze im Stromgebiet des Ohio.

Natürlich stand im Mittelpunkt aller Gespräche die Nachricht vom Friedensschluß in Detroit. Endlich, nach zweieinhalb Jahren, war der blutige Indianerkrieg beendet, den der Ottawahäuptling Pontiac entfesselt und mit unerhörter Gewalt und beispiellosem Geschick geführt hatte. Am 18. August war zu Detroit der Frieden geschlossen worden – freilich ohne Pontiac. Der große Häuptling war, so hieß es, mit den letzten Getreuen den Mississippi abwärts gezogen. Von den fünfundzwanzig Indianerstämmen, die er gegen die Kolonien in den Kampf geführt hatte, war ihm nicht einer mehr treu geblieben, seit sich vor Detroit das Kriegsglück gegen ihn gewandt hatte.

Am Ohio hatte der Krieg schon fast ein Jahr früher ein Ende gefunden, als Oberst Bouquet am Muskingum mit den Stämmen am Schönen Fluß Frieden geschlossen hatte: mit den Delawaren, Shawnees und Wyandots. Aber erst jetzt konnte man aufatmen, nachdem auch im Nordwesten der Sieg errungen war.

»Hast du gehört, George«, rief ein schwarzhaariger kleiner Pelzhändler dem Wirt zu, »hundert Pfund hat General Amherst auf Pontiacs Kopf gesetzt! Viel Geld für diesen roten Banditen. Ich würde mir's gern verdienen. Will ohnehin im Frühjahr den Ohio abwärts und nach St. Louis.«

»Du wirst ihn in die Tasche stecken, Samy, ganz gewiß!« lachte der Wirt. »Warst schon immer ein großer Indianerkämpfer!«

»Ja, mit wäßrigem Rum und falschen Gewichten kämpft er! Die Shawnees zittern schon monatelang, bevor er kommt!« Dröhnendes Gelächter begleitete den Spott, der über den kleinen krummbeinigen Händler ausgegossen wurde.

Aber der ließ sich nicht unterkriegen. »Laßt mich nur machen!« rief er mit schriller Stimme. »Für ein Fäßchen Rum liefern die Roten jeden Häuptling ans Messer. Ihr sollt sehen, ich bringe euch seinen Skalp – kostet mich ein halbes Faß Rum und einen Eimer Ohiowasser, hähähä! Hundert Pfund, das wird ein Geschäft!«

### Die Söhne der Freiheit

George Rock wandte sich dem nächsten Tisch zu. Dort stand ein langer, dürrer Mann in der modischen Kleidung der Küstenstädter und fuchtelte mit einem bedruckten Blatt Papier in der Luft herum. Offenbar hatte er es schwer, gegen die aufgebrachte Runde seiner Zechgenossen zu Wort zu kommen.

»Es ist so, Gentlemen«, rief er jetzt, »hier steht es schwarz auf weiß: die Stempelsteuer ist im Parlament zu London beschlossen worden! Ihr werdet keinen Acker Land mehr kaufen, keinen Vertrag mehr schließen, keine Kuh mehr verkaufen können, ohne die Stempelgebühr an die Krone zu entrichten. Der Krieg hat die Krone arm gemacht, die Kolonien haben bislang nur Geld gekostet. Nun sollen sie wenigstens einen Teil ihrer Verwaltungskosten selber tragen!«

»Verwaltungskosten«, schrie man ihm entgegen, »wozu brauchen wir eine Verwaltung? Die Herren sollen sich zum Teufel scheren!«

»Wir brauchen den ganzen Zopf nicht!« rief ein anderer. »Wir haben die Freibriefe des Königs, das Parlament schert uns einen Dreck. Sind wir etwa dort vertreten, haben wir Abgeordnete im Unterhaus? Nein, wir haben keine. Also hat uns das englische Parlament nichts zu sagen, es kann uns gestohlen bleiben!«

»Richtig!« schrie ein dritter. »Wir können uns selbst verwalten, sollt sehen, es geht viel besser ohne diesen Haufen von Nichtstuern, von Tintenpissern und Schmarotzern! Haben wir dieses Land mit unserm Blut erobert oder nicht, Gentlemen?«

Der dürre Mann mit der Zeitung in der Hand – er war Berichterstatter der Pennsylvania Gazette aus Philadelphia – zappelte wie ein Fisch auf dem Trocknen. Er kam nicht recht zum Zuge, es war nicht leicht, sich gegen die Bässe der Waldmenschen durchzusetzen.

»Das ist noch nicht alles, meine Herren, das ist noch längst nicht alles!« rief er aufgeregt. »Die Stempelsteuer und die Einquartierungsakte drücken uns an der Küste genauso wie euch. Aber ihr hier, ihr steht auf verlorenem Posten, ihr siedelt auf verbotenem Grund. Euch geht es an, Gentlemen, denn ihr steht heute schon außerhalb des Gesetzes!«

»Mann, was ist? Wollt Ihr uns rasend machen?« Sie schrien ihn einfach nieder. »Was scheren uns Gesetze? Die Wildnis ist unser Gesetz. Auge um Auge, Zahn um Zahn! Mehr brauchen wir nicht!«

Jetzt erhob sich ein Mann von ehrfurchtgebietender Gestalt. Ein mächtiger grauer Bart bedeckte Hals und Brust, aus dem wettergebräunten Gesicht lohte ein Paar tiefblauer Augen. Er hob die Hand.

»Ruhe!« riefen einige in der Runde, »Ruhe für Friedensrichter Allison!«

»Gentlemen«, begann der Alte mit seiner tiefen Stimme, »ich verstehe eure Empörung nur zu gut. Aber laßt den Herrn von der Zeitung mal reden. Er weiß mehr als wir. Wir haben unsere

Haut zu Markte getragen, haben den Roten dieses Land abgerungen, haben es mit unserm Schweiß und unserm Blut gedüngt. Aber wir haben vergessen, daß wir einen Herrn haben – den König. Ihm sind wir Gehorsam schuldig, ihm, nicht seinen falschen Räten und dem Parlament. Aber er ist weit weg von diesem Land, und er weiß nicht, wie die Dinge hier wirklich stehen.« Er schwieg einen Augenblick, nahm einen Schluck aus dem Becher und ließ seinen Blick unter den buschigen Brauen in die Runde gehen. Dann fuhr er fort:

»Wie wäre es sonst möglich, daß er ein Gesetz erlassen konnte wie dieses, von dem mir der Herr aus Philadelphia erzählt hat: Die Alleghenyberge sollen künftig die Grenze für Kolonien und Siedler sein, alles Land westlich der Berge soll für immer den Indianern gehören!«

In das fassungslose Erstaunen, das die schwerfälligen Grenzerhirne für einen Augenblick gefangenhielt und die Zungen lähmte, warf geschwind der Zeitungsmann seine Worte:

»Hier, Gentlemen, seht, hier steht es schwarz auf weiß: Von Georgia bis nach Pennsylvanien sollen die Alleghenies die Grenze der weißen Besiedlung sein. Alles, was diesseits der Berge liegt, gehört den Delawaren, Irokesen, Shawnees, Mingos, Miamis, Ottawas und wie sie alle heißen. Kein Stück Land, das westlich dieser Linie liegt, darf künftig im Tausch oder Kauf von einem Weißen erworben werden!«

Jetzt sprangen alle von ihren Sitzen auf, Fäuste krachten auf die Tische, daß die Zinnbecher tanzten. »Wahnsinn! Verrat! Das Werk der Wucherer, der Pfeffersäcke! Die Tories!« so schrien sie durcheinander.

Noch einmal gelang es dem Berichterstatter der Pennsylvania Gazette, sich Gehör zu verschaffen. »Es ist noch nicht zu Ende, Gentlemen, es ist noch nicht alles! Hört weiter, wie es in der Proklamation des Königs heißt: ›Wir machen ferner strengstens zur Pflicht und fordern alle Personen auf, die sich, sei es vorsätzlich oder aus Unachtsamkeit, auf irgendwelchen Ländereien innerhalb der oben beschriebenen Gebiete niedergelassen haben oder auf solchen Ländereien siedeln, die weder an Uns abgetreten noch von Uns gekauft worden sind und den vorher erwähnten Indianern vorbehalten bleiben, unverzüglich derartige Siedlungen zu räumen.‹«

»Das Kauderwelsch verstehe ich nicht!« rief ein stiernackiger Grenzer mit dem Gesicht eines Bullenbeißers. »Erklär mir's in meiner Muttersprache, John Allison! Was wollen die Federfuchser?«

»Du sollst dein Land den Indianern geben, Peter«, schrie ein anderer dazwischen, »und mit deinen Söhnen an die Küste gehen, in die Bergwerke oder zum Kohlentrimmen nach Boston!«

»Ich schlage jeden tot, der mir meinen Besitz nehmen will«, erwiderte der Bullenbeißer schwerfällig, »ob er ein rotes oder ein weißes Fell hat, ob er eine Feder oder einen Dreimaster auf dem Kopf trägt!«

»Recht so, Peter«, sagte der Wirt, legte ihm die schwere Hand auf die Schulter und drückte ihn auf seinen Sitz nieder. »Aber nun setz dich. In Rocks Schenke soll jeder seine Gemütlichkeit haben. Nehmt Platz, Gentlemen, und reicht mir eure Becher. Das andere wollen wir Mr. Franklin überlassen, der uns diesen Herrn hier geschickt hat und selbst nach London fahren wird, unsere gerechte Sache dort zu vertreten. Es wird nichts so heiß gegessen, wie es gekocht wird. Gebt her Euren Becher, Richter Allison. Und nun, Gentlemen, trinken wir auf das höchste Gut, das die Männer an der Grenze ihr eigen nennen: auf die Freiheit!«

»Auf die Freiheit! Hoch die Freiheit! Freiheit und Eigentum!« Die Zinnbecher schlugen aneinander.

## Das Gift des weißen Mannes

George Rock nahm seinen Rundgang wieder auf. Nahe der Tür saßen drei jüngere Männer mit einem Indianer zusammen, der mit verglasten Augen vor sich auf den Tisch starrte. Nach Haartracht und Federschmuck war es ein Mingo, ein Angehöriger des Mischvolkes, das sich aus Seneca-Irokesen und Delawaren gebildet hatte und den Großteil der indianischen Bevölkerung in der Umgebung von Pittsburg und am oberen Ohio ausmachte. Rock kannte ihn nicht, wohl aber den Wortführer der Weißen, einen schlanken Mann von fast weibischem Aussehen, dessen ehemals schöne Gesichtszüge vom Alkohol zerstört worden waren. Es war Rum-Danny, einer der verrufensten Rumhändler der Grenze. Wo er auftrat, gab es Zank und Streit, und kein angesehener Bürger wollte etwas mit ihm zu tun haben.

Sie seifen den armen Teufel ein, dachte Rock. Ich will ein Auge auf die Burschen halten, damit es kein Unheil gibt. »Ihr solltet ihm nichts mehr zu trinken geben, Danny. Seht Ihr denn nicht, daß der Mingo genug hat?« raunte er dem Händler zu.

»Keine Sorge, Mr. Rock, passe schon auf!« erwiderte der. »Euch braucht's nicht zu kümmern. Habe bisher noch alles bezahlt, was ich mit meinen Gästen getrunken habe!«

George Rock streifte ihn mit einem warnenden Blick und wandte sich dem Tisch der Pelzhändler zu, an dem der krummbeinige kleine Sam noch immer das große Wort führte.

»Natürlich ist's gefährlich, ihnen zuviel Rum zu geben!« rief er gerade. »Sie schlagen Vater und Mutter tot, wenn sie besoffen sind. Bin selber mal böse in die Klemme geraten, hatte Not, meine eigene Haut zu retten. Heute passiert mir das nicht mehr.«

»Ach, du holst deinen Rum aus dem Ohio, Samy, da bleiben die Roten friedlich, was?« rief einer.

Der kleine Sam lächelte listig. »Lacht nur, Gentlemen, werdet mir noch dankbar sein für das Rezept. Ich habe keinen Grund, meinen guten Rum an die Wilden zu verschenken. Muß immer ein gutes Geschäft bleiben. Sind ja nie zufrieden, die Bestien, bis sie umfallen. Soviel Rum setze ich nicht gern ein, und rabiat werden sie auch noch dabei. Paßt auf, wie ich's mache: Habe ein schönes Quantum Opium bei mir, Laudanum tut's auch, das mische ich unter den Rum. Sollt mal sehen, wie friedlich und schön müde sie davon werden! Kurz bevor sie einschlafen, wird der Handel perfekt gemacht, und wenn sie aufwachen, bin ich schon über alle Berge!«

Während der kleine Sam noch sein Rezept preisgab, wie man die Indianer ohne Gefahr betrügen könne, hatte ein neuer Gast die Schenke betreten. Er trug das lederne Gewand des Waldläufers, und man sah ihm an, daß er geradewegs aus der Wildnis kam. Er nahm die Pelzkappe vom Kopf, streifte die umgehängte Büchse von der Schulter und ging auf den Wirt zu, der ihn freudig begrüßte und an den Tisch der Pelzhändler führte.

Dort hörte der Ankömmling zunächst noch der Rede des kleinen Sam zu. Ein spöttisches Lächeln lag auf seinem wettergebräunten Gesicht, das Energie und Intelligenz ausdrückte. »Dürft Euch nur nicht wieder bei Euren Opiumkunden sehen lassen, Samy«, sagte er lachend, »sie wollen Euch am Pfahl rösten!« Dann, ehe noch der Rumpanscher antworten konnte, schlug er mit den Knöcheln der Rechten auf den Tisch und rief: »Verzeiht, Gentlemen, daß ich in eure Unterhaltung einbreche. Einen guten Abend alle zusammen!«

»Mr. McKee!« klang es in der Runde. »Woher des Wegs?« Der Wirt fragte, was er dem Gast bieten könne.

»Hätte gegen ein saftiges Stück Schweinefleisch und einen Krug Bier nichts einzuwenden. Komme vom Kleinen Miami, Gentlemen, und bin froh, mit gesunden Gliedern hier zu sein.« Er setzte sich zu der Runde.

»Eine weite Reise, Mr. McKee«, meinte ein älterer Händler. »Haben Sie sie allein gemacht, oder hatten Sie Begleiter?«

»Allein? Dann säße ich heute abend nicht hier. Nein, ich hatten den besten Dolmetscher und Pfadfinder bei mir, den es am Ohio gibt: Simon Girty!«

»Girty? Den Halbindianer? Ist er wieder aufgetaucht?« Die Fragen schwirrten nur so durcheinander. McKee lächelte; er hatte offensichtlich Vergnügen an der Wirkung, die der Name auslöste.

»Merkwürdiger Mann, dieser Girty, Mr. McKee«, warf ein beleibter Graubart ein, »geht allen aus dem Wege, seltsam verschlossen. Seit der Belagerung Anno dreiundsechzig hat man ihn nicht mehr gesehen. Ist untergetaucht in den Wäldern...«

»Nun, er hatte seine Gründe damals, Gentlemen«, unterbrach ihn McKee. »Sie werden Ihnen nicht unbekannt sein.«

»Sie meinen diese Geschichte mit den Blattern? Gott, Mr. McKee, wer wird so zimperlich sein. Hätten die Seuche auch so bekommen, die Rothäute. Wenn das der Grund war – na ja, Sie werden ja wissen, ob Sie diesem Mann trauen können!«

McKee nahm einen tiefen Zug aus dem Krug, den ihm der Wirt reichte, und erwiderte: »Trauen? Ich mache seit Jahr und Tag meine Reisen mit Girty. Und ich schätze mich glücklich, ihn meinen Freund nennen zu dürfen. Ich will's kurz machen, Gentlemen. Da hier gerade vom Alkohol die Rede war und von der Gefahr, in die sich der Händler begibt, will ich euch erzählen, wie es mir ergangen ist. Dann werdet ihr sehen, was ihr von Simon Girty zu halten habt«, er wandte sich dem Wirt zu, »inzwischen wird Mrs. Rock mein Schwein schlachten!«

Er streckte die Beine aus, öffnete das Lederwams auf der Brust und fuhr fort: »Es war in Alt-Chillicothe, die Shawnees hatten ein reiches Lager an Fellen: Hirsch, Biber, Bär, Büffel. Ich bin kein Freund von Geschäften mit der Trunkenheit, und ich bot Pulver, Salz und Decken an. Aber sie wollten Rum. Ich gab ihnen ein Fäßchen. Sie wollten mehr. Ich gab ihnen ein zweites. Vielleicht wären sie zur Vernunft gekommen, wenn Simon Girty dagewesen wäre. Er gilt viel bei den Indianern am Ohio. Aber ich hatte ihn nach Piqua geschickt, und er kam erst in der Nacht zurück.

Um diese Zeit lagen die Shawneekrieger schon sinnlos betrunken vor meiner Hütte, in der ich mich verschanzt hatte. So

121

brauchte ich wenigstens nicht mehr befürchten, daß sie mir das Dach über dem Kopf ansteckten und mich totschlügen, wenn ich aus meinem Bau herauskäme.

Simon Girty legte sich erst zwei Stunden aufs Ohr und schlief in aller Gemütsruhe. Am Morgen, als die betrunkenen Shawnees an die Hütte pochten und wieder Rum verlangten, öffnete er die Tür und ließ ein gutes Dutzend herein. Zuvor hatte er ein Faß Pulver geöffnet und mitten in den Raum gestellt. Als die Wilden eindrangen, richtete er die gespannte Pistole auf das offene Pulverfaß und rief: ›Herein, herein! Wer von euch alten Weibern ist ein braver Kerl? Wir wollen heut alle sterben!‹

Da hättet ihr die tapferen Krieger der Shawnees sehen sollen! Sie machten auf der Hinterhand kehrt, drängten sich aus der Tür und liefen, was die Beine hergaben. ›Wehe uns!‹ riefen sie, ›der Herr des Lebens hat dem Weißen Falken‹ – so nennen sie Mr. Girty – ›viel Kraft und Mut verliehen!‹

So waren wir sie los, und sie ließen sich nicht wieder blicken. Da der Handel abgeschlossen war, konnten wir in Ruhe unsere Packpferde beladen und ungehindert abziehen. Denke schon, Gentlemen, daß ich meinem Freund Girty trauen kann!«

In diesem Augenblick erhob sich ein Tumult neben der Tür. Die drei Weißen hatten ihren Zechgenossen, den Indianer, an Hände und Füße gepackt, schleppten ihn zur Tür und warfen ihn mit dem Ruf »Raus mit dem besoffenen Schwein!« auf die Straße.

»Recht so!« riefen ein paar Grenzer, die den Vorfall bemerkt hatten. »Schmeißt den dreckigen Kerl raus! Stinkt uns schon lange, daß das rote Gesindel sich überall einschleicht!«

Der Wirt aber ging so flink, wie es niemand seiner massigen Gestalt zugetraut hätte, auf die drei Weißen zu, die eben wieder hereinkamen. Er faßte den Anführer mit hartem Griff am Arm und sagte: »Es ist mir recht, Danny, wenn Ihr jetzt Eure Zeche bezahlen wollt und ebenfalls verschwindet!«

Rum-Danny riß sich mit einer raschen Bewegung los. »Soll das heißen, daß Ihr mich hinaussetzen wollt?«

»Nehmt's, wie Ihr wollt. Und macht Eure schmierigen Geschäfte in Zukunft woanders. Täte mir leid, wenn ich mir die Finger an Eurem Fell schmutzig machen müßte«, entgegnete der Wirt ruhig. »Ihr schuldet mir zwölf Dollar.«

Hart klirrten die Silbermünzen auf dem Eichentisch. »Dan Greathouse bleibt nichts schuldig, George Rock!« zischte der Händler mit wutverzerrtem Gesicht. »Dies für den Rum. Die Beleidigung zahle ich Euch in Kürze heim, auf Dollar und Penny, verlaßt Euch drauf!«

Der Wirt strich das Geld ein und sah verächtlich auf den Händler und seine beiden Kumpane herab. »Zahlt gleich, Danny. Ich borge euresgleichen nichts«, sagte er kalt.

Rum-Danny lachte höhnisch auf. »Geduld, Mr. Rock! Für ein solches Geschäft brauchen wir keine Zeugen und keinen Friedensrichter. Auf später!« Betont langsam verließ er mit seinen Begleitern die Schenke.

Niemand außer Rocks beiden Söhnen hinter dem Schanktisch hatte dem Vorfall Beachtung geschenkt. Lachen und Reden schwirrten weiterhin durch den Raum.

»Soll da oben eine Hütte haben, irgendwo am Erlenbach, der Girty«, meinte einer der Jungen in der Runde der Pelzhändler, »lebt wohl mit irgend jemand zusammen dort, wenn er nicht gerade unterwegs ist?«

»Wird eine kleine indianische Squaw haben, Gentlemen!« rief der Graubart lachend dazwischen. »Laßt ihn nur, warum soll er nicht? Was unsern Idianeragenten Sir Johnson und Croghan recht ist, kann Mr. Girty billig sein!«

»Zieht ihn jedenfalls mehr zu den Indianern hin, scheint mir, als zu seinen Landsleuten«, meinte ein dritter. »Hab' ihn mal bei den Delawaren am Muskingum getroffen, ein andermal bei den Miamis am Wabash.«

Alexander McKee hatte mit stillem Vergnügen zugehört und über die Klatschsucht der Männer den Kopf geschüttelt. Nun aber nahm er selbst das Wort: »Laßt ihn, Gentlemen, er liebt die Wildnis und die Einsamkeit mehr als die Geselligkeit. Hätte ihn gern mitgebracht zum Umtrunk unter Männern der Grenze. Aber er wollte nicht. Hat seinen Kopf für sich, der Girty. Aber ich schwöre euch, Gentlemen, es gibt keinen besseren Dolmetscher, keinen fähigeren Waldläufer zwischen den Alleghenies und dem Mississippi als Simon Girty.«

## Nur ein roter Hund

Wenn die Pelzhändler in der Schenke gewußt hätten, wie nahe in diesem Augenblick der Mann war, dem ihre Neugier ebenso galt wie ihr Argwohn, wäre Girty kaum an einem Umtrunk vorbeigekommen. Aber zu seinem Glück ging es im Schankraum noch immer so lebhaft zu, daß zunächst niemand bemerkte, was auf der Straße vor sich ging.

Simon hatte noch schnell einige Besorgungen in Henrys Drugstore gemacht und eilte nun durch den frühdämmernden Herbstabend seinem Nachtquartier zu. Neben ihm schritt sein Freund Peter Walker, bei dem er stets abstieg, wenn er von monatelanger Reise aus der Ohiowildnis heimkehrte.

Schweigend gingen die Freunde dahin. Walker wußte, daß er am abendlichen Kaminfeuer noch genug erfahren würde von dem, was der schweigsame Simon erlebt hatte.

Als sie sich Rocks Schenke näherten, blieb Simon plötzlich stehen und deutete auf ein dunkles Bündel, das neben der Tür am Boden lag. Der gelbe Schein der Talgkerzen fiel durch eins der kleinen Fenster, spiegelte sich in einer Pfütze von Abwasser und ließ ein Paar Beine in Leggings und Mokassins erkennen.

Simon war mit ein paar schnellen Schritten neben der leblos daliegenden Gestalt und kniete nieder. »Ein Mingo«, murmelte er, »kenne ihn nicht. Haben ihn fertiggemacht, die Gentlemen.« Der Schnapsdunst ließ ihm keinen Zweifel darüber, welcher Feind den Indianer gefällt hatte.

Der junge Pfadfinder sah zu seinem Freund auf, der inzwischen herangekommen war. »Was meinst du, Peter, wieviel ehrsame Bürger dieser Stadt sind schon vorbeigekommen und haben ihn hier liegen sehen?« fragte er mit bitterem Spott. »Ist ja nur ein Indianer und kann verrecken, wo er will!«

Mit einem schnellen Griff hob er den Leblosen hoch, zog ihn aus dem Wasser der Pfütze und lehnte ihn mit dem Oberkörper gegen die Hauswand. Dann schöpfte er ein paar Hände voll Wasser aus der Lache, rieb dem Indianer das Gesicht damit und rüttelte ihn, bis er die glasigen Augen aufschlug. »Wer bist du?« fragte er ihn auf irokesisch. »Wie kommst du hierher?«

Der Mingo lallte einige unverständliche Worte. Dann faßte er sich und brachte mühsam hervor: »Ich bin Der Otter, Herr. Zu Hause bei meinem Volk bin ich ein Krieger. Aber hier bin ich ein Schwein!« Stöhnend versuchte er, sich hochzurappeln.

In diesem Augenblick öffnete sich die Tür der Schenke, und Rum-Danny kam mit seinen beiden Begleitern heraus. Als er den Mingo an der Hauswand sitzen sah, trat er ihn in die Rippen und rief: »Da ist ja unser Freund! Schlaf weiter, Miststück!« Damit wollte er sich davonmachen.

Aber Simon Girty vertrat ihm den Weg und sagte: »Ihr seid wohl der Gentleman, der sein sauberes Geschäft mit ihm gemacht hat? Nach Eurer liebevollen Bemerkung möchte ich's annehmen.«

»Mischt Euch nicht in Sachen, die Euch nichts angehen!« herrschte Rum-Danny ihn an.

Simon stand unbeweglich. »Antwortet auf meine Frage: Wart Ihr der Mann, der diesen armen Teufel fertiggemacht hat? Habt Ihr ihn um seine Felle betrogen? Antwortet!«

»Aus dem Wege, hergelaufener Kerl! Sonst liegst du gleich daneben!« schrie Danny und versetzte Simon einen Stoß vor die Brust, der einen andern von den Beinen gebracht hätte.

Simon Girty wich nicht einen Zoll. Mit einer blitzschnellen Bewegung hob er die Rechte und schlug Rum-Danny den Handrücken ins Gesicht. Es gab einen klatschenden Laut, Danny flog mit dem Kopf gegen die Schenkentür und stand einen Augenblick wie gelähmt, während ihm das Blut aus der Nase rann.

»Dreckiger Lump!« preßte Simon zwischen den Zähnen hervor. »Ihr habt manchen ehrlichen Händler auf dem Gewissen, ihr Gauner und Betrüger!«

Während die beiden Komplizen noch verdutzt dastanden, unschlüssig, ob sie sich auf den Pfadfinder werfen oder lieber davonlaufen sollten, hatte sich Rum-Danny gefangen. Er riß das Messer aus dem Gurt und wollte sich auf Simon stürzen.

»Zurück, Dan, oder du bist verloren!« schrie Peter Walker ihn an. Er wußte, wie ein Gang mit dem Messer oder auch nur ein Faustkampf mit Simon Girty ausgehen würde.

Aber er brauchte nicht einzugreifen. Denn nun flog die Tür auf, und eine Gruppe von Männern, vom heftigen Wortwechsel auf die Beine gebracht, kam heraus und drängte sich zwischen die Streitenden.

»Wer bricht den Frieden der Stadt?« klang die tiefe Stimme des Friedensrichters Allison. »Das Messer weg, Daniel Greathouse! Sonst sitzt Ihr heute nacht noch hinter Schloß und Riegel, habe schon lange ein Plätzchen für Euch reserviert!«

Rum-Danny steckte sein Messer in die Scheide und wischte sich das Blut aus dem Gesicht.

»Und Ihr, Simon Girty«, fuhr der Friedensrichter fort, »geht Eurer Wege! Wenn wir Euch sonst schon nicht sehen hier in Pittsburg, legen wir auch auf Eure Raufhändel keinen Wert!«

Simon schwieg und sah trotzig auf seine Füße. Die Zurechtweisung durch den alten Mann, der überall Ansehen und Verehrung genoß, kränkte ihn.

Für ihn antwortete Peter Walker: »Was die Raufhändel betrifft, Richter Allison, so seid Ihr vor der falschen Tür. Müßt Euch an den Gentleman mit der roten Nase wenden!« Dann wies er auf den Indianer, der noch immer an der Hauswand lehnte und mit verglasten Augen vor sich hinstierte, und fuhr fort: »Dort seht Ihr die Maßarbeit des sauberen Herrn Rum-Danny...«

»Es ist gut, Peter«, unterbrach ihn Allison, »wenn du es sagst, will ich es glauben. Aber nun, Gentlemen, geht Eurer Wege!«

Die beiden Freunde packten den stockbetrunkenen Mingo und führten den Torkelnden mit sich. Rum-Danny verschwand mit seinen beiden Kumpanen in entgegengesetzter Richtung. Doch bevor ihn die Dunkelheit verschluckte, drehte er sich noch einmal um und schrie hinter Simon her: »Ich komme darauf zurück, Mr. Girty!«

Als die beiden mit ihrer schwankenden Last ein Stück Wegs gegangen waren, erklang Hufschlag vor ihnen, und ein Reiter tauchte aus der Dämmerung auf. Sobald er sie bemerkte, parierte er sein Pferd und hielt vor ihnen an.

»Logan!« rief Peter Walker erfreut, »wo kommst du her?« Er hatte die Reitergestalt sogleich erkannt: gut sechs Fuß groß, die Adlerfeder im pechschwarzen Haar, um die mächtigen Schultern eine Decke aus schwarzem Biberfell – das war Tagajuta, der Mingohäuptling, der Freund der Weißen, die ihn den Roten Logan nannten.

»Ich habe Peter Walkers Töchtern den Hof gemacht!« erwiderte er in gutem Englisch. »Schon vor einem Winter hatte ich ihnen einen jungen Biber versprochen, aber ich mußte ihn erst fangen und zahm machen!« Er lachte fröhlich. Dann nickte er Simon zu. »Der Weiße Falke ist von der Reise zurück. Gewiß wird er in seinem Nest am Erlenbach schon sehnlichst erwartet.«

Jetzt erst fiel sein Blick auf die Gestalt, die wie leblos in den Armen der beiden Freunde hing. »Wen habt ihr denn da aufgelesen?«

»Es ist Der Otter«, antwortete Walker. »Rum-Danny hat ihn betrunken gemacht. Wir wollten ihn nicht liegen lassen.«

Ein Schatten senkte sich über Logans Gesicht. »Immer dasselbe«, sagte er leise. »Ein böser Geist wohnt im Feuerwasser. Ich habe ihn kennengelernt. Wer einmal seiner Macht verfällt, kommt schwer wieder von ihm los. Gebt her!«

Er hob den betrunkenen Otter wie ein Kind hoch und setzte ihn vor sich auf das Pferd. »Lebt wohl!« rief er, schon im Davonreiten, »grüßt meine kleinen Freunde!«

# Der alte Jäger

Peter Walkers Farm lag auf dem nördlichen Ufer des Allegheny, dort, wo das Tal des Föhrenbachs in die Niederung mündete. Als die Freunde im Kanu über den Fluß gesetzt waren und das erst vor einem Jahr erbaute Haus erreichten, kamen ihnen zwei rotschöpfige kleine Mädchen entgegengelaufen, die vor Übermut und Freude laut schrien.

»Seid ihr noch nicht im Bett, ihr Rangen?« rief Walker in schlecht gespieltem Unmut, beugte sich nieder und hatte sogleich auf jedem Arm eine pausbäckige Tochter sitzen.

»Sieh nur, Vati, komm, Onkel Simon! Logan war da, sieh nur, was er uns mitgebracht hat!« rief die größere von ihnen, die fünf Jahre alt sein mochte.

»Logan lieb, hat süßen Biber bracht!« schnatterte die Kleine.

»Er wohnt unter meinem Bett, Vati, da baut er sein Haus.«

»Schon gut, Betsy, erst laß uns einmal dasein«, beschwichtigte der Vater. »Wir haben Hunger und wollen jetzt essen.«

Aber es nützte nichts, die Männer mußten das kleine schwarzwollige Wundertier bestaunen. Er stand in einer kleinen Kiste auf den Hinterpfoten, auf den breiten, platten Schwanz gestützt. Die zierlichen Händchen hielten ein Stück Brot, an dem die langen Vorderzähne raspelten, und die blanken Äuglein rollten in ihren pelzigen Höhlen hin und her.

»Ja, so ist unser Freund Logan«, sagte Mrs. Walker, eine rundliche, blondhaarige Frau, »was er verspricht, das hält er auch. Er ist ganz vernarrt in die Kinder.«

»Habe noch nie einen zahmen Biber gesehen«, sagte Simon versonnen. »Der Rote Logan macht das Unmögliche möglich, wenn es um seine Lieblinge geht, um die weißen Kinder. Ich will hoffen, daß die Väter es ihm entgelten. Müssen lange suchen unter den Weißen, bis wir einen Mann von solcher Herzensgüte finden. Ist aber auch nur ein roter Hund...«

Als sie am Abend vor dem Kaminfeuer saßen, in dem die Buchenscheite knisterten, meinte Walker: »Dein Bruder Thomas hat ein schönes Stück Land gerodet am Mondbach, nicht weit von McKees Besitzung. Ich war vor ein paar Tagen dort. Sie waren gerade dabei, das Haus zu bauen. Der kleine John, euer Stiefbruder, hilft kräftig mit, und deine Schwägerin Ann auch. Willst du nicht mal vorbeigucken? Sie würden sich bestimmt freuen!«

»Will sehen, ob sich's machen läßt«, erwiderte Simon. »Hab' nur wenige Tage Zeit, McKee will bald wieder los, den Ohio abwärts bis zu den Fällen. Und du weißt ja, daß ich bei mir zu Hause schon lange nach dem Rechten sehen muß.«

»Zu Hause, Simon! Wann wirst du endlich ein Zuhause haben?« Peter Walker ergriff die Hand des Freundes. »Noch ist es Zeit, Simon. Es wird wieder Land angeboten von der Ohiogesellschaft, gutes Land für billiges Geld, im Osten und Süden von Pittsburg. Ich könnte dir sofort einen Claim verschaffen, habe gute Verbindungen, und du weißt, daß ich dir auch mit Geld und anderen Dingen helfe. Aber du mußt jetzt zugreifen, sonst ist es zu spät. Jeden Tag kommt ein neues Rudel Siedler an, aus Virginien und Pennsylvanien und von der Küste. Bald wird hier um Pittsburg jeder Fleck vergeben sein. Willst du so lange warten?«

Simon Girty zuckte die Achseln und sah den Freund mit einem hilflosen Lächeln an. »Ich danke dir, Peter«, erwiderte er. »Du weißt, ich tauge nicht zum Siedler. Hab' kein Sitzfleisch, würde verrückt, wenn ich Mais und Bohnen pflanzen sollte.«

»Dann mach wenigstens selbst einen Handel auf, Simon, wie dein Bruder George! Ein Mann mit deinen Kenntnissen – was könntest du verdienen! Keiner kennt die Ohiowildnis so wie du, du sprichst die Sprachen der Indianer wie deine Muttersprache, die Roten vertrauen dir wie kaum einem anderen Weißen. Willst du immer nur den Pfadfinder und Dolmetscher spielen, damit anderen die Dollars einstreichen?«

»Ich weiß, Peter, ich weiß: wer kein Land besitzt und keine Dollars scheffelt, der ist kein Mensch in den Augen der Bürger von Pittsburg. Was schert mich das? Ich brauche den Wald und den freien Himmel über dem Kopf, um atmen zu können. Ich liebe die Einsamkeit und die Jagd – und die Gefahr meinetwegen, wenn du es so nennen willst. Ich nenne es Freiheit. Soll ich die Indianer betrügen, um Geld zu scheffeln, das mir gleichgültig ist? Nein, Peter, was ich brauche an Geld und Besitz, das habe ich, und was ich nicht mit mir tragen kann, das drückt mich nur.«

## Die Hütte am Erlenbach

Mit dem ersten Frühlicht sattelte Simon sein Pferd und nahm Abschied. Er ritt eine halbe Stunde in scharfem Trab am Ufer stromab und bog dann nach Nordwesten ab. Dort wand sich das Bett eines kleines Baches den dichten Bergwald hinan.

Sobald sich das herbstbunte Laubdach über ihm geschlossen hatte, atmete Simon auf. Die Stille des Waldes, nur vom Murmeln des klaren Gewässers und vom Rauschen der Wipfel belebt, war ihm Heimat. Hinter ihm versank das laute Getriebe der Stadt und alles Widerwärtige, das für ihn damit verbunden war. Die Freunde, Peter Walker, der ein Farmer geworden war – gewiß, sie sahen ihn gern, und er war ihnen zugetan. Aber hier, im grünen Dämmerlicht des Waldes, war er zu Haus und fühlte sich frei. Jetzt zog es ihn mächtig zu seiner kleinen Hütte, die er vor Jahren an einer verschwiegenen Stelle des Urwaldes gebaut hatte.

Fast zwei Stunden folgte Simon dem Lauf des Baches bergan. Oft mußte er das Pferd am Zügel hinter sich herführen, wenn Felsblöcke und gestürzte Bäume den Weg versperrten. Endlich öffnete sich die enge Schlucht, und ein freundliches Tal bot sich dem Auge dar. Weißerlen säumten das Bachbett, nach beiden Seiten stiegen saftige Wiesenhänge auf bis zum Waldrand, und in einem sonnigen Winkel lag ein kleines Blockhaus zu Füßen mächtiger Eichen.

Erwartungsvoll ritt Simon den Wiesenhang hinauf. Vor der fensterlosen Hütte sprang er aus dem Sattel, pflockte das Pferd am langen Riemen an und ging mit leisen Schritten zur Tür.

Dort fuhr er unwillkürlich zurück und griff zum Messer, als ihm ein junger Indianer entgegentrat. »Wolf!« rief er dann überrascht, »du hier? Seit wann bist du frei?« Er ergriff seine Hand und schüttelte sie in herzlicher Freude.

Über das Gesicht des jungen Delawarenkriegers – der rote Hirschschwanz wippte am Hinterkopf auf dem blauschwarzen Haar – flog ein Lächeln. »Der Wolf ist frei geboren«, sagte er stolz, »wer ihn gefangenhalten will, darf nicht schlafen!« Dann wurde seine Miene ernst. »Es ist Zeit, daß mein Bruder kommt. Das Feuer, das so lange gebrannt hat, will verlöschen«, sagte er leise und wies auf den Eingang der Hütte.

Simon erschrak. Er trat in den niedrigen Raum. Dort lag auf einer einfachen Bettstatt ein alter Mann, die mageren Hände über der Brust gefaltet. Der Schein des Herdfeuers huschte über das eingefallene Gesicht und ließ die lange Nase und die starken Bakkenknochen noch mehr hervortreten. Die Augen lagen geschlossen in ihren tiefen Höhlen. Die runzlige Gesichtshaut war bleich und durchscheinend wie Pergament, nur das strohgelbe Haar stand in seltsamem Gegensatz zu den Zotteln des schlohweißen Bartes.

Der Eintretende stand einen Augenblick schweigend und betrachtete das vertraute Gesicht, das deutlich schon vom Tode gezeichnet war. »Er schläft«, flüsterte er, »wir wollen ihn nicht wecken.«

Der alte Mann schlug die Augen auf. Als er Simon sah, glitt ein Lächeln über die verfallenen Züge. »Halb so wild, mein Junge, nun, wo du das bist!« Er richtete sich halb auf. Simon kniete neben dem Bett nieder und schob dem Kranken eine Decke in den Rücken. »Jim, alter Jim«, sagte er, »was machst du für Sachen! Bleib liegen, Jim, es strengt dich zu sehr an!«

»Halb so wild, mein Junge«, erwiderte der Alte, und Freude leuchtete aus seinen Augen. »Das verfluchte Warten war anstrengend, das ist alles. Wußte nicht, wann du kommen würdest und ob der alte Kadaver noch so lange aushalten könnte. Aber nun ist alles gut. Setz dich, mach dir's bequem in deinem Haus.

Gib ihm zu essen, Wolf, und häng den Teekessel ins Feuer. Wir wollen die Zeit nützen.«

Während Simon sich die Truthahnkeule schmecken ließ und gebutterten Tee schlürfte, erfuhr er, was sich zugetragen hatte. Vor einer Woche war der alte Jim von einem Baum, den er fällte, zu Boden geschlagen worden. Der Stamm hatte seine Beine so unglücklich eingeklemmt, daß Jim sich nicht befreien konnte. Schließlich hatte ihn der junge Delaware Katepacomen, den die Weißen Wolf nannten, gefunden und in der Hütte gepflegt.

»Wird schon wieder werden, Jim«, sagte Simon, »du hast eine starke Natur, wir werden dich schon auf die Beine bringen!«

Der Alte schüttelte den Kopf. »Wollen uns nicht darum streiten, mein Junge. Bin nur froh, dir Lebewohl sagen zu können. Hab' alle Kraft gebraucht, nicht unterm Baum zu verrecken, so allein im Wald. Hab' immerfort mit dir geredet, Simon, im Fieber. Da ist noch etwas, was ich dir sagen will. Bringt mich vor die Hütte in die Sonne, will den Erlengrund und die Berge noch einmal sehen!«

Da half kein Protest, die beiden jungen Männer mußten den Alten hinaustragen und ihn in den einzigen Stuhl setzen, der in der Hütte zu finden war. Es war ein rohgezimmerter, klobiger Armstuhl, in dem Jim nun in Decken gewickelt saß.

»Erzähl ihm, Wolf, wo du hergekommen bist«, sagte der Alte. »Kann ein wenig verschnaufen mittlerweile.«

Der junge Katepacomen war ein Häuptlingssohn aus dem Wolfsclan der Delawaren. Simon hatte mit ihm Blutsfreundschaft geschlossen, und sie hatten nach indianischer Sitte die Namen getauscht. Unter seinen Kriegern nannte er sich Simon Girty, aber Simon nannte ihn nur Wolf, weil er immer mit Stolz seine Zugehörigkeit zum Wolfsclan betonte, aus dessen vornehmster Häuptlingsfamilie er stammte.

Simon wußte, daß Katepacomen freiwillig zu den Geiseln getreten war, die Oberst Bouquet von den Ohiostämmen als Sicherheit für den Frieden gefordert hatte. Daß diese Geiseln freigelassen worden seien, hatte er bisher nirgendwo gehört.

»Du warst dabei, Wolf«, fragte er, »vor einem Jahr an der Gabel des Muskingum, als die weißen Gefangenen befreit wurden, nicht wahr? Sicherlich bist du ausgetauscht worden?«

Wolf lächelte. »Es war eine seltsame Befreiung. Meine Augen sahen viel Wasser in den Muskingum fließen. So viele Tränen sah ich nie zuvor. Die weißen Krieger des Häuptlings Bouquet weinten vor Freude, die roten Krieger weinten vor Schmerz. Und die Gefangenen, wie du sie nennst, weinten ebenfalls. Viele vor Freude, an der Brust des Vaters oder des Gatten, die sie wiedersahen; viele aber auch vor Schmerz, weil sie ihre indianischen Eltern, Geschwister oder Frauen verlassen mußten. Dazwischen schrien die weißen Kinder, die niemand von Bouquets Soldaten kannte und die ihre Namen vergessen hatten. Sie schrien nach ihren indianischen Müttern, und die roten Mütter heulten um ihre weißen Kinder, die ihnen vom Herzen gerissen wurden. Rote und Weiße rannten durcheinander wie ein Ameisenhaufen, in den ein Bär geraten ist. Schließlich ließ der Häuptling Bouquet alle Indianer aus dem Lager jagen.«

Simon lachte bitter. »Haben gedacht, die Herren Offiziere, die armen Gefangenen würden ihrem Christengott auf Knien danken, daß sie aus der indianischen Knechtschaft befreit wurden, he?«

»Das haben viele getan«, erwiderte Wolf. »Aber viele andere knieten nieder und hoben die Hände, weil sie in die Knechtschaft zurückkehren wollten, zu ihren Müttern, Brüdern und Schwestern, zu ihren Frauen und Kindern.«

»Und du? Hat Bouquet dich freigelassen?«

»Ich bin mit dem großen Zug nach Fort Pitt gegangen und von da weiter über die Berge der aufgehenden Sonne entgegen. Erst wollte ich noch länger dabeibleiben. Aber dann sah ich, wie sich immer wieder arme weiße Gefangene, die der große Häuptling Bouquet befreit hatte, nachts davonstahlen zu ihren roten Brüdern. Denn neben dem Zug streiften die Indianer in den Wäldern, erjagten das Wildbret, damit ihre befreiten Lieben nicht Hunger litten, und riefen ihnen Trost zu. Und als wir auf den

Höhen der Großen Berge waren und die Wächter von der Mühsal des Weges und der Kraft des Feuerwassers fest schliefen, da
nahm ich eine gute Büchse und ein noch besseres Pferd und ritt
heim!«

Simon schlug sich auf die Schenkel und lachte so laut, daß der
alte Jim die Augen aufschlug, die ihm vor Schwäche zugefallen
waren, und sagte: »Wem erzählst du das, Wolf? Der Weiße Falke
hat die indianische Gefangenschaft am eigenen Leibe erlebt. Was
weißt du vom Senecadorf am Allegheny, Simon?«

»Nichts«, entgegnete der, »nur soviel, daß es nicht mehr besteht. Am Miami traf ich den Händler Drouillard. Der erzählte
mir, Eisenarm sei den Allegheny aufwärts in die Berge gezogen.
Die Siedler machten sich breit um Venango, soll ein neues Fort
dort errichtet sein.« Er spuckte aus. »Wird bald kein Raum mehr
sein in diesem Land, wo der Indianer leben kann.«

## Ein Grenzerschicksal

»Setz dich zu mir«, sagte der Alte und ergriff seine Hand. »Hab'
dir noch einiges zu sagen. Die Sonne sinkt schon, muß mich beeilen. Hör zu, mein Junge: du wirst es nicht aufhalten. Ich weiß,
ich weiß, was du sagen willst. Gewiß ist dies das Land des roten
Mannes. Habe selbst einmal so gedacht wie du, als ich jung war.
Aber es läßt sich nicht abwenden. Solange ich zurückdenken
kann, wandern die Indianer. Sie wandern von Ost nach West, in
die unendliche Weite dieses Landes, dessen Ausdehnung wir
nicht kennen. Nein, laß mich nur reden, es strengt mich nicht an.
Hab' lange auf diese Stunde gewartet, wo ich dir endlich sagen
kann, was ich auf dem Herzen habe.

Als ich ein junger Bursche war, jagte ich an den Ufern des Delaware, und die Mohikaner waren meine Freunde. Sie wurden
verdrängt von den Siedlern, sie wichen nach Westen oder verka-
men im Suff oder in den Küstenstädten. Dann ging ich in das
herrliche Tal des Juniata. Eine Landschaft, die der liebe Gott in

einer glänzenden Laune geschaffen haben muß. Dort war mehr Wild damals, als ich Pulver und Blei bekommen konnte. Aber später kamen die Deutschen und siedelten dort, und nach ihnen kamen Schotten und Iren, darunter dein Vater, Simon. Sie schlugen den Wald und vergrämten das Wild, und der Indianer mußte wieder wandern, wenn er nicht hungern wollte. Weiter nach Westen, immer weiter, über die Großen Berge, an den Ohio und den Allegheny. Die Delawaren, meine Freunde, zogen bis an den Muskingum. Sie wollten, daß ich mitkäme, aber ich wollte nicht. Hatte zu tiefe Wurzeln geschlagen am schönen Juniata, und meine Kinder lebten glücklich dort.«

»Kinder, Jim?« rief Simon überrascht, »du hast Kinder? Davon hast du mir nie erzählt! Wo sind sie?«

»Brauchst sie nicht zu suchen, Simon, wirst es gleich hören. Wirst auch begreifen, warum ich nicht gern darüber rede. Aber nun muß es sein, damit du weißt, wessen Gebeine du unter den hohen Eichen hier begräbst.«

»Du sollst nicht so reden, Jim!« begehrte Simon auf. »Du wirst bald wieder gesund sein.«

»Laß nur, mein Junge. Muß mich beeilen, meine Zeit ist um. Also: ich war ein reifer Mann, als ich endlich ein Weib nahm. Sie war ein lebensfrohes Geschöpf, wie Milch und Blut, die Tochter eines Landsmannes aus meiner alten Heimat am Rhein. Ja, Simon, ich war einer der ersten Siedler im Juniatatal, und Jakob Wißlers Farm konnte sich sehen lassen. Wir hatten vier prächtige Kinder, zwei Söhne und zwei Töchter. Sie wuchsen heran, schlank wie die Tannen und kräftig wie Eichen, und die Jungen gingen schon mit zwölf Jahren hinter dem Pflug.

Es war ein herrliches, volles Leben damals, und ich wußte, wozu ich auf der Welt war. Bis ich eines Tages von der Jagd zurückkam, und alles war aus. Mein Haus verbrannt, mein Vieh geraubt, meine Felder verwüstet. Das war nicht das schlimmste. Aber die halbverkohlten Leichen meiner Frau und meiner vier Kinder, die ich in den Trümmern fand, brachten mich um den Verstand.

Bin wohl lange kein Mensch mehr gewesen damals. Daß die Senecas von den Quellen des Allegheny die Mörder meiner Familie gewesen waren, erfuhr ich von meinen Nachbarn. Soviel Verstand hatte ich doch noch, das zu begreifen, und ich merkte es mir gut. Dann aber wurde ich wieder zum Jäger und ging in die Wälder. Mein Jagdrevier war der obere Allegheny, und das Wild, auf das ich pirschte, hatte rote Haut und schwarzes Haar.

Unter Menschen ging ich nur, um mir ab und zu Pulver und Blei zu beschaffen gegen ein paar Häute, die ich nebenbei erbeutet hatte. Zehn Skalpe für jedes Kind und ebenso viele für meine Frau, das hatte ich mir geschworen.

Hing schon eine stattliche Reihe der blutigen Zeichen in meiner Hütte am Schwarzleck, als mich die Senecas eines Tages fingen. Mit einer Handvoll wäre ich vielleicht fertig geworden, aber es waren zuviel. Sie stellten mich an den Pfahl und trieben ihre Spiele mit mir. Kann's ihnen nicht verdenken. Aber sie übertrieben den Spaß, weil sie sich so freuten, mich endlich zu haben. Kurz: ich verlor in jener langen Nacht meine Lockenpracht, aber nicht das Leben.«

Er lächelte und zog mit einem raschen Griff das maisgelbe Haar von seinem Schädel. Simon starrte erschrocken auf die nackte Schädeldecke, über die sich ein Geäst von bläulichen Adern zog. Ringsum glühte um Stirn, Schläfen und Hinterhaupt eine tiefe, blutrote Narbe vom Rundschnitt des Skalpiermessers.

»Hau!« rief Wolf verdutzt und sprang von seinem Sitz auf, »der alte Biber hat ein zähes Leben gehabt!«

Der Alte stülpte seine gelbe Perücke über und fuhr fort: »Sie hielten mich für tot, aber ich tat nur so und schleppte mich in der Nacht davon. Mag sein, daß sie gar nicht mehr nach mir gesucht haben, jedenfalls fand mich eine alte Frau aus einem anderen Dorf und pflegte mich gesund. Danach ekelte mich das Morden an, meine Rache war erfüllt, wir waren quitt. Ich zog wieder in meine Hütte am Schwarzleck und jagte vierbeiniges Wild, wie ich es in meiner Jugend getan hatte.

Später erfuhr ich, was die Indianer so wild gemacht hatte, daß sie friedliche Siedlungen überfielen und die weißen Siedler abschlachteten. Es war eine Kette von Mord und Totschlag gewesen, begangen am Susquehanna von betrunkenen weißen Kreaturen an harmlosen, gutgläubigen Indianern.

Seither weiß ich, Simon, daß nichts, rein gar nichts von einem Frieden zu hoffen ist zwischen Weißen und Indianern, solange nicht der Weiße den Roten als ein Geschöpf Gottes zu achten vermag. Bin kein Betbruder, aber soviel steht für mich fest: es ruht kein Segen auf einem Land, das der weiße Mann mit Arglist, Treubruch und Gewalt dem rechtmäßigen Besitzer raubt. Dieses Land ist groß genug für beide, für Weiße und Indianer. Wer das den landgierigen Grenzern beibringen könnte, Simon, der hätte nicht umsonst gelebt.«

Der alte Mann schloß erschöpft die Augen und schwieg. Seine Hand tastete nach Simons Arm, er zog ihn zu sich heran und sagte leise:»Und nun bringt mich auf mein Lager. Will noch ein wenig ruhen vor der großen Reise.«

In der Nacht schüttelte ein Krampfhusten den hageren Körper, und gegen Morgen schlief der alte Jim sanft hinüber. Simon und Wolf richteten ihm ein Grab unter der größten Eiche am Waldrand. Sie betteten ihn mit den Füßen zum Erlenbach hin, daß der alte Jäger über sein geliebtes Wiesental hinweg auf den herbstbunten Bergwald schauen konnte.

Unter den wenigen Habseligkeiten kramte Wolf eine Steinplatte hervor, in die der alte Mann auf dem Krankenlager eine Inschrift geritzt hatte. Da weder Wolf noch Simon lesen oder schreiben gelernt hatten, konnten sie die Zeichen nicht entziffern. Aber Peter Walker, der einige Tage später Jims Grab besuchte, las:

Jakob Wißler
Oktober 1690–Oktober 1765.

# Der Rote Logan

»Ihr könnt sagen, was Ihr wollt, Mr. Clark, je länger ich über diese Geschichte nachdenke, um so weniger gefällt sie mir.« Michael Cresap verhielt sein Pferd und ritt nun neben dem vierschrötigen jungen Mann her, der seinem Braunen die Zügel gelassen hatte und seit Stunden dumpf und wortlos durch die Wälder am Ostufer des Ohio hinter ihm hergezottelt war. Es war ein warmer Frühlingsmorgen des Jahres 1774.

»Ich? Sagen? Habe seit Sonnenaufgang keinen Ton gesagt!« rief der andere Reiter, ärgerlich auflachend, und fuhr sich mit beiden Händen in den rotblonden Haarschopf. »Oh, dieser verdammte Fusel! Nachdenken habt Ihr gesagt, Hauptmann? Kann ich nicht. Hab' meinen ganzen Verstand versoffen heut nacht.«

Der Hauptmann der virginischen Miliz drehte sich im Sattel herum und blickte den Weg zwischen den Stämmen des Hochwaldes zurück. »Wo die Kerls nur bleiben!« sagte er mißmutig. »Wir reiten doch langsam genug. Wenn wir so weitertrödeln, kommen wir heute bestimmt nicht mehr zum Gelben Bach!«

»Zum Teufel mit dem dreckigen Rum!« stöhnte sein Begleiter auf. »Da trottet eine besoffene Räuberbande über die Ohioberge, und es genügte eine Handvoll Indianer, sie alle wegzuputzen. Schäm dich, George Rogers Clark, so zu versacken. Himmel, hab' ich einen Durst!« Er nahm die Zügel in die Hand und richtete sich auf. »Wartet hier, Hauptmann«, sagte er dann, »sehe da unten einen Bach. Will mich hineinstürzen wie ein Biber und den Schnapsdunst aus dem Schädel spülen!« Er drückte seinem Braunen die Fersen in die Weichen und sprengte davon.

Michael Cresap sprang aus dem Sattel und pflockte sein Pferd an. Noch war kein Mann seines Haufens zu sehen. Doch drangen aus dem Talgrund Hufgetrappel, das Knarren von Sätteln und gelegentliche Flüche herauf. Es würde noch eine Weile dauern, bis die achtzig virginischen Abenteurer, Landsucher und Jäger ihre vorausgerittenen Anführer erreichten. Den meisten von ihnen ging es nach dem wüsten Zechgelage der vergangenen Nacht nicht besser als dem jungen Feuerkopf Clark, der seinen rotblonden Dickschädel dort unten gerade ins kühle Bachwasser steckte.

## Spiel mit dem Feuer

Cresap schüttelte den Kopf. Was sich diese Rüpel nur so gedacht hatten! Alle wollten sie Land, sahen sich schon als Grundbesitzer am Ohio, schossen auf jeden Zoll roter Haut, der ihnen vor die lange Büchse kam, und scherten sich einen Dreck darum, daß dieses Land den Indianern gehörte. Hatten sich hundert Meilen stromab festgesetzt, wo der Kleine Kanawha in den Ohio mündet, und wollten tatsächlich einen privaten Indianerkrieg mit den Shawnees führen. Da ihnen ihr Anführer Clark aber zu jung und zu wenig erfahren erschienen war, hatten sie zu Michael Cresap geschickt, er solle sie führen.

Er hatte eingewilligt, weil ihn die verständigen Nachbarn in der Ansiedlung an der Mündung des Muskingum dazu gedrängt hatten. Es sei besser, hatten sie gemeint, er bringe diese Räuberbande unter Kontrolle, und er sei nun einmal Milizhauptmann für diesen Teil des Ohiotals. Also war er gegangen und hatte die rüden Burschen tatsächlich von ihrem Plan abgebracht, über die Shawneedörfer am Scioto herzufallen und auf diese Weise Mord und Brand über die weitverstreuten Siedlungen am oberen Ohio heraufzubeschwören. Aber er hatte nicht verhindern können, daß einige der übelsten Kreaturen friedliche Indianer auf dem Fluß abknallten. Und gestern abend war eine Gruppe unter Führung eines Rumhändlers über ein Indianerdorf hergefallen, an der Mündung des Captina Creek, und hatte wild um sich geschossen. Was sollte daraus werden?

Das mußte er dem jungen Clark lassen: er wußte sich durchzusetzen. Als die Mordschützen, von Cresap zur Rede gestellt, frech geworden waren, hatte er mit seinen harten Fäusten dazwischengedroschen, daß die lautesten Schreier ganz still wurden. Gewiß hätte er auch dem schleimigen Rumhändler einen ordentlichen Denkzettel erteilt, wenn – ja, wenn der nicht seinen Fusel hervorgeholt und den jungen Feuerkopf damit beschwichtigt hätte. Und benebelt. Es war ein Jammer, daß dieser tüchtige Clark so gern und so viel trank.

»Da kommen sie, Hauptmann!« rief Clark jetzt mit lauter, vom kühlen Trunk und schnellen Bad erfrischter Stimme. Die roten Zotteln seines halblangen Haares klebten um Kopf und Nacken. Er wies den Hang hinab, wo sich eine lange Schlange von Reitern langsam bergauf wand. »Wir sollten hier Rast machen, damit sich die Saufbrüder den Pelz naß machen, wie ich es getan hab'. Danach wollen wir flott zureiten, damit wir ans Ziel kommen. Einverstanden, Hauptmann?«

»Recht so, Mr. Clark, bringt die Kerls in Schwung«, erwiderte Cresap. »Möchte inzwischen noch eine Sache mit Euch besprechen, während sich die Leute erfrischen!«

George Rogers Clark stellte sich in die Steigbügel und rief den ersten Reitern seine Weisung zu. Dann sprang er vom Pferd, pflockte es an und trat zu dem Hauptmann.

»Schießt los, Mr. Cresap. Worüber habt Ihr nachgedacht, und welche Geschichte gefällt Euch nicht?« fragte er.

»Unser Vorhaben am Gelben Bach, das uns dieser ekelhafte Schnapshändler, Euer Freund, eingeredet hat.«

»Freund? Rum-Danny mein Freund?« rief Clark wütend. »Der Teufel soll den Schleicher holen und seinen schlechten Fusel dazu! Ich kenne den Kerl nicht länger als Ihr, und wenn mich nicht alles täuscht, ist er sogar ein verdammter Pennsylvanier, so eine schmierige Händlerseele! Aber was hat das mit unserem Plan zu tun, das Mingonest am Gelben Bach auszunehmen?«

»Ihr kennt Euch noch nicht aus am Ohio, Mr. Clark«, erwiderte Cresap. »Der Rote Logan ist verdammt beliebt und angesehen bei den Siedlern. Hat noch nie einem Weißen ein Haar gekrümmt, im Gegenteil!«

»Aber, Hauptmann Cresap, hat uns nicht der Distriktskommandant in Pittsburg geschrieben, der Indianerkrieg sei unvermeidlich und wir sollten die Siedler schützen? Müssen wir nicht die Indianerdörfer zerstören, damit die rote Brut aus dem Ohiotal verschwindet?«

Er hatte nicht unrecht, der junge Hitzkopf. Tatsächlich hatte Dr. Conolly, der Beauftragte Lord Dunmores, des Gouverneurs von Virginien, einen solchen Bescheid an Cresap gegeben. Gestern abend war der Bote eingetroffen bei dem Handelsposten Wheeling, der am Ostufer des Ohio lag und für den Handelsverkehr einen wichtigen, sicheren Stützpunkt bildete. Das war ja der Anlaß zu dem wüsten Zechgelage von Cresaps Haufen gewesen. Nach den öden Tagen des Wartens, die Cresap erzwungen hatte, um die Entscheidung der verantwortlichen Stelle herbeizuführen, waren dann die letzten Hemmungen gefallen. Der Rest von Vernunft war in Schnaps ersäuft worden, den ein gewisser Rum-Danny plötzlich hervorgeholt hatte und zu sündhaft teuren Preisen ausschenkte.

Mitten in der Nacht hatten die betrunkenen Virginier eine feierliche Kriegserklärung an die Ohioindianer abgefaßt, aufgeschrieben und an einen Baum auf dem Westufer genagelt. Und Rum-Danny hatte eine Rede gehalten und als erste Maßnahme die Zerstörung von Logans Hütte am Gelben Bach gefordert. »Zur Hölle mit dem Nest dieses niederträchtigen, heuchlerischen Mingos!« hatte er geschrien. »Er betreibt doch nur die Geschäfte der pennsylvanischen Quäkerbrut und wiegelt alle Indianer auf gegen die Virginier, die rechtmäßigen Herren am Ohio!«

Aber Michael Cresap wußte es besser. »Was uns der Rumpanscher heut nacht erzählt hat, ist alles erlogen, Mr. Clark. Der Rote Logan ist der Freund aller Weißen hier im Lande, der Virginier wie der Pennsylvanier. Der Streit der Kolonien um den Ohio kümmert ihn nicht. Ich sage Euch, Mr. Clark, wenn wir diese Räuberbande auf Logan und seine Sippe loslassen, haben wir nicht nur die Indianer auf dem Hals, sondern auch alle anständigen Siedler, die Quäker wie die Virginier!«

George Rogers Clark war ein jugendlicher Feuerkopf, aber ein Mann von sauberer Gesinnung. Es lag ihm fern, ein Unrecht zu begehen. Cresap und Clark überzeugten ihre inzwischen ernüchterten Männer, daß es besser sei, zum Schutz der Siedlungen ins Tal des Monongahela zu reiten. Aber als der Haufen dann aufbrach und seinen Weg, anstatt nach Norden, nach Osten einschlug, rief Rum-Danny laut:

»Wer noch Durst hat, Kameraden, reitet mit mir nach Bakers Grund! Hat eine hübsche Kneipe dort, der alte Baker, und steht bei mir in der Kreide. Lege ein schönes Faß alten Rum auf und lade euch ein!«

»Geh zum Teufel, du Mistkerl!« schrie Clark wütend und warf sein Pferd herum, dem Aufwiegler die Fäuste zu zeigen. Aber der war schon inmitten einer Gruppe von zwanzig Saufbrüdern davongaloppiert. Und da es die übelsten Gesellen waren, die ohnehin stets randalierten, waren die beiden Anführer froh, sie loszuwerden.

## Eine sinnlose Bluttat

Daniel Greathouse, genannt Rum-Danny, traf mit seinen Kumpanen am Abend in Bakers Grund ein. Die Schenke lag auf dem Ostufer des Ohio, genau gegenüber der Mündung des Gelben Baches, wo die Sippe des Roten Logan ihr Jagdquartier aufgeschlagen hatte. Die Nacht hindurch floß der Rum in Strömen, und über dem Ohiotal brach der unglückselige 30. April 1774 an.

Als die Zechgenossen gegen Mittag ihren Rausch ausgeschlafen hatten, setzte Rum-Danny im Kanu über den Fluß. Es war ihm recht, daß der Häuptling, der einen weißen Pelzhändler nach der Indianerstadt Chillicothe geleitete, abwesend war.

Rum-Danny lud Logans ganze Familie freundlich in Bakers Schenke ein. Sie kamen alle, Frauen und Kinder, die Mutter des Häuptlings, sein Bruder und seine Schwester mit ihrem zwei Monate alten Baby.

Warum hätten sie auch die Einladung des freundlichen weißen Mannes ablehnen sollen? Er hatte ihnen erzählt, dort sei eine fröhliche Gesellschaft von Neusiedlern, die mit den Indianern am Ohio Freundschaft schließen wollten. Wer sei besser dazu geeignet als die Familie des berühmten Mingohäuptlings Logan, des großen Freundes der weißen Kinder?

Sie kamen ohne Waffen in ihren Kanus über den Strom. Wozu auch Waffen? Die weißen Herren waren freundlich und begrüßten die Logansippe mit Hallo. Abermals floß der Rum. Zunächst wiesen die Indianer das gefährliche Feuerwasser zurück, getreu dem Gebot ihres Sippenoberhauptes. Dann probierten sie, nur ein Schlückchen, aus Höflichkeit. Eben um der Höflichkeit willen mußten sie wiederholt Bescheid geben, wenn die weißen Herren ihnen zutranken, und zuletzt hingen sie, die Frauen eingeschlossen, trunken, kichernd und lallend auf den hölzernen Bänken vor der Schenke. Alle, bis auf drei Männer, darunter Logans Bruder John Petty, die nach indianischem Brauch nüchtern bleiben mußten, um die Trunkenen heimzubringen.

Nun war Rum-Danny fast am Ziel, denn die virginischen Strauchritter waren ebenfalls voll. Ihr Durst nach Rum war gestillt, aber ihr Blutdurst war wach. Doch was sollte mit den drei stocknüchternen Indianern geschehen, die nicht mitgetrunken hatten?

Nichts einfacher als das: wir veranstalten ein kleines Wettschießen. Hier, eine Münze in einer Astgabel – wer trifft sie? Lustig, so etwas. Die trunkenen Frauen kichern. Selbstverständlich werden nun Büchsen geholt und geladen. Da, die drei nüchternen Indianer schießen zuerst, alle drei auf einmal. Dann werden alle weißen Männer zugleich schießen. Das wird eine Sache!

Die drei Indianer schießen, leeren die Büchsen, treffen die Münze. Dann geben sie die Waffen an die Weißen zurück.

Gleich darauf knallen die Büchsen der Weißen. Da ist nun keine Münze mehr, aber sie ist auch nicht nötig. Die Büchsen der weißen Männer finden ihre Ziele, jeder Zoll brauner Haut ist ihr Ziel, und was die Kugeln nicht vollbringen, besorgen Gewehrkolben und Tomahawk. Die Sippe des Roten Logan ist ausgelöscht, schneller als ein Vaterunser zu Ende geht. Nur die junge Indianerin, Logans Schwester, kniet noch, von drei Kugeln durchbohrt, und hält ihr Baby hoch und schreit: »Gnade! Gnade für mein Kind!«

Die alte Mulattin, die in Bakers Schenke dient, springt dazwischen, spuckt dem weißen Mann ins Gesicht, reißt das Kind an sich und rennt in den Wald. Sie rennt, fällt, rennt wieder und läuft, solange die alten Füße sie tragen, nach Osten, nach Osten.

In Bakers Schenke ist es still geworden. Die Zecher torkeln, lallen, aber in ihren schnapsvernebelten Hirnen keimt der Gedanke auf, daß etwas Furchtbares geschehen ist. In den Fluß mit den Leichen, schnell, schnell! Es klatscht, planscht, der stille Ohio schließt seine trübbraunen Fluten über dem Grauen. Das Grauen – nein, das bleibt. Es sitzt wie Blei in den Gliedern. Keiner spricht, alle sehen sich stumm an.

Plötzlich schreit einer auf: »Rum-Danny!«

Wo ist Rum-Danny? Niemand weiß es. Er ist wie vom Erdboden verschluckt. Sie rennen zur Koppel – alle Pferde stehen dort angepflockt, aber der Falbe des Rumhändlers fehlt.


### Indianerkrieg!


Mochten auch die Fluten des Ohio die unglücklichen Opfer mit sich fortgetragen haben, die Kunde von der scheußlichen Mordtat eilte wie ein Lauffeuer durch das Land.

Durch die Indianerstämme am Ohio ging ein Schrei der Empörung. Nun war er da, der Indianerkrieg, nachdem fast zehn Jahre lang Frieden geherrscht hatte am Schönen Fluß. Der virginische Distriktskommandant Dr. Conolly in Pittsburg wollte den Indianerkrieg. Und hinter ihm stand John Murray, Earl of Dunmore, der Gouverneur der Krone in Virginien. Und hinter dem alten Edelmann Lord Dunmore stand die königliche Regierung in London, die mit großer Sorge die Entwicklung in den amerikanischen Kolonien beobachtete. Sie drang nicht mehr durch mit ihren Maßnahmen. Die Kolonien strebten nach Selbständigkeit, wurden zu stark, allzu selbstbewußt.

Nun war der Krone und ihrem Gouverneur Lord Dunmore jedes Mittel recht, der aufkeimenden Rebellion einen Riegel vorzuschieben, sogar ein Indianerkrieg, der einem weiteren Vordringen der Grenze nach Westen ein Ende setzen mußte.

Logan raste. Sein ganzes fünfzigjähriges Leben war zerstört und verfehlt. Er war in Freundschaft mit dem weißen Mann aufgewachsen. Sein Vater, der Cayugahäuptling Shikellamy, war als Vizekönig des Irokesenbundes in Pennsylvanien einer der treuesten Freunde der Engländer gewesen. Logan selbst hatte oft genug Ruf und Vertrauen bei seinen roten Brüdern aufs Spiel gesetzt, um Frieden und Freundschaft mit den Weißen zu erhalten. Die Ermordung seiner gesamten Familie war sein Lohn.

Nun kannte er nur noch eins: töten! Am Ohio und am Monongahela brannten die Blockhäuser der Siedler, floß das Blut seiner früheren weißen Freunde. Eine Abteilung Miliz unter Führung zweier erfahrener Offiziere wurde auf seine Spur gesetzt, ihn unschädlich zu machen. Er schlug sie vernichtend am Zehnmeilenbach, der Hauptmann fiel, der Leutnant wurde schwer verwundet. Mit seiner kleinen Schar von Mingos und Shawnees tauchte Logan bald hier, bald dort aus den Wäldern auf, immer auf der Suche nach den vermuteten Mördern, schlug blitzschnell zu und war ebenso rasch spurlos verschwunden. Dann erschien er plötzlich im südwestlichen Virginien, weil er gehört hatte, dort habe der Hauptmann Cresap sein Heim. Und Cresap hielt er für den Anführer der Mordbande.

Dreißig Skalpe und Gefangene erbeutete Logan auf seinen Rachezügen, davon dreizehn Skalpe mit eigener Hand. Dann zog er sich, ebenso plötzlich, wie er aufgebrochen war, grollend und verbittert in die Einsamkeit am Scioto zurück. Ein großes Gebiet am oberen Ohio war leer von weißen Siedlern, weil sie vor Logans Rache geflohen waren. Der Anstifter all des Unglücks aber, Daniel Greathouse, genannt Rum-Danny, blieb verschwunden.

Am 21. Juli 1774 diktierte Logan einem weißen Gefangenen einen Brief an den vermeintlichen Mörder seiner Familie, einen Mann, den er gut kannte:

> Hauptmann Cresap!
> Warum hast Du meine Sippe am Gelben Bach ge-
> mordet! Vor langer Zeit haben weiße Männer
> meine Verwandten bei Conestoga getötet, und
> ich habe es vergessen. Jetzt aber habt ihr meine
> ganze Familie am Gelben Bach umgebracht. Da
> habe ich gedacht: Ich muß auch töten. Und ich
> bin dreimal auf dem Kriegspfad gewesen seither.
> Aber nicht die Indianer sind zornig – nur ich.
>
> John Logan<br>Hauptmann

Nun zog eine Armee von 3000 Mann in zwei Marschsäulen dem Ohio entgegen. An der Mündung des Großen Kanawha, auf der Halbinsel von Point Pleasant, sollten sie sich vereinigen, um von dort aus die Shawnees am Scioto niederzuwerfen. Deren Verbündete, Mingos und Delawaren aus dem Ohiogebiet, würden dann leicht zu erledigen sein.

General Lewis zog mit 1100 Mann von Südosten direkt auf den Treffpunkt los; Lord Dunmore mit der Hauptmacht marschierte über Fort Pitt den Ohio hinab auf die Mündung des Hockhocking zu.

Doch schon bei dem Handelsposten Wheeling änderte der Gouverneur seinen Feldzugsplan. Er wollte sein Hauptquartier bereits am Hockhocking aufschlagen und von dort gegen die Shawneedörfer operieren. General Lewis sollte nun anstatt bei Point Pleasant an der Mündung des Hockhocking zur Hauptarmee stoßen. Für die gefahrvolle Aufgabe, die neue Weisung dem General zu übermitteln, wählte der Lord den besten und kundigsten Waldläufer aus, den er hatte: Simon Girty.

Damit er nicht allein sei in der unwegsamen Wildnis, die von umherstreifenden indianischen Banden kontrolliert wurde, sollte sich Girty einen Begleiter aussuchen. Der Wasserweg auf dem Ohio war von den Indianern blockiert, er hätte den sicheren Tod bedeutet. Es blieb nur der Landweg auf dem Südufer des Flusses.

Simons Wahl fiel auf einen jungen virginischen Hünen mit kastanienbraunem Haar und tiefblauen Augen, der in Fort Pitt durch sein stilles, freundliches Wesen seine Aufmerksamkeit und Zuneigung erweckt hatte. Es war Simon Butler, ein junger Mann von neunzehn Jahren. Als Lord Dunmores Armee den Hockhocking erreicht hatte, brachen die beiden auf und traten ihren gefährlichen Weg an.

## Die beiden Kundschafter

In der Morgenfrühe des 6. Oktober 1774, ehe noch das Frühlicht die Flußnebel durchdrang, setzten sie über den Ohio und verbargen ihr leichtes Rindenkanu sorgfältig im Ufergebüsch.

Obwohl der Weg auf dem Südufer weiter war, schien er doch der bessere. Denn die Wälder im Norden des Schönen Flusses wimmelten von streifenden Indianern, denen auch die erfahrenen Waldläufer kaum entgehen konnten. Zwar mußten sie so die große Schleife des Ohio umgehen, aber sie hofften dennoch, in längstens drei Tagesmärschen ans Ziel zu kommen.

Der Wald flammte in allen Farben des Herbstes. Die Luft war warm, der Indianersommer schenkte noch einmal Tage von unvergleichlicher Schönheit. Pappel und Ahorn lohten in rotem Gold, der wilde Wein rankte an den Stämmen und bot seine sonnensüßen Früchte dar. Rudel von mächtigen Wapitihirschen ästen auf stillen Waldwiesen, hin und wieder brach eine Rotte Wildschweine aus dem Dickicht der Gründe. Reiher ruderten hoch über dem Flußtal im Blau, und in steilen Uferfelsen horsteten die Adler.

Stunde um Stunde eilten die beiden einsamen Waldläufer dahin, mit federnden, weitausgreifenden Schritten, auf leisen Mokassins, schweigend, nur durch Zeichen sich verständigend. Sorgfältig wurde der Platz zu kurzer Mittagsrast am Klarwasser gewählt und nach Spuren abgesucht. Ein wenig Pemmikan und Maisbrot, einige tiefe Züge aus dem sprudelnden Quell – und weiter, nur weiter. Zunächst führte der Weg nach Süden, bis die Nacht einfiel.

Das Wild blieb ungestört, kein Schuß durfte die einsamen Wanderer verraten. Es sei denn, es galt die eigene Haut zu retten. Dann freilich würden die langen Büchsen ein Wort mitreden – falls dazu Zeit blieb. Wenn nicht, war noch der Tomahawk da und das Messer im Gurt. Denn die Botschaft des Gouverneurs mußte den General Lewis erreichen. Sie steckte in Simon Girtys ledernem Jagdwams und knisterte hin und wieder leise, als wollte sie sich in Erinnerung bringen. Für alle Fälle saß sie aber auch im Gedächtnis der Boten. Man konnte nie wissen.

Als es dunkelte, hatten die beiden wohl dreißig Meilen hinter sich. An Feuer zur Nacht war nicht zu denken, nicht einmal an ein warmes Lager, wo man sich in Decken hüllen und die müden Glieder ausstrecken konnte. Mit dem Rücken an einen Baum gelehnt, die geladene Büchse quer über den angezogenen Knien, die Augen halb geschlossen – das war die Nachtruhe des Waldläufers in der indianischen Wildnis. Kein Schlaf im eigentlichen Sinne, denn Augen und Ohren nahmen wahr, was im Wald vor sich ging.

Wenige Worte wurden gewechselt, auch sie nur im Flüsterton. »Bin Euch dankbar, Mr. Girty, daß Ihr mich mitgenommen habt«, raunte der junge Hüne Butler. »Hoffe, Ihr werdet's nicht bereuen.«

»Unsinn, Junge«, knurrte der Ältere, »bin ja selbst froh, das Gewimmel im Camp hinter mir zu haben. Brauche einen Kameraden, der zupackt und steht, wenn's hart auf hart geht. Keinen von den Besserwissern, den Großköpfen wie Crawford, Gibson oder Clark. Hauptleute und Majore, daß ich nicht lache! Aber nun schlaf ein wenig, mein Junge. Kannst übrigens ruhig Simon zu mir sagen, Simon – du heißt doch auch Simon? Könnten Freunde werden, wir zwei.«

Als die ersten Strahlen der Morgensonne durch die Nebelschleier stießen, waren die beiden schon Stunden weit gewandert. Das Land wurde flacher, die Hügel wichen nach Süden zurück, aber der Wald blieb. Walnußbäume und Platanen standen wie mächtige Säulen im Dom des Hochwaldes, in dem es kaum Unterholz gab. Oft waren die Stämme so dick, daß drei Männer sie nicht umspannen konnten.

Am Nachmittag schlug Girty Westkurs ein. Sie waren nun weit genug südlich, rechter Hand bog der Ohio nach Norden aus. Als die Sonne sank, fanden sie Spuren, kaum sichtbar, aber Simon Girty sagten sie viel: ein paar Moosfäden, frisch aus dem Polster gebrochen, morsches Holz, das die bodenfeuchte Seite nach oben zeigte, in bestimmten Abständen geknickte Grashalme – und dort, auf einem taufeuchten Stein, deutlich der Abdruck eines Mokassins! Eigenartig spitz war die Form…

»Shawnees«, raunte Girty, »heute gegen Mittag, drei oder vier. Die Spur führt nach Westen.«

Der junge Butler staunte. Die Jäger und Pfadfinder in Fort Pitt hatten nicht zuviel gesagt, wenn sie behaupteten: Der Girty ist ein tüchtigerer Indianer als die verdammten Rothäute selbst.

Nun war Gefahr, und weil der Mond genügend Licht gab und Point Pleasant nicht mehr weit sein konnte, ging es ohne Rast auch bei Dunkelheit weiter. Es mochte bald Mitternacht sein, der Mond versank schon hinter den Wäldern, als sie die Mündung des Kanawha erreichten und die riesige Sykomore vor dem Nachthimmel ragen sahen. Aber hier, am verabredeten Treffpunkt, waren keine Wachfeuer, hier biwakierte keine Armee – es gab nur schweigende Wildnis, das Rauschen der Flüsse, Flüstern des Windes im hohen Uferrohr und den Schrei der Nachtvögel.

General Lewis war noch nicht da. Wo mochte er sein?

»Wir bleiben den morgigen Tag über hier«, sagte Girty, »und wenn er bis morgen abend nicht gekommen ist, verstecken wir die Botschaft in einem hohlen Baum und hinterlassen Zeichen.«

Den Rest der Nacht verbrachten sie im Halbschlaf der Späher, die Waffen in der Hand, die Sinne gespannt, aber die Gedanken gelöst. Am nächsten Tag wollten sie abwechselnd ruhen, um sich für den Rückweg zu stärken.

Grauer Schein fällt durch die Wipfel, gibt den Nebeln über den Flüssen Gestalt, löst die Umrisse von Baum und Stein aus der Nacht. Schnappend schnellt der Lachs aus der Flut, im Uferhang kraspeln die Biber, Enten quarren im Rohr, und im ersten Morgenlicht rudert ein Reiher hoch über dem Strom.

Zwei Schatten gleiten lautlos von Stamm zu Stamm, huschen im Dunkel, schieben sich unhörbar, kaum sichtbar Zoll um Zoll an die beiden todmüden Wanderer heran. Auf dem geknoteten Haar schimmert die Reiherfeder.

Der junge Butler ist nun doch fest eingeschlafen, das Kinn ruht auf der Brust, tief und schwer gehen seine Atemzüge. Simon Girty ist wach, aber er blickt zum Fluß hinab, sieht nicht die Schatten in seinem Rücken.

Doch da sind in der Tiefe des Waldes noch zwei Augen, aber da ist keine Reiherfeder, sondern ein roter Hirschschwanz am Hinterkopf, und auf dem Arm das Wolfszeichen! Die beiden Schatten wissen nichts von den Augen, die hinter ihnen im Dunkel glühen. Jetzt hebt der eine die Hand, gibt dem andern einen Wink. Der versteht: er soll um den Baum, an dem die beiden Weißen mit dem Rücken lehnen, herumkriechen und den größeren, den Schläfer, von der anderen Seite anspringen.

Der Delaware mit dem Hirschschwanz im Haar beißt sich auf die Lippen: die Schatten trennen sich, jetzt hat er gewonnenes Spiel. Und während der linke schon zum Sprung ansetzt, stößt der Delaware einen schrillen Schrei aus – »Kijiäh!« – und springt dem rechten auf den Rücken. Die eine Hand greift in den Haarknoten und reißt den Kopf zurück, die andere zieht das scharfe Messer durch die Gurgel. Ein letztes Aufbäumen – dann strecken sich die Glieder.

Simon Girty fährt hoch, als er den Schrei hört. Der Falkenruf!

denkt er, und: Wolf! Da sieht er auch schon einen Schatten auf sich zuspringen und wirft sich zur Seite, um dem Schlag des Tomahawks auszuweichen. Er erwischt ein Bein, reißt den ins Leere Springenden zu Boden und wälzt sich mit ihm im Moos. Zäh ist der Kerl, stark und flink! Aber Simon Girty ist stärker, er zwingt ihn unter sich, drückt dem Shawnee die Kehle zu.

Da kracht eine andere Faust auf den Schädel des Indianers nieder, nur eine unbewehrte Faust, aber groß wie ein Kindskopf und wuchtig wie ein Hammer. Sie gehört dem jungen Butler, der inzwischen erwacht ist. Der Shawnee liegt still, die Augen hat er starr zum Himmel gerichtet.

»Auf!« ruft Girty, »es müssen noch mehr sein!« und reißt die Büchse vom Boden.

»Mein weißer Bruder kann die Büchse ruhen lassen«, klingt es auf delawarisch über die kleine Lichtung. »Es ist keine Reiherfeder mehr hier!« Und aus dem Dämmerlicht des Waldes tritt der junge Katepacomen hervor.

»Wolf!« ruft Girty. »So bist du doch gekommen! Aber es waren mindestens drei Shawnees, wir sind schon gestern abend auf ihre Spuren gestoßen! Wo sind die andern?«

»Hier!« erwidert Wolf und weist auf zwei frische Skalpe, die er am Gürtel trägt. »Der eine war der Wächter am Flußufer; der andere wollte sich den Skalp des starken jungen Weißen holen«, er wirft Butler einen halb spöttischen, halb bewundernden Blick zu, »der so friedlich neben dir schlief. Aber ich war schneller als er.«

»So sind sie alle drei hin!« stößt Girty hervor. »Und wir haben kein Wort von ihnen erfahren!«

»Wieso alle drei?« ruft Butler. »Der hier lebt doch!« Er weist auf den Indianer, den seine Faust zum Schweigen gebracht hat.

»Ja, er lebt wie ein totes Kaninchen!« Girty lacht ärgerlich auf. »Der Junge ist gut: schlägt ihm den Schädel ein und verlangt, daß er noch lebt!«

Butler ist bestürzt und hilflos wie ein junger Bär. »Aber ich hab' ihn doch bloß zur Ruhe bringen wollen«, sagt er unbeholfen, »so schlimm war's doch gar nicht!« Er schüttelt ratlos den Kopf.

»Na ja, wäre nicht nötig gewesen, ich hatte ihn ja im Griff«, entgegnet Girty. »Mußt eben ein bißchen zarter umgehen mit den Köpfen deiner Bekannten, mein Junge. Bei deinen Tatzen.«

Nun, die drei Indianer waren erledigt, und wäre es anders gekommen, so hingen jetzt wohl die Skalpe der Weißen an ihren Gürteln. Du oder ich, das war das Gesetz der Wildnis. Wolf, der mit seinem delawarischen Namen Katepacomen hieß und von seinen Kriegern Simon Girty genannt wurde, hatte den Freund auf seinem gefährlichen Weg begleiten wollen, war aber zu spät im Lager am Hockhocking angekommen. Als er gehört hatte, daß die beiden Simone schon am Morgen aufgebrochen waren, hatte er den Weg bis zur Mündung des Kanawha in einer einzigen Nacht im Kanu auf dem Ohio zurückgelegt. Er war unbehelligt durchgekommen und hatte sich den Tag über im Winkel zwischen den beiden Flüssen verborgen.

Während er im sicheren Versteck den Freund erwartete, hatte er gegen Morgen die drei Shawnees belauscht und erfahren, daß sie nach den Skalpen der weißen Kundschafter trachteten. Es war ihm zu unsicher erschienen, die Freunde zu suchen und zu warnen, und Simon Girtys Leben galt ihm mehr als das ungewisse Zweckbündnis seines Volkes mit den Shawnees. Deshalb hatte er den Posten gleich am Ufer erledigt und war den beiden skalplüsternen Spähern nachgeschlichen.

»Bist zur rechten Zeit gekommen, Wolf«, sagte Girty lächelnd. »Wäre ein böses Erwachen geworden für uns beide.«

»Für mich, meinst du, Simon«, fiel Butler beschämt ein. »Weiß selbst nicht, wie es kam, daß ich einschlief. Und nun hab' ich auch noch diesen armen Teufel hier…«

Girty winkte ab. »Laß gut sein, mein Junge. Besser er als wir. Hätte ihn nur gern gefragt, ob er etwas von der Armee Lewis weiß.«

»Der Wolf hat die Kraniche davon raunen hören«, sagte der Delaware, »der weiße Häuptling zieht mit viel Lärm den Kanawha abwärts. Sein Vortrupp fährt mit großen Booten voraus und wird hier sein, bevor heute abend der Mond aufgeht.«

So konnten die beiden Pfadfinder mit ihrem indianischen Freund einen sorglosen Ruhetag verbringen. Den Vormittag über schliefen sie abwechselnd, während einer wachte. Am Nachmittag schoß Wolf einen jungen Hirsch mit dem Pfeil. Da sie nun wagen konnten, ein Feuer anzuzünden, brieten die beiden Weißen eine saftige Keule, während der Delaware vom Wipfel der Sykomore Ausschau hielt nach der heranrückenden Truppe des Generals Lewis und nach skalphungrigen Shawneekriegern.

Girty war guter Dinge. Er fühlte sich nirgends so wohl wie in der würzigen Luft der Wildnis, am knisternden Feuer und unter dem freien Himmelsdom. Aber sein junger Gefährte war einsilbig und starrte wie verstört ins Feuer.

Simon Girty hatte Gefallen gefunden an dem jungen Hünen aus Virginien. Seine einfache, gerade Art hatten eine Zuneigung geweckt, die er bisher selten einem Gefährten gegenüber empfunden hatte. Dieser hier wäre wohl wert, daß man ihm ein wenig von dem weitergab, was fast zwei Jahrzehnte eines Lebens in der Wildnis an Erfahrung aufgespeichert hatten. Aber was war heute nur mit dem Jungen los? Irgend etwas drückte ihn. Am besten, man erzählte von früheren Zeiten, das würde dem Kameraden schon die Zunge lösen.

So kam es, daß Simon Girty anfing zu erzählen, und mit einmal waren die alten Zeiten wieder lebendig, die Kindheit im Tal des wilden Juniata, der Fall von Fort Granville, die Schlacht um die alte, inzwischen verödete Indianerstadt Kittanning und das Senecadorf am Allegheny.

Simon Butler war ein guter Zuhörer. Das also war der berühmte Girty, der alle Sprachen der Ohiostämme sprach, der die Wildnis kannte wie kein anderer, der angebliche Halbindianer, dem man nicht so recht traute, weil – ja, weil man zu wenig von ihm wußte. Und das waren die Indianer, die für die virginischen Squatter nur Bestien in Menschengestalt waren. So lebten sie, wenn sie nicht im Kampf standen gegen die vordringende Grenze, wenn ihnen einmal eine Zeitlang niemand ihr Land, ihre Jagdgründe streitig machte. Ja, die Welt sah anders aus, wenn man sie mal vom anderen Ende her betrachtete. Und Recht blieb Recht, Unrecht war und blieb Unrecht, ganz gleich, ob es an roter oder an weißer Haut begangen wurde.

Die Hirschkeule war längst verzehrt. Auch Wolf hatte sein Teil bekommen, aber er war mit ihm wieder auf seinen luftigen Ausguck geklettert und ließ den Späherblick unentwegt umhergehen: über die herbstbunten Wälder im Süden, durch die der dunkle Kanawha von den Bergen herabeilte, über die trübbraunen Fluten des mächtigen Ohio, der am Zusammenfluß so breit wie ein See war, bis zu den Hügeln im Norden, jenseits der weiten Niederung, hinter denen fern am Scioto die Dörfer der Shawnees lagen.

Der junge Virginier schwieg auch dann noch, als Girty seine Erzählung beendet hatte, aber es war ihm anzusehen, wie es in ihm arbeitete. Da war etwas, was heraus wollte.

Endlich kamen einzelne Worte, weit hergesucht, abgerissene Sätze, verhaltene Andeutungen zunächst. Aber dann breitete der junge Hüne sein Leben vor dem Freund aus: das Schicksal eines Neunzehnjährigen, der mehr erlebt hatte als manch einer mit weißem Haar, auch in diesem Land zu dieser Zeit.

Das Mißgeschick mit dem Faustschlag, der dem armen roten Teufel den Garaus gemacht hatte, das sei es, was ihm so zu schaffen mache. Daß diese Hand töten könne, ja vielleicht – wer wisse es? – töten müsse, wo Kopf und Herz es gar nicht wollten. Daß der rasche Zorn, die blinde Wut ihn hingerissen habe zu solch einer ungewollten Tat.

Nein, es gehe nicht um Notwehr, und es sei ganz gleichgültig, ob es ein Indianer oder ein Weißer gewesen sei. Denn der Freund müsse wissen, es sei nicht zum erstenmal geschehen. Da sei eine alte, schwere Schuld, die ihn nicht loslasse und, wie man sehe, ihn verfolge und zu neuer Bluttat treibe.

Am flackernden Feuer, während der rote Sonnenball langsam

154

in das Ohiotal sank, hörte Simon Girty die Geschichte des jungen Butler, der eigentlich Simon Kenton hieß und unter diesem Namen einst einer der Größten an der blutenden Grenze werden sollte:

Da wächst im Norden des alten Virginien inmitten von acht Geschwistern ein gutmütiger, tapsiger Junge heran. Der Vater, Ire wie Simon Girtys Vater, baut Tabak und führt mit seiner Familie das harte Leben, das dem Siedler auch damals und dort bestimmt war. Seine Söhne fassen kräftig mit an, sie werden selbst einmal tüchtige Siedler werden und besuchen, soweit ihnen die Arbeit Zeit dazu läßt, die Schule. Nur Simon, der Drittjüngste unter den Geschwistern, ist zu keiner ernsthaften Arbeit und nicht in die Schule zu bringen. Er träumt, lungert umher und ist mit sechzehn Jahren ein großer, schlaksiger, bärenkräftiger, nichtsnutziger Faulpelz.

Nur eins gibt es, was ihn aus seinem Schlendrian aufrütteln kann: die heimliche, aber nicht ganz unbekannt gebliebene Verehrung für ein blondes virginisches Mädchen. Doch das heiratet eines Tages einen anderen, tüchtigen Mann mit Namen William Leachman. Simon fällt aus allen Himmeln seiner heimlichen Träume, platzt in die Hochzeitsfeier und wird mit saftigen Hänseleien gedemütigt. Er sinnt auf Rache, und die Gelegenheit kommt bald.

Eines Tages sucht er, der Sechzehnjährige, den frischbackenen Ehemann auf und fordert ihn zum Faustkampf im Walde. Simon ist stark, aber der glückliche Nebenbuhler ist stärker. Es steht schlecht um Simon, er ist auf dem besten Wege, eine gefährliche Tracht Prügel zu beziehen. Mit letzter Anstrengung wirft er sich und den Nebenbuhler herum, wickelt dessen langgeschürztes Blondhaar um einen zerfaserten Strunk und drischt in besinnungsloser Wut auf den so Gefesselten ein. Alle Enttäuschung, alle Demütigung, aller Schmerz verschmähter erster Liebe liegt in Simons Fäusten, fällt schwer und hart auf den Schädel des Gegners. Als der Rasende endlich abläßt, weil keine Gegenwehr mehr kommt und weil der aufgespeicherte Vorrat an Wut verbraucht ist, da rührt der unglückliche Leachman kein Glied mehr, liegt bleich und blutig mit offenem Munde da und gibt kein Lebenszeichen mehr von sich.

Jetzt dämmert es in Simon, und die Gewißheit schlägt über ihm zusammen: der da ist tot!

Mord! denkt er, Mord! Und: Fliehen! Weg von hier, in die Wälder, über die Berge, nur weg, irgendwohin, wo ihn keiner kennt!

Er flieht, wie er geht und steht, barfuß, in Hemd und Hose, blutig, zerschunden. Einen Tag, eine Nacht, noch einen Tag. Nach Westen, immer nach Westen. Sie werden ihn hängen, wenn sie ihn fassen! Der Hunger bringt ihn von Kräften und fast um seinen Verstand. Betteln gibt es in diesem Lande nicht, höchstens an der Küste, in den Hafenstädten. So muß er etwas tun, was ihm bisher als das schlimmste in seinem Leben erschienen ist: arbeiten. Aber der Mensch muß einen Namen haben. Also nennt er sich Butler, weil ein Siedler dieses Namens ihn für einen Verwandten hält, den er erwartet, und ihn aufnimmt.

Aus Simon Kentons, vielmehr Simon Butlers Flucht wird ein Leben jenseits der Großen Berge in der jungfräulichen Wildnis. Es ist das spätere Kentucky, das geheimnisvolle »Land des grünen Rohres«, der »dunkle blutige Grund«, wie die Indianer das seit Jahrhunderten unbewohnte weite Land südlich des Ohio nennen. Es scheint so etwas wie das irdische Abbild der ewigen Jagdgründe zu sein, kein Jäger sah je soviel Wild, wie sich hier an den Lecken der großen Salzmoore drängt. Man braucht bloß eine Büchse und viel Pulver und Blei, und man kann die kostbaren Felle der Hirsche, Bären und der Bisons gar nicht so schnell abtransportieren, wie sie einem vor die Büchse laufen.

So ist Simon Butler in die Wildnis gekommen und, als sich die Wolken des Indianerkrieges über dem Ohio zusammenballten, nach Fort Pitt und in das Heer aus Siedlern, Waldläufern und Soldaten, das unter Lord Dunmore gegen die Shawnees zieht.

Doch kann man zwar vor dem Arm der irdischen Gerechtigkeit fliehen, und manch einer in diesem Land hat einen Strich unter seine Vergangenheit gezogen, aber dem eigenen Gewissen kann der Mensch nicht entfliehen.

Dem jungen Kenton, der sich Butler nannte, waren die Worte von den Lippen geflossen wie nie zuvor. Hier war endlich einmal jemand, dem er sich offenbaren konnte, und es schien ihm, als würde die Last leichter mit jedem Wort. Aber die Schuld blieb, und er wollte sie nicht verkleinern.

»Das ist es, Simon«, schloß er seine lange Erzählung, »und ich bin nicht der, für den man mich hält. Da ist etwas in mir, das ich nicht zügeln kann. Die alte Schuld treibt mich zu neuer Bluttat, heute hab' ich's wieder gesehen.«

»Unsinn, Junge«, rief Simon Girty, »weg mit den dummen Gedanken!«

Der junge Bursche mit den harten Fäusten und dem weichen Herzen gefiel ihm jetzt noch besser, und sein Vertrauen tat dem einsamen Mann wohl. Aber man mußte ihm die Flausen austreiben.

In diesem Augenblick rief Wolf vom Wipfel der Sykomore herab: »Sie kommen! Große Boote, soviel ich Finger an meinen Händen habe, kommen den Fluß herunter! Mehr, immer noch mehr! Der weiße Häuptling kommt mit seinen Kriegern!«

In mächtigen, eilends in der Wildnis gezimmerten Booten kam die Armee Lewis auf dem Kanawha angeschwommen. Es war nicht der Vortrupp, es war die Hauptmacht, und der General stand im vordersten Boot, in die leuchtendrote Uniform der Highlander gekleidet, und wies mit der Spitze seines Degens nach dem sandigen Anlegeplatz, der groß genug war, die ganze Flotte zu landen.

Die beiden Kundschafter eilten der Truppe entgegen. General Lewis, ein alter Haudegen und Indianerkämpfer, grollte nicht wenig, als er die neuen Weisungen des Gouverneurs erfuhr. Er war durchaus nicht gewillt, sich von Seiner Lordschaft wie ein dummer Junge herumkommandieren zu lassen. »Der Teufel soll die Schreibtischhelden holen!« wetterte er. »Sind wir Puppen, die man an den Fingern tanzen läßt, sind meine Soldaten Vieh, das man von einem Kraal in den andern treibt?« Nein, daraus werde nichts. Er müsse seinen Leuten erst einmal Ruhe gönnen nach dem endlosen Marsch durch die Wildnis. Selbst die Bootsfahrt der letzten Tage sei keine Erholungsreise gewesen. Vor allem aber müsse erst einmal die Nachhut, die mit dem Vieh und dem übrigen Proviant zu Lande marschiere, zur Stelle sein. »Im übrigen: wer schützt die virginische Grenze vor den Indianern, wenn ich jetzt vom Kanawha abrücke? Meine Miliz läuft mir davon. Die Grenzer kämpfen, um ihre Siedlungen zu schützen, und nicht für die Orden Seiner Lordschaft. Geht hin, Girty, und sagt ihm das!«

Noch in der Nacht brach Simon Girty mit Butler und dem Delawaren Wolf auf, zurück zur Mündung des Hockhocking. Er trug einen Brief des Generals mit sich, in dem der Gouverneur von der Lage bei der Armee Lewis in Kenntnis gesetzt und gebeten wurde, neue Weisung zu geben, wohin sich die Truppe nach Ablauf einiger Ruhetage wenden solle.

So verpaßten Girty und seine Gefährten die große Schlacht in der Wildnis bei Point Pleasant. Denn bevor sie noch im Hauptquartier von Lord Dunmore ankamen, setzte in der Nacht zum 10. Oktober 1774 der Häuptling Cornstalk mit weit über 1000 Shawneekriegern über den Ohio und griff im Morgengrauen überraschend das nur notdürftig befestigte Lager des Generals Lewis an. Den ganzen Tag über bis in die Dämmerung wogte der Kampf hin und her. Die virginischen Soldaten und Grenzer konnten sich nur mit äußerster Mühe und unter schweren Verlusten im letzten Winkel der beiden Flüsse halten.

Dorthin hatte sie Cornstalk geschickt manövriert. Der alte Häuptling, der noch am Vorabend der Schlacht im Rat der Stämme für den Frieden gesprochen hatte, aber überstimmt worden war, führte seine Krieger mit fester Hand. Immer wieder war durch das Peitschen der Schüsse und das Kriegsgeschrei der anstürmenden Wilden seine mächtige Stimme zu hören, mit der er sein Volk zum Angriff anfeuerte: »Seid stark! Seid tapfer!«

Es stand verzweifelt schlecht um die Armee Lewis, und die Schlacht hätte ihr um ein Haar den Untergang gebracht. Buchstäblich in letzter Minute, als sich die Dämmerung bereits über das Ohiotal senkte, kam die Rettung: die Nachhut, die im Galopp mit Hurra die Indianer in Rücken und Flanke angriff.

Das war zuviel für die Söhne der Wildnis. Zwischen zwei Feuern in die Zange genommen, taten sie, was jeder Indianer tat, wenn der rasche Sturm sich festfraß am Widerstand des Gegners: sie wichen mit geschmeidiger Bewegung nach zwei Seiten aus und verschwanden im dichten Schilf der Flußufer. Am andern Morgen, als die schwergeprüften Virginier hinter den eilig errichteten Brustwehren Posten gefaßt hatten, blieb der erwartete Angriff aus. Lautlos, wie sie gekommen, waren die Indianer abgezogen. Fünfundsiebzig Tote mußten die Virginier begraben, doppelt soviel Verwundete hatten die Wundärzte zu versorgen. Es war ein teuer erkaufter, ein blutiger Sieg.

Aber der Kampfeswille der Shawnees war gebrochen. Jetzt drang der große alte Häuptling Cornstalk durch mit seinem Rat, Frieden zu schließen, bevor alles verloren sei. Lord Dunmores Heer stand nahe der Indianerstadt Chillicothe, die Armee bedrohte die Shawneedörfer am unteren Scioto. Es war Zeit, den aussichtslosen Kampf zu beenden.


## Logans Antwort

Im Camp Charlotte, Lord Dunmores Hauptquartier bei Chillicothe, fanden die Verhandlungen statt. Der greise Cornstalk kam nicht als Bittsteller. Mit der Würde eines Königs stand er vor dem englischen Edelmann und sprach mit der Kraft eines Redners der Antike. Er verteidigte sich nicht, er klagte die Mörder von Logans Familie, er klagte England an. Und es war mancher unter den freiheitsdurstigen Söhnen des jungen, erwachenden Amerika, auf den diese selbstbewußte Würde vor der englischen Obrigkeit tiefen Eindruck machte.

Aber auch Cornstalk konnte nicht verhindern, daß die Indianer den Frieden teuer bezahlen mußten: mit dem Verzicht auf die geheiligten Jagdgründe des dunklen, blutigen Grundes, mit der Anerkennung des Ohio als der Grenze indianischen Landes.

Alle Häuptlinge der Ohiostämme waren im Camp Charlotte erschienen. Nur einer fehlte: Logan, der Freund der weißen Kinder, der Rächer seiner ermordeten Angehörigen. Er hatte sich geweigert zu kommen. Ein Dutzend Meilen oberhalb von Camp Charlotte am Scioto saß er in seiner Hütte und hielt Zwiesprache mit den Toten.

Aber ein Frieden ohne Logan, der die unschuldige Ursache des Krieges gewesen war, ein solcher Frieden schien dem Gouverneur nicht solide genug. Es fehlte der Schlußstrich, die großmütige Versöhnung. Logan mußte her! Wo war der Mann, der ihn dazu bewegen konnte?

Es war Simon Girty.

Er traf den stolzen Indianer vor seiner Hütte sitzend, wo er starren Gesichts mit dem Stiel des Kamulets Figuren in den Sand zeichnete: zehn Kreise, die Leben seiner Lieben, und dreizehn volle kreisrunde Flächen, die weißen Skalpe, den Ertrag seiner Rache. Aber die Rechnung schien nicht aufzugehen, sie blieb ohne Sinn.

Den weißen Abgesandten wollte er zunächst nicht wahrnehmen. Dann, als er Simon Girty erkannte, sagte er: »Der Weiße Falke hätte in seinem Horst bleiben können, wenn er mich vor das Gericht seiner weißen Brüder fordern will!«

»Logan«, erwiderte Girty, »niemand will über dich richten. Der Weiße Vater will sich mit dir versöhnen. Komm, du solltest die Hand nicht zurückweisen, die sich dir entgegenstreckt!«

»Soll ich die Friedenspfeife rauchen mit den Mördern meiner Familie?« grollte der Rote Logan. »Ich habe mit dem weißen Mann nichts mehr zu schaffen. Wäre ein anderer gekommen als der Weiße Falke, dessen Herz für den roten Mann schlägt, kein Wort hätte ich an ihn verschwendet!«

Damit erhob er sich, winkte Simon mit der Hand und ging

schweigend mit ihm auf einen flachen Hügel zu, der sich über die weite Ebene erhob. Simon wollte sprechen, aber das Herz war ihm schwer, und die Trauer über das sinnlose Unrecht, das man gerade diesem Indianer angetan hatte, lähmte ihm die Zunge. Es gab so manches, was er ihm gern gesagt hätte: daß es nicht Cresap gewesen sei, der damals die Mörderbande angeführt hatte, sondern ein übles Subjekt, dessen sich jeder anständige Weiße schäme, und daß Logans Schwesterkind, der Säugling, den die alte Mulattin den Händen der Mörder entrissen hatte, gerettet sei und in guter Hut im Hause des Obersten Gibson aufwachsen solle. Doch er fand nicht die Worte dafür. Und was hätten Worte genützt? Sie konnten die Bluttat nicht ungeschehen machen.

Logan ließ sich zu Füßen einer mächtigen Rüster nieder, deren Krone wie ein Wahrzeichen über dem weiten Land stand, und richtete den Blick zum Horizont, über Auen und Wälder hin nach Osten. Dann brach es aus ihm hervor, die Antwort des Roten Logan an die weiße Rasse, die Simon Girty dem Gouverneur Lord Dunmore übermittelte:

»Ich rufe jeden weißen Mann ins Gericht, mir zu sagen, ob er je hungrig Logans Hütte betreten hat und ich gab ihm kein Fleisch, ob er je frierend und nackend gekommen ist und ich gab ihm keine Kleider. Den ganzen letzten langen Krieg hindurch blieb Logan in seiner Hütte, ein Anwalt des Friedens. Wahrlich, so groß war meine Liebe zu den Weißen, daß meine eigenen Landsleute mit dem Finger auf mich zeigten, wenn sie vorbeikamen, und sagten: ›Seht, das ist Logan, der Freund des weißen Mannes!‹ Ich hatte sogar daran gedacht, unter euch zu leben. Aber dann kam die schändliche Tat jenes Mannes, Hauptmann Cresap, im vergangenen Frühling. Mit kaltem Blut und ohne die geringste Not hat er Logans sämtliche Angehörigen hingemordet, nicht einmal Frauen und Kinder hat er verschont. Kein Tropfen meines Blutes rinnt mehr in den Adern eines menschlichen Geschöpfs. Das schreit nach Rache. Ich habe sie gesucht, ich habe viele getötet, ich habe meinen Durst gestillt.

Für mein Land freue ich mich über die Strahlen des Friedens.

161

Aber niemand soll glauben, solche Freude käme aus der Furcht. Logan kennt keine Furcht. Er wird keinen Fußbreit weichen, um sein Leben zu retten. Denn wer lebt noch, der um Logan trauern würde? Niemand!«

# Der Eid auf den König

Zu Beginn des Jahres 1775 nahm die große Unruhe, von der die dreizehn englischen Kolonien in Nordamerika ergriffen waren, auch von der äußersten Grenze Besitz. Nun begann es auch im Gebiet des oberen Ohio zu gären. Dort waren die Außenposten der Grenze, Händler und mutige Siedler, bereits tief in die Ohiowildnis eingedrungen, in der sich die Indianerstämme vorwiegend von der Jagd ernährten.

Zwar hatte Lord Dunmore durch den Frieden vom Camp Charlotte den offenen Indianerkrieg zunächst einmal beendet. Aber niemand konnte verhindern, daß sich die Grenze unaufhaltsam weiter nach Westen fraß. Und wer wollte es den Indianern verdenken, daß sie immer wieder einzelne weit in ihr Land vorgeschobene Farmen überfielen und ihre Bewohner töteten oder Frauen und Kinder in die Gefangenschaft entführten?

Lord Dunmore hatte größere Sorgen. Der Streit zwischen den Kolonien Virginien und Pennsylvanien um das neue Land im Stromgebiet des oberen Ohio war zu seinen Gunsten entschieden worden; er hatte sein Hauptquartier in Fort Pitt aufgeschlagen. Aber die Auseinandersetzung der dreizehn nordamerikanischen Kolonien mit dem englischen Mutterland nahm immer bedrohlichere Formen an, und der Geist der Rebellion breitete sich immer mehr auch an der Grenze aus.

Hatte der Feldzug des vergangenen Herbstes gegen die Shawnees und Mingos auch die Milizen und Siedler noch einmal geeint, so brachen die Gegensätze jetzt um so stärker hervor: die »Söhne der Freiheit« gewannen auch hier Anhang, setzten die Königstreuen unter Druck, und niemand wußte, was daraus werden konnte.

In solcher Lage mußte der Gouverneur sich zuverlässige Männer verpflichten und sie an sich binden. Vor allem brauchte er Männer, die sich in der Wildnis auskannten, Kerle wie diesen Simon Girty, der ihm als Kundschafter und Dolmetscher im Herbstfeldzug so vorzügliche Dienste geleistet hatte. Er wollte sie zu Milizoffizieren ernennen und auf die Krone vereidigen. Daher beauftragte er seinen Untergebenen, den Distriktskommandanten Dr. Conolly in Pittsburg, Girty heranzuschaffen.

Am 22. Februar 1775 fand im großen Raum der Kommandantur von Fort Pitt die feierliche Vereidigung statt. Der Waldläufer Simon Girty, nun in der Uniform des Milizoffiziers, der sich mit seinen dreiunddreißig Jahren nur in der Wildnis frei fühlte und noch immer ein unstetes Wanderleben führte, atmete beklommen, als er dem Gouverneur gegenüberstand. Aber es gelang ihm doch, die Eidesformel stückweise ohne Fehler nachzusprechen:

»Ich, Simon Girty, gelobe feierlich und schwöre, daß ich Seiner Majestät König Georg dem Dritten allezeit treu sein und unverbrüchliche Gefolgschaft leisten werde, so wahr mir Gott helfe!«

»Ich danke Ihnen, Mr. Girty.« Lord Dunmore steckte seinen Degen in die ziselierte Scheide und trat einen Schritt zurück von dem schmucklosen kleinen Tisch, auf dem die Bibel lag. Er blickte über die Schulter zu Major Conolly hin, der seine Waffe ebenfalls versorgte. »Den Säbel, Mr. Conolly!«

Der Major reichte dem Gouverneur einen der langen, schweren Säbel, wie ihn die Offiziere der virginischen Miliz trugen. Lord Dunmore ging an dem Tisch vorbei auf Simon Girty zu: »Ich ernenne Sie zum Leutnant der Miliz, Mr. Girty. Sie werden dem Bataillon Conolly zugeteilt. Hier übergebe ich Ihnen Ihre Waffe. Tragen Sie sie in Ehren als Offizier Seiner Majestät des Königs!«

Simon Girty nahm den Säbel entgegen, spürte einen Augenblick den lässigen Druck einer schmalen Hand in seiner Rechten und sah einen kühlen Blick auf sich gerichtet. Später entsann er sich, daß dieser Blick abschätzend und fast ein wenig spöttisch gewesen war. In diesem Augenblick aber war er viel zu verwirrt, mehr als die äußeren Umstände wahrzunehmen.

Das Herz schlug ihm bis zum Halse, die Gegenwart der hohen Offiziere und des mächtigen Edelmannes benahm ihm den Atem. Sehnlichst wünschte er das Ende der Zeremonie herbei. Aber die Worte der Eidesformel hatten ihn innerlich aufgerührt, und er hatte das dunkle Gefühl, als sei damit etwas Unwiderrufliches geschehen.

»Und nun lesen Sie ihm die übrige Eidesformel vor, Mr. Conolly«, hörte er die Stimme des Gouverneurs wie durch eine Wand zu sich dringen, »dann soll er unterschreiben. Sie können doch schreiben, Mr. Girty?«

»Nein, Sir – Mylord«, stotterte Simon bestürzt.

»Egal, machen Sie also Ihr Kreuz. Aber nun beeilt euch, daß wir fertig werden. Ich möchte Mr. Girty dann noch sprechen. – Was wollen Sie denn noch?« fuhr er einen jungen Geistlichen an, der sich ungeduldig zu Wort meldete.

»Das Glaubensbekenntnis, Mylord«, eiferte sich der Reverend, »Mr. Girty muß den Testeid ablegen und abschwören!«

»Aber das ist doch Unfug, er versteht kein Wort davon! Sie sind katholisch, Mr. Girty?«

»Jawohl, Mylord. Bin aber noch nie in einer Kirche gewesen«, stammelte Simon.

»Da haben wir's. Sie verwirren den Mann doch bloß, Ehrwürden!«

»Aber es ist Vorschrift, Mylord!«

»Vorschrift! Vorschrift! Wir brauchen keine Vorschriften mehr in diesem Land, wir brauchen jetzt Männer. Der da ist einer. Mit euren Vorschriften verdreht ihr ihm bloß den Kopf! Aber bitte, wenn Sie darauf bestehen, tun Sie Ihre Pflicht. Nur lassen Sie den armen Kerl nicht auch noch den ganzen Sermon nachplappern. Er bricht sich die Zunge ab, und wir haben jetzt Wichtigeres zu tun. – Kommen Sie dann zu mir herein, wenn Sie unterschrieben haben, Mr. Girty!«

Lord Dunmore verließ mit schnellen Schritten den Raum und zog sich in das Dienstzimmer des Kommandanten zurück, in dem er während seines Aufenthalts in Fort Pitt residierte. Er war ungeduldig. Längst hatte er wieder in seiner Hauptstadt Williamsburg sein wollen, und er hockte noch immer in diesem Wetterwinkel der Grenze. Der Feldzug war beendet, Frieden mit den Ohiostämmen geschlossen, und es war höchste Zeit, daß er sich um seine Regierungsgeschäfte daheim kümmerte. Niemand wußte, wie bald sich die gärende Unzufriedenheit der Kolonien im bewaffneten Aufstand gegen Krone und Mutterland Luft machen konnte. Seit im Herbst 1774 zum erstenmal der sogenannte Kontinentalkongreß der dreizehn nordamerikanischen Kolonien zusammengetreten war, mußte man mit allem rechnen. Und Lord Dunmore fühlte sich an der Küste, in der Nähe des Kriegshafens Portsmouth und der englischen Linienschiffe, beträchtlich wohler als am Ohio.

Simon hörte mit halbem Ohr einen Schwall von Worten, die ihm jetzt der Distriktskommandant Dr. Conolly vorlas, und begriff daraus, daß er Thron und Regierung Seiner Majestät König Georgs III. gegen jederlei Verrat und Empörung zu verteidigen hatte. Aber von dem, was ihm nun der blasse Reverend mit eindringlicher Stimme vorredete, verstand er kaum ein Wort. Einmal war vom Papst die Rede, dem er abschwören sollte, aber mit Transsubstantiation und Exkommunikation sollten sie ihn zufriedenlassen. Er war auf den König vereidigt worden, das genügte ihm, darunter konnte er sich etwas vorstellen. So sprach er noch ein paarmal nach: »So wahr mir Gott helfe!«, setzte sein Kreuz unter ein langes Schriftstück und begab sich klopfenden Herzens in das Zimmer des Gouverneurs.

Durch die Glasscheiben des kleinen Fensters fiel das fahle Licht eines Wintertages in den niedrigen Raum. Seine Lordschaft saß hinter einem zierlichen krummbeinigen Tisch, auf dem im Licht zweier Kerzen allerlei Briefschaften und Karten zu erkennen waren. Über seinem Kopf mit der gepuderten Perücke hing ein Bild des Königs.

»Setzen Sie sich, Mr. Girty.« Huldvoll wies der Gouverneur auf den mit Schnitzwerk verzierten Windsorstuhl, der vor dem Schreibtisch stand. »Die Regierungsgeschäfte nötigen mich, auf schnellstem Wege in die Hauptstadt zurückzukehren. Aber es lag mir daran, vorher noch Ihre Ernennung und Ihre Vereidigung auf den König durchzuführen. Wir brauchen jetzt so tüchtige und zuverlässige Männer wie Sie, auf deren Wort und Treue wir uns verlassen können.«

Er machte eine kleine Pause, um seine Worte wirken zu lassen, und fuhr dann fort: »Ihre Dienste als Kundschafter und Dolmetscher, Mr. Girty, waren von großem Wert für uns, wie Sie wissen. Ohne Ihre maßvolle und vermittelnde Art wären wir nicht so schnell zu einem friedlichen Ausgleich gekommen mit Ihren – Ihren Freunden.«

Simon fuhr zusammen und sah den Gouverneur verwirrt an. Was sollte das? Kam auch hier wieder das Mißtrauen auf ihn zu, das ihn verfolgte, seit er vom Senecadorf am Allegheny zurückgekehrt war, der Verdacht, er sei im Grunde seines Herzens ein Indianer geblieben, er sei ein Abtrünniger?

»Sie sind doch Ihre Freunde, Mr. Girty, die Indianer? Ich meine, Sie haben doch das schreiende Unrecht empfunden, das man diesem Tagajuta, dem Roten Logan, zugefügt hat? Haben Sie Vertrauen, Mr. Girty, und sprechen Sie offen und ohne Scheu mit mir. Es ist jetzt wichtig, daß wir beide uns verstehen. Ich spreche als Stellvertreter des Königs von England, dem Sie soeben den Treueid geleistet haben. Er sieht weiter als die landhungrigen Siedler und die profitgierigen Händler, er will den Frieden für dieses große Land Amerika, den Frieden für seine weißen und für seine roten Kinder. Sie sind bei den Senecas aufgewachsen, nicht wahr?«

»Jawohl, Sir – Mylord«, stotterte Simon. Was wollte der Gouverneur? War dies eine Falle?

»Nun, so brauche ich Ihnen nicht zu erzählen, daß die Indianer mehr sind als die roten Bestien, für die man sie in den Kolonien und besonders an der Grenze hält. Daß sie ein geheiligtes Recht haben auf ihr Land«, der Lord wußte genau, wo er diesen Waldmenschen anzufassen hatte, »daß nur die Habgier und die Brutalität der Weißen sie zum Verzweiflungskampf treiben.«

Jetzt fand Simon Girty die Sprache wieder: »Gewiß, Mylord, das ist allerdings meine Meinung. Aber ich bin überrascht, sie aus Ihrem Munde zu hören. Schließlich haben Sie gerade einen Feldzug gegen die Indianer am Ohio geführt.«

»Denken Sie einmal nach, Mr. Girty«, fiel ihm der Gouverneur ins Wort, »wie ich diesen Feldzug geführt habe. Was wäre wohl gekommen, wenn ein anderer ihn geführt hätte – etwa der General Lewis? Wenn dieser Herr meine Befehle befolgt hätte, die Sie ihm überbracht haben, Mr. Girty, dann hätte es keine Schlacht am Kanawha gegeben, und viel Blut wäre gespart worden. Verlassen Sie sich darauf: ich mußte diesen Feldzug selbst führen, um schnell einen maßvollen und gerechten Frieden zu schaffen.«

Daran mochte etwas Wahres sein. Jedenfalls erfuhr Simon Girty nun noch allerlei, was ihn höchst nachdenklich stimmte und mancherlei Widersprüche aufklärte, die ihn in letzter Zeit verwirrt hatten: Daß Lord Dunmore den Friedensschluß von Camp Charlotte gegen den Willen der Grenzer und vor allem der virginischen Miliz hatte erzwingen müssen, daß er den widerspenstigen General Lewis, der unbedingt die Shawneedörfer am Scioto in Schutt und Asche legen wollte, mit dem blanken Degen zur Raison bringen mußte. Ja, daß die Gunst und Gnade des Königs und das Herz seines Stellvertreters viel mehr auf der Seite der armen enteigneten und verdrängten Indianer seien als bei den brutalen Grenzern. Daß der König dem gesetzlosen Vordringen der Grenze schon vor Jahren Halt geboten habe, daß er die Indianer großzügig unterstütze mit Waffen, Munition und allen Waren, deren sie bedürften.

Der Leutnant Girty möge die Frage selbst beantworten, wer die Feinde der Indianer seien und wer ihre wahren Freunde. Und es könne durchaus sein, daß es über dieser Frage zu einem tiefen Zerwürfnis komme zwischen den selbstherrlichen, landgierigen Kolonisten und der Krone. Ja, eine große Rebellion liege in der Luft, und bald müsse sich jeder entscheiden, ob er zu den Getreuen des Königs gehöre und zu den Anhängern der Gerechtigkeit und des Friedens – eines Friedens auch für Amerikas rote Söhne – oder zu den Rebellen, die die Indianer ausrotten und enteignen wollten. Und für diese Stunde der Gefahr brauche der König zuverlässige und getreue Männer, die klug seien und das Herz auf dem rechten Fleck hätten.

»Und ich sage Ihnen, Mr. Girty, diese Stunde der Gefahr ist nicht mehr fern. Wie durch ein Wunder bin ich selbst einem Anschlag auf mein Leben im Camp Charlotte entgangen. Denn die Rebellen wissen gut, wer ich bin und was ich will. Die Getreuen des Königs müssen wach sein und zusammenhalten, damit in diesem großen Land auch die Indianer ihr Recht finden, die roten Kinder des Königs, die ihm lieb und wert sind!«

In Simon stieg ein großes Glücksgefühl auf. Endlich durfte er einmal die Last abschütteln, sich befreit fühlen vom Zwiespalt zwischen der Pflicht, in die ihn seine Geburt als Weißer stellte, und seiner Zuneigung zu den roten Söhnen dieses gewaltigen Landes. Hier war ein Weg, der die beschworene Treue zum englischen König mit dem Recht der Indianer auf Land und Leben gleichsetzte. Er, Simon Girty, durfte als Weißer ein Freund der Indianer sein!

»Denken Sie daran, Mr. Girty«, sagte der Gouverneur, als er ihm zum Abschied nochmals die feingliedrige Hand reichte, »wir müssen klug sein. England ist weit und braucht Zeit, seine

Maßnahmen zu treffen. Aber England ist reich und mächtig, und die Rebellen sind arm, und was sie besitzen, haben sie den Indianern weggenommen.«

## Der Damm bricht

Doch England war weder reich noch mächtig genug, die Flut einzudämmen, die bald darauf losbrach und die nordamerikanischen Kolonien ein für allemal vom Mutterland losreißen sollte. Sie zerbrach die morschen Dämme der alten Ordnung und schwemmte die Herrschaft der Krone fort.

England verkannte den unbeugsamen Freiheitswillen einer Bevölkerung, deren Vorfahren nicht über den Ozean gefahren waren, um die Vorrechte und Vorurteile, den Zwang und die Bedrückungen des alten Europa in Amerika wiederaufleben zu sehen. Die Bürger des neuen Landes hatten die Freiheit gesucht und gefunden, sie hatten sie teuer erkauft und gedachten nicht, sie wiederherzugeben.

Wenige Wochen, nachdem Simon Girty als Leutnant der virginischen Miliz auf die Krone vereidigt worden war, brach der Revolutionskrieg los. An der Küste nahe bei Boston, bei Lexington und Bunker Hill, sprachen zum erstenmal die Waffen zwischen britischen Truppen und amerikanischer Miliz. Der Kontinentalkongreß trat erneut in Philadelphia zusammen, George Washington wurde zum Oberbefehlshaber der amerikanischen Truppen ernannt.

Die Woge der Erhebung spülte den Streit der Kolonien um Pittsburg und das Land am Ohio fort, es gab nur noch einen Feind, von dem man sprach: England, und nur noch ein Ziel: die Freiheit. Wer anderer Ansicht war, schlug sich zu den englischen Truppen an der Küste oder in Kanada, oder er schwieg still. Seit sich im Sommer des Jahres 1776 die dreizehn nordamerikanischen Kolonien für unabhängig erklärt hatten, wehte auf der baufälligen Kasematte von Fort Pitt das Streifenbanner.

# Revolution

An einem heißen Augustmorgen des Jahres 1777 kam ein einsamer Reiter den Youghiogheny herab. Seit Stunden folgte er dem steinigen Bett des schnellen Flusses, der von den Höhen der Alleghenies herabeilte und hier die Kastanienberge durchquerte, die letzte Hürde vor seiner Vereinigung mit dem Monongahela. Das tiefeingeschnittene Tal bot Schatten und Kühlung, nur das Murmeln des Wassers und hin und wieder der Schrei eines Raubvogels belebten die Stille.

Der Reiter hatte seinem Pferd die Zügel gelassen, der wackere Braune fand seinen Weg allein zwischen Steinen und Wurzelwerk. Simon Girtys Gedanken waren weit weg, und die steile Falte zwischen den schwarzen Brauen zeigte, daß es nichts Erfreuliches war, was ihn beschäftigte.

Wahrhaftig, er war es leid! Seit Wochen zottelte er im Lande umher, am Monongahela und in den Vorbergen der Alleghenies, zog von einer Siedlung zur andern und redete sich den Mund fusselig, um Rekruten für den einjährigen Dienst in der Kontinentalarmee anzuwerben. Und was war der Erfolg? Wäre er nur in Pittsburg geblieben! Dort hatte er in drei Tagen mehr erreicht als hier in drei Wochen! Diese dickschädeligen Bauern waren ums Verrecken nicht in Bewegung zu bringen!

Wir müssen erst die Ernte einholen! Der Mais steht noch auf dem Halm! Ich muß noch meine Scheune bauen, meine Koppel einfrieden, mein Dach für den Herbst erneuern – siehst du es nicht? Alle hatten sie eine Ausrede, die sogenannten Kämpfer für die Freiheit. Der Teufel sollte diese ganze Geschichte holen!

Was hatte ihn eigentlich dazu getrieben, sich abermals zum Leutnant ernennen zu lassen? Hatte er nicht genug von damals, als er geglaubt hatte, dem König und einer guten Sache zu dienen – und ein paar Monate später war die ganze Herrlichkeit vorbei? Die Miliz aufgelöst, Conolly geflohen, angeblich, um neue Befehle von Lord Dunmore zu holen, in Wirklichkeit, um sein Fell zu retten, das ihm die Marktschreier der Revolution über die Ohren ziehen wollten!

Wie Pilze waren sie plötzlich aus der Erde geschossen, die Maulhelden. Jeder wollte der erste gewesen sein, der für die Sache der Freiheit eingetreten war, jeder hatte es schon immer gesagt und gewußt, und die lautesten Schreier waren diejenigen, die die besten Geschäfte mit dem alten Regime gemacht hatten. Alle beeilten sich, ihr Mäntelchen nach dem Winde zu drehen, jetzt war man plötzlich Amerikaner, schwatzte von Freiheit und schwärmte von George Washington, dem Führer der Freiheitsarmee. Und was das schlimmste war, einer verdächtigte den andern, ein Tory, Parteigänger der Krone zu sein, und wo jemand einen mißliebigen Konkurrenten hatte oder einen Nachbarn, auf dessen Äcker er scharf war, da hängte er ihm flugs diesen Verdacht an.

Nun, er hatte dem unerfreulichen Treiben den Rücken gekehrt und war wieder als Dolmetscher und Führer in die Ohiowildnis gezogen. Er wollte sich heraushalten aus dieser Sache.

Doch dann hatten sich die neuen Herren für ihn interessiert, weil sie erkannt hatten, daß er für sie nützlich sein konnte. Sie hatten eine Heidenangst davor, der britische Gouverneur Hamilton in Detroit könne die Ohiostämme gegen die Grenze aufhetzen. Aber es war bei gelegentlicher Beschäftigung geblieben und bei schmalem Sold, und Simon konnte wenig Begeisterung dafür aufbringen. Ein Dollar pro Tag, das war stets sein Sold gewesen, und hier bekam er nur dreifünftel Dollar, und darum mußte er noch kämpfen!

Es war schwer, einem König die Treue zu halten, der weit jenseits des Ozeans lebte und den Massen freiheitstrunkener Kolonisten nur ein paar Regimenter Soldaten entgegenstellen konnte. War es ein Wunder, daß Simon mit halbem Herzen versuchte, seinen Frieden mit der Revolution zu machen und sich auf die neuen Verhältnisse einzustellen? Denn was hatte er in seinem sechsunddreißigjährigen Leben schon erreicht?

So hatte er zugestimmt, als ihm der neue Kommandant in Fort Pitt, General Hand, vorschlug, eine Kompanie Rekruten für die Kontinentalarmee anzuwerben, die dringend Ersatz und Verstärkung benötigte. Hätte er's nur nicht getan! Er hatte ja doch nur Ärger davon.

Doch wie war es gewesen? Einmal hatte er nicht danebenstehen, einmal mit dazugehören wollen! War er nicht immer irgendwie verdächtig gewesen in seinem Leben: als Junge bei den Senecas, ein Weißer, als Waldläufer in Fort Pitt, ein Indianer zu sein? Und stand er nicht heute, als ehemaliger Milizoffizier unter Conolly, im Verdacht, ein Tory zu sein? Alle früheren Offiziere waren längst aufgerückt, waren Hauptleute, Majore, Obersten geworden. Mußte man ihm nun, da er sich mit dieser leidigen Anwerbung für die Armee abmühte, nicht auch eine Hauptmannsstelle geben?

Aber ihm war gar nicht wohl bei der Geschichte. Am liebsten ließe er alles stehen und liegen und ritte noch heute zu seiner Hütte am Erlenbach. Ihn verlangte nach der Einsamkeit und Stille seines Schlupfwinkels, nachdem er so viel hatte reden müssen mit Menschen, die ihn im Grunde wenig angingen.

Der helle Schein der Mittagssonne riß ihn aus seinen Gedanken. Das Tal hatte sich geweitet, die Berge rechts und links wichen zurück, und vor den Augen des Reiters öffnete sich das flachere Hügelland.

Simon Girty nahm die Zügel in die Hand und trieb sein Pferd den Hang zu seiner Rechten hinauf. Unter dem ausladenden Laubschirm einer Kastanie sprang er aus dem Sattel, pflockte sein Pferd am langen Riemen an, daß es im saftigen Gras weiden konnte, und ließ sich auf einem Wurzelstock nieder. Aus der Satteltasche hatte er zwei gebratene Truthahnkeulen gezogen, an denen er sich nun gütlich tat. Das mußte man den Siedlern lassen: mochten sie auch wenig Lust verspüren, für die Sache der Freiheit Militärdienst zu leisten, so waren sie doch stets gastfrei und versorgten den unliebsamen Werber mit allem, was er für seine Reise benötigte.

Simon kannte diese Gegend gut, manche Erinnerung aus den ersten Jahren seiner Tätigkeit als Pfadfinder und Dolmetscher in Fort Pitt verband sich mit ihr. Damals hatte es nur wenige verstreute Siedlungen hier gegeben, dies war das Jagdrevier der Mingos gewesen. Wie hatten sich die Zeiten geändert! Die Indianer waren immer weiter nach Westen gezogen. Mingos, Delawaren, Shawnees und Wyandots siedelten, verstreut und zum Teil miteinander vermischt, in der Tiefe des Landes zwischen Eriesee und Ohio. Und es sah nicht danach aus, als sollten sie dort zur Ruhe kommen.

Wild gab es kaum noch hier. Dafür lag ein Siedleranwesen am andern. Dort unten, zwischen Fluß und Waldrand, dehnte sich der Besitz des Obersten Crawford, eine der größten und reichsten Farmen im ganzen Bezirk. Mit ihr hatte Simon wenig im Sinn. Dort würde er keine Rekruten für seine Kompanie finden, und auf einen Besuch bei dem vornehmen Herrn konnte er verzichten. Gewiß, der damalige Major Crawford hatte sich dem Waldläufer Simon Girty gegenüber stets freundlich gezeigt – aber es war die herablassende Freundlichkeit des großen Herrn gewesen. Ein Mann wie Crawford, Großgrundbesitzer und persönlicher Freund George Washingtons, gehörte einer anderen Klasse an als der besitzlose, umherstreifende Kundschafter und Dolmetscher Simon Girty – auch im Lande der Freiheit.

»Guten Appetit, mein Herr!« Eine helle Frauenstimme riß ihn aus seinem fruchtlosen Grübeln. Er fuhr herum und sah ein junges Mädchen hinter dem Stamm der Kastanie hervortreten. Sie trug die übliche weiße Spitzenhaube auf dem gewellten Haar. Aus dem sonnenbraunen Gesicht blitzte ein Paar schelmischer Augen, und in der rechten Hand wippte eine Haselnußrute.

Simon sprang auf und wischte sich verlegen die Hände an den ledernen Reithosen ab. Wo hatte er dieses Gesicht schon einmal gesehen? Nur jünger, kindlicher?

»Dacht' ich's mir doch: Mr. Girty!« rief das junge Mädchen und brach über die Verlegenheit des Mannes in helles Lachen aus. »Sie kennen mich nicht mehr! Nun, es ist fast zehn Jahre her, daß wir uns in Pittsburg sahen. Erinnern Sie sich nicht, Mr. Girty, damals beim großen Indianerkongreß, als die Irokesen uns das Land des grünen Rohres verkauften, das ihnen nicht gehörte? Ich durfte auf Ihrem Rappen reiten, und Sie stellten mich all den großen Häuptlingen vor!«

»Jane Crawford!« rief Simon. Er war erleichtert, weil er die leidige Befangenheit überwand, die ihn stets Frauen gegenüber befiel, besonders wenn sie so hübsch waren wie diese. »Natürlich, Sie sind Miß Crawford! Aber wie haben Sie sich verändert!« Wieder das Lachen, das ihn so verlegen machte. »Nehmen Sie's nicht tragisch, Mr. Girty, alle kleinen Mädchen werden einmal groß! Ja, ich bin Jane Crawford, immer noch, obwohl Mama stets böse wird, wenn ich mich nicht Johanna nenne. Aber nun bin ich stolz, daß ich den berühmten Simon Girty überrumpelt habe. Wäre ich ein Indianer, so hinge sein Skalp jetzt an meinem Gürtel! Stimmt's?«

Simon lachte bitter. »Hier gibt's keine Indianer mehr, Miß Crawford, das ist vorbei. Hier kann heute jeder Trottel unter jedem Baum schlafen, ohne um seinen Skalp fürchten zu müssen.«

»Ich weiß, Mr. Girty, Sie bedauern das. Und wenn dort drüben die Hütte einer Rothaut stünde und nicht William Crawfords Haus, dann hätten Sie Ihr Mittagsmahl dort eingenommen, nicht wahr?«

»Hab' wenig Zeit, Miß Crawford, muß Soldaten sammeln für die Armee, da ist auf Oberst Crawfords Farm nichts zu holen!« Er wandte sich seinem Braunen zu, um seinen Weg fortzusetzen.

Aber da war er bei Jane Crawford an der falschen Adresse. »Nichts da, Mr. Girty, wollen Sie uns kränken? Soll ich meinem Vater erzählen, daß Sie an seinem Haus vorbeireiten, ohne uns guten Tag zu sagen? Kommen Sie!« Sie nahm die Zügel und führte das Pferd den Hang hinab, auf das stattliche Herrenhaus zu, das dort im Schatten hoher Bäume lag.

»Wir haben allerlei Gäste im Haus, Mr. Girty, Sie werden die meisten kennen. Alle werden sich freuen, einmal ein Wort mit Simon Girty reden zu können, den man so selten zu sehen kriegt.«

## Auf schwankendem Grund

Es blieb Simon gar nichts anderes übrig, er mußte mitkommen, Mrs. Crawford begrüßen und in der lebhaften Runde Platz nehmen, die auf der weiträumigen Terrasse eben ihr Mittagsmahl beendet hatte. Während in Kristallgläsern virginischer Wein kredenzt wurde, zündeten die Männer ihre Pfeifen an und setzten ihr Gespräch fort, das bei Girtys Ankunft unterbrochen worden war. Natürlich war von nichts anderem als vom Revolutionskrieg die Rede, und die Wogen der Begeisterung schlugen hoch, wenn man der Siege des Generals Washington im vergangenen Winter gedachte. Daß der zusammengewürfelte Haufen der Kontinentalarmee jetzt im Sommer vor Lord Howes geschulten Truppen einen schweren Stand hatte, focht die Söhne der Freiheit wenig an; die Küste war weit, die Volkskraft der Kolonien war noch längst nicht ausgeschöpft, und man fühlte sich im Vertrauen auf sein Recht stark und unbesiegbar.

»Ihr sollt sehen, Gentlemen«, rief ein junger Farmer, »wir bleiben nicht mehr lange allein im Kampf gegen England! Über kurz oder lang werden auch Frankreich und Spanien den Krieg erklären, dann sind wir gewiß in ein paar Monaten am Ziel!«

»Ist gar nicht mehr nötig!« rief ein anderer. »Wir schaffen's auch allein. Wer kämpft denn gegen uns? Engländer? Mehr als die Hälfte von Lord Howes Armee besteht aus deutschen Söldnern, armen Hunden, die nichts zu beißen haben zu Haus und von ihren Fürsten an England verkauft worden sind. Wofür sollen die ihre Knochen hinhalten? Denen schmeckt die Freiheit genauso süß wie uns! Bei Trenton sind sie kompanieweise übergelaufen, über tausend haben wir gefangengenommen! Die meisten kämpfen heute in unsern Reihen.«

Simon hörte nur mit halbem Ohr hin, er ließ seine Augen in die Runde gehen. Die meisten Männer kannte er mindestens vom Ansehen, einige auch mit Namen. Der stämmige junge Mann dort mit dem offenen Gesicht war Crawfords Sohn John, ihm gegenüber saß der liebenswürdige Major Harrison, den er von Lord Dunmores Feldzug her kannte. Und am Ende der Tafel hockte ein kleiner, lebhafter Mann in mittleren Jahren, den er auch schon irgendwo gesehen hatte. Wer war das nur? Wo war er ihm schon einmal begegnet?

»Sie kommen wie gerufen, Mr. Girty«, wandte sich jetzt der Oberst an den neuen Gast, »wir sprachen vorhin von den Plänen des neuen Kommandanten, General Hand. Höchste Zeit, daß uns der Kongreß diesen Mann schickte, der endlich einmal aufräumen will an der Grenze. Seit Monaten ist niemand mehr seines Lebens sicher zwischen Pittsburg und den Alleghenies.«

»Und dabei hat mir Mr. Girty gerade versichert, heutzutage könne jeder Trottel unter jedem Baum ruhig schlafen in diesem Land, Vater!« rief Jane Crawford.

»Jeder wohl nicht, Jane«, warf der kleine Mann mit den lebhaften Augen ein, »aber wer den Namen Girty trägt, hat freilich wenig zu befürchten!«

»Wollen Sie sich bitte näher erklären, Sir, wie Sie das meinen?« Simon warf dem Sprecher einen flammenden Blick zu und ballte die Fäuste im Schoß. Wer war dieser Mann, was wollte er?

»Nun, es sind doch vor allem Ihre alten Bekannten, die Senecas, die ihre Mordbanden gegen die Siedlungen schicken und Frauen und Kinder abschlachten!«

»John!« rief das Mädchen, und ihre Augen blitzten, »du mußt dich natürlich gleich mit dem Gast anlegen, den ich hierhergeschleppt habe! Nehmen Sie's nicht tragisch, Mr. Girty«, sie lächelte Simon begütigend zu, »er kann seine spitze Zunge nie im Zaum halten, aber er meint's nicht so. Sie kennen ihn ja!«

»Ich kann mich nicht entsinnen, Miß Crawford, wo ich die Bekanntschaft dieses Gentlemans gemacht habe«, entgegnete Simon finster. »Aber vielleicht beantworten Sie meine Frage, Sir!«

Jetzt mischte sich der Hausherr ein: »Ich bitte die Herren, sich an meinem Tisch nicht zu erzürnen. Wenn Mr. Girty die Indianer am Ohio nicht so gut gekannt hätte, wäre manches schlechter gelaufen in diesem Land, Gentlemen. Wir verdanken seiner Bekanntschaft mit den Stämmen viel. Deshalb war Ihre Bemerkung ungerecht, Doktor Knight!«

Simon fiel es wie Schuppen von den Augen. Natürlich, das war doch der kleine Doktor, der ihn bei der Belagerung von Fort Pitt in Pontiacs Krieg so angeschnauzt hatte! Schon wollte er ihm eine scharfe Erwiderung entgegenwerfen, da fuhr der Oberst fort: »Seit Monaten leidet das Land unter indianischen Überfällen, wie Sie alle wissen, und es sind nicht nur die Senecas, wie der Doc meint, sondern ebenso auch die Delawaren, die Mingos und die Shawnees. Wir haben in den letzten Wochen zwischen Monongahela und den Alleghenies ein halbes Hundert Menschen verloren, und es muß etwas geschehen. Wie ich hörte, will General Hand die Miliz aufbieten.«

Simon lachte geringschätzig und sagte: »Hoffentlich hat er mehr Erfolg damit als mit seiner Werbung für die Armee! Die Siedler Ihres Bezirks, Oberst, haben wenig Lust, Soldat zu spielen. Ich fürchte, ihr Mais und ihre Bohnen sind ihnen wichtiger als die Sicherheit im Lande!«

»Kann's mir denken, Mr. Girty, das alte Lied! Sie reden von Freiheit, aber sie werden erst wach, wenn das Dach über ihrem eigenen Kopf brennt. Nun, man muß gerecht sein: fast jeder hier hat längst mindestens einen Sohn bei er Armee stehen. Und wenn Sie hier jetzt wenig Erfolg haben, Mr. Girty, dann doch vor allem deshalb, weil die Siedler um Frauen und Kinder bangen, eben wegen der Überfälle durch indianische Banden. Das Hemd ist ihnen näher als der Rock. Tatsächlich sind wir hier an der Grenze ja in einer besonderen Lage, wir haben auch eine Front nach Westen, und die ist uns besonders nahe.«

Jane Crawford hatte sich neben den giftigen kleinen Doktor gesetzt und redete leise mit ihm. Jetzt lachten beide und warfen verstohlene Blicke auf Simon. Dem war recht unbehaglich zumute, und er bedauerte längst, daß er sich zu diesem Besuch hatte verleiten lassen. Was gingen ihn diese Leute hier an, und was hatte das Mädchen mit dem Giftzwerg dort zu wispern? Machten sie sich über ihn lustig? Wie vertraut das Mädel mit diesem

Doktor war – ob er – ja gewiß, es war doch offensichtlich, daß sie etwas miteinander hatten!

Ein bitteres Gefühl stieg in Simon auf. Natürlich, die Tochter des Herrn Crawford mußte ja standesgemäß verheiratet werden. Was machte es schon aus, daß solch ein schönes Menschenkind mit diesem Gnom verkuppelt wurde – er war Arzt und gehörte zur Gesellschaft! Narr, der du bist, Simon, dich hierher zu verirren! Bist am Ende doch den schönen Augen nachgelaufen – nichts für dich, du Habenichts, mach, daß du weiterkommst…

»Meinen Sie nicht auch, Mr. Girty?« Simon schrak zusammen und richtete den Blick verwirrt auf den Fragesteller. Es war Harrison, der junge Major. »Entschuldigen Sie, Sir, ich habe im Moment nicht zugehört«, stammelte Simon verlegen.

Harrison lächelte. Ihm war nicht entgangen, was Simon Girty davon abgehalten hatte, dem Gespräch zu folgen, und er ahnte wohl auch, von welcher Art die Gedanken waren, die hinter der grimmig gefurchten Stirn umgingen. »Sie kennen doch die Stimmung bei den Ohiostämmen am allerbesten, Mr. Girty. Deshalb bin ich Jane, meiner Braut«, er nickte zur Bekräftigung seines Hinweises zu Miß Crawford hinüber, »richtig dankbar, daß sie uns einen so seltenen Gast zugeführt hat.«

Simons Stirn glättete sich. Gott sei Dank! dachte er, es ist nicht dieses Ekel von Doktor! Dem jungen Major durfte man das hübsche Geschöpf gönnen. Aber nun mußte er sich hüten, abermals unaufmerksam zu sein.

»…alle Nachrichten sprechen dafür«, hörte er den Major sagen, »daß es Oberst Hamilton in Detroit ist, der die Indianer gegen die Grenze hetzt. Sie sind mit englischen Armeegewehren ausgerüstet.«

»Natürlich!« rief der kleine Dr. Knight dazwischen, »dieser Hamilton war schon immer einer der übelsten Tories an den Seen! Er hat den Roten Prämien ausgesetzt für amerikanische Skalpe, egal, ob von Männern, Frauen oder Kindern!«

»Ich kann nicht recht daran glauben, Doc«, mischte sich Oberst Crawford ein. »Ich kenne Sir Henry und halte ihn einer solchen Schandtat nicht für fähig. Und wenn es wirklich stimmte, so wäre es nicht ohne Vorbilder. Im Franzosenkrieg haben beide Parteien Belohnungen ausgesetzt für weiße Skalpe, und während des Pontiac-Aufstandes haben die Behörden, in Pennsylvanien wie in Virginien, manchen Dollar gezahlt für Indianerskalpe – ob von Mann, Frau oder Kind.«

Einen Augenblick herrschte Schweigen. Jeder wußte von diesen Dingen, von der erbarmungslosen Härte des Kampfes auf beiden Seiten. Aber es war nicht leicht in dieser Zeit leidenschaftlicher Auseinandersetzungen, gerecht zu sein. Und die Söhne der Freiheit im jungen Amerika waren so vom Glauben an ihr Recht durchdrungen, daß sie nicht bereit waren, auch ihr Teil an Schuld auf sich zu nehmen. Es gehörte schon eine überlegene Persönlichkeit von der Art William Crawfords dazu, einen klaren Kopf zu behalten.

»Aber wenn General Hand gegen die Indianer zieht, dann müssen Sie doch auf Ihre Freunde schießen, Mr. Girty!« rief Jane Crawford jetzt und sah sogleich erschrocken drein, als ihr die Peinlichkeit ihrer Worte bewußt wurde.

»Jane!« rief der Oberst, »wie kannst du so töricht reden!«

»Lassen Sie, Sir, ich will Miß Jane antworten!« sagte Simon mit bitterem Lächeln. »Gewiß muß ich auf meinen Freund schießen, wenn er meinem Bruder den Schädel einschlagen will, Miß Crawford. Aber es wird wohl nicht dazu kommen, weil ich mit meiner Kompanie vorher zur Armee abrücken werde.«

»Mit Ihrer Kompanie, Leutnant Girty?« Der kleine Doktor hatte die Arme untergeschlagen und sah Simon mit einem halb spöttischen, halb mitleidigen Lächeln an. »Ich fürchte, Sie geben sich da falschen Hoffnungen hin.«

Simon stieg das Blut zu Kopfe. »Was wollen Sie damit sagen, Sir?« stieß er hervor.

»Daß Sie als zweiter Leutnant unter der Kompanieführung von Hauptmann Stephenson eingeteilt sind!«

»Und woher wollen Sie das wissen, Mr. Knight?« Simon war so heftig aufgesprungen, daß sein Stuhl krachend zur Erde fiel.

»Nun, Mr. Girty, ich kann mir denken, daß diese Tatsache Ihnen wenig Freude macht«, erwiderte der kleine Doktor mit freundlicher Herablassung. »Aber es ist die Wahrheit, und es ist vielleicht besser, Sie erfahren die Geschichte schon jetzt, da können Sie sie bis Fort Pitt unter den Sattel nehmen und mürbe reiten. Ich bin, wie Sie wissen, Regimentsarzt und natürlich über die Besetzung der Offiziersstellen im Bilde.«

Vor Simons Augen tanzten rote Ringe. Der Zorn über die Demütigung lähmte seine Zunge. Er machte wortlos kehrt und eilte über die Terrasse und aus dem Haus.

Als er sein Pferd sattelte, legte sich eine Hand auf seine Schulter, und Oberst Crawford sagte begütigend: »Es tut mir leid, Mr. Girty, daß Ihr Besuch in meinem Haus Ihnen diesen Ärger gebracht hat. Aber ich möchte Ihnen wenigstens den Rat mit auf den Weg geben: Seien Sie vorsichtig, handeln Sie nicht unüberlegt. Ihr alter Freund Alexander McKee ist verhaftet worden. Er befindet sich unter Arrest im Hause des Generals. Sie wissen, daß man ihm schon lange mißtraut wegen seiner britischen Beziehungen. Nicht wahr, McKee ist doch Ihr Freund?«

»Er ist es und er bleibt es, Sir!« antwortete Simon trotzig.

»Ich habe nichts anderes von Ihnen erwartet, Mr. Girty. Auch ich pflege meine Freunde nicht zu verlassen, wenn sie in Not sind. Aber es täte mir leid, wenn Sie in diese Geschichte hineingerieten. Sehen Sie sich vor, Mr. Girty!«

»Ich danke Ihnen für den Rat, Oberst, aber ich weiß noch nicht, ob ich ihn befolgen kann!« Simon stieg in den Sattel und ritt davon.

Am Tor des weitläufigen Gehöfts stand Jane Crawford. Sie vertrat dem Reiter den Weg und griff, da er keine Anstalten traf anzuhalten, dem Pferd in die Zügel. »Er würde mich glatt niederreiten in seinem Zorn!« sagte sie mit vorwurfsvollem Lächeln. »Jetzt sind Sie mir böse, nicht wahr, weil ich Sie hierhergeschleppt habe?«

»Es war falsch«, murmelte Girty, »ich habe alles falsch gemacht.«

»Alles? Was soll das heißen?«

»Lassen Sie mich reiten, Miß Jane, es hat keinen Sinn, darüber zu reden.«

»Doch, Mr. Girty, nur das eine: Schlucken Sie Ihren Zorn hinunter. Und wenn man Ihnen einmal Schwierigkeiten macht, lassen Sie's Vater wissen. Sein Wort gilt viel hierzulande.« Sie gab Simon die Hand und lächelte ihn an. »Auf Wiedersehen, Mr. Girty!«

»Leben Sie wohl, Miß Jane. Und meinen Glückwunsch zum richtigen Bräutigam!« Simon sprengte den Hügel hinan nach Norden.

# Der Überläufer

In der Frühe des nächsten Tages stand der Leutnant Simon Girty vor der alten Zugbrücke von Fort Pitt und verlangte den Kommandanten zu sprechen. Er mußte lange warten, und als er endlich die Kommandantur betrat, empfing ihn der Adjutant, ein Major. An der Tür des großen Raumes zogen zwei Posten mit aufgepflanztem Bajonett auf, und unter dem kleinen Fenster stand der wachhabende Unteroffizier mit zwei weiteren Wachsoldaten.

»Ich freue mich, daß Sie kommen, Mr. Girty«, begann der Major, bevor Simon etwas sagen konnte. »Sie wollen sich stellen, nicht wahr?«

»Stellen?« erwiderte Simon ärgerlich, »bin ich ein Verbrecher? Ich möchte den Kommandanten sprechen. Bitte melden Sie mich.«

»Ich bin sein Adjutant, Mr. Girty, und handele in seinem Namen. Sie können Ihre Geschichte vorbringen, wenn es zur Verhandlung kommt.«

»Verhandlung, Sir, was soll das? Was geht hier vor? Wollen Sie mir das bitte erklären!« Simon war empört, das Verhalten des Offiziers war ihm unverständlich. Aber er hatte das unbestimmte Gefühl, in eine böse Falle geraten zu sein. Flüchtig schoß ihm die Erinnerung durch den Kopf, daß er vor Jahren in ebendemselben Raum gestanden und den Treueid auf den König abgelegt hatte. War es wirklich erst zwei Jahre her? Wie hatte sich die Welt seitdem verändert!

»Es tut mir leid, Leutnant Girty, aber ich muß meine Pflicht tun: im Namen des Gesetzes – Sie sind mein Gefangener! Der Kommandant stellt Sie unter Arrest. Ihren Säbel bitte!« hörte er den Major wie aus weiter Ferne sagen.

»Aber das ist doch Unfug, Major!« In diesem Augenblick war Simon hellwach. Er fuhr herum und starrte zur Tür: weg aus dieser Mausefalle!

Die Posten an der Tür senkten die Bajonette.

Simon sah zum Fenster. Es war klein, aber das morsche Holz würde nachgeben.

Der Wachhabende hatte die Rechte an der Pistole, die Posten senkten die Mündungen ihrer Gewehre.

»Machen Sie keine Umstände, Mr. Girty, geben Sie mir Ihren Säbel!«

Die Stimme klang kalt und drohend. Der Major hatte sich erhoben und trat auf Simon zu.

Es hatte keinen Sinn, in die Bajonette oder in die Mündungen der Gewehre zu rennen. Und es konnte sich ja nur um ein Mißverständnis handeln, das sich aufklären mußte. Simon hakte den Säbel vom Gurt und warf ihn dem Major vor die Füße.

»Sie können ihn behalten«, sagte er grimmig, »ich brauche ihn nicht mehr!«

## Der Falke im Käfig

Das Gefängnis lag in der äußersten Bastion, die in den Winkel der Flüsse hineinragte. Es stammte noch aus der Franzosenzeit und war halb verfallen, muffig und eng. Als die schwere Tür in den verrosteten Angeln quietschte, kam Simon der Gedanke, er könne McKee hier treffen. Aber der sollte ja im Hause des Kommandanten sein, und das lag in der Stadt.

Der niedrige Raum, eine der beiden Zellen des winzigen Gefängnisses, war feucht und stickig. Durch ein vergittertes Fenster, kaum eine Quadratelle groß, drang das Rauschen des Allegheny herein. Die hohe Brustwehr auf dem Hauptwall nahm das Licht weg, Simon konnte im Halbdunkel nur eine grobgezimmerte Pritsche erkennen, an deren Fuß eine rostige Kette befestigt war. Er ließ sich auf die Bohlen fallen und barg den Kopf in den Händen. Kreischend drehte sich der Schlüssel im Türschloß, draußen verhallten die Schritte der Wache. Simon war allein.

So weit war es also gekommen! Und er wußte nicht einmal, warum er hier gefangen saß. Er werde schnellstens zur Verhandlung vorgeführt werden, hatte ihm der Major auf seinen Protest hin versichert. Schnellstens! Was hieß das schon! Simon Girty, der Weiße Falke, der Freiheit, Licht und Luft liebte – gefangen!

Kalte Wut stieg in ihm hoch und wurde bald der Verzweiflung Herr. Das also waren die Söhne der Freiheit, die für das Recht des freien Bürgers kämpften, so sah diese Freiheit für ihn aus! Dafür hatte er sich abgemüht, war wochenlang im Land umhergezogen, hatte mehr geschwatzt als in seinem ganzen bisherigen Leben zusammen, um die engstirnigen Siedler zur Erfüllung ihrer Pflicht zu bewegen. Hauptmann hatte er werden wollen, haha, ein Narr war er gewesen – und jetzt war er ein Verbrecher im Gefängnis. Das hatte er davon!

Es war müßig, sich den Kopf über die Gründe seiner Verhaftung zu zerbrechen. Er fühlte sich frei von jeder Schuld. Es würde wohl mit McKee zusammenhängen, der tatsächlich ein

Tory war und im Hause des Generals in Arrest saß. Oder mit seiner, Simons, Stellung als Milizleutnant unter Conolly. Oder auch mit dem alten, verrückten Verdacht, er stecke mit den Indianern unter einer Decke. Zum Teufel – wenn's nur so wäre! Sein halbes Leben bestand aus solchen blödsinnigen Verdächtigungen. Weil er nicht war wie die andern, wie die Masse, weil er nicht nach Land gierte und nach Geld, weil er nicht das Maul vollnahm von Freiheit und Revolution, weil er sich abseits hielt und die Wildnis mehr liebte als die Menschen!

Gewiß, er hatte Freunde, und er war nicht ohne Einfluß, obwohl er nie Wert darauf gelegt hatte. Es gab viele im Lande, die den neuen Verhältnissen abwartend oder gar ablehnend gegenüberstanden. Doch sie waren von den Marktschreiern der Revolution mundtot gemacht worden und verhielten sich still. Aber er, hatte er nicht weiterhin seine Pflicht getan, so gut er sie erkannte in den Wirren der Zeit, weil ihm das Ränkespiel der Politik verhaßt war?

Die Verpflegung war gut und reichlich, aber die Verhandlung ließ auf sich warten. Der Aufseher, ein alter Invalide aus dem Franzosenkrieg, lachte gutmütig über Simons Ungeduld und wußte von nichts. Aber am dritten Tag kam er kurz vor Sonnenuntergang noch einmal und brachte Simon ein mächtiges Stück geräucherten Bärenschinken und eine Flasche Wein. Ein alter Neger habe dies für ihn abgegeben.

Ein Neger? Wer konnte das sein, und was sollte es? Simon wog die Keule nachdenklich in der Hand. Schwer war sie, gewiß war der starke Schenkelknochen noch darin – oder?

»Laßt Euch's gut schmecken, Leutnant«, schwatzte der Alte, »besonders den guten Tropfen! Da wird Euch die Zeit nicht so lang. Werdet ohnedies wohl nicht mehr lange warten müssen. Heute haben sie über Hauptmann McKee verhandelt, den Tory, wie sie ihn nennen. Mein Sohn hat's mir erzählt, er war dabei, hat das Protokoll geführt. Ist ein tüchtiger Bursche, mein Anthony, wird's noch zu was bringen. Schlägt meiner seligen Frau nach, der Junge, die war auch...«

»Und was ist?« unterbrach Simon ungeduldig seinen Redefluß. »Haben sie ihn verurteilt?«

»Wen? Meinen Anthony?«

»Zum Kuckuck! McKee natürlich!«

»I bewahre, frei ist er. Die verurteilen keinen Offizier. Nur die kleinen Leute, die armen Teufel, die hängen sie. Das geht so in aller Welt, solange die Sonne scheint. Warum soll's in diesem Land anders sein?«

Simon hörte längst nicht mehr auf das Geschwätz. McKee freigesprochen und auf freiem Fuß! Jetzt fiel es ihm wie Schuppen von den Augen: der alte Neger, das war McKees Lord Joe! Natürlich, der Freund hatte ihm diesen Gruß geschickt. Gruß? Mächtig schwer war die Keule.

»Geh, Alter, laß mich schlafen. Will noch einen kleinen Zug aus der Flasche nehmen und mich aufs Ohr legen. Morgen wird die Verhandlung sein, da muß ich gut aufpassen.«

Der alte Aufseher zog kichernd und brabbelnd ab. Als sich seine schlurfenden Schritte entfernt hatten, zog Simon sein Messer, das man ihm als Offizier im Arrest belassen hatte, und schnitt vorsichtig in das Rauchfleisch. In der Mitte stieß er auf etwas Hartes, und es war kein Knochen, was er bald darauf herauszog, sondern eine dreikantige Feile.

Dank dir, alter Freund! Nun war es Zeit für ein Festmahl, denn das hier gab einen Heidenspaß! Simon schlug der Flasche den Hals ab und sprach dem Bärenschinken wacker zu. Dabei hatte er Zeit genug, seinen Plan zu machen. Er fürchtete die Verhandlung nicht, denn man konnte ihm nichts Unrechtes nachweisen. Er wünschte die Untersuchung sogar, weil er dem Kommandanten und seinen Ratgebern ordentlich die Meinung sagen wollte. Vorher aber wollte er ihnen beweisen, den Söhnen der Freiheit, daß sie einem Simon Girty die Freiheit nicht nehmen konnten.

Am andern Morgen machte der wachhabende Offizier große Augen, als der Arrestant Leutnant Girty seelenvergnügt über die Zugbrücke spazierte und verlangte, vor den Kommandanten geführt zu werden. Der Wachoffizier war so verwirrt, daß er ihn schnurstracks zu General Hand brachte.

»Nun, Leutnant Girty«, empfing der Kommandant den Ausbrecher schmunzelnd, »ich wußte gar nicht, daß Sie Ausgang hatten. Wie es scheint, gefällt es Ihnen nicht in Ihrem Quartier. Bitte, wenn Sie lieber in der Stadt wohnen, ich habe nichts dagegen. Nur seien Sie bitte morgen früh um diese Zeit hier, damit wir die Verhandlung durchführen können.«

So kam es, daß unserm Simon die sorgfältig zurechtgelegte Rede, mit der er seinem Zorn hatte Luft machen wollen, im Halse steckenblieb. Das Schmunzeln eines Gentlemans hatte ihm das Konzept verdorben, sein Zorn zerrann unter seinem eigenen, etwas hilflosen Lächeln.

Pünktlich erschien er zur Verhandlung und wurde freigesprochen. Es war ohnehin nur der Schatten des Verdachts, den man mit besserem Grund gegen McKee hegte, auf Simon gefallen, und da man den Großen laufenließ, wollte man diesmal den Kleinen nicht hängen.

Simon hatte sogar noch ein interessantes Gespräch unter vier Augen mit General Hand, und das war entschieden das Beste an der Sache. »Was wollen Sie denn nun machen, Mr. Girty?« begann der General, nachdem er ihm Platz angeboten hatte. »Ihr Säbel liegt noch auf der Schreibstube, aber ich könnte mir denken, daß Sie keinen Wert darauf legen, ihn umzubinden?«

»Ich denke nicht daran, Sir – Exzellenz«, entgegnete Simon. Sein Blick fiel auf die Wand im Rücken des Generals. Sie war leer. Damals, als er hier Lord Dunmore gegenübersaß, hing dort das Bild des Königs. Sonst war alles wie einst: derselbe Raum, dieselbe Uniform ihm gegenüber, nur das Gesicht war ein anderes – offener, wie ihm schien, man konnte darin lesen, und die Augen blickten wärmer.

»Nun, es liegt bei Ihnen, Mr. Girty. Selbstverständlich haben Sie ein Recht auf volle Rehabilitierung. Die Truppe rückt in diesen Tagen aus, es geht nach Charleston in Südkarolina. Wenn Sie wollen...«

»Danke, Exzellenz, ist mir zu warm da unten. Bleibe lieber am Ohio, wo ich hingehöre.«

»Recht so, bleiben Sie hier. Sie sind mir hier nützlicher mit Ihrer Kenntnis des Landes und der Indianer. Weiß so und so nicht, wie ich ein Stück Grenze von Kittanning bis zum Kanawha schützen soll, wenn's hier erst mal richtig losgeht. Für uns hier liegt die Front im Westen. Für einen Mann mit Ihren Fähigkeiten gibt's dabei Aufgaben genug. Einverstanden?«

Simon Girty war einverstanden und schied von General Hand mit dem Gefühl, einem Menschen begegnet zu sein, dem er vertrauen konnte. Aber das Erlebnis seiner Arretierung saß wie ein Stachel in seinem Herzen, und mochte auch der Kommandant ihm wohlwollen, so spürte er doch bei anderen auf Schritt und Tritt das Mißtrauen.

## Das Maß ist voll

In den Abendstunden des 27. März 1778 sprengte ein Reiter durch die hügelige Feldmark westlich von Pittsburg. Seit er mit der Fähre über den Monongahela gesetzt war, hatte er sein Pferd abwechselnd Trab und Galopp gehen lassen. Ab und zu warf er einen Blick zurück, als wollte er sich vergewissern, ob er verfolgt würde. Aber der sandige Feldweg lag verlassen in der Dämmerung, und in den vereinzelten Gehöften links und rechts brannten schon die Lichter des frühen Feierabends. Eine Meile weiter nördlich brach das Land jäh ins Tal des jungen Ohio ab, der sein trübbraunes Frühjahrshochwasser über Inseln und Ufer wälzte.

Nach halbstündigem scharfem Ritt bog der Reiter nordwärts vom Wege ab, lenkte sein Pferd zwischen felsigen Kuppen hindurch hügelan und gelangte bald an eine stattliche Besitzung. Dreimal schlug er mit dem Klöppel gegen die eiserne Pflugschar, die am Tor hing. Lautes Hundegebell antwortete, dann fiel ein Lichtschein in den Hof, Schritte näherten sich dem Tor. Eine hohe Stimme rief: »Wer da?«

»Mach auf, Lord Joe, schnell! Ich bin's, Simon Girty!«

»Oh, Massa Simon!« rief der alte Neger erfreut. »Das werden Massa Alexander freuen. Haben schon allerlei Besuch!«

Der Hausherr empfing den Freund in der Tür. »Simon! So spät und so eilig? Komm herein! Was bringst du Neues – Grüße von General Hand, meinem Freund?«

»Der Teufel ist los, Alex! Du mußt weg, heute nacht noch!« stieß Girty hervor. »Morgen früh wollen sie dich holen, das Kommando ist schon bestimmt!«

»Was du nicht sagst, Simon! Hat der General Sehnsucht nach mir? Er ist ein guter Whistspieler, und wir haben uns reizend unterhalten. Aber nun komm erst mal rein, leg deine Schießgewehre ab, siehst aus, als wolltest du an den Wabash reisen.«

»Du bist nicht allein, Alex, Joe sagt, es ist Besuch da…«

»Alles sichere Leute, Simon, wenn sie auch deinem General weniger gefallen würden. Elliott ist da, dann mein Vetter Robert Surphlit und John Higgins, ein alter Freund von mir aus Hannastown. Sie dürfen jedes Wort hören, ja sie sollen es hören. Man lernt nie aus im Lande der Freiheit. Nun komm, Simon!«

Als er die Gäste begrüßt hatte, mußte Simon erzählen, was ihn zu seinem scharfen Abendritt veranlaßt hatte. Die Schwatzhaftigkeit des alten Aufsehers, der seinen damaligen Arrestanten Simon Girty ins Herz geschlossen hatte, kam den Kommandanten teuer zu stehen. Der Alte hatte gegen Abend Simon, der beim Zahlmeister seinen Sold abgeholt hatte, getroffen und ihm allerlei vorgeschwatzt. Unter anderem, daß sein tüchtiger Sohn Anthony soeben den Haftbefehl gegen McKee ausgefertigt habe und daß die Aktion morgen in der Frühe durchgeführt werden solle. Ein Leutnant mit zwanzig Mann sei schon dafür abgeordnet worden. Man habe Nachrichten, daß McKee zu den Engländern fliehen wolle.

»Alle Wetter!« rief der Hausherr, »die Kerls hören das Gras wachsen. Aber sie haben recht. Es ist alles vorbereitet, ich hätte morgen zu dir geschickt, Simon, weil ich mit dir sprechen wollte.«

»Und du willst wirklich fliehen, Alex? Wohin?«

»Ja, Junge, hast du mir nicht eben gerade gesagt, ich soll machen, daß ich wegkomme? Hör zu, Simon, du weißt, wie ich denke. Ich wollte mit einer Gruppe zuverlässiger Männer einen großen Schlag gegen die Rebellen führen in Pittsburg und in ganz Westmoreland. Aber General Hand hat Wind davon bekommen, er ist eben ein gescheiter Kerl. Mag auch sein, daß irgend jemand nicht dichtgehalten hat, dagegen ist kein Kraut gewachsen. Da sie mir nichts Rechtes nachweisen konnten, holte Hand mich in sein Haus, um mich bei Whist und Whisky auszuhorchen. Aber ich tat ihm nicht den Gefallen. Seit Wochen befiehlt er mir nun, nach Yorktown zu gehen und dort die Verhandlung vor dem Obersten Kriegsgerichtshof abzuwarten. Sie wollen mich hier weghaben. Aber ich bin krank geworden, extra für den General und seine Genossen, und habe die Abreise hinausgezögert. Denn ich will zwar reisen, aber nicht nach Yorktown in Pennsylvanien, sondern nach Detroit.«

Simon fuhr auf. »Nach Detroit! Zu Hamilton – quer durch die Ohiowildnis und die aufgebrachten Indianerstämme! Weißt du, was das bedeutet?«

»Warum nicht, Simon? Es ist auf alle Fälle besser, als ins Gefängnis zu wandern, und es ist auch nicht schwierig, weil du mitgehst!«

»Ich – mitgehen? Ich denke nicht daran! Was soll ich in Detroit? Wie ihr euch das vorstellt!« Simon hatte wenig Neigung, sich seine Entschlüsse von anderen vorschreiben zu lassen, auch nicht von seinen besten Freunden.

Aber er selbst stand auf schwankendem Grund. Man nahm seine Dienste gern in Anspruch, aber auf Schritt und Tritt schlug ihm das Mißtrauen entgegen, und man bezahlte ihn schlecht und unregelmäßig. Wenn man ihn nicht geradezu als Tory verdächtigte, warf man ihm Gleichgültigkeit gegen die Sache der Revolution vor. Ihm lag es nun einmal nicht, den Mund vollzunehmen mit Schlagworten, mit denen die Straße der Freiheit gepflastert war. Worüber hätte er sich auch ereifern sollen? Steuern und

Zölle hatten ihn nie gedrückt, weil er nichts besaß und nichts begehrte. Wucherzinsen zahlte er nicht, weil er nicht borgte. Freiheit bedeutete für ihn die Weite der Wildnis, die Einsamkeit der Wälder und Flüsse, in einem Land, das nächst Gott den Indianern gehörte, aber niemals einem einzelnen, sondern immer der Gemeinschaft des Stammes.

So war es kein Wunder, daß er dem Drängen des Freundes nur schwachen Widerstand entgegensetzte und mehr und mehr in McKees Fahrwasser geriet. Der wußte, wie er ihn anzufassen hatte.

»Was willst du eigentlich noch hier, Simon?« fragte er. »Kann sein, daß sie dich ein drittesmal zum Leutnant machen. Dann setzen sie dir wieder einen ihrer Parteigenossen vor die Nase. Weiß nicht, ob du dazu Lust hast. Wahrscheinlicher ist, daß sie dich zunächst mal einsperren. Wir reiten noch vor Mitternacht. Hands Kommando wird mit leeren Händen zurückkehren. Der General ist nicht dumm. Irgend jemand muß uns gewarnt haben. Schätze, daß du die besten Chancen hast, diese Ehre einzuheimsen. Hast du deine Spuren verwischt, Simon, heute abend? Hast du ein Alibi?«

Simon kratzte sich hinterm Ohr. »Natürlich nicht«, brummte er, »hatte es verdammt eilig.«

»Siehst du wohl. Diesmal werde ich dir keinen Bärenschinken schicken können. Und wenn sie dir nachweisen, daß du es warst, der den Vogel hat ausfliegen lassen – nun, selbst wenn dich dein Freund Hand vorm Strick bewahren kann, eine Kugel ist dir sicher!«

Simon lachte ärgerlich. »Müssen mich erst mal haben«, knurrte er. Aber er dachte an seine kleine Hütte am Erlenbach, die ihm lieb geworden war, und dabei fiel ihm ein, daß andere ja noch viel mehr aufzugeben hatten. »Ja, willst du wirklich alles hier verlassen, Alex«, fragte er verwirrt, »dein Haus, deine Felder? Und was wird aus deiner Frau und den Kindern – ich habe Mary noch gar nicht gesehen!«

»Mary ist mit den Kindern in Quebeck. Und mein Besitz hier,

Simon: den hole ich mir wieder, wenn alles vorbei ist. Denn ich gehe nicht nach Detroit, um Karpfen im Eriesee zu fangen. Sondern ich gehe, um der Krone zu dienen und den verdammten Aufstand der Rebellen niederschlagen zu helfen. Ich gehe, um die Waffenhilfe der Ohiostämme zu organisieren, die auf mich hören, weil ich sie als Indianeragent nicht bestohlen habe. Und ich gehe, um meinen Eid zu erfüllen, den ich dem König geschworen habe, wie so viele andere – wie du, Simon!«

Das gab den Ausschlag. Auf einmal stand Simon die Stunde wieder vor Augen, als er vor Lord Dunmore dem König von England den Treueid geleistet hatte. Und die Worte des alten Edelmannes klangen ihm in den Ohren. Er sagte mit fester Stimme: »Ich komme mit. Rechnet auf mich. Aber nun beeilt euch. Wir wollen reiten!«

McKee schlug freudig in die dargebotene Hand. Und Matthew Elliott, ein irischer Pelzhändler, rief mit bewegter Stimme: »Ich hab's gewußt, Simon! Wir haben manche Reise ins Indianerland gemeinsam gemacht, und ich weiß, wohin du gehörst. Wer Recht und Leben für die Indianer will, kann nicht für die Rebellen sein! So laß uns diese große Reise miteinander antreten – auf glückliche Wiederkehr!«

Als um Mitternacht fünf Weiße und zwei Neger den eiligen Ritt nach Westen antraten, hob für die Geschichte der nordamerikanischen Grenze ein neues Kapitel an.

# DRITTER TEIL

## Simon Kenton

Zwar stand die Sache der Freiheit in diesem Jahr 1778 nicht schlecht, denn Frankreich und bald darauf auch Spanien hatten mit dem jungen Amerika ein Waffenbündnis geschlossen und England den Krieg erklärt; aber im Grenzland um Pittsburg und am oberen Ohio herrschten Furcht und Schrecken. Denn was sollte nun werden, nachdem Simon Girty, Elliott und McKee zum Feind übergegangen waren? Gab es doch westlich der Alleghenies niemand, der bei den Ohiostämmen so viel Ansehen genoß und solchen Einfluß auf sie ausüben konnte wie gerade diese drei Männer.

General Hand gab sogleich seinen Plan, mit der Miliz eine Expedition gegen die Wyandots am Franzosenbach zu unternehmen, auf und bat bald danach General Washington um seine Ablösung. Männer und Frauen der äußersten Grenze zitterten in der Erwartung, die drei Überläufer würden alsbald an der Spitze von Indianerheeren zurückkehren und Tod und Schrecken über die Siedlungen bringen.

Kein Wunder, daß der Vizegouverneur Hamilton in Detroit die neuen Mitstreiter für England – oder, wie er es sah, die treuen Untertanen des Königs – mit offenen Armen aufnahm. Er machte sie sogleich seiner Kampfführung gegen die Rebellen dienstbar: McKee erhielt den Kapitänsrang und eine leitende Aufgabe im Indianerdepartment; Elliott wurde bald darauf zu den Delawaren an den Muskingum entsandt; Simon Girty ging als Dolmetscher und Indianeragent zu den Mingos, die sich vom Oberlauf des Ohio an den oberen Scioto und den Mad River im Zentrum der Ohiowildnis zurückgezogen hatten. Er ließ sich in ihrer Hauptstadt Solomons Town nieder und gewann bald Vertrauen und Einfluß dort. Es dauerte nicht lange, da waren auch seine Brüder James und George seinem Beispiel gefolgt und zu den Engländern übergegangen. James wurde Agent bei den Shawnees, George blieb vorerst als Dolmetscher beim Indianerdepartment in Detroit.

Die Brüder Girty nahmen ihre Aufgabe ernst. Sie lautete: die Indianer für die Sache der Krone zu mobilisieren, sie auszurüsten und, wo nötig, auf ihren Streifzügen gegen die Rebellen zu begleiten. Letzteres besonders deshalb, um sie von Gewaltanwendung gegenüber wohlgesinnten oder friedlichen Einwohnern fernzuhalten – eine Aufgabe, die den Stempel der Unmöglichkeit oder auch der Heuchelei allzu deutlich trug.

Auch die Amerikaner blieben nicht müßig. George Rogers Clark, der Feuerkopf, hatte nicht geruht, bis er eine zwar kleine Expeditionstruppe aus virginisch-kentuckyschen Siedlern und Abenteurern zusammengebracht hatte. Mit ihr eroberte er die ehemals französischen Forts im damaligen fernen Westen, Vincennes am Wabash und Kaskaskia und Cahokia am Mississippi, die jetzt in den Händen der Engländer waren. Damit nicht genug, drang er darauf, den Angriff nach Norden gegen Kanada vorzutragen und vor allem Detroit zu erobern. Doch der junge eisenharte Oberstleutnant fand mit seinen Plänen wenig Gegenliebe bei den Siedlern an der von Indianern bedrohten Ohiogrenze, wo jeder mit der Sicherung seines Besitzes und seiner Familie genug zu tun hatte.

Mit Clark war der junge virginische Hüne Simon Butler gezogen, hatte sich drei Nächte lang als Spion im feindbesetzten Vincennes herumgetrieben und seinem Kommandeur alles Wissenswerte erkundet. Doch dann war er, noch vor der Einnahme dieses Platzes, in die gefährdeten Siedlungen nach Kentucky zurückgekehrt, hatte unter Daniel Boone einen Streifzug gegen die

Shawnees mitgemacht und saß nun, als der Sommer des Jahres 1778 sich dem Ende zuneigte, untätig in Fort Boonesburg. Der erwartete Angriff der Indianer wollte und wollte nicht kommen, und das Stillsitzen gefiel dem jungen Butler gar nicht. Auch ließ ihn der Gedanke an die guten Pferde der Shawnees, deren er einige auf dem letzten Zug mit Boone erbeutet hatte, nicht los: Pferde waren knapp und begehrt, und die Indianer hatten bei ihren wiederholten Überfällen verdammt viele dieser guten Tiere mitgenommen. Sie fehlten jetzt an allen Enden. Sollten sie bei den Rothäuten weiden?

Erkundung im Indianerland war den kentuckyschen Siedlern immer willkommen. Es war gut zu wissen, was dieser gefährliche und unberechenbare Feind trieb und im Schilde führte. Warum sollte der junge Butler, ein Kerl von Eisen, stark wie ein Baum und wildniserfahren wie der beste Indianer, nicht losziehen? Und wenn er ein paar Pferde mitbringt, um so besser!

## Die blutige Straße

An einem nebligen Regentag Anfang September brach er auf, der lange Montgomery und der dicke kleine Clark, ein Vetter des Feuerkopfes, begleiteten ihn. In strömendem Regen schwammen sie mit ihren Pferden durch den Ohio, ritten stracks nach Norden in die endlose Ebene hinein und folgten am nächsten Tag, als sich das Wetter besserte, dem Bett des Kleinen Miami flußaufwärts. In der Nacht erreichten sie die Indianerstadt Alt-Chillicothe, lauschten ein paar Stunden am Rande des Ortes dem Treiben der Shawnees und – fanden dann eine Koppel mit Pferden, guten, schönen Pferden. Salz und Halfter hatten sie zur Genüge mitgenommen. Mit sanften Worten lockten sie im Dämmerlicht der nebligen Mondnacht die weidenden Tiere, konnten sieben davon einfangen und sprengten alsbald im Galopp nach Süden, dem Ohio entgegen.

Daß man sie gehört hatte, so dicht an der Gemarkung des Ortes, war gewiß. Aber ebenso sicher war, daß kein Indianer sie vor Tagesanbruch verfolgen würde. So hatten sie einen guten Vorsprung. Sie ritten den Tag und die folgende Nacht hindurch und kamen im Morgengrauen des 11. September an den Ohio. Hier, an der Mündung des Adlerbachs, verließ sie ihr Glück. Sturm heulte in den Wipfeln, Regen peitschte die Flut, die Wogen des mächtigen Stromes gingen hoch. Die Pferde scheuten, es war bei aller Anstrengung nicht möglich, sie in den Fluß zu zwingen. Verdammter Dreck! Was tun? Die Pferde aufgeben? Kommt gar nicht in Frage! Warten wir ab, dort oben im Schutz des Dikkichts, bis sich das Unwetter gelegt hat! Gegen Abend flaut der Sturm meist ab, es wird schon werden.

Aber die Elemente haben sich gegen die wackeren Kundschafter verschworen. Es blitzt, donnert, schüttet Wassermassen vom Himmel, die schmutzigbraunen Fluten des Ohio schäumen gegen die Ufer. Sie spotten auch am nächsten Morgen jedem Versuch, die halbwilden Beutepferde in den Fluß zu bringen.

Jetzt wird es mulmig. Denn nun müssen jeden Augenblick die roten Hunde erscheinen, den Weißen die Pferde und ihre Skalpe abzujagen. Die Gäule laufenlassen und in den Strom auf den vertrauten Reittieren, um das nackte Leben zu retten? Kein Gedanke! Wir reiten stromab bis zu den Fällen, wo der Oberstleutnant Clark auf einer Insel eine kleine Besatzung unterhält. Dort können wir gewiß über den Fluß! Simon Butler will nur eben noch ein Stück zurück auf jene Anhöhe gehen und sehen, ob sich die Verfolger schon zeigen. Die Freunde sollen inzwischen die Pferde bereithalten, er wird gleich zurück sein.

Aber kaum hebt er den Kopf über die Kuppe des Hügels, da sieht er sie schon kommen: fünf verdammte Shawnees zu Pferd, fast wäre er mittenhinein gerannt. Die Büchse hochreißen, anbacken auf die schwarz-rot bemalte Brust des ersten Reiters und schießen ist eins. Klick! macht es, zischt ein wenig auf der Zündpfanne – aus! Kein Schuß. Das Pulver, die Nässe!

Er wirft sich herum, springt mit drei Sätzen ins Dickicht und hetzt durch Dornen und Unterholz davon. Hinter ihm bricht es durchs Gezweig, huscht und knackt. Verdammt, die flinken Teufel werden ihn einkreisen – raus aus der Falle, auf den Weg, die Kameraden!

Als er aus dem Dickicht ins Freie stürmt, stutzt er jäh und starrt in zwei Büchsenläufe. »Bruder! Bruder!« schreien die beiden Rothäute vom Pferd herab, so liebevoll, daß es wie »Mörder!« klingt. Durch! denkt er, hebt die Büchse wie eine Keule – und spürt im selben Augenblick schon den Ansprung im Rükken, den Arm um seine Gurgel, den Stoß in die Kniekehle. Rücklings stürzt er zu Boden.

Sie binden ihn an einen Baum, einer setzt ihm die Mündung des Gewehrs auf die Brust, den Finger am Abzug, und starrt ihn aus Schlitzaugen an. Die andern haben die Jagd auf die Kameraden schon begonnen. Ein Schuß fällt, ein halberstickter Schrei weht im Herbstwind, Rufe und hastende Schritte dringen vom Flußufer herauf.

Einen haben sie! denkt Butler in hilflosem Zorn. Wer ist es? Und wo ist der andere, kann er entkommen? Da kommen sie schon zurück. Der große, stiernackige Kerl, es scheint ihr Anführer zu sein, schwenkt einen dampfenden Skalp in der Rechten, gelbliche Strähnen lugen aus der erhobenen Faust. Montgomery! Sie haben ihn erwischt! Aber wo ist Clark?

Der Stiernackige tritt an Butler heran. »Ich Bonah!« schreit er triumphierend und schlägt sich mit der Linken vor die Brust. »Ich dieses Schlange zertreten! Da – du küssen dein Freund!« Und er schlägt dem Gefesselten den triefenden Skalp ins Gesicht, daß ihm das stockige Blut über Stirn und Augen rinnt. »Du Pferde stehlen, du Räuberdieb!«

Clark, ausgerechnet der fette kleine Kerl, der nicht schwimmen konnte, war entkommen. Er hatte sich blindlings in den Fluß gestürzt, war an einen treibenden Stamm geraten und berichtete Tage darauf in Boonesburg, daß die Gefährten verloren seien, wahrscheinlich tot, erschossen und erschlagen.

Für Simon Butler aber begann ein Martyrium, das in der Geschichte der Grenze kaum seinesgleichen kennt. An Ort und

Stelle wurde zunächst einmal der Sieg gefeiert, und der wehrlose Gefangene mußte mehr Schläge einstecken, als ein Mensch mit weniger starken Knochen hätte ertragen können. Doch ihn totzuschlagen lag nicht in der Absicht seiner Peiniger. Denn erst seit einigen Wochen hatten die Shawnees den Verlust eines hochberühmten Gefangenen zu beklagen: es war Daniel Boone, die bedeutendste Gestalt unter den Pionieren der Grenze. Obwohl adoptiert und in die Stammesgemeinschaft aufgenommen, war er eines Tages entflohen. Nun, hier hatten sie einen Ersatz, die breite Brust und die Muskelpakete dieses gefangenen Hünen machten ihn kostbar wie kaum je einen zuvor. Der hier mußte am Pfahl schmoren, es würde kein kurzes Schauspiel werden, und der ganze Stamm sollte es genießen!

Die Nacht über lag er, gekreuzigt und mit gespreizten und gezerrten Gliedern, am Boden. Am andern Morgen banden sie ihn, der nur mit der ledernen Fransenhose bekleidet war, rittlings auf ein halbwildes junges Pferd: die Hände auf dem Rücken, die Füße unter dem Pferdebauch zusammengebunden; um den Hals einen Riemen, der an Nacken und Steiß des Gaules befestigt war. So jagten sie ihn auf dem ungebändigten Pferd nach Alt-Chillicothe.

Als Butler, blutend und zerschlagen, in der alten Indianerstadt ankam, mußte er die Gasse laufen. Achtmal hat Simon Butler in jenen Tagen die Straße des Leidens durchmessen, und jedesmal wurde er böse zugerichtet. Nur sterben durfte er noch nicht. Denn in Alt-Chillicothe hatte ihn der Rat der Krieger zum Tode am Marterpfahl verurteilt, aber das Urteil sollte in der Hauptstadt Wapatomica vollstreckt werden, damit die Masse des Stammes ihre Lust daran hatte. Sie zerrten ihn von Stadt zu Stadt, von Alt-Chillicothe nach Piqua, von dort nach Machachack, von da nach Wapatomica. Und überall wartete das grausige Spalier der Männer, Frauen und Kinder auf ihn.

Ein anderer hätte vielleicht längst aufgegeben, hätte den Tod der endlosen Qual vorgezogen. Aber in Simon Butler wohnte die Kraft der Jugend, in der rauhen Wildnis gestählt. Gewiß, die Indianer päppelten das blutige Bündel Fleisch jedesmal wieder hoch, nachdem sie sich an ihm ausgetobt hatten. Doch welche Natur hätte wohl sonst Qual und Wunden immer wieder besiegt und zum Leben zurückgefunden?

In Machachack brach Simon Butler durch die Gasse und floh ins benachbarte Bruch. Vielleicht wäre er entkommen, wenn nicht gerade der Häuptling Blaujacke, vom Zuge gegen die Grenze zurückkehrend, mit einer Kriegerschar des Weges gekommen wäre.

So wurde der Flüchtling wieder eingefangen, abermals halb totgeschlagen und abermals aufgepäppelt.

Sobald er wieder kriechen konnte, zerrten sie ihn nach Wapatomica. Dort, in der riesigen Ratshalle, sollte sich sein Schicksal vollenden. Schon stand er am schwarzen Pfahl, noch ungefesselt, wie es der indianischen Achtung vor dem Todgeweihten entsprach, aber bereits im Gesicht und auf der Brust mit einer dikken Schicht aus Holzkohle und Bärenfett bedeckt. Ringsum drängte sich das Volk der Shawnees und genoß die Vorfreude auf das Schauspiel, das die Marterung dieses Hünen unter den Langmessern versprach.

### Zwei Freunde

Plötzlich entstand Unruhe am Eingang der Halle, von draußen klangen Rufe und Pferdegetrappel herein. Bald darauf wurde der große Vorhang aus Büffelfell, der den Eingang verdeckte, zurückgeschlagen, und eine Gruppe von Kriegern betrat den weiten Raum. Voran schritt ein Mann im ledernen Dreß der Waldläufer, offenbar ein Weißer, dem die Indianer achtungsvoll Platz machten.

Alle Augen richteten sich auf den Eintretenden, das Gemurmel verstummte. Jetzt sah auch Butler auf, der seit Stunden teilnahmslos vor sich niedergestarrt hatte, und sogleich durchfuhr es ihn wie ein Blitz: das war – ja, das war doch Simon Girty, sein

Kamerad vom Kanawha, der berüchtigte Überläufer! Herrgott, war das möglich, ausgerechnet in diesem Augenblick Simon Girty!

Simon Girty kam mit seinem Bruder James und einer Bande Shawnees von einem Zug gegen die kentuckyschen Siedlungen zurück. Er war nicht in bester Stimmung, denn es war keineswegs alles nach seinem Wunsch verlaufen. Zwar hatte der Überfall auf die befestigte Siedlung vollen Erfolg gebracht, dafür hatte er gesorgt, ihm konnte niemand etwas vormachen, wenn es galt, den Kampf in der Wildnis mit List und Geschick zu führen. Aber die grausame Wildheit der Indianer hatte auch er nicht bändigen können. Das sollte ihm der Oberst Hamilton einmal vormachen: Die Rothäute drei Tage und vier Nächte im Kampf zu halten gegen einen zähen Gegner, der hinter mannshohen Palisaden verdammt gut gedeckt war, sie am Ende stürmen zu lassen und dann zu verlangen, daß sie dem überwundenen Feind die Wangen tätscheln! Er konnte nicht überall sein, und weder er noch sein Bruder James hatten verhindern können, daß ein Teil der Besatzung niedergemacht wurde. Beide Augen hatte er zugedrückt, als eine Gruppe von Frauen und Kindern an ihm vorbei in den Wald floh. Aber die unvernünftigen Kerle, die noch die brennenden Ruinen verteidigen wollten, hatten ins Gras beißen müssen: sieben Skalpe hingen an der langen Stange, die einer der Shawnees wie eine Fahne vor dem siegreichen Haufen hertrug. Und die Gefangenen, sieben Kinder und eine Frau, würde man erst einmal in Wapatomica lassen müssen. Es war unmöglich, sie jetzt den Indianern wegzunehmen, die schließlich selbst fünf Tote zu beklagen hatten, und doppelt so viele trugen ihre Wunden nach Haus. Später, bei der nächsten Lieferung aus dem Warenmagazin, wollte er sehen, die Gefangenen zur Überführung nach Detroit freizubekommen.

Jetzt wollte er sich erst einmal den Gefangenen ansehen, den die Roten vom Ohio eingebracht hatten. Ein Pferdedieb – da war wenig zu machen. Sollte der Kerl dafür büßen, daß er sich am Eigentum der Indianer vergriffen hatte! Aber zuvor sollte er aussagen, was er über die Kampfstärke der Forts im Land des grünen Rohres wußte. Vielleicht war auch etwas über den wilden Clark und seine Pläne zu erfahren. Dem galt es vor allem das Handwerk zu legen, der hatte das Zeug dazu, England am Ohio Schwierigkeiten zu machen.

Girty ging durch das Spalier der Indianer, das sich vor ihm öffnete, auf den Gefangenen zu. Alle Wetter, ein Kerl wie ein Baum, wenn er auch deutliche Spuren trug, daß ihm schon ein Teil der Rechnung vergolten worden war! Simon Girty scheuchte mit einer Handbewegung die gaffenden Indianer zur Seite, breitete eine Decke auf dem Boden aus und bedeutete dem Gefangenen, sich darauf niederzusetzen. Aber der Kerl schien halsstarrig oder schwer von Begriff. Girty ergriff ihn am Arm und zog ihn mit einer unsanften Bewegung zu Boden. »Haltet mich nicht auf, Mann«, sagte er unwirsch, »habe noch mehr zu tun, als mich mit Euch zu befassen.« Er ließ sich neben ihm auf der Decke nieder. Woher er komme, wollte er wissen. So, von Boonesburg. Und Benjamin Logans Fort kannte er auch und Harrods Station ebenso. Wieviel Mann dort stünden und wie sie bewaffnet seien? Aber der Kerl gab ausweichende Antworten. Hatte er diese Stimme mit dem weichen Klang nicht schon irgendwo gehört?

»Wie heißt du?« fragte Girty mehr obenhin als mit einem bestimmten Interesse.

»Simon Butler!« erwiderte der Mann jetzt mit lauter Stimme.

Girty fuhr zusammen. Einen Augenblick starrte er sprachlos in das von Schlägen entstellte, rußgeschwärzte Gesicht. »Simon!« sagte er, vom Anblick des Freundes erschüttert, »Herrgott, du! Was haben die Bestien aus dir gemacht!« Aber dann sprang er auf, wie elektrisiert, riß den andern vom Boden hoch, schloß ihn in seine Arme und rief, während ihm die Tränen über die Wangen rannen: »Butler, mein Junge, muß ich dich hier finden!«

Dann hielt er ihn von sich ab, betrachtete die zerschundene Gestalt, das von blutigen Striemen und kaum verkrusteten Wunden bedeckte Gesicht, schüttelte den Kopf und stieß grimmig hervor: »Sie wollen dich am Pfahl rösten, die Hunde, will's ihnen aber versalzen, so wahr ich Simon Girty heiße! Der Satan soll das verdammte Gesindel braten!«

Er wandte sich in wilder Erregung um, fuhr die Gaffer ringsum an, daß sie erschrocken zurückwichen, und schrie in den Raum: »James! James! Komm her, schnell, es ist Butler!« Und als der Bruder sich durch die staunende Menge drängte und mit einem schnellen Blick auf den Gefangenen begriff, was hier gespielt wurde, rief Simon Girty ihm zu: »Lauf zu den Häuptlingen! Sie sollen ihr Pauwau einberufen, sofort! Ich will zu ihnen sprechen. Los, James, mach schnell, sie wollen mit ihrem blutigen Fest gleich beginnen, müssen ihnen zuvorkommen!«

Während der Bruder davoneilte, sagte er leise zu Butler: »Ist eine verdammt kitzlige Sache, Simon, wird nicht leicht sein, ihnen ihr Opfer auszuspannen. Will aber tun, was in meiner Macht steht.«

Die Häuptlinge kamen. Die Krieger versammelten sich um den schwarzen Pfahl, neben dem der Gefangene stand und den Blick vor sich auf den Boden heftete. Das Kalumet ging um im Kreis der Shawneekrieger, und Simon Girty wartete ungeduldig auf die Beendigung der Zeremonie.

Endlich ergriff der Häuptling Blaujacke das Wort. Er war eine stattliche Erscheinung, reichlich sechs Fuß groß, von kräftiger, ebenmäßiger Gestalt. Unter seiner hohen Stirn standen ein Paar feurige Augen und eine kühn geschwungene Adlernase.

»Der Weiße Falke hat uns etwas Eiliges und Wichtiges mitzuteilen. Es soll das gefangene Langmesser betreffen, das die Pferde der Shawnees so sehr liebt. Der Rat der Krieger will den Worten seines Freundes nicht das Ohr verschließen, der Weiße Falke mag hören lassen, was ihm auf der Zunge brennt.«

Simon Girty erhob sich und trat einige Schritte vor. »Brüder«, begann er mit fester Stimme, »wir haben Schulter an Schulter gekämpft, und der Weiße Falke hat sein Herz nicht verborgen. Es schlägt für seine roten Brüder. Er bringt ihnen die Gaben des großen Weißen Vaters, dessen Kinder sie sind, er teilt mit ihnen die Gefahren des Unreinen Pfades. Ist einer unter euch, der meint, das Herz des Weißen Falken sei falsch oder sein Mut sei schwach, der bringe vor, was er zu sagen hat!«

»Hau, hau!« klang es zustimmend in der Runde. Es war niemand da, der dem Weißen Falken nicht wohlgesinnt war.

»Brüder!« fuhr Simon Girty fort, »was immer ich für euch getan habe und noch tun werde, daß Manitus rote Kinder frei bleiben und glücklich leben unter dem weiten Himmel, heute könnt ihr beweisen, wie ihr zu mir steht.« Er hielt beide Hände, die offenen Handflächen nach oben, wie zwei Waagschalen nebeneinander. »Seht her: in meiner Linken liegt das Leben dieses Gefangenen, es gehört euch, es ist euch verfallen.« Schwer sank die eine Schale der Waage in die Tiefe, die andere, leere schnellte nach oben.

»Aber nun, Brüder, nehmt alles, was der Weiße Falke seinen roten Brüdern bedeutet, den indianischen Völkern zwischen dem Schönen Fluß und dem Eriesee: nehmt es und werft es in die andere Waagschale!« Langsam sank die Rechte nieder, und jedermann im Pauwau konnte sehen, wie die linke Schale der Waage, in der das Leben des Gefangenen lag, gehoben wurde vom Gewicht der Verdienste des Weißen Falken. Der fuhr fort: »Nehmt die Büchse, den Arm, der den Tomahawk schwingt, nehmt den Schlachtruf des Weißen Falken und seine Stimme vor dem Rat der Krieger! Und, Brüder, nehmt sein Herz, es gehört euch ohnehin, nehmt es und werft es in die Waagschale in meiner Rechten!«

»Hau, hau!« klang es anerkennend in der Runde. Denn das konnte ja jeder sehen, wie schwer das Herz des Weißen Falken wog, wie sein Gewicht die Waage mit einem Ruck in den Einstand brachte, ja schon ein wenig darüber hinaus, so daß das Leben des Gefangenen bereits über der schwarzen Marke des Todes stand.

»Und nun«, fuhr Girty fort, »nehmt alle die Gaben des Weißen Vaters: nehmt Pulver und Blei, nehmt Korn und Salz, nehmt Büchsen, Messer und blitzende Tomahawks aus dem blauen Eisen, das härter ist als Feuerstein und schärfer als das Blatt des grünen Rohres, nehmt Decken und Kleider, Wollhemden, Tuchröcke, Glasperlen und Rum, nehmt alles, was ich euch bis heute gebracht habe, und tut das dazu, was ich euch fortan noch bringen werde – und seht, was euch das Leben dieses Gefangenen dagegen wert ist! Denn, Brüder, der junge Büffel ist mein lieber Freund! Wollt ihr töten, woran das Herz des Weißen Falken hängt?«

Tiefes Schweigen antwortete der langen Rede. Der Gefangene stand am Pfahl und verzog keine Miene. Er hatte kaum ein Wort verstanden, da er die Sprache der Shawnees nicht beherrschte, aber die Szene und die Gesten des Freundes sagten ihm genug. Doch die Entscheidung über Leben und Tod war noch nicht gefallen. Kein Indianer verzichtete auf das Spiel der Gründe und Gegengründe, den Genuß von wohlgesetzter Rede und Gegenrede, schon gar nicht im Pauwau. Jetzt sprach der Häuptling Blaujacke, und nach ihm kamen noch drei andere an die Reihe. Butler verstand nicht, was sie sagten, aber es war deutlich, daß noch alles auf des Messers Schneide stand.

Indessen war James Girty nicht müßig gewesen. Er hatte drei lange Jahre bei den Shawnees verbracht als Indianer unter Indianern, bevor er wie seine Brüder Simon und George nach Fort Pitt zurückgekehrt war, und er kannte dieses Volk in- und auswendig. Auch war dies hier ja sein Aufgabengebiet, er war der Agent des Indianerdepartments in Detroit für die Shawneehauptstadt Wapatomica und verwaltete das Warenlager der Krone mit all den Gütern, deren Verteilung sein Bruder Simon soeben großzügig für sich beansprucht hatte. Mochte er es tun, er neidete dem Bruder seinen Ruf bei den Indianern nicht. Aber er, James Girty, wußte genau, worauf es jetzt ankam, und anstatt sich das langatmige Gerede im Pauwau anzuhören, war er in den Ort geeilt und hatte ein kurzes Gespräch geführt mit einer grauhaarigen Squaw, die ihren Sohn und Ernährer im Kampf gegen die Grenze verloren hatte. Ein bunter Stoff und eine halbe Flasche Rum spielten bei dieser Unterredung keine geringe Rolle.

Und als sich im Pauwau die Waage schon wieder zu des Gefangenen Ungunsten neigte, da schritt durch die Reihen der Krieger eine alte Frau, hängte ihren Kupferkessel voll Wasser ins Ratsfeuer, tauchte, als das Wasser warm war, die Hände hinein, rieb sie aneinander und hob sie der Sonne entgegen, die durch das Rauchloch der Halle hereinlugte.

Die Reden verstummten, das Streitgespräch hatte ein Ende gefunden vor dem stärkeren Gesetz der Mütter, das hier sein Recht geltend machte. Die grauhaarige Squaw nahm die offenen Handflächen vors Gesicht, blies darüberhin, als wollte sie den Inhalt ihrer Hände dem Wind und der Sonne preisgeben, und rief laut: »Puck e ton!«, was soviel wie »Wirf es weg!« hieß. Jedermann im Pauwau wußte, was das bedeuten sollte: das Leben des Gefangenen lag in der Hand der Shawnees, sie wollten es ihrem Fest der Rache am weißen Mann opfern; nun aber sollten sie es aus der Hand, also freigeben. Und so groß die Enttäuschung war in der Menge der Krieger, die ringsum am Boden hockten, und bei den Frauen und Kindern, die sich bis in den letzten Winkel der Halle drängten, niemand wagte, seinem Unmut Luft zu machen.

Die alte Frau tauchte abermals die Hände in den Kupferkessel, sprengte das warme Wasser dem Gefangenen über Gesicht und Kopf und rief: »Puck e ton!« Dann nahm sie den Kessel vom Feuer, zog ein Tuch hervor und wusch dem Verurteilten die schwarze Farbe des Todes ab. Aus den Falten ihres weiten Rokkes zauberte sie noch allerlei ans Tageslicht und hatte bald mit geschickter Hand aus dem Weißen einen Indianer gemacht, regelrecht weiß, rot und schwarz bemalt, sogar mit einer Reiherfeder im braunen Schopf.

So war Simon Butler, eben noch ein Todgeweihter, ein Shawnee geworden, und daran gab es nichts mehr zu rütteln. Zwar war es kein Häuptling, der ihn adoptiert hatte, aber er hatte eine Tante, eine Wirtin bekommen, und das genügte vorerst, ihn vor dem Tod am schwarzen Pfahl zu bewahren. Unverzüglich löste sich das Pauwau in eine lange Kette von Gratulanten auf, die alle, voran der Häuptling Blaujacke mit hintergründigem Lächeln, dem neuen Stammesbürger die Hand schüttelten: »Du bist kein weißer Mann mehr, du bist ein Indianer und unser Bruder!«

Die beiden Simone verbrachten die Nacht in der Hütte des Bruders James, und der junge Butler schlief zum erstenmal seit vierzehn Tagen, ohne vom Marterpfahl zu träumen. Am nächsten Morgen wurde der frischbackene Shawnee im Magazin der Krone geschwind wieder in einen Waldläufer verwandelt und neu eingekleidet. Der Urlaub von der neuen Tante kostete eine weitere halbe Flasche Rum, und ab ging es auf eigenem Pferd und Sattel nach Solomons Town, Simon Girtys Hauptquartier. Der Häuptling Blaujacke hatte keine andere Sicherheit verlangt als das Wort des Weißen Falken, daß der neue Adoptiv-Shawnee nicht fliehen werde.

In der Mingostadt besaß Girty eine festgefügte kleine Blockhütte mit einem guten Dach aus Rinde, einer Bettstatt aus Weidenruten, mit Hirschdecken und Bärenfell ausgelegt, einem klobigen Tisch und zwei roh gezimmerten Stühlen aus Birkenholz. Gleich daneben lag das Warenmagazin der Krone, hinter mächtigen geblockten Wänden verwahrt und mit einem riesigen Schloß gesichert, dessen Schlüssel Simon Girty wie seinen Augapfel hütete.

Hier war es, wo der junge Butler eines Abends an die noch frische Wunde in der Brust des Freundes rührte, als er sagte: »Bin ja auch kein Freund von Perücken und Schnallenschuhen, pfeife auf die Krämer und Federfuchser und all das vornehme Getue. Ein Pferd unterm Hintern ist mir lieber als 'n Windsorstuhl, aber so immer mit den Roten leben, Simon, weiß nicht, ob ich das könnte. Warum bist du damals weg von Pittsburg?«

Girty schwieg eine Weile und starrte mit zusammengezogenen Brauen ins Herdfeuer. »Kann sein, Junge, daß mich's manchmal wurmt. Möglich, daß ich zu schnell ausgebrochen bin. Na ja, hatte mir die Sohlen durchgelaufen, eine Bande von Tagelöhnern und Bohnenzüchtern zu einer Kompanie zusammenzubringen. Hätten sie mich zum Hauptmann gemacht –

kann sein, daß ich geblieben wäre und in der Armee gekämpft hätte. Aber dieses verdammte Mißtrauen, haben den Stephenson genommen, mich sperrten sie ein um nichts!« Ein bitteres Lachen schüttelte ihn und trieb ihm das Wasser in die Augen. »Wollten immer den Indianer in mir sehen, die Bürger von Pittsburg, waren mächtig enttäuscht, daß mein Fell weiß ist. Und für die Söhne der Freiheit war ich ein Tory. Irgendwas haben sie immer gefunden, mir am Zeuge zu flicken. Nun«, er schlug ein Buchenscheit in die Glut, daß die Funken stoben, »bin also zu den Indianern gegangen, zu denen sie mich immer gerechnet haben. Sollen ihren Willen haben, die verdammten hochnäsigen Landjobber, werden ja nun zufrieden sein.«

»Zufrieden?« Butler sah den Freund nachdenklich an. Wußte der wirklich nicht? Natürlich, wie sollte er es wissen, er war ja seit einem halben Jahr auf der anderen Seite, beim Feind. »Sind verdammt zufrieden mit dir, deine alten Landsleute in Pennsylvanien. Haben ein Verfahren durchgeführt vor dem Obersten Gerichtshof in Lancaster und euch alle – dich, McKee, Elliott und deinen Bruder James — zu Hochverrätern erklärt!«

Girty fuhr zusammen und sah den Freund einen Augenblick fassungslos an. Dann lachte er grimmig und schlug sich mit beiden Händen auf die Schenkel, daß es klatschte: »Teufel noch mal, das ist der beste Witz, den ich je gehört habe! Hochverräter, wir sind Hochverräter, weil wir unserm Land und dem König die Treue halten, und die Rebellen leben im Gesetz! Köstlich! Und ihr Eid, den sie auf den König geschworen haben, wie steht's damit? He, Butler, was ist mit dem Eid? Hattest du nicht auch geschworen, als wir an den Kanawha zogen?«

Aber Simon Butlers Gewissen war so rein wie das seiner Landsleute im jungen Amerika, noch nie hat eine Revolution vor einem Eid haltgemacht. »Ganz einfach«, erwiderte er unbekümmert, »als ich den Finger hob, war ich Untertan des Königs, und als dann der Krieg losbrach, fühlte ich mich nicht mehr als Engländer!«

»Ganz einfach!« höhnte Girty. »Ich schwöre ewige Treue, so

wahr mir Gott helfe und solange ich mich danach fühle! Ausgezeichnet, ein feiner Eid, muß ich sagen. Wer ihn bricht, hat recht, und wer ihn hält, ist ein dreckiger Lump, ein Hochverräter! Aber lassen wir das. Wer hat dir den Witz erzählt?«

»In Harrodsburg war's. Irgendein Schnapshändler aus Pennsylvanien führte das große Wort dort, der hat's erzählt. Hätte eine alte Rechnung mit dir, sagte er, wollte dich niederknallen wie einen tollen Hund, sobald du ihm übern Weg liefest. Warte mal – Rum-Danny nannten sie ihn.«

»Rum-Danny!« Girty lachte lauthals. »Rum-Danny, der Freiheitsheld! Weißt du, wer das ist, Butler? Der Mörder von Logans Familie! Will hoffen, daß ich ihn wiedersehe, glaube kaum, daß er danach noch viel zu erzählen hätte. Nein, mein Junge, da sind mir die Indianer lieber als diese Sorte von Landsleuten.«

## In letzter Minute

Drei lange Wochen genoß der junge Butler die Freiheit und die Gastfreundschaft des Hochverräters Simon Girty, und keine politische Meinungsverschiedenheit konnte die Freundschaft der beiden Männer trüben. Aber am zwanzigsten Tag erschien ein Bote aus Wapatomica: Der Weiße Falke möge sofort mit seinem Freund vor den Rat der Shawnees kommen.

Girty ahnte nichts Gutes, aber es schien ihm unumgänglich, der Aufforderung zu folgen. Als sie die Ratshalle in Wapatomica betraten, saßen die Krieger schon zum Pauwau versammelt und empfingen sie mit unheilverkündendem Schweigen. Die Häuptlinge begrüßten Girty, aber von seinem Begleiter wandten sie sich mit finsterem Blick ab. Blaujacke zog Girty beiseite und raunte ihm zu, was vorgefallen war: Eine Bande Shawnees hatte den festen Platz Wheeling am Ohio angegriffen und war mit schweren Verlusten abgewiesen worden. Nun waren die Geschlagenen zurückgekehrt und forderten das Leben des gefangenen Langmessers, um ihre Wut an ihm auszulassen.

So kam es, daß Simon Butler, der vor kurzem ein Shawnee geworden und Bruder genannt war, abermals vor dem Rat der Krieger stand. Der Häuptling, der den unglücklichen Zug gegen Wheeling geführt hatte, war der Kläger oder vielmehr der Staatsanwalt. Er spie Gift und Galle auf das verhaßte Langmesser, das nur gekommen sei, um die Pferde der Shawnees zu stehlen, und forderte das Todesurteil. Und abermals hieß der Verteidiger Simon Girty, und er tat, was er konnte. Aber es war vergebens. Denn als die Kriegskeule zur Abstimmung im Kreis herumging, da war kaum einer, der sie nicht mit grimmigem Gesicht auf den Boden stieß, bevor er sie weitergab: der junge Butler wurde zum zweiten Mal zum Tode am Marterpfahl verurteilt.

Simon Girty hatte sein Spiel verloren. Aber er gab noch nicht auf. Zwar wandte er sich traurig zu Butler um, der wie betäubt dastand, und raunte ihm zu: »Es ist aus, mein Junge, du mußt dran glauben. Ich kann nichts mehr für dich tun!« Doch als die Beratung begann, wo der Gefangene den Martertod erleiden sollte, da erhob sich Girty abermals und hielt eine lange Rede. Da sie nun entschlossen seien, das Urteil zu vollstrecken, so müsse auch der rechte Ort gewählt werden. Denn solch einen berühmten Gefangenen, der schon zehnmal die Gasse gelaufen sei und noch immer wie ein junger Büffel vor ihnen stehe, finde man nicht alle Tage. Deshalb solle man ihn nach Sandusky am See schaffen, wo gerade jetzt Abordnungen aller Ohiostämme versammelt seien, die alljährlichen Geschenke des englischen Königs entgegenzunehmen. Dort sei der richtige Ort, den Pferdedieb am Pfahl zu rösten, und es werde ein großes Fest werden.

Nun hatten die Shawnees gerade eben, zum Hohngelächter der anderen Stämme, den berühmten Daniel Boone entwischen lassen, und nichts konnte ihnen lieber sein, als ihren Ruf bei den Nachbarstämmen mit diesem Gefangenen wiederherzustellen. So wurde es beschlossen. Und Simon Girty verabschiedete sich mit einem raschen Blick, den er dem Freund zuwarf – kommt Zeit, kommt Rat! war darin zu lesen – , schwang sich auf sein Pferd und jagte in den dämmernden Abend gen Norden.

Am andern Morgen schon wurde der Gefangene zu Fuß, die Hände auf dem Rücken gebunden, einen Strick um den Hals, von fünf berittenen Shawnees auf den Weg nach Sandusky am See gebracht. Es war ein erneuter Leidensweg, dreimal noch mußte er Spießruten laufen. Sie schlugen ihn halbtot, und bevor die Hälfte der Fünfzigmeilenstrecke zurückgelegt war, hatten sie ihm einen Arm und ein Schlüsselbein gebrochen.

So kam er eines Abends, nahe den Quellen des Scioto, in die Hütte des Mingohäuptlings Logan, der hier sein Jagdquartier für den Winter hatte. Der müde Mann hatte seine Rache überlebt, und man sagte, er habe seither mehr weiße Gefangene vor dem Martertod gerettet, als seine ermordete Familie an Köpfen zählte. War es ein Wunder, daß er dem Alkohol verfallen war, nach allem, was der weiße Mann ihm angetan hatte?

Aber an diesem Abend war er nüchtern und empfing den gefangenen Butler und seine Büttel vor seiner Hütte. Denn zwei Nächte zuvor war Simon Girty auf eiligem Ritt vorbeigekommen, hatte ihm vom Schicksal des Freundes erzählt und ihn beschworen, seinen ganzen Einfluß aufzubieten und den Verurteilten zu retten. Noch in derselben Nacht war er weitergeritten nach Sandusky am See.

Simon Butler kannte den Roten Logan aus der Zeit vor Lord Dunmores Feldzug, und ein Strahl der Hoffnung durchfuhr den sterbensmüden Mann, als er nun plötzlich vor ihm stand. »Nun, junger Mann«, empfing ihn der Mingo, »du hast diesen Leuten Pferde gestohlen, und sie sind mächtig wütend auf dich, nicht wahr?«

»Ja«, erwiderte Butler und wies auf seinen gebrochenen Arm und eine tiefe Kopfwunde vom Schlag eines Tomahawks, »es scheint fast so, daß sie wütend sind.«

Logan führte ihn in die Hütte, verband ihm seine Wunden und ließ ihm ein gutes Mahl richten. »Laß den Kopf nicht hängen, mein Sohn«, tröstete er ihn, »ich weiß, sie bringen dich nach Sandusky und wollen dich brennen dort. Aber ich bin ein großer Häuptling, du wirst es sehen. Ruh heute nacht hier aus. Morgen früh will ich zwei Boten nach Sandusky schicken, die sollen für dich sprechen. Denn ich will dich unter meine Flügel stellen.«

Doch Logans Fürsprache blieb ohne Erfolg. Schon meilenweit oberhalb von Sandusky wurde Butler von einer Schar Indianer empfangen und, diesmal ohne Gassenlauf, sogleich an den Marterpfahl geführt. Schon hatte das grausige Fest begonnen, ringsum im weiten Rund drängten sich die Abordnungen aller Indianerstämme aus der Ohiowildnis, die Flammen züngelten aus den Reisigbündeln zu Füßen des gebundenen Opfers, und der Wind trieb ihm beißenden Rauch ins Gesicht – da entstand Unruhe im Rücken der Zuschauer, der Kreis der finsteren, bemalten Gesichter öffnete sich plötzlich und ließ eine hohe Gestalt in scharlachrotem, goldbesticktem Rock hindurch.

»Halt!« gebot eine mächtige Stimme, »löscht das Feuer!« Mit der Scheide des langen Säbels fegte er die brennenden Reisigbündel auseinander, winkte den am nächsten sitzenden Indianern, die Löscharbeit zu vollenden, und begann gleich darauf, eine eindrucksvolle Rede zu halten.

Es war Peter Drouillard, einst Indianerhändler und Dolmetscher, jetzt Kommissar der Krone für die Verteilung von Geschenken und Rum an die Ohiostämme. Heute hatte er das lederne Jagdwams mit einer Phantasieuniform aus Scharlach und Gold vertauscht, die großen Eindruck auf die Rothäute machte. Ohnehin war er in ihren Augen ein mächtiger Mann, der einem Indianer ebenso wie dem ganzen Stamm im Hauptquartier zu Detroit viel nützen oder auch schaden konnte. Er war ein alter Bekannter von Simon Girty.

»Brüder!« begann er mit bedeutsamem Ernst, »heute ist die Stunde gekommen, wo der Weiße Vater in Detroit, General Hamilton, und ich euch ins Vertrauen ziehen müssen. Der verräterische Rebellengeneral in Pittsburg rüstet ein großes Heer, damit will er in euer Land einfallen und es euch wegnehmen«, es war nicht einmal gelogen, was er sagte, nur stark übertrieben, »und der Weiße Vater ist in großer Sorge um euch. Nun hat er gehört, daß ihr einen Führer der Rebellen aus dem Blutigen Grund gefangengenommen habt, einen Mann, der viel weiß über die Pläne eurer Feinde, die auch unsere Feinde sind.«

So ging es fort, bis die Indianer davon überzeugt waren, daß sie ihren Gefangenen dem Weißen Vater in Detroit zur Vernehmung leihen müßten. Aber nur leihen! wandten sie finster ein und gaben ihm einen angesehenen Krieger als Aufpasser mit, nahmen auch gern Rum und Tabak im Werte von hundert Dollar entgegen, womit Drouillard ihnen ihren Entschluß erleichterte. Sofort nach Beendigung der Vernehmung sollte der Gefangene nach Sandusky gebracht werden, damit er endlich seine wohlverdiente Strafe erleiden könne.

Es war das letztemal, daß Simon Butler am Marterpfahl stand. Er wurde in Detroit zunächst einmal ärztlich versorgt und dann vernommen, ohne daß etwas Wesentliches aus ihm herauszubringen war. Da er sich im Stadtgebiet frei bewegen durfte, floh er selbstverständlich im nächsten Frühjahr nach Kentucky, und als er nach Jahrzehnten, im Zweiten Revolutionskrieg, wieder einmal nach Detroit kam, war er längst zum Brigadegeneral aufgestiegen und einer der großen Pioniere der Grenze geworden.

Doch war von einem Simon Butler schon bald nicht mehr die Rede. Denn als er eines Tages, kurz nach seiner Wiederherstellung, durch die Straßen der Stadt Detroit spazierte, rief ihn einer der zahlreichen Mitgefangenen an: »He, alter Junge, bist du nicht Simon Kenton?«

»Bedaure, Mann«, entgegnete Butler hastig, »Ihr müßt Euch irren, ich heiße Butler!«

»Aber mach doch keinen Unsinn, Junge, sieh mich an: kennst wohl den alten Greenwick aus Dumfries nicht mehr, der deinem Vater manchen Ballen Tabak abgekauft hat! Will auf der Stelle ein Waschbär sein, wenn du nicht des alten Mark Kenton Sohn bist! Haha, ausgekniffen bist du, weil du nicht in die Schule gehen wolltest!«

»Ihr irrt euch, Herr, wirklich, entschuldigt mich, ich muß weiter.«

»Halt, hiergeblieben. Trifft man mal einen alten Bekannten in diesem gottverdammten Torynest, da will der Kerl sich verdrükken und kennt einen nicht! Übrigens: du warst doch der Bengel, der den jungen Leachman damals so mächtig verdroschen hat! Haben noch lange darüber gelacht im alten Fouquier County, hab' doch voriges Jahr noch mit William Leachman davon gesprochen.«

»William Leachman?« Mit beiden Fäusten packte der Befragte den Landsmann an den Schultern, riß ihn zu sich heran und hielt ihn fest, daß er ja nicht wegliefe. »Leachman? So lebt er, ist nicht tot? Antwortet doch, Mann!«

»Tot? Gesund wie ein Fisch im Wasser, mit seiner hübschen Frau Ellen und vier Kindern! Warum soll er denn tot sein?«

Der virginische Landsmann schüttelte den Kopf. Komischer Kerl, dieser Simon Kenton – erst will er weglaufen und sich verleugnen, und jetzt drückt er einem schier die Rippen ein!

# Rum-Danny

Seit nahezu vier Wochen beherbergte der Wirt George Rock achtzig Männer, Frauen und Kinder aus Maryland, die auf Flachbooten den Ohio abwärts fahren wollten, um im Lande des grünen Rohres eine neue Heimat zu finden. Über tausend Siedler aus den alten Kolonien warteten in diesem Frühjahr 1780 in Pittsburg darauf, daß der vom Schmelzwasser über die Ufer getretene Strom schiffbar würde. Wie alle Quartiere der Stadt war auch Rocks Schenke bis auf den letzten Winkel belegt, in den Ställen drängte sich das Vieh, und das einfache Strohlager bot den Menschen wenig Bequemlichkeit. Aber die Hoffnung auf ein neues, glückliches Leben hielt den Mut aufrecht.

Peter Malott stieß das Fenster auf. »He, Kessy, komm her!« rief er über den Hof. Das schwarzhaarige junge Mädchen, das gerade den kleinsten ihrer Brüder über dem Brunnentrog wusch, blickte auf: »Gleich, Vater, Eby ist in die Jauche gefallen, muß ihn schnell noch saubermachen!«

George Rock schmunzelte. »Hab's mir überlegt, Mr. Malott, kann mein Angebot doch nicht aufrechterhalten. Wenn ich Eure Catharine hierbehalte, gibt es Mord und Totschlag in meiner Schenke. Die jungen Männer stürmen mir das Haus und schlagen sich gegenseitig die Augen aus dem Schädel. Ist schon besser, Ihr nehmt sie mit, so ein Bild von einem Mädel!«

»Kann sie Euch ohnehin nicht verkaufen, Mr. Rock!« lachte der stolze Vater. »Ist mein Einundalles, und Mrs. Malott würde mir die Augen auskratzen, bestimmt, wenn ich ihre Kessy weggäbe!«

Inzwischen hatte der kleine Wicht mit Strampeln und Protestgeschrei die Säuberung überstanden, das junge Mädchen trat ans Fenster und richtete die dunklen Augen fragend auf den Vater. Sie mochte die Siebzehn eben erreicht haben, doch lag auf den ebenmäßigen Zügen der Ausdruck von Ernst und Reife.

»Sag Mutter, ich gehe noch in die Stadt, bin zum Abendessen zurück. Habe da ein Geschäft – sie weiß schon«, trug Peter Malott seiner Ältesten auf. Dann wandte er sich an seinen Tischnachbarn: »Kommt, Mr. Reynolds, es ist Zeit. Ihr wollt doch gewiß dabeisein, nicht wahr? Bis heute abend, Gentlemen!«

Als die beiden Männer dem Ausgang zuschritten, nahm der Wirt sie am Arm und raunte ihnen zu: »Will mich nicht in Eure Angelegenheiten mischen, Gentlemen, aber ich warne Euch: Seid vorsichtig! Läuft allerhand Gesindel rum hier in Pittsburg, seht Euch den Mann gut an, mit dem Ihr ein Geschäft abschließt! Stehe Euch gern mit meinem Rat zur Verfügung, ich kenne dieses Nest seit zwanzig Jahren wie meine Westentasche.«

»Danke, Mr. Rock«, sagte Malott, »ist keine Sache von Bedeutung, nur eine kleine Handelsverbindung für später.« Damit zog er seinen widerstrebenden Begleiter zur Tür hinaus.

»Ich verstehe Euch nicht, Malott«, brummte der, als sie dem Südteil der Stadt zuschritten, wo am Ufer des Monongahela die alten Blockhäuser der Indianerhändler lagen. »Rock ist ein zuverlässiger Mann, wir hätten ihn wegen der Geschichte fragen sollen, er gefällt mir weit besser als Euer Greathouse!«

»Aber Ihr wißt doch, um was es geht, Mr. Reynolds, wer zuerst kommt, mahlt zuerst! Wir müssen die ersten sein, die bei den Fällen ankommen, sonst schnappen uns die Virginier und die Quäker die besten Claims weg. Nichts gegen Mr. Rock, aber wenn nur ein Wort laut wird von unserm Plan, hängt uns im Nu die ganze Meute am Hals, wir schwimmen im großen Rudel den Ohio hinab und haben das Nachsehen!«

Scotts Fährhaus, eine schmutzige Spelunke, lag eine Meile südlich von Pittsburg am Flußufer. Als die beiden Maryländer den niedrigen Schankraum betraten, erhob sich an einem Ecktisch ein gutgekleideter Mann in mittleren Jahren und kam ihnen entgegen. Er trug eine große blaue Brille. Eine tiefe Narbe, die vom linken Mundwinkel herablief, gab seinem Gesichtsausdruck etwas Lauerndes.

»Da seid Ihr endlich, Gentlemen!« empfing er die beiden Siedler. »Kommt, mein Bekannter wartet schon seit einer Stunde hier.« Er führte sie an den Tisch. »Darf Euch mit Mr. Shanks bekanntmachen, dem besten Lotsen auf dem Ohio zwischen Pittsburg und den Fällen oder, wie man jetzt sagen muß, der neuen Stadt Louisville. Das hier, Mr. Shanks, sind die Herren Malott und Reynolds aus Maryland.«

Der pockennarbige, untersetzte Mann grinste und gab den beiden die Hand. »Mr. Greathouse hat mir schon alles Nötige erzählt«, sagte er, »denke, wir werden eine gute Reise miteinander machen. Wann wollt Ihr losfahren?«

»So schnell wie möglich, Mr. Shanks!« rief Malott. »Es hängt von Euch ab, wann Ihr glaubt, daß sich das Hochwasser verlaufen hat.«

»Hochwasser! Nennt Ihr das Hochwasser?« Der Pockennarbige lachte geringschätzig. »Solltet den alten Ohio mal sehen, wenn er wirklich Hochwasser führt, und der halbe Wald aus den Bergen des Oberlandes schwimmt darin! Nein, Gentlemen, wer den Fluß kennt wie ich, jede Insel und jede Sandbank, der fürchtet sich vor den paar Eimern Schmelzwasser nicht, die jetzt den Ohio hinabrinnen. Von mir aus morgen!«

Der alte Reynolds fuhr auf: »Morgen? Ausgeschlossen! Wir brauchen mindestens drei Tage für die Vorbereitungen.«

»Gut, Mr. Reynolds, also in drei Tagen, wenn's Euch so besser paßt.« Daniel Greathouse setzte ein gewinnendes Lächeln auf, so gut sein zerstörtes Gesicht es hergab. »Wollen Euch ja helfen, daß Ihr in Gang kommt, Gentlemen.«

Aber der alte Reynolds war störrisch: »Offen gestanden, Mr. Greathouse, mir gefällt die ganze Geschichte nicht. Wir haben achtzig Menschenleben und das Hab und Gut von dreizehn Familien zu bewahren. Gar nichts gegen Eure Lotsenkünste, Mr. Shanks, aber die verdammten Indianer, die könnt Ihr uns auch nicht vom Halse halten. Wäre mir weiß Gott lieber, wir führen mit den anderen zusammen. Sechzig Boote mit dreihundert Büchsen, da wären wir sicher!«

»Sicher wäre vor allem, daß wir die dreckigsten Sumpflöcher bekämen, die am Kentucky zu vergeben sind!« rief Malott empört. Daß der alte Starrkopf das nicht begriff!

Greathouse sprach mit sanfter Stimme, aber seine Augen funkelten böse: »Das ist gewiß, daß die besten Claims an die Virginier vergeben werden. Müßt schon früher da sein, Gentlemen. Und die Indianer – das laßt nur meine Sorge sein. Bis Wheeling seid Ihr ohnehin sicher, und am Muskingum ist die Gefahr vorbei. Das kleine Stück dazwischen fahrt Ihr bei Nacht, habe mit Mr. Shanks schon alles besprochen. Wäre am liebsten mit Euch gefahren, wenn ich nicht Geschäfte hätte am Ohio. Aber an der Sciotomündung erwarte ich Euch und bringe Euch das letzte Stück sicher den Strom hinab. Sind schließlich alle meine alten Kunden, die Indianer, sie mögen meinen Rum viel zu gern, werden es mit mir nicht verderben wollen.«

»Und ihr wollt wirklich die Kosten für den Lotsen übernehmen, Mr. Greathouse?« fiel Malott ihm ins Wort. »Ihr wißt ja, daß unser Geld durch das lange Liegen hier aufgezehrt ist!«

215

»Aber gewiß, Mr. Malott! Ich hoffe gute Kunden in Euch zu gewinnen, da kommt es mir auf ein paar Dollar nicht an.«

Dem alten Reynolds blieb schließlich nichts anderes übrig, als sich zu fügen, und so wurde beschlossen, daß die drei Maryländer Boote am dritten Tag aufbrechen sollten. Um Mitternacht, damit die Abreise möglichst lange verborgen bliebe. Eine halbe Stunde, nachdem die beiden Siedler gegangen waren, setzte Daniel Greathouse über den Monongahela und ritt im gestreckten Galopp der sinkenden Sonne nach.

Die Vorbereitungen der Maryländer zur Abreise blieben George Rock nicht verborgen. Er machte noch einen letzten Versuch, Malott von der Gefährlichkeit seines Vorhabens zu überzeugen. Als er jedoch unwirsch abgewiesen wurde, schüttelte er den Kopf und schwieg.

### Überfall auf dem Ohio

Am 27. März 1780, pünktlich um Mitternacht, wurden die drei schwerfälligen Flachboote in aller Stille flottgemacht und schwammen den Allegheny hinab in den jungen Ohio hinein. Ein solches Boot war eine rechte Arche Noah: der rechteckige, floßähnliche Unterbau trug in der Mitte ein Blockhaus mit flachem Dach, auf dem zwei Männer den riesigen, in einer Gabel gelagerten Ruderbaum handhabten. Die meterhohe Bordwand ringsum schützte das Vieh, das im hinteren Teil des Fahrzeugs untergebracht war, und konnte notfalls als Brustwehr bei indianischen Überfällen dienen. Ein kleines Beiboot, oft nur ein Rindenkanu, lag längsseit vertäut. Vom Dach der Hütte wehte fröhlich das Banner des jungen Amerika mit Sternen und Streifen.

Die beiden ersten Fahrttage bis Wheeling verliefen ohne Zwischenfall. Der Lotse fuhr auf dem vordersten Boot, und seine Kenntnis des launischen Stromes bewährte sich hervorragend. Auch sorgte das Hochwasser dafür, daß die Boote von den zahlreichen Untiefen und Sandbänken frei blieben.

Als Shanks jedoch am Abend des zweiten Tages, nachdem sie in Wheeling das Trinkwasser ergänzt hatten, zur sofortigen Weiterfahrt drängte, leistete der alte Reynolds hartnäckigen Widerstand. Der Lotse drohte, er werde augenblicklich an Land verschwinden. Aber der Alte gab erst nach, als sich Peter Malott anbot, auf dem vordersten Boot zu fahren und den Lotsen scharf unter Kontrolle zu halten. Malotts Familie fuhr weiterhin mit dem letzten Boot, auf dem auch der alte Reynolds mit den Seinen war.

Stunde um Stunde glitten die schwerfälligen Fahrzeuge durch die Nacht. Die Uferberge warfen schwarze Schatten auf den Strom, am Himmel jagten die Wolken nach Westen, nur hin und wieder kam der Mond durch: dann gab der Ohio für Augenblicke das Geheimnis seiner Inseln und treibenden Bäume preis.

»Möchte verdammt wissen, warum der Kerl gerade jetzt so dicht am indianischen Ufer fährt«, raunte der alte Reynolds auf dem Oberdeck seinem Rudermann zu.

»Ist wegen der Inseln, Mr. Reynolds«, flüsterte der. »Seht die Schatten dort drüben, eine Insel an der andern. Die Fahrrinne muß hier hart unter Land verlaufen.«

Reynolds schüttelte den Kopf. »Gefällt mir ganz und gar nicht. Ausgerechnet bei Nacht so dicht am rechten Ufer – hätte doch auch links an den Inseln vorbei können.« Mit zusammengepreßten Lippen starrte er in die Nacht. »Fall ein wenig ab von Land, Bill, so, noch ein bißchen, rum das Ruder!«

Dabei drückte er das Ende des schweren Ruderbaumes ein Stück zum Ufer hin, langsam drehte sich der Bug des plumpen Fahrzeugs mehr nach der Mitte des Stromes. Der Alte legte die Hände an den Mund: »He, Jungs!« rief er mit gedämpfter Stimme zum mittleren Boot hinüber, das kaum dreißig Schritt vor ihnen lag, »mehr von Land ab halten! Gebt es weiter an Malott!«

In diesem Augenblick schrie der Lotse vom Dach des vordersten Bootes laut über den Fluß: »Bleibt im Kielwasser! Ihr kommt in die Strudel sonst! Hart unter Land bleiben!«

»Mann, schreit doch nicht so!« fuhr Peter Malott den Lotsen an, der seit der Abfahrt von Wheeling das Ruder selbst führte. »Ihr werdet uns noch die verdammten Roten auf den Hals holen!«

»Ach was, die Roten, wir müssen hier ganz dicht am Ufer fahren!« entgegnete der Lotse und drückte den Ruderbaum noch ein Stück herum. »Seht dort die vorspringende Ufernase, müssen genau draufzuhalten, sonst zerschlagen uns die Strudel die Boote!«

Die starke Strömung trug die Schiffe schnell dahin, geradewegs auf die dunkle Masse zu, mit der das Ufer in den Fluß hineinragte. Es konnte ein steiler Felsen sein oder auch ein riesiger Baum, der seine Äste über das Wasser reckte.

Als Peter Malott die schwarze Masse drohend auf sich zukommen sah, durchzuckte ihn ein furchtbarer Gedanke. »Weg vom Ufer, Mann, rum das Ruder!« herrschte er den Lotsen an.

»Halt das Maul, Kerl!« brüllte der Pockennarbige zurück, so laut er konnte. »Ich bin Lotse und führe das Kommando – scher dich von der Brücke!«

Plötzlich brach für Sekunden der Mond durch die Wolken und tauchte einen Atemzug lang das Ufer in Licht. Malott stockte das Blut in den Adern: dort vorn ragte ein Riesenbaum über den Fluß, und die mächtigen Äste waren voll von dunklen Gestalten!

»Verrat!« schrie er gellend, »Indianer!« und warf sich mit erhobenen Fäusten auf den Lotsen. Der empfing ihn, den Rücken gegen den Ruderbaum stemmend, mit blankem Messer: »Geh zur Hölle, Narr!« schrie er und stieß die Waffe gegen die Brust des Gegners.

Aber sein Stoß kam um den Bruchteil einer Sekunde zu spät, und er hatte die Kraft und Gewandheit des Maryländers unterschätzt. Der unterlief den Feind, rannte ihm den Kopf wie ein Stier gegen das Kinn, riß ihm die Beine vom Boden und stürzte ihn rücklings über den Ruderbaum hinweg in den Fluß. Lautlos versank der verräterische Lotse in der Tiefe.

Die Männer der Bootsbesatzung kamen die Leiter heraufge-
stürmt. »Das Ruder rum!« schrie Malott sie an und stemmte sich
mit verzweifelter Anstrengung gegen den schweren Baum. »Indianer – vorn! Schießt!«

Ein paar Schüsse, ungezielt gegen die drohende schwarze
Wand hingeworfen, Schreie, Stöhnen von Männern, die mit aller
Kraft den Ruderbaum herumwuchteten. Keine Sekunde zu früh:
langsam drehte der Bug des Bootes zur Strommitte ab, und in der
starken Strömung schoß das Gefährt nur wenige Meter an dem
todbringenden Riesenbaum vorbei. Es klatschte ein paarmal neben der Bordwand im Fluß – voreilige Indianer, die zu kurz gesprungen waren – , noch ein paar blindlings abgefeuerte Schüsse
hüben und drüben, und schon verschwand der höllische Baum
achteraus in der Nacht.

Weiter und sicherer zog das zweite Boot an dem tückischen
Hinterhalt vorbei. Dort hatten die Ruderleute, durch Lärm und
Schüsse gewarnt, die Gefahr rechtzeitig erkannt und das Ruder
herumwerfen können. Aufatmend richteten die Männer die
Blicke zurück. Reynolds mit dem letzten Boot würde es am
leichtesten haben, auszuweichen. Hilfe war nicht nötig, konnte
auch nicht gegeben werden, da die Strömung die Boote schnell
davontrug.

Aber was war mit Reynolds? Er hatte das Ruder als erster her-
umgeworfen, das Boot lag halbdwars im Fluß und trieb dennoch, über Steuerbordbug, weiterhin auf das dunkle, drohende
Etwas zu, das immer größer aus der schwarzen Nacht aufwuchs.

»Was ist los, Bill?« rief der alte Reynolds. »Weg vom Land,
zum Teufel! Warum kommen wir nicht frei?«

»Weiß nicht, Mr. Reynolds«, stöhnte Bill, der sich mit äußer-
ster Kraft gegen den Ruderbaum stemmte, »das Ruder steht hart
Backbord, aber das Boot gehorcht dem Ruder nicht. Muß an der
Strömung liegen.«

Catharine Malott fuhr von ihrem Lager hoch, auf dem sie mit
klopfendem Herzen in die Nacht gelauscht hatte. Da, jetzt, da
war es wieder, das Geräusch, das sie seit Minuten beunruhigt

hatte: neben ihr im Wasser, jenseits der Balkenwand, ein Glucksen, ein Schnaufen, wie tiefes Atemholen eines Menschen!

In diesem Augenblick drangen von vorn Schreie und Schüsse über das Wasser. »Auf, Männer, die Büchsen zur Hand!« schrie Reynolds. Catharine schlüpfte aus der vorderen Tür, beugte sich über die Bordwand und sah eben noch den triefnassen Kopf eines Indianers neben den Stämmen untertauchen. Sie schrie auf vor Entsetzen, wollte sogleich in die schützende Hütte fliehen, besann sich aber und eilte die Leiter hinauf auf das Oberdeck.

»Kessy!« fuhr der Alte sie an, »willst du wohl machen, daß du unter Deck kommst!« Aber sie schüttelte nur wild den Kopf, deutete ins Wasser und rief: »Indianer, Vater Reynolds, unten, im Wasser! Hab' gerade einen untertauchen sehen!«

»Verdammt!« schrie der Alte, »dacht' ich's mir doch! Da wundern wir uns, daß der Kahn nicht steuert, und der Teufel hat uns schon im Schlepp! Los, Männer, schlagt die Bestien tot, sucht das Tau! Wir müssen es kappen!«

Und während das Boot nun immer schneller über Steuerbordbug auf das schwarze, drohende Verhängnis zuschoß, lauerten die Männer an der Bordwand, wo einer der roten Teufel sich blicken ließe – einmal muß ja jeder Atem holen! – und stocherten verzweifelt am Bug herum nach dem Tau, mit dem das Boot in die Hölle geschleppt wurde.

Wohl senkte gleich darauf einer sein Messer in einen braunen Rücken, der sich aus der Flut hob, wohl schlug der Zimmermann bald wie rasend die Axt ins Wasser und trennte, Faser um Faser, das todbringende Tau vom Bug – aber zu spät! Vom Zug des Taues befreit, schwang das Boot unter dem harten Ruderdruck jählings herum und trieb alsbald, das Heck voran, haargenau unter dem schwarzen Riesenbaum hindurch, aus dem es augenblicklich dunkle Gestalten regnete. Dumpf dröhnten die Stämme vom Aufprall der roten Springer, es platschte ringsum im nächtlichen Strom, und in das eiskalte Entsetzen brandete der Kriegsruf der Indianer.

Der alte Reynolds kämpfte wie ein Berserker. Aber was nützte

220

es, daß er zwei, drei der roten Teufel in die Hölle schickte, wenn ein vierter ihm aus dem dunklen Geschlinge droben direkt auf den Rücken sprang! Der alte Mann fiel. Sein schlohweißer Skalp blieb in den Händen des Siegers.

Auch die übrigen Männer wehrten sich verzweifelt. Zwei stürzten mit geborstenem Schädel über Bord in die dunkle Flut, wo sich sogleich die am nächsten schwimmenden Indianer ihrer Skalpe bemächtigten, die drei übrigen lagen bald darauf, aus vielen Wunden blutend, gebunden an Deck. Zwischen die schreckensstarren Mütter und die weinenden Kinder im Hüttenraum trat ein hochgewachsener, breitschultriger Indianer und rief in gebrochenem Englisch: »Nix heulen! Machen Licht! Ich Grauer Biber, Häuptling von Delawaren! Weiße Squaws und Papusen wir nix töten, kommen mit zu großes Volk von Delawaren!«

Der Bootsrumpf knirschte auf Sand, mit heftigem Ruck stieß das Heck in die Uferböschung und wurde schleunigst vertäut. Als die Frauen und Kinder mit eilig geraffter Habe an Land stiegen, graute der Morgen über dem jenseitigen Ufer. Catharine Malott warf verzweifelt einen Blick stromab – aber dort wallten nur die dunklen Frühnebel über dem Strom. Irgendwo unterhalb trieb der Vater auf dem fremden Boot in der öden Flut, machtlos, den Seinen in ihrer Not zu helfen.

Während die Indianer das Boot plünderten, schließlich ein Feuer in der Hütte entfachten und das brennende Wrack in den Strom hinausstießen, hockten die Gefangenen auf einer kleinen Lichtung im Urwald und erwarteten dumpf ihr Schicksal. Catharine tröstete den weinenden kleinen Eby und mühte sich, die größeren Jungen bei Vernunft zu halten, die tuschelnd berieten, wie man die indianischen Wächter am besten erledigen und fliehen könne. Mrs. Malott saß teilnahmslos an einen Baum gelehnt, hatte die Hände gefaltet und bewegte die Lippen im Selbstgespräch oder im Gebet.

Catharine fühlte sich plötzlich am Arm ergriffen und ins Dickicht gezerrt. Sie wollte schreien, aber eine Hand verschloß ihr den Mund. Im Dämmerlicht der Frühe erkannte sie einen weißen

Mann, dessen Gesichtszüge ihr Ekel einflößten, ihr aber irgendwie bekannt vorkamen. Während sie sich vergeblich mühte, sich dem harten Griff zu entwinden, stand ihr auf einmal ein Bild vor Augen und gab ihr Gewißheit: vor Wochen, an einem dunklen Abend vor Rocks Schenke, hatte plötzlich ein Mann vor ihr gestanden und nach dem Vater gefragt. Damals hatte er eine blaue Brille getragen, aber die scheußliche Narbe am Kinn ließ ihr keinen Zweifel. Das war jener Greathouse, von dem die Eltern so geheimnisvoll miteinander getuschelt hatten! Wollte er sie retten – oder war er etwa…? Ja, es mußte so sein, er hatte sie alle den Indianern in die Hände gespielt, er war der Teufel in Menschengestalt!

Schwindel ergriff sie, die Knie versagten ihr den Dienst. »Dumme Pute!« knurrte der Mann wütend und riß sie hoch. Aber die Begehrlichkeit funkelte in seinen Augen und strafte den Mund Lügen. »Nimm dich zusammen, es geht um dein Leben! Ich will dich retten vor den roten Bestien!«

Halb zog, halb schleppte er die fast Ohnmächtige zu seinem Pferd und wollte sich schon in den Sattel schwingen, als er den Druck einer schweren Hand auf seiner Schulter spürte. Er fuhr herum, ließ das Mädchen fallen und starrte in das schwarz-rot bemalte Gesicht des Häuptlings Grauer Biber, der ihn in schweigender Verachtung musterte.

»Laß mich los, Häuptling!« zischte Greathouse. »Das Mädel ist meine Beute! Nehmt alles, den ganzen Plunder und die Gefangenen, ich will nichts als das Mädel hier!«

»Du weißer Mann, Greene«, entgegnete der Graue Biber mit grimmigem Hohn, »du wissen, was gut und böse. Wir nur dumme Indianer. Wir für unser Land kämpfen, wir töten Mann im Kampf, aber nix töten Seele von Frau und Kind. Du – morden Seele. Nix gut! Du halten Vertrag, dann behalten Skalp!«

Das war deutlich genug. Rum-Danny, der ein doppeltes Spiel trieb und sich diesseits des Ohio Greene nannte, fügte sich zähneknirschend ins Unabänderliche.

## 800 Dollar für einen Skalp

Wenige Tage danach, an einem sonnigen Aprilmorgen, ritt ein kleiner Trupp Indianer in scharfem Trab den Tuscarawas abwärts nach Westen. Es waren Mingos, sieben an der Zahl, und ihr weißer Führer, der sie zur Eile antrieb, war Simon Girty. Er wollte bis Mittag die Delawarenstadt Coshocton erreichen.

Girty war guter Dinge. Ihm war ein Bravourstück geglückt, das ihm so leicht keiner nachmachte: vor zwei Nächten hatte er am Waschbärenbach, fast vor den Toren von Pittsburg, aus einem hohlen Baum ein Bündel Briefe geborgen, das wichtige Nachrichten von königstreuen Kolonisten auf amerikanischer Seite enthielt. Zu gern wäre er in derselben Nacht noch zum Erlenbach geritten und hätte seiner alten Hütte einen Besuch gemacht. Aber dazu hätte er den Ohio überqueren müssen, und er hatte Grund gehabt, sich schnell aus dem Staube zu machen.

Denn um ein Haar wäre sein Unternehmen schiefgegangen: plötzlich hatte es am Südufer des Ohio von Rebellen gewimmelt, die in der Nacht durch die Büsche krochen und zum Glück einen solchen Lärm machten, daß Girty und seine Mingos sie stundenweit hören konnten. Sie hatten sogar einige der Radaumacher belauscht und erfahren, daß Hauptmann Brady mit einer Kompanie ausgezogen war, um den verhaßten Girty zu fangen.

Simon Girty hatte sich schleunigst davongemacht und zerbrach sich den Kopf, wer wohl sein Kunststück den Pittsburgern verraten haben könne. Es sollte ihn nicht wundern, wenn die verdammten Missionare, die Mährischen Brüder, die Neutralität der Coshocton-Delawaren dazu mißbrauchten, den Rebellen Nachrichten in die Hände zu spielen!

Er kannte die Missionsdörfer am Oberlauf des Tuscarawas, von denen die Mährischen soviel Wesen machten, und es zog ihn nicht dorthin. Waren das noch Indianer, diese lungernden Betbrüder und Krautzüchter, die die linke Wange darboten, wenn sie einen Streich auf die rechte bekommen hatten, die heiliger taten als die frömmsten Heiligen und sich doch nur den Magen voll Rum schütteten, wenn die Missionare mal den Rücken kehrten? Nein, sie waren keine Indianer mehr, und Weiße würden sie nie werden. Christen? Vielleicht. Davon verstand er nichts. In seinen Augen waren sie ein Nichts, ausgerissene, welke Pflanzen, wurzellose Geschöpfe im Niemandsland.

Es sollte ihn wirklich nicht wundern, wenn die schwarzen Brüder ihn verpfiffen hätten. Höchste Zeit, sie von der Front des Indianerkriegs wegzuschaffen, irgendwohin nach Kanada, wo sie kein Unheil mehr anrichten konnten. Aber seit vor einem Jahr der verdammte Clark – Oberst war er inzwischen, es lohnte sich, bei den Rebellen zu kämpfen! – den Vizegouverneur Hamilton in Vincennes gefangen hatte, regierte der Major De Peyster in Detroit: ein vornehmer Herr, aber weich wie Butter!

Gegen Mittag kamen die Häuser der Delawarenstadt in Sicht. Schon von weitem bemerkte Girty, daß Unruhe über dem Ort lag. Überall zwischen den runden, schilfgedeckten Hütten wimmelte es von Indianern, und aus dem Dach der Ratshalle stieg Rauch auf. Den Reiter beschlich ein Unbehagen. Sollte er einfach weiterreiten? Den Coshocton-Delawaren, die dem Schildkrötenclan angehörten, war nicht zu trauen, sie nannten sich neutral, aber im Herzen hielten sie, besonders ihr Häuptling Weißauge, zu den Rebellen. Ach was, gerade jetzt war es wichtig, hier nach dem Rechten zu sehen. Vielleicht traf er auch einen Weißen in der Stadt, der ihm die sichergestellten Briefe vorlesen konnte. Er, Girty, hatte ja leider nie lesen und schreiben gelernt, und er wüßte doch so gern, was in den Dokumenten stand!

Als der kleine Trupp in den Ort einritt, kam ihm ein Läufer entgegen: der Weiße Falke möge in die Ratshalle kommen, wenn er die Häuptlinge zu sprechen wünsche.

Unterwegs erfuhr Girty von dem geschwätzigen Boten, was los war. Eine Schar von Delawaren aus dem Wolfsclan, unter Führung des Häuptlings Grauer Biber, war mit gefangenen Amerikanern vom Ohio gekommen. Nun sollte das Pauwau beraten, ob Grauer Biber mit seinen Gefangenen weiterziehen oder ob man die Weißen in Coshocton behalten solle, um sie nach Pittsburg zurückzuschaffen.

»Natürlich!« knurrte Girty vor sich hin, »ja nicht den Rebellen weh tun, sie könnten böse werden! Und der Vizegouverneur des Königs läßt sich sowieso alles gefallen!« Wütend betrat er die große Halle und blieb mit seinen Mingos zunächst, um die Würde des Pauwaus nicht zu verletzen, außerhalb der weiten Runde stehen, in der sich die Delawaren um das Ratsfeuer niedergelassen hatten. Dabei fiel sein Blick auf einen Weißen, der mitten in der Versammlung neben dem alten Häuptling Weißauge stand und gestikulierend auf ihn einredete. Jetzt sah der Mann zu Girty herüber, fuhr zusammen, griff hastig mit der Hand in die Tasche und – setzte sich eine blaue Brille auf.

Girty lachte laut auf. Den Vogel kannte er, und wenn nicht alles schiefging, sollte er ihm nicht aus den Fingern kommen. Die Halunkenvisage von Rum-Danny hätte er unter tausend Gesichtern herausgefunden, trotz dieser albernen blauen Brille. War der Kerl wahnsinnig? Was trieb ihn hierher, unter die Indianer, seine Todfeinde? Offenbar kannten sie ihn nicht. Bin doch verdammt gespannt, dachte Girty, was er jetzt tun wird, um sich aus der Schlinge zu ziehen. Er wandte sich zu seinen roten Begleitern und warf ihnen ein paar Worte zu, die in den Gesichtern der Mingos eine grimmige Entschlossenheit hervorriefen.

Jetzt kam, von Häuptling Weißauge gesandt, eine Art von Ordner und wies dem Weißen Falken und den Brüdern aus dem Mingovolk den Platz in der Runde an. »Sieh da«, brummte Girty, »nicht mal eine Begrüßung bin ich wert!« Bevor er sich niedersetzte, warf er einen Blick durch die Halle und entdeckte in einer Ecke etwa zwanzig weiße Gefangene, vor allem Frauen und Kinder. Die sieben Mingos kauerten sich nieder, wie zum Sprung bereit, und ließen kein Auge von Rum-Danny.

Der hatte offenbar seinen Plan schon gemacht. Denn kaum hatte Weißauge das Pauwau eröffnet und angekündigt, das Bleichgesicht Grüne Schlange, das die Weißen Greene nennten, habe etwas Wichtiges mitzuteilen, da erhob sich Rum-Danny und begann mit lauter Stimme zu reden. Da er das Englische mit delawarischen Brocken vermengte, konnten die meisten den Sinn seiner Worte erfassen.

»Brüder! Was mit den gefangenen Langmessern geschieht, die unser Bruder Grauer Biber vom Schönen Fluß mitgebracht hat, darüber wird der Rat der Krieger entscheiden. Ich habe kein Recht, mich in diese Sache einzumischen. Ich weiß, die Krieger vom Schildkrötenclan leben in Frieden mit den Amerikanern, während der Wolfsclan das Kriegsbeil ausgegraben hat. Das Volk der Delawaren ist geteilt, aber die Weisen im Rat werden einen Ausweg finden, der den Graben zwischen den Bruderstämmen nicht noch tiefer werden läßt.«

»Hau, hau!« ging ein Murmeln durch die weite Runde. Es war in der Tat ein schwieriges Problem, das hier gelöst werden mußte.

»Aber, Brüder«, fuhr Rum-Danny mit erhobener Stimme fort, »ich wüßte wohl, wie man dem weißen Häuptling in Pittsburg gefällig sein könnte, so daß er über das Verschwinden eines einzigen von dreihundert Flachbooten nicht länger nachdenken würde.«

»Hau, hau!« klang es nun lauter im Rund der Krieger. Die Sache wurde interessant. Vielleicht hatte die Grüne Schlange wirklich eine brauchbare Idee, wie man aus dieser Zwickmühle herauskommen konnte?

»Seit Jahr und Tag jagen die Langmesser nach dem ärgsten Feind des weißen Häuptlings, dem Todfeind der Amerikaner. Achthundert Dollar hat der General auf seinen Skalp gesetzt! Ich zahle sie euch aus, auf der Stelle in bar oder in drei Tagen in gutem Rum aus meinem Lager: achthundert Dollar, das ist ein Wort, für den Todfeind des weißen Häuptlings!« Er stieß seine Hand wie einen Dolch gegen seinen Gegner: »Dort sitzt er, es ist Simon Girty, den ihr den Weißen Falken nennt! Ergreift ihn! Achthundert Dollar für seinen Skalp!«

Noch nie war ein Pauwau in Coshocton so stürmisch verlaufen. Ein Teil der Krieger war aufgesprungen. Messer und Tomahawks wurden aus den Gürteln gerissen, wirres Geschrei dröhnte durch die weite Halle.

Der, den es anging, saß mit unbewegtem Gesicht und hatte seinen Feind mit einem messerscharfen Blick gleichsam aufgespießt. Eigentlich wollte ich mir die Finger nicht an deinem Fell besudeln, war darin zu lesen, aber jetzt werde ich dir persönlich den Kragen umdrehen!

Doch vorerst hatte Rum-Danny durchaus Oberwasser. Achthundert Dollar, in den Augen der Indianer eine unvorstellbar große Menge Geld oder Rum, und eine Gefälligkeit für den weißen Häuptling in Pittsburg dazu! Das hatte verdammt viel für sich!

Vielleicht stand es in diesem Augenblick wirklich schlecht um Simon Girty, vielleicht hätte man ihn in Fesseln nach Pittsburg geschafft, wer weiß? Nun aber drängten sich zwei hohe Gestalten, die unbemerkt die Halle betreten hatten, durch die Menge, und das Erscheinen des berühmten »Hauptmann Pfeife«, der das Oberhaupt des Wolfsclans der Delawaren war, und seines Bruders Katepacomen brachte augenblicklich Ruhe. Wolf – er war es, der seinen Bruder begleitete – warf dem Blutsfreund Simon Girty einen Blick aus den Augenwinkeln zu, und Hauptmann Pfeife hob sogleich an zu sprechen:

»Ihr habt mich gerufen, Brüder vom Stamm der Schildkröte, aber wie es scheint, habt ihr keine Zeit gehabt, auf mich zu warten. Jetzt habt ihr offenbar euren Spruch im Herzen schon gefällt. Ich frage euch: Wollt ihr richten, ohne den Angeklagten zu hören? Ist es so Sitte im Rat der Krieger?«

Stille lag über der Versammlung, beschämt ließen sich die Delawaren auf ihrem Platz nieder. Häuptling Weißauge winkte Simon Girty mit der Hand, und der erhob sich gemessen.

»Männer von Coshocton«, begann er in reinem Delawarisch, »es ist das erstemal, daß der rote Mann, für den ich lebe, mir nach dem Skalp trachtet. Das wäre nicht weiter schlimm, das Herz des Weißen Falken schlägt nicht einmal schneller dabei. Aber ihr solltet euch eure Ratgeber etwas besser ansehen: der, der euch da kaufen will, daß ihr euren wahren Freund tötet – ist Rum-Danny, der Mörder von Logans Familie!«

Lähmendes Schweigen befiel die Runde, das war allzu beschämend für die Delawaren von Coshocton. Nur Rum-Danny, bleich wie Birkenbast, schrie mit greller Stimme: »Er lügt! Ich heiße Greene, ihr kennt mich alle!«

Aber es nützte nichts. Plötzlich war dieser und jener in der Versammlung, der sich erinnern konnte, dem es wie Schuppen von den Augen fiel, und das Zeugnis des Häuptlings Katepacomen wog schwer. Nun saß niemand mehr über Simon Girty zu Gericht. Das Pauwau fällte nach kurzer Beratung seinen Spruch: Die Gefangenen sollten dem Häuptling Grauer Biber bleiben, und der Mörder der Familie des großen Logan gehöre dem Volke der Mingos. Der Weiße Falke, der ja das Ansehen eines Häuptlings genieße bei den Mingos, möge über ihn verfügen.

Girty würgte der Ekel im Hals. Er gab den Mingokriegern einen Wink mit den Augen, erhob sich und schritt auf die Ecke der Halle zu, wo die weißen Gefangenen kauerten. Während er durch die Menge der Delawaren ging, hörte er den Knall eines Schusses, wandte den Blick und sah Rum-Danny zusammenbrechen: er hatte, bevor ihn die Häscher ergreifen konnten, die Mündung seiner Pistole gegen sich selbst gerichtet.

Als Simon Girty die Gruppe der weißen Gefangenen erreichte, löste sich eine Frauengestalt daraus, lief auf ihn zu und fiel vor ihm auf die Knie. »Rettet uns, Mr. Girty«, rief sie, »ich flehe Euch an! Seht meine Kinder, seht meine Tochter. Ich bin Mable Malott, Mr. Girty, rettet uns, Ihr könnt es! Keiner hat so viel Macht über die Indianer wie Ihr. Ich beschwöre Euch bei Eurem weißen Blut, bei Eurer weißen Mutter.«

Hätte ihm jemand mit der Faust ins Gesicht geschlagen, Simon Girtys Herz hätte sich nicht ärger zusammenkrampfen können. Das war er: der Todfeind der Grenze, der wertvollste Skalp zwischen dem Ohio und den großen Seen – und die sinnlose, lächerliche Hoffnung der Verlorenen. Nichts war er, nur ein Blatt im Winde!

Er hob die Frau vom Erdboden auf. »Tut mir leid, Mrs. Malott«, murmelte er müde, »kann nichts für Euch tun. Jetzt nicht, vielleicht später, vielleicht.«

Als er sich abwandte, um schleunigst wieder den Schutz der indianischen Menge aufzusuchen – Flucht, Simon Girty, Flucht vor der Verantwortung! ging es ihm durch den Sinn – , traf ihn der Blick zweier dunkler Augen. Es war ein junges Mädchen, offenbar die Tochter dieser Mrs. Malott. Nur eine Sekunde lang traf ihn dieser Blick, fragend, nein, prüfend, aber er ging ihm durch und durch. Noch Tage und Wochen danach hatte er dieses Bild vor Augen.

# Gnadenhütten

Durch die Hirschblase an dem winzigen Fenster drang das fahle Morgenlicht. Es ließ die wenigen Gegenstände im Raum mehr erahnen als erkennen: den klobigen Tisch, ein paar Hocker, den steinernen Herd und die einfache Bettstatt, auf der sich Simon Girty unter der warmen Felldecke unruhig hin und her wälzte. Auf dem Tisch stand ein Zinnbecher neben einer halbleeren Flasche. Es roch nach kaltem Rauch von Tabak und Holzkohle, und der leichte Whiskydunst, der zwischen den rohen Wänden der Blockhütte hing, machte die Kälte noch fühlbarer.

Simon schlug die Augen auf und fuhr sich stöhnend mit beiden Händen über Stirn und Schläfen. Diese verdammten Kopfschmerzen – hatte er wieder zuviel getrunken? Aber nein, es mußte das Wetter sein, das ihm so zusetzte. Was war das für ein seltsames Geräusch, wie wenn Erbsen auf ein Trommelfell prasselten? Er wandte den Blick zum Fenster: verdammt, da regnete es doch tatsächlich wieder Eis, jetzt im März! Als ob dieser drekkige Winter nicht schon lang genug gewesen wäre!

»John!« rief er und richtete sich halb auf. In der gegenüberliegenden Ecke des Raumes bewegte sich ein Bündel Felle, und das schlaftrunkene Gesicht eines jungen Indianers wurde sichtbar. »Ja?« erwiderte eine brüchige Stimme in der Sprache der Wyandots, die dem Irokesischen verwandt ist. »Was ist?«

»Steh auf, du Faulpelz, und mach Feuer! Häng den Teekessel auf und hol mir Waschwasser! Aber beeil dich, und es würde nichts schaden, wenn du dir den Dreck auch mal aus deinem Maulwurfsgesicht spültest!«

Girty ließ sich aufs Lager zurückfallen und starrte, während der Junge geräuschvoll im Raum hantierte, gegen die Decke. Wieder ein Tag, einer von vielen, die sich aneinanderreihten wie die Muschelschalen einer Wampunschnur – oder wie Nullen, wenn man richtig darüber nachdachte. Ja, in diesem endlosen Winter waren es wirklich Nullen, die vielen leeren Tage, an denen man nur existierte, um weiterzuleben, an denen man aß, trank und schlief und nur erwachte, um den nächsten nichtigen Tag zu beginnen und zu beenden.

Oh, diese verfluchten Gedanken! Wenn man doch nur etwas tun könnte, irgendwo anfassen, etwas ergreifen und zu Ende bringen, zu einem Ergebnis, das Sinn und Verstand hatte! Zum Teufel, ja – schließlich war das ganze Leben so: es bestand aus einer schier endlosen Reihe von Tagen, von denen die meisten Nullen waren, fast alle, wenn man's richtig besah. Und erst wenn man eine Ziffer davorsetzte, konnte eine Zahl daraus werden, sonst blieb auch das Ganze gleich null. Hatte er, Simon Girty, diese Ziffer, konnte er sie vor die schreckliche Reihe der Nullen setzen?

Wenn nur diese blödsinnigen Kopfschmerzen nicht wären! Manchmal glaubte er, der Schädel müsse ihm zerspringen. Nun ja, es war erst wenige Monate her, seit er auf Leben und Tod gelegen hatte, und er konnte sich heute noch prügeln dafür, daß ihm diese Geschichte passiert war: daß er sich im trunkenen Wortstreit mit dem Mohawkhäuptling Joseph Brant zu einer Beleidigung hatte hinreißen lassen, die ihm diesen furchtbaren Säbelhieb eingetragen hatte. Wieder solch ein sinnloser Unfug, wie so manches in seinem Leben! Waren sie nicht Freunde gewesen oder jedenfalls gute Verbündete gegen den wilden Clark, der von Louisville aus die Ohiostämme und Detroit hatte angreifen wollen? Gewiß, sie hatten mit ihrem Indianerheer diese Expedition verhindert, und Brant hatte wie ein Kind geweint, als er nüchtern geworden war und merkte, was er angerichtet hatte. Aber er, Simon Girty, hatte seinen Denkzettel weg und die böse Narbe auf der Stirn und konnte froh sein, daß er überhaupt wieder auf die Beine gekommen war.

Die Flamme des Herdfeuers leckte an den Birkenscheiten, es knisterte und knackte, die Gegenstände im Raum gewannen scharfe Umrisse. Das Feuer fraß den schalen Geruch der Nacht und füllte die Hütte bald mit wohliger Wärme. Sie gab dem einsamen Mann neuen Lebensmut. Seltsam, dachte er, so wenig braucht es, daß man das Leben von einer anderen Seite sieht, ein bißchen Feuer oder auch Feuerwasser, und schon sieht alles anders aus!

Er konnte sich im Grunde nicht beklagen. Seit dem Frühjahr 1781, also ein Jahr lang, war er hier in Ober-Sandusky, der Stadt des Halbkönigs der Wyandots, und es war ihm gelungen, dieses kriegerische Volk in unwandelbarer Treue und Freundschaft zu England zu halten. Er genoß das Ansehen eines Häuptlings und hatte so manchen Kriegszug gegen die Rebellen veranlaßt oder selbst mitgemacht. Daß ihm der lange Winter auf die Nerven ging, zumal nach seiner schweren Verwundung, war nicht weiter erstaunlich.

John, ein halbwüchsiger, schlitzäugiger Wyandot, kam mit dem Waschwasser in einer Schüssel, und Simon spülte sich den Schlaf aus den Augen. Den schwarzen Stutzbart an Kinn und Wangen ließ er seit seinem Krankenlager wachsen und fand, wenn er in die Spiegelscherbe an der Wand blickte, daß er ihm gut stand.

Nach dem Frühstück, das wie immer aus Maiskuchen und geräuchertem Hirschfleisch bestand, machte sich Simon auf den

Weg zur Ratshalle. Es war ihm gerade noch rechtzeitig eingefallen, daß der Halbkönig Dunquat für heute die Missionare bestellt hatte, die Mährischen Brüder, die seit dem vergangenen Herbst mit ihren christlichen Delawarengemeinden aus Salem, Gnadenhütten und Schönbrunn hier am Sanduskyfluß lebten. Simon hatte einen Brief des stellvertretenden Gouverneurs De Peyster in Detroit bei sich, der die Schwarzröcke betraf. Zwar konnte er ihn nicht lesen, aber ein englischer Händler hatte ihn mit dem Inhalt vertraut gemacht.

## Der Enkel des Schwarzen Panthers

Über die weite Ebene pfiff ein scharfer Wind, er trug ein Gemisch von Schnee und Eis mit sich und hatte über das Land einen trübweißen Schleier gebreitet, der die Eintönigkeit der kahlen Fläche noch trostloser machte. Zwischen den verstreuten Hütten der Wyandots muffelten magere Schweine, Hühner gackerten um die Abfallhaufen, und durch die Krautgärten streunten ein paar struppige Dorfköter und suchten vergeblich nach Futter. Aus einigen der schilfgedeckten Giebelhäuser stieg Rauch auf, aber die meisten Dorfbewohner schienen es vorzuziehen, den verspäteten Wintertag zu verschlafen. Dabei ließ sich's so schön vom Frühling träumen, der bald Moor und Prärie mit dem üppigsten Blütenkleid schmücken würde.

Dort tauchte schon der Rundbau der Ratshalle auf, der die niedrigen Hütten hoch überragte. Das spitze Rohrdach, das in der Mitte einen gedeckten Rauchabzug hatte, ruhte auf starken birkenen Pfosten. Die Wände waren aus Weidenreisern und Lehm aufgeführt. Denn hier in der Sandusky-Ebene war das Holz knapp, und die kleinen Waldstücke, die sich da und dort wie Inseln aus dem Meer der Prärie erhoben, konnten kaum den Bedarf an Feuerholz decken.

Es war eine alte Überlieferung aus der Zeit der Irokesenherrschaft, der Macht des Langen Hauses, daß der oberste Häuptling der Wyandots Halbkönig genannt wurde – ähnlich den Vizekönigen der Delawaren, die in der ersten Hälfte des Jahrhunderts wie Lehnsträger von den Irokesen eingesetzt worden waren. Inzwischen hatten die Kriege der Weißen jedoch längst alle indianischen Ordnungen eingerissen, und der Halbkönig Dunquat regierte aus eigener Machtvollkommenheit. Seit im vergangenen Jahr zwei seiner Söhne auf einem Zug gegen die Grenze gefallen waren, brannte er vor Haß auf die Amerikaner und war der beste Verbündete, den England zwischen dem Eriesee und dem Ohio hatte.

Als Simon Girty die Halle betrat, erhob sich Dunquat aus seinem zierlichen, goldbronzierten Windsorstuhl, der ein Geschenk des Kommandanten von Detroit war und ihm als Thron diente, und kam dem Ankömmling entgegen. Der Halbkönig war ein mittelgroßer, fetter Mann, der seiner Würde mit allerlei äußeren Abzeichen Nachdruck verlieh: über dem ledernen Jagdkittel trug er eine breite, silbergewirkte Schärpe und einen scharlachroten englischen Waffenrock, der ihm viel zu klein war. Ein blaues Stirnband, mit zahlreichen Silberplatten besetzt, hielt den Kopfschmuck zusammen, einen Wust von Federn, der wie ein Staubwedel über der breiten Stirn thronte. Durch geschickte Bemalung hatte er seinem schwammigen Gesicht den Ausdruck von Kühnheit verliehen: zwischen stark betonten Backenknochen und drohend geschwungenen Brauen funkelte ein Paar Augen aus kunstvoll geschwärzten Lidrändern, und zwei feine senkrechte Striche täuschten einen messerscharfen Nasenrücken vor.

»Sei gegrüßt, mein Freund, und setz dich zu uns«, empfing er Simon und führte ihn an das wärmende Feuer, das in der Mitte der Halle brannte. »Dies hier«, er wies auf einen hochgewachsenen Indianer, der sich von seinem Sitz erhoben hatte, »ist mein lieber Neffe Tarhe der Kranich, der Häuptling der Eries vom Ufer des Großen Sees. Vor vielen, vielen Wintern, als meine Vorfahren, die Huronen, vor der Übermacht des Langen Hauses fliehen mußten, hat der Großvater seines Großvaters sie wie

Brüder aufgenommen und ihnen dieses Land hier gegeben. Seitdem sind wir ein Volk geworden, die Wyandots, und der Enkel des Schwarzen Panthers ist mein mächtigster Helfer. Er wird uns auch jetzt im Kampf gegen die Langmesser beistehen.«

Simon richtete erstaunt den Blick auf die prächtige Häuptlingsgestalt, die ihn um einen halben Kopf überragte. Dieser Mann schien noch ein richtiger Indianer zu sein, noch nicht angekränkelt vom Gift der weißen Zivilisation – wahrhaftig, jeder Zoll ein Krieger! Jetzt streckte er die Hand aus und sagte mit tiefer, wohlklingender Stimme: »Mein Oheim hat mir viel erzählt von den Taten des Weißen Falken. Ich freue mich, ihn nach so vielen Wintern wiederzusehen!«

Wiederzusehen? Simon zog verwundert die Brauen hoch. Also kannte ihn der Häuptling? Er forschte vergeblich in dessen Gesicht. Stand da nicht ein verhaltenes Lächeln in den Winkeln der ovalen Augen, die ihn an irgend etwas längst Vergangenes erinnerten? Er wurde nicht klug daraus. So ergriff er die Hand des Häuptlings, schüttelte sie herzlich und sagte: »Mein Bruder mag mir verzeihen, wenn ich nicht mehr weiß, wann sich unsere Pfade gekreuzt haben. Doch auch so freue ich mich, den Enkel des Schwarzen Panthers...«

Er brach ab und schlug sich mit der Linken vor die Stirn. Der Enkel des Schwarzen Panthers! Das war es, daß er darauf nicht gleich gekommen war! »Natürlich!« rief er nun laut, faßte den Häuptling bei beiden Schultern und strahlte ihn an, »der Kranich, der den Senecas am Allegheny vom Marterpfahl davonlief!«

»Weil der Weiße Falke, damals ein junger Krieger wie der fliehende Kranich, ihn laufen ließ!« fiel Tarhe lachend ein und zog den wiedergefundenen alten Bekannten neben sich auf den Sitz nieder. »Der Kranich hat es ihm nie vergessen und ist froh, ihn endlich gefunden zu haben. Wie der Oheim sagt, werden wir zusammen den Unreinen Pfad betreten, vielleicht fügt es sich, daß ich dem Freund seinen Dienst zurückzahlen kann.«

## Wir kommen aus der Hölle!

Nur zu gern hätten die beiden nun die alte Zeit wiederaufleben lassen. Aber jetzt öffnete sich die Tür der Halle, und Skotosch, der einzige übriggebliebene Sohn des Halbkönigs, führte die erwarteten Missionare herein: voran einen langen, hageren Mann in mittleren Jahren, mit hängenden Schultern und blassem Gesicht, in das Ernst oder gar Mißmut tiefe Linien gegraben hatten. Es war der Herrnhuter Johann Heckewelder, und er hatte im Augenblick wahrlich keinen Grund zur Freude. Hinter ihm kam ein kleiner, alter Mann mit wallendem weißem Haar, der Bruder David Zeisberger. Sie leiteten gemeinsam die Mission der Evangelischen Brüdergemeine bei den christlichen Delawaren vom Muskingum, die nun hier am Sanduskyfluß bei den Wyandots eine behelfsmäßige Bleibe gefunden hatten.

Heckewelder begrüßte den Halbkönig mit Handschlag, warf jedoch Simon Girty nur einen finsteren Blick zu. Simon lächelte spöttisch. Er meint immer, ich trachte ihm nach dem Leben, dachte er belustigt. Nun, er wird bald von seinen Ängsten befreit sein. Aber ob es ihm dann recht ist?

Der Halbkönig lud die Missionare mit einer Handbewegung ein, sich zu setzen, und begann sogleich: »Die Väter im schwarzen Rock haben eine Botschaft vom weißen Häuptling in Detroit erhalten. Unser Bruder, der Weiße Falke, wird sie ihnen verkünden. Mögen sie ihre Ohren nicht verschließen!«

Girty erhob sich, in der Linken den Brief, in der Rechten eine schwarze Wampumschnur. So wenig er den Missionaren geneigt war, er empfand doch einen geheimen Respekt vor ihrer höheren Bildung; und um sich bei der Bekanntgabe des Briefes, den er ja nicht lesen konnte, nicht zu blamieren, verließ er sich nach indianischer Art auf die Muschelschnur als Gedächtnisstütze. So hoffte er, der Lage gewachsen zu sein.

»Gentlemen!« begann er mit ein wenig zu lauter Stimme, und es war seine Befangenheit, die ihn das rechte Maß verfehlen ließ,

»Gentlemen! Ihr habt es Euch selbst zuzuschreiben, wenn dem Kommandanten der Geduldsfaden gerissen ist! Eure Taten sind nicht verborgen geblieben, wir wissen nur zu gut, daß Ihr zu den Rebellen haltet und sie ständig mit Nachrichten versorgt habt. Jawohl, Mr. Heckewelder, da nützt kein Leugnen mehr, alle unsere Unternehmungen habt Ihr nach Pittsburg verraten, und heute noch empfangt Ihr Briefe von den Rebellen!«

Dieser verdammte Schwarzrock hatte doch wahrhaftig die Stirn, ihm dazwischenzureden und seine Schuld abzustreiten! Der Zorn stieg in Simon hoch, trübte sein Gedächtnis und verdarb ihm, wie so oft, das Konzept. Verwirrt fingerte er an der Wampumschnur, den Faden wiederzufinden. Ja, das war es:

»Endlich hat auch der Kommandant in Detroit eingesehen, was mit Euch los ist! Hört den Brief an, den er geschrieben hat...« Jetzt kam es – verdammt, wo war denn der Brief – ach ja, er hatte ihn in der Hand. Weit hielt er ihn von sich ab und starrte darauf. Über das Gesicht des Bruders Zeisberger flog ein Lächeln, denn der Brief stand auf dem Kopf. Aber Simon sah es nicht. Ihm tanzten die verfluchten Geheimzeichen vor den Augen und verwirrten ihn vollends. Wie fing er doch noch an, der Brief?

»Ach was!« riß er sich unwirsch aus der Verlegenheit, »da lest selbst, wir wissen ohnehin, was drinsteht. So könnt ihr wenigstens nachher nicht behaupten, ich hätte Euch was vorgeschwindelt!« Er gab den Brief an Zeisberger, der viel zu gutmütig war, ihm nicht sogleich aus der Patsche zu helfen.

Zeisberger las laut: »An Hauptmann Girty, Ober-Sandusky. Ich ersuche Sie, die beiliegende Wampumschnur dem Halbkönig zu übergeben und ihm zu sagen, ich wolle seine Bitte erfüllen und die Missionare nach Detroit kommen lassen. Ich hoffe also, er wird Ihnen die erforderliche Unterstützung gewähren, die Sie in die Lage versetzt, die beiden Lehrer mit ihren Familien nach hier zu schaffen.« Hier machte Zeisberger eine kleine Pause und warf einen besorgten Blick auf Girty, ob er ihm das Folgende wohl zumuten dürfe. Aber Simon war froh, daß er sich so gut aus der Affäre gezogen hatte, und alles andere war ihm gleichgültig.

Also fuhr Zeisberger fort: »Auf keinen Fall dürfen Sie eine Plünderung oder sonstige schlechte Behandlung zulassen. Sollten Sie selbst durch ein anderes Vorhaben verhindert sein, so mag der Halbkönig Ihnen helfen, eine andere zuverlässige Persönlichkeit für den Transport zu finden. De Peyster, Major.«

Heckewelder war aufgesprungen und schrie Girty an: »Das ist Euer Werk, Mr. Girty! Ihr steht mit dem Satan im Bunde, Ihr seid der leibhaftige Satan!«

Der Halbkönig maß den langen Missionar mit einem erstaunten Blick – kein Indianer hat je Verständnis gehabt für die Unbeherrschtheit der Weißen – und hob die Hand. »Sprecht wie Männer«, sagte er ärgerlich, »und heult nicht wie die Weiber!«

Der alte Bruder Zeisberger rang die Hände. »Wie könnt Ihr es vor Eurem Schöpfer verantworten, Mr. Girty, die Hirten von der Herde zu trennen? Fürchtet Ihr nicht Gottes Gericht, vor dem auch Ihr einmal stehen werdet?«

Girty lachte rauh: »Es geht hier nicht um Gottes Gericht, Mr. Zeisberger, sondern um das irdische, vor dem Ihr und Euer Kollege demnächst in Detroit stehen werdet. Laßt Gott aus dem Spiel. Oder habt Ihr nach ihm gefragt, Mr. Heckewelder, als Ihr Eure verräterischen Briefe nach Pittsburg geschrieben habt?«

Und Dunquat, der soviel Englisch verstand, den Sinn der Reden zu erfassen, fragte spöttisch: »Wenn es ein solches Unrecht ist, die Hirten von der Herde zu trennen – warum ist nicht wenigstens einer von Euch mitgegangen, als die Hälfte Eurer Brüder an den Muskingum zurückkehrte? Brauchen sie keinen Hirten dort? Warum habt Ihr es geduldet, daß von Euren Schafen zehnmal soviel, wie ich Finger an den Händen habe, seit zwei Monaten allein in ihren alten Dörfern hausen? Antwortet mir!«

Das war eine heikle Frage. Den gefahrvollen Weg ins Niemandsland zwischen den Fronten war keiner der Missionare mitgegangen. Selbst der zungenfertige Heckewelder schwieg einen Augenblick betroffen, hatte sich aber gleich gefangen. Und da der Angriff die beste Verteidigung ist, rief er:

»Sollten sie hier verhungern in der Einöde? Wir haben fast

237

nichts zu essen, kein Holz zum Feuern, keine Fußböden in unseren windigen Hütten. Unser Vieh findet keine Weide. Sollten wir unsere Brüder hindern, in ihre Dörfer zurückzukehren, wo die Maisernte noch auf dem Halm stand, wo sie zu essen und eine warme Bleibe hatten? Warum habt Ihr uns kein Fleisch, kein Korn und kein Feuerholz gegeben?«

Aber da kam er an die falsche Adresse. »Habt Ihr keine Augen im Kopf, Gentlemen?« rief Girty aufgebracht. »Seht Ihr nicht, was hier los ist? Ist nicht die Not allgemein in diesem Winter? Dies ist das Land der Wyandots, wie Ihr wißt. Seit aber Euer Freund, der Rebellenkommandant in Pittsburg, Coshocton niedergebrannt hat, sind auch die Delawaren nach hier geflohen. Und schließlich ist Eure nichtsnutzige Gesellschaft ebenfalls dazugekommen, und alle wollen von diesem Stück Land leben! Was anders als Elend und Hunger soll denn dabei herauskommen, wenn die verdammten Rebellen den roten Mann von Land zu Land, von einem Fluß zum nächsten treiben, bis alle Indianer wie die Ameisen aufeinanderhocken und am Ende verrecken? Habt Ihr noch nie darüber nachgedacht?«

Und der Halbkönig fügte hinzu: »Warum schreit Ihr nur immer nach Futter wie eine Herde Vieh und sorgt nicht selbst für Euch? Warum sitzen Eure Leute herum und reden nur immerfort mit Eurem Christengott, wenn er doch nicht für sie sorgt? Laßt sie auf die Jagd gehen, wie unsere Männer es tun!«

»Das ist nicht unsere Sache!« erwiderte Heckewelder. »Unsere Brüder sind Bauern geworden. Gebt ihnen ein Stück fruchtbares Land und nicht öden Sumpf wie hier, so leiden sie keine Not und können von ihrem Fleiß gut leben. Schließlich sind wir nicht freiwillig hergekommen, Dunquat. Du selbst hast unsern Brüdern wiederholt Botschaft gesandt, sie sollten am Sanduskyfluß siedeln. Und als wir nicht kamen, da hat Mr. Girtys Freund, Hauptmann Elliott, uns mit Gewalt weggeführt!«

»Ihr lügt, Heckewelder!« brauste Girty auf. »Eure Indianer wollten schon lange weg vom Muskingum, weil sie mit Recht für ihr Leben fürchteten, nachdem ihre delawarischen Brüder abgewandert waren. Denn Eure Freunde, die Rebellen, machen keinen Unterschied zwischen roter und roter Haut, sie hätten sie früher oder später totgeschlagen! Deshalb, nur deshalb hat ihnen der Halbkönig eine Bleibe angeboten. Sie wollten gehen – nur Ihr wolltet nicht, ihre sauberen Hirten!«

»Das ist nicht wahr!« schrie Heckewelder nun ebenfalls. »Kein Amerikaner hätte unserer Gemeinde auch nur ein Haar gekrümmt! Hättet Ihr uns doch nur dort gelassen...«

Er fuhr herum und starrte zur Tür, die mit einem lauten Knall aufgeflogen war. Auf der Schwelle stand Skotosch, aschfahl im Gesicht, und hinter ihm führten einige Wyandots zwei halbwüchsige Indianerjungen herein. Deren Kleider waren zerrissen und blutbefleckt, Wunden bedeckten Gesichter und Arme, und der eine hatte einen blutdurchtränkten Fetzen Tuch um den Kopf gewickelt.

»Ben! Lukas!« rief Zeisberger entsetzt, als er die beiden Jungen erkannte, »wo kommt ihr her?«

Der eine sah nur stumm zu Boden. Aber der andere trat einen Schritt auf die beiden Missionare zu und sagte in gutem Englisch: »Wenn es stimmt, was Ihr mich gelehrt habt, so kommen wir aus der Hölle. Und wir haben lange in unserer Not zum Christengott geschrien, aber er hat uns nicht gehört.« Er griff an seinen Kopf und riß mit einem Ruck den Verband ab, daß die blutige Schädeldecke sichtbar wurde, wo einmal Haarschopf und Kopfhaut gewesen waren. Dann brach er zusammen.

Zeisberger fing ihn auf. »Herrgott im Himmel!« stöhnte er, »wer hat das vollbracht? Antworte, Ben, wer war es?«

Jetzt erwachte der andere Junge, mit seinem Namen angesprochen, aus seinem dumpfen Brüten. Er hob den leeren Blick zu den Missionaren auf und flüsterte: »Sie haben alle gesungen, bis zum letzten Augenblick, Vater, Mutter und die Schwestern. Ich glaube, sie haben den Himmel offen gesehen. Aber ich sah nur die Hölle und den Tod, den die weißen Männer brachten. Sag, Vater, war ich nicht fromm genug, daß ich den Himmel nicht sehen konnte? Warum durfte ich nicht mit?«

239

»Aber das ist doch nicht möglich, das kann doch nicht sein!« stammelte Zeisberger und bettete, während ihm die Tränen über die Wangen rannen, den bewußtlosen Skalpierten auf eine Decke neben dem Feuer. Heckewelder nahm sich des anderen Jungen an, der noch immer wie in eine andere Welt entrückt dastand und die Augen zum Dach der Halle erhoben hatte. Er faßte ihn an den Schultern. »Ben, so rede doch, warum haben euch unsere Brüder und Schwestern in Gnadenhütten nicht beschützt? Warum haben sie euch gehen lassen, wo sind sie denn, Ben?«

»Im Himmel!« flüsterte der Junge. »Sie sind mit Singen und Beten in den Himmel aufgefahren – alle! Allesamt!« Dann schrak er plötzlich zusammen, ein Zittern lief über seinen Körper, und er richtete den angstvollen Blick auf den Missionar: »Sag, Vater, es ist doch wahr, was du uns gelehrt hast – sie sind doch wirklich im Himmel?«

Jetzt wurde es Simon Girty zuviel. Das Herz hatte sich ihm zusammengekrampft, er ahnte die Zusammenhänge, aber er wollte Gewißheit. »Schluß jetzt, Mr. Heckewelder!« sagte er rauh. »Laßt den Jungen in Ruh, Ihr seht doch, der ist ganz über sich hinaus. Gebt ihm zu essen und zu trinken und verbindet seine Wunden, ich kümmere mich inzwischen um den andern hier, der noch in dieser Welt lebt!«

Und er kniete neben dem Skalpierten nieder, zog eine Flasche hervor und setzte sie dem Ohnmächtigen an die Lippen. Der schlug unter der belebenden Wirkung des Whiskys sogleich die Augen auf. »Laß die Kräuterfrau kommen, Skotosch«, wandte sich Girty an den Sohn des Halbkönigs, »sie soll ihn verbinden! Und nun sag mir, mein Sohn: wo sind deine Brüder und Schwestern aus Gnadenhütten?«

»Tot!« antwortete der Junge finster und griff nach der Flasche, einen Schluck von dem scharfen Getränk zu nehmen.

»Wer hat sie getötet?« forschte Girty weiter.

»Die Langmesser!« stieß der Junge hervor und ballte die Fäuste. »Eine große Bande, gewiß hundert, und ihr Häuptling hieß Williamson!«

»Und die Delawaren von Salem, haben sie euch nicht geholfen?«

»Sind auch tot, alle, die Langmesser ließen sie kommen und schlugen sie mit den Unsern zusammen tot.«

Bruder Zeisberger rief aufgeregt: »Und sie haben gesungen, Lukas, und sind mit Gebeten auf den Lippen in den Tod gegangen?«

»Ja, Vater. Sie haben nach deinen Lehren gehandelt.«

»Dem Himmel sei Dank!« schluchzte der alte Missionar. »So sind sie als gute Christen im wahren Glauben gestorben!«

Der Halbkönig, der mit finsterem Gesicht dabeigestanden hatte, schüttelte den Kopf: »Sie hätten besser mit dem Glauben ihrer Väter gelebt, als sich mit dem Christengott auf den Lippen totschlagen zu lassen. Haben sie sich denn nicht gewehrt? Und sind die Langmesser nicht auch Christen?«

Es war nicht leicht, aus den verworrenen Aussagen ein Bild zu formen, und was am Ende herauskam, gab trotz aller Bemühungen keinen Sinn. Denn welcher Sinn sollte in dem grausigen Massenmord liegen, den christliche Weiße an christlichen Indianern begangen hatten?

Girty stand in ohnmächtigem Grimm, sah auf den verstümmelten Jungen, auf die schreckensbleichen Missionare und fand, daß man so nicht weiterkomme. Er wechselte ein paar leise Worte mit dem Halbkönig und sagte dann, zu Heckewelder und Zeisberger gewandt:

»So geht es nicht, Gentlemen, zunächst muß etwas für die armen Burschen hier geschehen. Den da«, er wies auf Ben, der wieder in stumpfe Teilnahmslosigkeit versunken war, »könnt Ihr mitnehmen. Pflegt ihn gut, und wenn er seinen Verstand wiederfindet, dann mag er Euch und Euren roten Betbrüdern erzählen, was Eure Freunde angerichtet haben. Der andere bleibt hier, wollen sehen, daß wir ihn durchbringen. Ich nehme ihn mit zu mir.«

Er beugte sich nieder, lud den skalpierten Lukas wie ein Kind auf seine Arme und schritt dem Ausgang zu. An der Tür wandte er sich noch einmal um und rief den Missionaren zu: »Und Ihr, Gentlemen, macht Euch reisefertig mit Euren Familien! In ein paar Tagen geht's los, Ihr bekommt Bescheid. Werdet freilich auf meine Gesellschaft verzichten müssen, habe jetzt Wichtigeres zu tun. Denn, Mr. Heckewelder, ich bin den Rebellen, diesen Bluthunden, eine Antwort schuldig auf das hier. Will sie nicht allzu lange warten lassen!«

Diesmal erhob sich kein Widerspruch. Die Missionare mochten wohl das Gefühl haben, daß sie nach diesem Ereignis in Detroit besser aufgehoben waren als unter den Indianern am Sanduskyfluß.

Drei Tage lang schlief der skalpierte Lukas in Girtys Hütte und wachte nur auf, um die nötigste Nahrung zu sich zu nehmen. Dann hatten seine zähe Natur und die Kräuterpackungen der alten Squaw die Krisis überwunden. Am Abend des vierten Tages saß er auf einem Bündel Felle vor dem Herdfeuer und erzählte:

## Lukas' Erzählung

»Ihr müßt wissen, Herr, daß Ben und ich Freunde sind. Bruder Zeisberger meint, wir wären seine besten Schüler und keiner sänge so wie wir und könnte so viel heilige Sprüche sagen. Castor und Pollux nennt er uns, das müssen wohl Engel sein, weil Missus Sarah Heckewelder ihren Hund Castor nennt. Und er hat oft gesagt, wenn wir kein rotes Fell hätten, könnte man uns wohl für Amerikaner aus Boston halten, so fix wären wir. Aber er weiß nicht, daß Ben und ich oft zusammen im Wald sind und draußen in der Prärie und daß wir eine Büchse und Tomahawks dort versteckt haben und uns fleißig üben mit der Waffe. Und daß der alte Josua, der tagsüber immer soviel betete, uns nachts das Spurenlesen beibrachte, uns den Weg nach den Sternen lehrte und die Künste der Jagd. Denn wir wollten alles können, die Kunst der Indianer und die Lehren der Weißen.

Wie alles gekommen ist, wollt Ihr wissen, Herr? Ja, das war so: An jenem Morgen waren wir alle auf den Feldern, denn der Mais stand noch auf dem Halm, und der Schnee war endlich weggetaut. Es war noch ziemlich früh, als wir vom Dorf her plötzlich Schüsse hörten, Gedröhn von vielen Hufen und Schreie. ›Die Langmesser sind da!‹ rief ich Ben zu, der mit mir Maisbüschel zusammentrug. Ehe wir noch wußten, was geschehen war, sah ich zwischen den Häusern einen Trupp Reiter hervorsprengen und genau auf uns zujagen.

Die Männer müssen keine Augen im Kopf gehabt haben oder zuviel Feuerwasser im Leib, denn sie sahen uns erst, als sie mitten unter uns waren. Sie parierten ihre Gäule, und ich glaube, sie waren mächtig erschrocken, denn wir waren viel mehr als sie. ›Es ist Miliz aus Pittsburg!‹ rief Josua uns zu, der den einen oder anderen wohl schon einmal gesehen hatte. ›Gut Freund! Nicht schießen, gut Freund!‹ rief er immer wieder, und wir alle nahmen den Ruf auf und gingen auf die Weißen zu.

Aber die Reiter machten finstere Gesichter, und der Anführer schrie uns etwas zu, was wir zuerst nicht verstanden, weil er so aufgeregt war, daß seine Stimme immerfort überschnappte. Schließlich sprach er mit Josua, und der übersetzte es den Unsern. Ben und ich hatten es auch so begriffen, denn wir können besser Englisch als die meisten andern. Alle Delawaren sollten sofort ins Dorf zurückkommen, der Kommandant wolle uns bei Pittsburg einen Platz geben, wo wir sicher seien vor allen Feinden und gut zu essen bekämen. Zuvor aber sollten die Männer, jetzt gleich, ihre Waffen abgeben. Sie brauchten keine Waffen mehr, denn dort, wohin wir nun kommen würden, sei für alles gesorgt.

Es gefiel mir von Anfang an nicht. Aber die Unsern meinten, sie hätten nichts zu befürchten. Den meisten gefiel es sehr gut, Herr, was ihnen die Langmesser versprachen: Sicherheit ohne Kampf und Essen ohne Arbeit, das war ganz nach ihrem Geschmack. Also gaben sie ihre Waffen ab, und wir folgten den Reitern ins Dorf. Es ging alles mächtig schnell, die Reiter umkreisten uns und trieben uns wie eine Herde Vieh. Ich hatte Angst, was daraus werden sollte. Aber dann dachte ich: Vielleicht haben sie wenig Zeit und wollen schnell zurück in die Stadt Pittsburg, wo man bequem leben kann und essen, ohne zu arbeiten? Es wird schon so sein, dachte ich.

Auf dem Dorfplatz vor der Kirche empfing uns der Anführer der ganzen Truppe, und ich hörte Josua sagen, es sei der Oberst Williamson. Er sprach freundlich zu uns, und weil er dasselbe sagte wie der andere draußen auf dem Acker, waren wir alle froh. Er fragte dann nach unseren Brüdern in Salem. Als er hörte, daß dort ebenso viele von uns waren wie in Gnadenhütten, sagte er, sie sollten auch mitkommen, und schickte einen Reiter ab, sie zu holen. Bruder Michael, der sich am meisten auf das bessere Leben freute, mußte mit, damit sie es auch glaubten.

Was sagt Ihr, Herr, Schönbrunn? Dort waren sie schon gewesen, wir erfuhren es später, als wir ihre Gespräche belauschten. Sie hatten das Dorf leer gefunden und es abgebrannt. Gewiß waren die Unsern dort geflohen, als sie die Langmesser kommen sahen. Ach Herr, es ist schrecklich – wären wir nur auch geflohen!

Ich bekam es schon bald wieder mit der Angst. Denn während der Oberst noch sprach, tauchten von allen Seiten Reiter auf und schlossen uns ein, es müssen gewiß hundert gewesen sein. Und kaum waren die Boten nach Salem unterwegs, da war es mit der Freundlichkeit der Langmesser vorbei. Sie ritten plötzlich zwischen uns und trennten uns mit Schimpfen und Fluchen in zwei Haufen, die Männer auf die eine Seite, Frauen und Kinder auf die andere. Dabei entstand ein mächtiges Gedränge und viel Lärm. Ich nahm Ben an die Hand und zwängte mich schnell durch die Menge nach hinten. Und als gerade die größte Verwirrung herrschte und die Reiter mit Peitschen auf die Unsern einhieben, tauchte ich mit Ben unter zwei Pferdebäuchen weg und war mit einem Sprung im nächsten Haus. Wir dachten natürlich, sie wären hinter uns her, deshalb wollten wir gleich weiterrennen. Aber offenbar hatte niemand unsere Flucht bemerkt, und so blieben wir, wo wir waren. Es war Bruder Heckewelders Haus, wir rannten die Stiege hinab in den Keller und verriegelten die Tür.

Fliehen, Herr? Ja, das hätten wir können. Aber als Ben aus dem hinteren Kellerloch guckte, sah er die Leichen des alten Daniel und seiner Frau Judy im Garten liegen, und sie hatten keinen Skalp mehr. Die beiden waren als einzige nicht mit aufs Feld gegangen, weil sie zu alt und gebrechlich waren für die Arbeit. Sicher hatten die Schüsse, die wir draußen hörten, ihnen gegolten. Und ich sah zur selben Zeit aus dem vorderen Loch, wie einer der Reiter auf den ehrwürdigen Bruder Abraham zeigte, dessen schlohweißes Haar im Wind wehte, und hörte ihn rufen: ›Das gibt einen hübschen Skalp, den werde ich mir holen!‹

Da wußten wir, Herr, welches Schicksal auf die Unsern wartete, und die einzigen, die vielleicht noch helfen konnten, waren Ben und ich. Sollten wir unsere Brüder im Stich lassen? Das brachten wir nicht übers Herz.

Draußen trieben die Reiter die beiden Haufen in die größeren Häuser, die Frauen und Kinder in die Kirche und die Männer in die Böttcherwerkstatt. Mit Schreien und Schlägen jagten sie sie hinein, versperrten die Türen und stellten überall Wachen davor.

Ben – Ihr müßt wissen, Herr, Ben hat immer geglaubt, das Reich Gottes werde bald kommen auf Erden –, Ben war sehr traurig und verzweifelt. Aber ich, mich hatte eine schreckliche Wut gepackt. Es ist Sünde, Herr, ich weiß das, aber ich hätte am liebsten das ganze weiße Pack draußen niedergeknallt und ihnen die Schwarte vom Schädel gezogen. Glaubt nicht, Herr, daß ich es nicht könnte, ich hab's oft geübt an Bens Kopf, natürlich nur mit dem Holzmesser. Aber wir hatten keine Waffen, nicht einmal ein Messer, nur ein paar rostige Hacken lagen in Bruder Heckewelders Keller. Was konnten wir tun? Auf jeden Fall mußten wir die Dunkelheit abwarten, sonst waren wir selbst verloren.

Während wir noch berieten, wie wir unsern Brüdern helfen könnten, kamen die von Salem an. Sie wurden sogleich umzingelt, ebenfalls in zwei Haufen geteilt und zu den Unsern gepfercht. Wir hatten sie gezählt: mit denen von Salem waren es fast hundert, die in den beiden Häusern gefangen saßen, Männer, Frauen und Kinder zu gleichen Teilen.

›Es kann nicht sein, daß die Langmesser sie töten wollen‹, sagte Ben, ›sie beten doch auch zum Christengott und kennen die Gebote. Und es ist auch ein Geistlicher dabei, ich habe ihn gesehen, er wird es nicht zulassen!‹ Ja, Herr, Ben glaubte immer an das Gute, deshalb hat er die schreckliche Wahrheit nicht ertragen können, und sein Geist hat sich verwirrt. Aber damals war er noch bei Verstand.

Als es dämmerte, hielten die Langmesser auf dem Dorfplatz eine Versammlung ab, dicht neben Bruder Heckewelders Haus, wir konnten fast jedes Wort verstehen. ›Nun, Jungs‹, rief Oberst Williamson, ›was wollen wir mit dem roten Gesindel machen – nach Fort Pitt schaffen oder umlegen?‹

Viele hatten wohl schon zuviel Feuerwasser getrunken und brüllten gleich die Antwort ›Umlegen!‹ heraus. Aber einige waren dagegen und riefen: ›Es sind Christen! Sie sind unschuldig!‹

›Ach was, Christen hin, Christen her‹, rief der Oberst, ›sie sind genauso dreckige Rothäute wie die andern auch. Sie haben Robert Wallace und seine Familie umgebracht, ihr habt doch selbst gesehen, daß die alte Vettel, die wir abgeknallt haben, das Kleid von Bobs Frau trug!‹

Er meinte die alte Judy, die tot hinter unserm Haus lag. Es stimmte, sie trug ein amerikanisches Kleid. Aber das hatte ihr einer von den Wyandots geschenkt, die uns vom Sandusky her begleitet hatten und dann zum Ohio weitergezogen waren. Keiner der Unsern hat je an einem Überfall gegen die Weißen teilgenommen. Ja, Ihr habt wohl recht, Herr, wäre es nur so gewesen, dann hätte das Unglück wenigstens eine Ursache gehabt.

Jedenfalls forderte die Menge, alle Indianer zu töten. Ihr könnt Euch denken, Herr, wie uns zumute war. Doch eine kleine Gruppe, es mögen kaum zwanzig gewesen sein, wollte nichts damit zu tun haben und ritt davon. Aber der Reverend war nicht dabei.

Die Weißen verteilten sich nun auf die umliegenden Hütten, eine große Gruppe zog in Bruder Heckewelders Haus, und über uns polterte und lärmte es mächtig. Im ersten Augenblick wollten wir gleich aus dem hinteren Kellerloch ins Freie kriechen, aber es war noch nicht dunkel genug, und draußen waren zu viele Posten. Sie hätten uns gleich abgeschossen. So blieben wir und hörten, wie sie oben becherten und grölten.

Als es längst Nacht war, wurde es oben still. Nur die Wachen draußen waren noch zu hören, und wenn sie in unsere Nähe kamen, konnten wir jedes Wort verstehen. Nach einer Weile klangen Schritte über uns, ein Mann trat aus dem Haus und sprach mit dem Posten. Es war der Oberst, wir erkannten seine Stimme. Er ging zur Kirchentür und rief: ›Macht den Schuppen auf, Jungs, will den roten Ladies sagen, wohin sie morgen früh reisen. Sollen ihre Sünden beichten und sich bereitmachen!‹ Wir hörten ihn drinnen laut reden, aber seine Worte konnten wir nicht verstehen. Dann ging er in die Böttcherwerkstatt, in der die Männer gefangen saßen, und sagte auch ihnen Bescheid.

Erst war es still, eine ganze Weile, nachdem der Oberst wieder über uns im Haus verschwunden war. Aber dann, Herr, dann hörten wir sie singen. Erst leise, es waren die Frauen und Kinder in der Kirche, dann fielen die Männer mit ein. Und dann, Herr, dann sangen sie zusammen, so mächtig, so klar, so sicher, wie sie noch nie gesungen hatten.

Es zerriß mir das Herz, Herr, als ich das hörte, aber Ben war wie von Sinnen. Er zitterte am ganzen Leibe, und seine Augen hatten einen Glanz, als sähen sie ein wunderbares Bild. ›Gott ist mit ihnen‹, murmelte er, ›sie sehen den Himmel offen!‹ Ich ergriff seine Hand, damit er keinen Unsinn machte. Aber plötzlich riß er sich los, rief: ›Ich muß hin, ich will dabeisein!‹ und war, ehe ich ihn daran hindern konnte, aus dem hinteren Kellerloch geschlüpft.

Was sollte ich anders tun, ich mußte hinter ihm her, vielleicht konnte ich wenigstens ihn retten. Er war zur Kirche hinübergelaufen, aber im Augenblick sah ich ihn nicht. Ich mußte auf die

Posten achten, die vor der Tür standen und abwechselnd zu zweien ihre Runde um das Haus machten.

Aus den Kirchenfenstern drang ein schwaches Licht. An einem der Fenster stand der Geistliche und lugte in das Innere. Und an einem andern Fenster, kaum zehn Schritt entfernt, sah ich doch tatsächlich Ben, der in den Raum starrte und tat, als ob ihn die Posten gar nichts angingen! Der Gesang war verstummt, ich hörte nur leise Stimmen und das Weinen von Kindern.

Gleich mußte die nächste Streife kommen, dann war Ben verloren! Leise wie eine Katze sprang ich zu ihm hin – und dann, Herr, dann konnte ich's doch nicht lassen, auch einen Blick durch das Fenster zu werfen: da sah ich sie knien, im trüben Schein der Altarkerzen, Frauen und Kinder, und beten! Sie beteten laut, es war ein friedliches Bild.

Plötzlich spürte ich eine Faust im Nacken, die mich vom Fenster wegriß. ›Ich hab' ihn, Jim!‹ zischte eine Stimme. ›Hast du den andern?‹ Ich riß mich los und wollte in der Dunkelheit verschwinden, aber ich rannte einem dritten genau in die Arme. Etwas Hartes schlug auf meinen Kopf, und von da an weiß ich nichts mehr.

Als ich erwachte, Herr, war alles vorbei. Es war Tag, ich lag unter einem Busch am Flußufer. Ben saß neben mir, und es waren nicht die Wunden in seinem Gesicht, was mich erschreckte, es waren die Augen. Sie hatten allen Glanz verloren und waren wie ausgebrannt. So hatte ich ihn noch nie gesehen.

Er hatte meinen Kopf verbunden und sagte mir, sie hätten mich skalpiert und für tot liegenlassen. Er sprach mit leiser Stimme wie von etwas ganz Gleichgültigem. Ben war nach kurzem Kampf entkommen, hatte mich noch in der Nacht geholt und hierher geschleppt. Dann war er wieder in den Keller von Bruder Heckewelders Haus gekrochen und hatte alles mitangesehen.

Ich will's kurz machen, Herr: Am Morgen, als die Weißen ihren Rausch ausgeschlafen hatten, öffneten sie die Türen, die Kirchentür und die von der Böttcherwerkstatt. Eine Gruppe, bei der

der Oberst selber war, drang in die Kirche ein und schlug alle Frauen und Kinder tot, alle. Aber die Männer mußten, immer zwei und zwei, aus der Werkstatt herauskommen. Draußen lösten sich die Henker ab. Der erste schwang den großen Böttcherhammer und schrie: ›Der wird gute Arbeit leisten!‹ Und wie die Unsern herauskamen, laut singend oder betend, so fielen sie, zuerst der ehrwürdige Bruder Abraham, nach ihm ein Dutzend andere. Dann gab der Henker den Hammer an den nächsten und sagte: ›Meine Arme wollen nicht mehr, mach du weiter, ich denke, ich habe genug gearbeitet.‹

Ich war gewiß selbst halb von Sinnen, Herr, und in meinem Kopf drehte sich's wie ein Mühlrad. Aber mein Herz gefror zu Eis, als ich hörte, wie genau Ben alles schilderte. Es ist kein Wunder, daß sich sein Geist dabei verwirrt hat.

Als die Weißen ihr Werk vollbracht hatten, brannten sie die beiden Häuser mit den Leichen nieder und zogen ab. Wir beide schleppten uns drei Tage durch die Prärie, bis uns ein Trupp Wyandotkrieger fand und hierher brachte. So ist es gewesen, Herr, und mehr kann ich nicht darüber erzählen.«

»Es genügt, Lukas«, sagte Girty, »es war mehr, als sich ertragen läßt. Bist ein tapferer Junge, Lukas, und ein gescheiter Kerl. Du bleibst hier, John wird dich pflegen.« Er stand auf, nahm seine Büchse von der Wand und prüfte das Schloß. Dann sah er den Häuptling Tarhe an, der stumm der Erzählung gelauscht hatte, und fragte:»Wann ist der Kranich mit seinen Kriegern bereit, gegen die Langmesser über den Schönen Fluß zu ziehen?«

»Wenn die Sonne aufgeht«, erwiderte Tarhe, ohne sich auch nur einen Augenblick zu besinnen.

Girty nickte. »Ich habe es nicht anders erwartet.« Er wandte sich zu dem jungen Wyandot um:»John, sag Skotosch Bescheid, wir reiten in aller Frühe!«

# Blinde Rache

Simon Girty schwang sich aus dem Sattel und warf John die Zügel zu. »Gib ihm Hafer, John, die ganze Krippe voll, und reib ihn gut mit Stroh ab, wir sind scharf geritten. Und beeil dich, und mach mir zu essen, mir hängt der Magen lang. Los, los, Junge, du bist schon wieder dicker geworden. Hast die ganze Zeit verschlafen, die ich fort war, he? Und was macht Lukas, wo steckt er?«

So viele Fragen auf einmal konnte John unmöglich beantworten. Aber er kannte das schon und erwiderte gleichmütig: »Lukas ist drin. Geh nur rein, Herr, ich komme gleich.«

Girty stieß die Tür auf und war mit zwei Schritten im einzigen Raum seiner Hütte. Dort blieb er verdutzt stehen: am Tisch saß Lukas und las bei Kerzenschein in einem dicken Buch. Jetzt hob er den Kopf, erschrak, sprang sogleich auf und rief freudig: »Herr, Ihr seid zurück! Wie freue ich mich!« Er trug auf dem Kopf ein ledernes Käppchen. Der Glanz seiner Augen und der Bronzeton des Gesichts verrieten, daß er sich gut erholt hatte.

»Was liest du da?« fragte Girty.

»Die Bibel, Herr!«

»Kannst du Englisch lesen?«

»Gewiß, Herr!«

»Auch schreiben?«

»Natürlich, Herr!«

»Los, dann schreib! Warte, ich hole dir Papier, Tinte und Feder – einen Augenblick…«

Während Girty an seiner Bettstatt herumkramte, fragte Lukas: »Wart Ihr am Ohio, Herr? Habt Ihr die Langmesser gestraft für ihr Verbrechen? Sagt, Herr, ich habe immerfort an Euch denken müssen!«

»Junge, was du dir so vorstellst!« knurrte Girty, der sich mühte, das leidige Schreibwerkzeug zu finden. »Ich stehe im Dienst des Königs. Was er und sein Kommandant in Detroit für nötig halten, das ist meine Pflicht. Glaubst du, es ginge nach meinem Gefühl? Wirst gleich hören, was los war. Schreib jetzt! Bist du soweit?«

»Ja, Herr!«

»Ober-Sandusky, den 12. April 1782. An Major De Peyster, Detroit. Hast du's?«

»Gewiß, Herr!«

»Also weiter: Sir! Ich verließ Ober-Sandusky am 17. März zusammen mit dem Sohn des Halbkönigs und dem Häuptling Tarhe und dreißig Kriegern. Aber in der Gegend, die ich mir vorgenommen hatte, war nichts zu machen, es wimmelte von Spähern und Streifen der Rebellen. Ich mußte einen anderen Weg nehmen, schnell zuschlagen und ebenso schnell verschwinden. Wir töteten einen Soldaten und nahmen einen anderen gefangen. – Bist du mitgekommen, Lukas?«

»Natürlich, Herr!«

»Also weiter: Der Gefangene sagte aus, daß General Irvine vom Kongreß nach Pittsburg zurückgekehrt ist. Dort hat er sogleich die Milizoffiziere und die Hauptleute der Regulären zu einem Kriegsrat zusammengerufen. Sie haben beschlossen, mit fünfhundert Mann zu Fuß und dreihundert Reitern gegen den Sandusky zu ziehen. – Hast du's, Lukas?«

»Gewiß, Herr!«

»Dann schreib weiter: Die Moravier, die im Frühjahr in ihre alten Dörfer zurückgekehrt waren, um ihren Mais einzubringen, sind allesamt von Rebellenmiliz totgeschlagen worden. Die Anzahl der Ermordeten beträgt sechsundneunzig, Männer, Frauen und Kinder. Zwei Jungen sind entkommen, der eine skalpiert, der andere mit verwirrtem Geist. Außerdem traf hier ein Delaware ein, der eine Zeitlang in Fort Pitt gefangen war. Er konnte fliehen und berichtet, daß die Rebellen alle Delawaren, die dort als ihre Freunde lebten, getötet haben. Die sonstigen Nachrichten bestätigen die Aussagen meines Gefangenen über den geplanten Feldzug. Die kleinen Trupps, die ich am 1. März mit Munition ausgerüstet hatte, sind bis auf einen alle zurück. Sie haben Skalpe von vierzehn Männern eingebracht und vier Gefangene. Frauen und Kinder sind also nicht betroffen. Ein Indianer ist gefallen, drei sind verwundet. Ich gebe jetzt einhundert Pfund Pulver und zweihundert Pfund Kugeln sowie acht Dutzend Messer an die Wyandots und die Delawaren aus. Ein paar Kleinigkeiten, die ich nicht im Magazin hatte, mußte ich von Mr. Arundell kaufen. Ich hoffe, Sie haben nichts dagegen, da es unserer Sache dient. Ich wäre Ihnen dankbar, Sir, wenn Sie mir noch Waren zuteilen würden. Denn ich muß noch einige Indianer für Ihre Dienstleistungen entlohnen. Ich bleibe, mit großer Hochachtung, Sir, Ihr gehorsamer, ergebener Diener Simon Girty.«

»Das schreibe ich nicht, Herr!« rief Lukas empört. »Ihr seid kein Diener!«

»Schreib, Junge«, lachte Girty, »ihr Indianer habt noch viel mehr höfliche Redensarten! Ist nicht so ernst gemeint!« Er stand auf und ging zur Tür. »Mach den Brief fertig, Lukas, ich gehe zum Halbkönig in die Ratshalle hinüber!«

»Das geht nicht, Herr, Ihr müßt erst essen!« erwiderte Lukas energisch. »Und Ihr seid müde vom Ritt, es ist Abend. Geht morgen, Herr!«

»Teufel auch, Junge«, knurrte Girty belustigt, »du führst ein strenges Regiment, scheint mir!« Er stieß die Tür auf. »Wo steckt denn John, der Faulpelz? He, John!«

Der junge Wyandot erschien mit unbewegter Miene. »Was ist, Herr?« fragte er gleichmütig.

»Gib mir schnell was zu essen, Bengel, aber beeil dich, ich muß gleich wieder weg, gibt noch viel zu tun heut nacht! Wollen alles bereit machen, die Langmesser mit Blumen zu empfangen, wenn sie demnächst uns besuchen kommen.«

Noch in der Nacht beriet Girty die notwendigsten Maßnahmen mit dem Halbkönig und sandte eilige Boten ab, die schwarze Wampumschnüre mit sich führten: zu den Schildkröten-Delawaren unter dem Kriegshäuptling Wingenund, zum Wolfsclan unter Hauptmann Pfeife am Tymochtee; zu den Shawnees am Kleinen Miami mit einer Sonderbotschaft an den

Bruder James Girty, zu den Mingos am Mad River. Alle erfuhren von dem bevorstehenden Angriff der Langmesser auf das Brudervolk der Wyandots, und es war gewiß, daß sie in der Stunde der Gefahr zur Stelle sein würden. Denn die Bluttat von Gnadenhütten hatte nicht nur die Delawaren zu höchster Wut entfacht, durch die ganze Ohiowildnis brandete der Schrei nach Rache.

Tarhe der Kranich und Skotosch übernahmen die Aufgabe, mit einer kleinen Schar ausgesuchter Krieger die Bewegungen des feindlichen Heeres zu überwachen. Von dem Augenblick an, da die Langmesser den Schönen Fluß verließen, würden unsichtbare Augen ihren Zug nach Westen begleiten.

Simon Girtys Gegenmaßnahmen waren beträchtlich schneller als die Expedition der Amerikaner, die erst gegen Ende des Monats Mai am Mingogrund den Ohio überschritt und den Marsch in die Wildnis begann. Während sich die Vorhut langsam nach Westen vortastete, jagten Tarhes Reiter bereits voraus und brachten die Kunde vom Herannahen des Feindes. An der Gabel des Muskingum, angesichts der rauchgeschwärzten Trümmer von Coshocton, trennten sie sich: einer ritt nach Südwesten zu den Shawnees, einer nach Westen zu den Mingos, und der dritte ritt nach Ober-Sandusky zum Halbkönig der Wyandots. So hatte es der Weiße Falke gewollt, der die Fäden des indianischen Bündnisses gegen die Langmesser in der Hand hielt.

Bei Tag und bei Nacht, auf dem Marsch durch die Wälder und Auen wie am Lagerfeuer blieb das amerikanische Heer auf Schritt und Tritt bewacht. Und schon nach fünf Tagen wußte Simon Girty, daß dort eine Reitertruppe von 500 Mann anrückte und daß ihr Führer der Oberst Crawford war. Auch der Schlächter von Gnadenhütten, Oberst Williamson, war dabei mit dem Großteil seiner Spießgesellen, der Mörderbande vom Muskingum. Girty säumte nicht, diese Tatsache unter den Ohiostämmen bekanntzumachen.

253

## Die Schlacht in der Prärie

Die Mittagssonne des 5. Juni 1782 stand über der Prärie am Sandusky und ließ das wogende Meer von Gräsern und Blumen in
allen Farben des Regenbogens aufleuchten. Am Grunde der großen Stille, die über der Ebene ruhte, klang die unendliche Ker-
fenmusik, das Brummen der Hummeln, das Summen der Bienen
und das Sirren durstiger Mücken. Hin und wieder, wenn der
leise Westwind einschlief, flimmerte die Luft in der Sonnenglut,
dann lag ein Glanz von Seide über dem Land. Blaugrüne Schleier
umflorten die Wäldchen, die hier und dort aus dem buntgeweb-
ten Teppich aufragten. Sobald aber der Wind wieder erwachte,
verging der schimmernde Vorhang ins Nichts, die Farben des
Sommers prangten, und fern am Horizont blauten die Wälder.

Unter den eingestreuten Inseln, die Birken, Eschen und Syko-
moren im gräsernen Meer bildeten, barg die größte ein geheimes
Leben. Im kühlen Schatten des Laubdaches ruhten rote Krieger
und weiße Ranger, kanadische Reiter und Waldläufer der Kompanie des Hauptmanns Caldwell, den der Kommandant von
Detroit als Befehlshaber im Kampf gegen die Rebellen entsandt
hatte. Die Indianer waren Wyandots unter dem Befehl des Halbkönigs Dunquat und eine Abteilung See-Indianer – Ottawas und
Potawatomis – , die unter Führung des Hauptmanns Elliott von
Detroit gekommen waren.

Am Ostrand des Wäldchens stand Simon Girty, in indianischem Dreß, aber ohne Abzeichen und Bemalung, und wies mit
dem Arm in die Prärie hinaus. »Dort links, Mr. Caldwell«, sagte
er, »liegen die Delawaren vom Wolfsclan unter Hauptmann
Pfeife, rechts die vom Schildkrötenclan unter Wingenund. Die
Mingos habe ich hinter uns placiert, sie sollen in Reserve bleiben.
Leider ist Hauptmann McKee mit den Shawnees noch nicht eingetroffen...«

»So haben wir mit meinen Leuten dreihundertfünfzig Mann«,
fiel Caldwell ihm ins Wort, ein schlanker grauhaariger Offizier

im roten Rock des Königs. »Das reicht. Wir lassen die Rebellen in die Zange laufen und kneifen zu. Könnt Ihr Euch auf die Delawaren verlassen, Mr. Girty?«

»Denke schon, Mr. Caldwell«, erwiderte Girty. »Aber mein Bruder George kann Euch berichten, er ist unser Agent beim Wolfsclan und arbeitet mit unserm Verbündeten Hauptmann Pfeife zusammen. Leg los, George!«

George Girty, nur durch seine Hautfarbe und seine Sprache von einem Delawaren zu unterscheiden, sagte: »Habe sie belauscht heut nacht, die Rebellen. Sie hockten in Heckewelders verlassenem Dorf, kam ihnen verdammt unheimlich vor, daß alles so still und öde war. Sie haben beschlossen, noch einen Tag weiter nach Westen vorzurücken, und wenn sie dann keinen Indianer treffen, wollen sie an den Ohio zurück. Wir müssen also zuschlagen, sonst sind sie morgen bereits unterwegs in ihre Heimat.«

»Es ist gut, George!« Simon war unruhig, ihm dauerten die Vorbereitungen zu lange. »Geh zu deinen Delawaren und sorg dafür, daß sie nicht zu früh schießen. Laßt die Späher durch, die werden hier im Wald kassiert. Wir wollen die Hauptmacht treffen, nicht eine Handvoll Pfadfinder. Wartet, bis Hauptmann Caldwell von hier das Feuer eröffnet. Ist Wolf dabei? Ja? Das ist gut. Er soll seine Schützen fest in der Hand halten! Ich gehe zu Wingenund auf die andere Seite, um auf die Schildkröten aufzupassen. Wir müssen uns beeilen, sie werden bald kommen.«

Zwei Stunden nach Mittag tauchte am östlichen Horizont, aus der Richtung der verlassenen Delawarendörfer, eine Reitergruppe auf, die weit auseinandergezogen durch das hüfthohe Präriegras zottelte. Und wenig später wurde die Spitze der Truppe sichtbar, der dicht aufgeschlossen die Hauptmacht folgte. War es der Anblick der Reitermasse, das Dröhnen des Bodens unter den zahllosen Pferdehufen, oder war es nur die Verlockung, die von den Skalpen der kleinen Spähergruppe ausging – kaum waren die ersten Reiter auf Büchsenschußnähe heran, als die Delawaren von beiden Seiten das Feuer eröffneten.

Da half kein Schimpfen und kein Fluchen, der Plan war vereitelt, gescheitert an der Eigenwilligkeit oder der Skalpgier der Indianer, die nun einmal keine weißen Soldaten waren. Die Späher rissen ihre Pferde herum und jagten zur Hauptmacht zurück.

Doch die Masse der Reiter, froh, endlich einen Feind gefunden zu haben, hatte sich schon ohne Kommando in Bewegung gesetzt und brauste im Galopp heran. Säbel wurden geschwungen, und über die weite Prärie dröhnte ein vielhundertstimmiges Hurra. Die Späher, die auf die Hauptmacht zurückgefallen waren, wurden alsbald vom Angriffsschwung mitgerissen, die Spitze teilte sich und schwenkte nach rechts und links gegen die Delawaren ein, und das Gros jagte mit wirbelnden, stampfenden Hufen auf das Waldstück zu.

Von dort schlug ihnen ein heftiges Feuer entgegen, und manches Pferd begrub seinen Reiter unter sich. Aber der Schwung des Angriffs war zu groß, die Masse, einmal in Bewegung, zu wuchtig, sich von solchem Widerstand aufhalten zu lassen. Am Waldrand angelangt, sprangen die Reiter aus den Sätteln und drangen in Scharen bis zum jenseitigen Rand des Gehölzes vor.

Doch wo war der Feind? Wohl hatte man hier und dort ein paar bronzefarbene Gestalten zwischen den Stämmen dahinhuschen sehen, auch den einen oder anderen mit einer Kugel, mit Kolben oder Säbel zu Boden gestreckt, aber im Wäldchen wie auf der Prärie war der Stoß ins Leere gegangen. Die Rothäute waren wieder einmal aalglatt ausgewichen und hockten nun ringsherum im hohen Gras, selbst unsichtbar, und schossen auf jeden Mann und jedes Pferd, die sich am Waldrand zeigten. Nun, den Wald, der wie ein Inselbollwerk im Gräsermeer lag, hatte man erst einmal genommen. Morgen würde man weitersehen, denn der Abend war nicht mehr fern, und es war gut, einen so sicheren Platz für die Nacht zu haben.

Kaum einen Büchsenschuß weiter westlich stand Simon Girty neben einer verkrüppelten Birke, an der, mit dem Rücken an den Stamm gelehnt, Hauptmann Caldwell saß. Eine Kugel hatte seine Schulter durchschlagen. »Übernehmt meine Ranger, Mr.

Elliott«, sagte er stöhnend zu dem Hauptmann in der ledernen Halbuniform des Indianeroffiziers, der neben ihm kniete und seine Wunde verbunden hatte. »Ich reite nach Sandusky am See. Zu dumm, daß mir das jetzt passieren mußte!«

»Schon gut, Mr. Caldwell«, erwiderte Elliott, »seht nur zu, daß Eure Wunde gut verheilt, wir machen das hier schon. Glaubst du, Simon, daß wir Crawford über Nacht im Kessel halten können?« wandte er sich an Girty.

»Wenn er wirklich ausbrechen will, können wir ihn nicht halten. Aber ich glaube nicht, daß er's tut. Seine Leute sind mürbe, wollen vor allem ausruhen und eine Nacht schlafen. Werde ihnen Indianermusik bestellen für heute nacht und hin und wieder etwas Blei rüberschicken, damit sie sanft träumen.«

»Werdet Ihr die Indianer am Feind halten können, Mr. Girty?« fragte Caldwell.

»Ganz gewiß. Den Wyandots geht es um ihr Land, dies ist ihr Grund und Boden, und Dunquats Hauptstadt ist nur ein paar Meilen entfernt. Und die Delawaren brennen auf Rache für Coshocton und Gnadenhütten. Sie werden alle auf ihrem Posten bleiben.«

Die Männer des Obersten Crawford hatten eine schlechte Nacht. Im weiten Umkreis flammten die Wachtfeuer der Indianer und warfen ihren Schein über die nächtliche Prärie. Allzu deutlich stand den eingeschlossenen Amerikanern die Drohung vor Augen, und es hätte der Millionen blutgieriger Mücken nicht einmal bedurft, den ersehnten Schlaf zu vereiteln. Immer wieder brandete, bald hier, bald dort, der Schlachtruf der Indianer auf und gellte unheimlich durch das Dunkel. Mehr als ein dutzendmal brachten Scheinangriffe die ganze Truppe auf die Beine, und als der Morgen über den Wäldern jenseits des Sanduskyflusses aufstieg, waren die Reiter zermürbt wie nach einem heißen Kampftag. An einen Ausbruch nach Osten war nicht zu denken. Es war doch deutlich genug, daß man von einer gewaltigen Übermacht umgeben war – hatten es die Feuer und die Schlachtrufe ringsum nicht gezeigt? Dort draußen lag die gesammelte

Kampfkraft der Ohioindianer. Sollte man in den sicheren Tod rennen?

Simon Girty auf der anderen Seite dachte, umgekehrt, nicht viel anders. Mit äußerster Energie hielt er die Häuptlinge von einem sinnlosen Angriff zurück, der nur zu schweren Verlusten führen konnte. Er kannte die Stärke des Gegners und wollte mit den zahlenmäßig unterlegenen Kräften nicht über die freie Prärie hin angreifen. So verging der Tag mit Geplänkel und Geschieße aus respektvoller Entfernung. Und als die Sonne über dem Tymochtee im Westen stand, hatte der Oberst Crawford seine Chance verpaßt.

Denn plötzlich dröhnte im Süden der Boden vom Gestampf vieler Hufe, und aus der gräsernen Flut tauchte eine große Schar berittener Indianer auf. Es waren die Shawneekrieger, die Hauptmann McKee heranführte, und mit ihnen kam James Girty, ein Indianer unter Indianern. Als Simon sie kommen sah, sprang er mit einem Satz in den Sattel seines Falben und sprengte ihnen entgegen.

Ein paar Kugeln umschwirrten ihn, er kümmerte sich nicht darum. Die Shawnees waren da, James und der Freund McKee! Nun würde alles gut werden. Jetzt waren sie dem Feind fast gleich an Zahl, und morgen bei Sonnenaufgang wollte er angreifen!

Aber es kam nicht dazu. Denn nun war den Amerikanern der Schreck so in die Glieder gefahren, daß sie nur noch an Flucht dachten. Von Süden neue Indianer, im Norden hatte man plötzlich kanadische Ranger entdeckt, jede Stunde konnte dem Feind weitere Verstärkung bringen und die Lage noch aussichtsloser machen!

Spät in der Nacht, als der Mond untergegangen war und die Feuer der sorglosen Indianer nur noch vereinzelt brannten, brauste es wie Gewitter aus dem Wäldchen hervor und ergoß sich im wilden Strom in die schwarze Finsternis nach Osten. George Girty, der mit den Delawaren in der Stoßrichtung des Ausbruchs lag, schoß Pulverhorn und Kugelbeutel leer und schrie sich heiser, die Indianer zum schnellen Feuern in die stampfende, dröhnende Masse zu bewegen. Umsonst. Indianer wollen Skalpe, sie sind ihnen der Maßstab des Sieges, und hier gab es für die Krieger des Wolfsclans und die Schildkröten nur eins: sie sprangen die Reiter an und rissen sie von den Pferden, so waren sie ihrer Beute sicher.

Doch niemand war da, den Flüchtenden nachzusetzen. Denn Flucht war es, regellose Flucht, was die Trümmer des amerikanischen Expeditionsheeres ostwärts in die Nacht trug. Und wäre nicht der Oberst Williamson vornweg geritten und hätte den Großteil der Reiter einfach hinter sich hergezogen, so wären die 300 Männer, die wenige Tage später den Ohio überschritten, wohl nicht entkommen. Die übrigen waren, soweit sie nicht schon skalpiert im hohen Gras lagen, im Kampfgetümmel versprengt und irrten in der nächtlichen Prärie umher. Die meisten ereilte ihr Schicksal.

Oberst Crawford war ein tapferer Mann. Ihm ging es nicht um die Rettung seines eigenen Lebens, sondern um die Truppe, die ihm anvertraut war. Keiner sollte zurückbleiben und verirrt oder verwundet in die Hand des grausamen Feindes fallen. Niemand sollte ihm vorwerfen können, er habe nur an die Rettung des eigenen Lebens gedacht und seine Männer ihrem Schicksal überlassen. Mochte die Masse nach Osten fliehen, er wollte dafür sorgen, daß alle in die Heimat kamen, die noch nicht unter den Messern der zahllosen Rothäute ihren Skalp verloren hatten.

Und da waren noch sein Sohn John und sein Schwiegersohn Major Harrison, sie waren bestimmt noch nicht durch, er wollte sie hier, ein paar Meilen östlich des Kampfplatzes, erwarten. Eine kleine Gruppe von Getreuen hatte sich ihm angeschlossen, darunter der Arzt der Expedition, sein alter Freund Dr. Knight. Längst war das Hufgestampf der fliehenden Reitermasse im Osten verebbt, und immer noch stand der Oberst in der nächtlichen Prärie und rief in das Dunkel: »John! John Crawford! William Harrison!«

Drei Tage später, bei Sonnenuntergang, kehrten die Wyandots unter ihrem Führer Tarhe der Kranich nach Ober-Sandusky zurück. Sie hatten, zusammen mit anderen Gruppen, den fliehenden Feind doch noch verfolgt, während Simon Girty noch in der Nacht zu seiner Hütte geritten war. Ihn suchte Tarhe auf, und mit ihm kam Hauptmann Elliott, der mit seiner Kompanie kanadischer Ranger auf dem Wege nach Sandusky am See war.

»Nun«, empfing Girty die beiden Freunde, »habt ihr sie in den Ohio gejagt?«

»Die Langmesser hatten Sehnsucht nach ihren Squaws«, erwiderte Tarhe, »sie sind geflohen wie eine Herde Büffel, wenn die Prärie brennt. Wir haben nur ein paar Verirrte gefunden und ihnen den Weg in die ewigen Jagdgründe gezeigt.«

Girty lachte. »Ja, sie hatten's eiliger als auf dem Herweg. Und du, Matt, hast du ihnen mit deinen Kanadiern Beine gemacht?«

»Es waren zu viele«, entgegnete der Hauptmann, »und als sie den Waldgürtel erreicht hatten, konnten wir nicht mehr viel ausrichten. Wir haben ein paar von ihnen abgeschossen, und einer erzählte uns, Crawford sei vermißt und Williamson führe das Kommando. Es sollen bei dreihundert sein, die entkommen sind.«

»Dann haben sie zweihundert Mann verloren, damit können wir zufrieden sein. Sie werden so bald nicht wiederkommen. Kommt, macht's euch bequem, ihr werdet gewiß Hunger haben.«

Girty führte die Freunde in die Hütte und hieß John eine Mahlzeit bereiten.

»Warum bist du nicht mitgekommen, Simon!« sagte Elliott vorwurfsvoll, als sie sich am Herdfeuer niedergelassen hatten. »Wärest du dabeigewesen, hätten wir alle Kräfte zusammenfassen können! So sind die Indianer immerfort auseinandergelaufen, und mit meinen paar Leuten konnte ich's nicht schaffen.«

»Ich?« Girty zuckte die Achseln. »Ihr wart ja Offiziere genug, McKee war doch auch dabei! Wo ist er denn?«

»McKee konnte seine Shawnees nicht über den Muskingum nach Osten bringen, und dein Bruder James auch nicht. Als sie sahen, daß ihre Dörfer nicht mehr in Gefahr waren, ritten sie nach Haus. Nein, Simon, du hast uns gefehlt, das ist alles.«

»Ich bin Dolmetscher und kein Soldat, Matt, du weißt es!«

»Dolmetscher! Das ist doch Unsinn, Simon! Dein Wort gilt mehr als wir alle zusammen bei den Ohiostämmen. Mach dir nichts vor, auf dich kommt es an!«

»Ich habe meinen Teil erfüllt, Matt. Als Gefahr drohte, habe ich die Häuptlinge unter einen Hut gebracht. Der Feind ist geschlagen und geflohen. Was wollen wir mehr? Von mir aus können die Siedler nach Hause gehen und ihre Bohnen pflanzen, wenn sie nur hinter dem Ohio bleiben. Das ist es doch, was wir wollen, oder nicht?«

»Wir müssen den Krieg gegen die Rebellen gewinnen, Simon!«

»Na und? Sind wir nicht dabei? Haben wir ihnen nicht heimgeleuchtet? Hat sich bisher eine Rebellentruppe diesseits des Ohio halten können? Ich denke, unsere Sache steht nicht schlecht!«

»Du siehst nur dieses Land hier, Simon. Aber anderswo, an der Küste, steht es schlecht. Im Herbst hat General Cornwallis mit seiner Armee bei Yorktown kapitulieren müssen, im Süden haben wir alle Häfen geräumt, und in Europa hat England schwer zu kämpfen. Frankreich und Spanien liegen bereits im Krieg mit uns, und Rußland kann jeden Tag auf ihre Seite treten...«

Er brach ab und horchte hinaus. Eilige Schritte näherten sich, die Tür wurde aufgestoßen, und ein schlanker Mann in der Tracht der Delawaren trat in die Hütte.

»George!« rief Simon. »Woher so eilig?«

Es war George Girty. »Aus Wingenunds Camp!« stieß er hervor. »Und der Häuptling kommt morgen, und Hauptmann

Pfeife wird auch erwartet. Es gibt ein großes Fest, den Braten hab' ich eben mitgebracht. Es ist Crawford!«

Simon fuhr auf. »Wie ist das möglich? Crawford – gefangen!«

»Vor zwei Tagen schon«, fuhr George fort, »er lief fast in Wingenunds Lager mit ein paar Versprengten. Sie haben sich nicht einmal gewehrt, so durchgedreht und erschöpft waren sie. Die Delawaren wollten sie gleich an den Pfahl stellen und rösten, so wie sie es tags zuvor mit einem Dutzend anderer Langmesser gemacht hatten, darunter Crawfords Sohn John und sein Schwiegersohn Harrison.«

»Harrison?« rief Girty. »Die Bestien! Einer der besten Männer unter den verdammten Rebellen! Hast du nichts dagegen tun können, George?« Arme Jane Crawford, dachte er bei sich, das war ein kurzes Glück!

»Ich bin zu spät gekommen, es war schon geschehen. Wingenund war noch nicht vom Ohio zurück, und ich konnte nur mit Mühe verhindern, daß Crawford mit seinen Leuten ebenfalls drankam. Die Delawaren sind wild wegen Coshocton und Gnadenhütten. Willst du's ihnen verdenken? Es ist kaum einer, der keine Angehörigen in Gnadenhütten verloren hat.«

»Aber Crawford hat doch damit nichts zu tun!« warf Simon ein.

»Das hab' ich ihnen auch gesagt, aber es war ihnen ganz gleich. Williamson ist entkommen, sagen sie, aber Crawford haben wir. Hab' ihnen dann eingeredet, ein so berühmter Gefangener müsse vor allen Stämmen am Sandusky gebrannt werden, und sie waren schließlich bereit, ihn hierher zu bringen.«

»Und wo ist er jetzt?« fragte Elliott.

»In der Ratshalle. Die anderen Gefangenen, ein Doktor und neun Mann, kommen morgen nach. Crawford weiß, daß du hier bist, Simon, aber er weiß noch nichts von seinem Sohn und von Harrison. Er bittet dich, zu ihm zu kommen.«

Simon ging schweren Herzens. Der Oberst saß, an Händen und Füßen gebunden, in der Ratshalle. Er sah bleich und verfallen aus, aber seine ersten Worte galten nicht seiner eigenen Not.

»Was wißt Ihr von John und Major Harrison, Mr. Girty?« fragte er sogleich.

Girty brachte es nicht übers Herz, ihm die Wahrheit zu sagen. Was hätte sie ihm genützt, der dem gleichen Schicksal entgegensah? So antwortete er: »Sie sind gefangen bei den Shawnees. Aber ich hörte, sie seien begnadigt. Macht Euch keine Sorgen um sie, Oberst, seid selbst viel schlimmer dran.«

»Habt Ihr keine Hoffnung, Girty? Euer Wort gilt viel bei den Roten. Bietet ihnen Geld, tausend Dollar, und denkt daran, daß ich dem Kommandanten in Detroit lebend weit mehr wert bin als tot am Pfahl. Könnte ihm vielleicht manche Information geben, die für euch wichtig ist. Aber wenn ich hier verrecke, werdet ihr nicht ein Wort darüber erfahren!«

»Ich habe Sie nicht an den Sandusky eingeladen, Oberst Crawford«, entgegnete Girty finster. »Sollte mich wundern, wenn Ihr vorgehabt hättet, den Wyandots und Delawaren hier Geschenke zu bringen. Aber es ist meine Pflicht zu versuchen, Euch nach Detroit zum Kommandanten zu schaffen, auch ohne Eure Versprechungen und Andeutungen. Fürchte nur, es wird mir nicht gelingen. Sind höllisch aufgebracht, die Indianer, und Ihr kennt die Gründe. Warum seid Ihr nicht am Youghiogheny geblieben, wo Ihr hingehört? Was habt Ihr hier zu suchen?«

»Wir führen Krieg, Mr. Girty, Ihr seid der letzte, den man daran erinnern müßte. Und ich bin Oberst der Miliz. Die Truppe hatte mich zum Führer gewählt, weil sie Williamson nicht wollte. Sagt selbst, konnte ich mich weigern?«

»Nun, Oberst, wir führen Krieg, wie Ihr sagt, und Ihr kanntet die Spielregeln, als Ihr Eure fünfhundert Reiter gegen den Sandusky ins Indianerland führtet. Ihr werdet anständig zu sterben wissen, wenn es sein muß. Zuvor aber will ich versuchen, was ich für Euch tun kann. Hätte Euch für klüger gehalten und nicht geglaubt, daß Ihr für den Lumpen Williamson den Kopf in die Schlinge legen würdet.«

Der Halbkönig Dunquat wollte mit dem Tod der Gefangenen nichts zu tun haben. Er wußte, daß der Kommandant De Peyster in Detroit sehr böse wurde, wenn die Indianer weiße Gefangene am Pfahl töteten, anstatt sie nach Detroit zur Vernehmung zu schaffen, und er hatte in seinem Bereich seit Jahren schon keine Marterung mehr geduldet. Aber er wußte auch, daß er den mit Recht aufgebrachten Delawaren die Gefangenen nicht streitig machen durfte; also entschied er sich dafür, Crawford und seine Mitgefangenen den Häuptlingen Pfeife und Wingenund zu überlassen. Mochten sie sie seinetwegen am Tymochtee hinrichten, dann war er die Geschichte los.

Am andern Morgen, als die übrigen Gefangenen aus Wingenunds Camp ankamen, wurde der Oberst Crawford sogleich mit ihnen nach Westen in Marsch gesetzt. Dort lag, kaum sechs Meilen entfernt, am Big Spring das Dorf des Häuptlings Pfeife vom Wolfsclan der Delawaren. Dort war auch George Girtys Hauptquartier, und er war vorausgeritten, die Entscheidung des Halbkönigs und die Ankunft der Gefangenen anzukündigen.

Als Simon Girty am Vormittag zum Big Spring hinüberritt, um dort den letzten Versuch zu Crawfords Rettung zu machen, überholte er den traurigen Zug. Elliott begleitete ihn, er hatte seine Ranger nach Sandusky am See vorausgeschickt. Schon von weitem sahen die Reiter die Gefangenen, die von berittenen Delawaren geführt wurden. Die Junisonne brannte unbarmherzig auf die Unglücklichen nieder, Wolken von Mücken, die aus den umliegenden Sümpfen aufstiegen, peinigten sie.

Stumm ritt Girty an dem kleinen Zug entlang. Gefangene Rebellen zu sehen, die in der Gewalt der Indianer ihrem Schicksal entgegengingen, war ihm längst nichts Neues mehr. Es war Krieg, und hier in der Wildnis wurde er von beiden Seiten mit erbitterter Härte geführt. Aber daß ein Mann wie Crawford am Marterpfahl sterben sollte, das wollte ihm nicht in den Kopf. Und De Peyster, dem diese barbarische Sitte seiner roten Verbündeten stets Abscheu einflößte, würde es ihm wenig danken, wenn er es zuließ.

»Mr. Girty, hallo, Mr. Girty!« Ein halblauter Anruf riß ihn aus seinen Gedanken. Er blickte zur Seite und sah zwei lebhafte

Augen auf sich gerichtet, die in einem von Anstrengung und Entbehrung abgezehrten Gesicht standen. Diesen kleinen Mann kannte er doch, ja, das war der giftige Dr. Knight, der ihn damals in Crawfords Haus so gedemütigt hatte!

»Ach, Ihr seid der Doktor!« sagte Girty gedehnt und ritt ein paar Schritte näher an den kleinen Mann heran. Der streckte die Hand aus, den alten Bekannten zu begrüßen, und rief: »Was für ein Glück, Mr. Girty, daß ich Euch treffe! Endlich ein Freund in dieser Hölle!«

Girty übersah die hochgereckte Hand und erwiderte abweisend: »Das ist mir neu, Doktor, daß wir Freunde sind. Hab' es von früher nicht so in Erinnerung. Aber was die Hölle betrifft, so kann ich Euch beruhigen: Ihr kommt zu den Shawnees, vielleicht trefft Ihr es da besser.«

Der Indianer, der den kleinen Doktor am langen Riemen wie ein Stück Schlachtvieh führte, trieb sein Pferd an und riß den Gefangenen vorwärts. Girty trabte zur Spitze des Zuges, warf dem Obersten Crawford, der dort über den staubigen Prärieboden trottete, einen Blick des Einverständnisses zu und ritt dann mit Elliott voraus, dem Big Spring entgegen.

Dort war, inmitten schilfgedeckter Rundhütten, der schwarze Pfahl schon aufgerichtet. Ein gutes Hundert Wolfs-Delawaren, Krieger, Squaws und Papusen, lungerte um den Dorfplatz und erwartete die Opfer des Festes, zu dem man sich versammelt hatte. Sie warfen den beiden Reitern finstere Blicke zu.

Simon Girty sprang vom Pferd und schüttelte Katepacomen die Hand, der zur Begrüßung auf ihn zukam. »Was ist in deine Leute gefahren, Wolf, daß sie mich anglotzen, als wollte ich ihnen das Fleisch aus dem Rauch stehlen?« fragte er unmutig.

»Nun, willst du's etwa nicht?« antwortete der lächelnd. »Es wäre nicht das erstemal, daß der Weiße Falke seinen roten Brüdern das Fleisch aus dem Rauch holt. Oder bist du nur gekommen, den großen Hauptmann Crawford braten zu sehen?«

»Er darf nicht an den Pfahl, Wolf, er nicht. Du mußt mir helfen. Wo ist der Häuptling?«

»In der Ratshalle. Wingenund ist bei ihm, er kam vor kurzem mit einer Kriegerschar vom Schildkrötenclan an. Sie sprechen mit dem Abgesandten der Shawnees, der für sein Volk Anteil an den Gefangenen fordert.« Er wurde ernst und legte dem Freund die Hand auf den Arm: »Mein Bruder darf nichts Unmögliches erwarten. Der große Hauptmann muß sterben, daran wird auch der Weiße Falke nichts ändern.«

Aber Simon Girty war entschlossen, das Äußerste zu versuchen. »Wo ist George?« fragte er. »Laß ihn holen, ich muß ihn sprechen. Ich gehe inzwischen zu den Häuptlingen. Komm, Matt«, wandte er sich an Elliott, »wir haben keine Zeit zu verlieren!«

In der niedrigen Ratshütte, die Hauptmann Pfeife als Wohnung diente, richtete er eindringliche Worte an die Häuptlinge. Sie wüßten, sagte er, wieviel Wert der Kommandant in Detroit auf die Vernehmung der Gefangenen lege, und der Oberst Crawford sei ein wichtiger Mann, der viel wisse von den Plänen der Rebellen. Und es gehe auch um die Sicherheit der Indianer, die man vor dem gemeinsamen Feind schützen müsse. Er bot Entschädigung an: Decken, Kleider und Rum aus dem Magazin der Krone, er bot sein Pferd, den in der Ohiowildnis berühmten Falben, und er bot Geld, 1000 Dollar, die der Oberst zahlen wollte, und 350 Dollar dazu, seine und Elliotts ganze eigene Barschaft.

Umsonst. Wingenund wäre vielleicht bereit gewesen, auf seine Vorschläge einzugehen, aber Hauptmann Pfeife setzte allen Angeboten nur ein grimmiges Nein entgegen. Ein Wort gab das andere, und schließlich stieß der Häuptling der Wolfs-Delawaren zornig hervor:

»Sir! Glaubt Ihr, ich wäre ein Weib? Wenn Ihr noch ein Wort über diese Sache redet, will ich da draußen einen Pfahl für Euch aufrichten und Euch neben dem weißen Häuptling brennen!«

Das waren harte Worte, wie Girty sie noch nie aus dem Mund eines Indianers gehört hatte. Er wandte sich stumm ab und verließ die Halle. Draußen wartete sein Bruder George auf ihn. Simon raunte ihm zu:

»Es ist alles vergebens, George. Reite sofort nach Sandusky am See. Dort findest du Hauptmann Caldwell. Sag ihm, was hier gespielt wird, er soll sehen, ob er noch etwas tun kann. Dann geh zu Drouillard: er soll sofort mit Waren und Geld kommen, vielleicht gelingt es ihm, Crawford loszukaufen. Aber du mußt reiten wie der Teufel, sonst ist es zu spät!«

## Crawfords Tod

Inzwischen waren die Gefangenen eingetroffen. Sie wurden auf den Dorfplatz geführt, und Crawford mußte sich neben den schwarzen Pfahl stellen. Während die jungen Burschen des Dorfes Reisigbündel rings um ihn aufschichteten, trat Girty unter die Gefangenen und warf dem Todgeweihten einen ernsten Blick zu, der nichts Gutes verhieß.

»Sie werden mich rösten, Girty, nicht wahr?« rief Crawford ihm zu.

»Ja!« antwortete Girty und nickte mit düsterer Miene.

»Ich werde es tragen, wie sich's gehört!« Nun, da er keine Hoffnung auf Rettung mehr haben durfte, nahm der Oberst alle Kraft zusammen, den Indianern kein unwürdiges Schauspiel zu bieten.

In diesem Augenblick traten die beiden Häuptlinge in den Ring aus Reisigbündeln. »Wingenund!« rief Crawford, in dem wohl doch noch ein Hoffnungsfunke aufglomm, »kennst du mich nicht mehr?«

»Gewiß«, antwortete der Häuptling, »du bist Oberst Crawford!«

»Hast du vergessen, daß wir Freunde waren, Wingenund? Hast du nicht oft an meinem Tisch gesessen und meinen Wein getrunken? Weißt du das nicht mehr, Wingenund?«

»Ich habe nichts vergessen, Crawford, aber du hast es vergessen! Ist das deine Freundschaft, daß du gekommen bist, unsere Dörfer niederzubrennen und unser Volk, das schon so oft vor euch hat weichen müssen, abermals in die Wildnis hinauszutreiben? Ich will nicht von meinen Vätern reden und von deren Vätern, vom Delaware, vom Susquehanna und vom Juniata, ich spreche nur von dem, was ihr uns jetzt wieder angetan habt: Ihr habt uns vom Muskingum vertrieben, habt Coshocton zerstört, und nun habt ihr unsere Brüder und Schwestern in Gnadenhütten hingemordet wie Vieh.«

»Das war ich nicht, Wingenund! Wie kannst du, der mich kennt, so etwas glauben!«

»Ich weiß es, Crawford! Aber du bist mit dem schlechten Mann Williamson und seinen Gesellen losgezogen gegen unsere Dörfer, wie kannst du jetzt Gnade erwarten? Haben eure Männer Gnade geübt, haben sie unsere Brüder und Schwestern geschont, die ihnen nichts getan hatten, die sogar zu eurem Christengott beteten? Nein, Crawford, und käme der König von England, er könnte dich nicht retten! Hätten wir Williamson gefangen, vielleicht hätte ich dich retten können. Aber nun – das Blut der unschuldig Gemordeten schreit nach Rache, die Angehörigen der Toten fordern Rache, unser Volk, alle indianischen Völker zwischen dem Ohio und den Großen Seen dürsten nach Rache! Stirb wie ein Mann, Crawford – ich wende mich ab und begebe mich in die Einsamkeit, denn mein Herz trauert um dich!« Er wandte sich um und ging mit schweren Schritten davon.

Währenddessen hatte Hauptmann Pfeife schweigend danebengestanden und die Szene mit finsteren Blicken beobachtet. Nun hob er die Hand und winkte ein paar Krieger herbei, die sogleich begannen, Crawford die Kleidung vom Leibe zu reißen. Die Hände wurden ihm auf dem Rücken gebunden und am Marterpfahl befestigt.

Dann trat Hauptmann Pfeife dicht an den Gefesselten heran und blickte ihm mit kaltem Hohn ins Gesicht. »Oberst Crawford!« sagte er, »ich freue mich, dich wiederzusehen. Du bist mit großem Gefolge an den Sandusky gekommen, aber jetzt sehe ich nur noch wenige. Hat es deinen Männern nicht gefallen bei uns?

Haben wir sie nicht gut empfangen? Warum sind sie so schnell in der Nacht davongeritten? Nun, viele liegen draußen in der Prärie, und ihre Skalpe werden unsere Hütten schmücken. Aber du bist geblieben, und für dich feiern wir heute ein Fest. Hoffentlich gefällt es dir nun auch, Oberst Crawford!«

Und während er sprach, schwärzte er dem Gefangenen Gesicht und Brust mit eigener Hand. Das war das Todesurteil. Dann drehte er sich um zum Volk der Delawaren, das in weitem Kreis um die Richtstätte hockte, und hielt eine lange Rede. Von Coshocton sprach er, von Gnadenhütten und von dem jüngsten Kriegszug der Langmesser unter diesem Oberst Crawford gegen die Dörfer der Wyandots und Delawaren am Sandusky. Und daß die Langmesser vorgehabt hätten, den Indianern dasselbe Schicksal zu bereiten wie den Brüdern von Gnadenhütten und Salem.

Hin und wieder unterbrachen wilde Ausrufe der Wut oder lauter Beifall seine Rede. Doch als er geendet hatte, lag eine drohende Stille über dem Platz. In den Augen der Indianer glühte der Haß auf den großen weißen Hauptmann, auf den Gesichtern aber lag eine grimmige Genugtuung, daß nun das große Schauspiel beginnen und sie für alles Unrecht und alle Demütigungen entschädigen werde.

Abermals hob Hauptmann Pfeife die Hand. Der Gefangene wurde vom Pfahl losgebunden, an die Handfesseln auf seinem Rücken wurde ein Tau geknüpft, das am Fuße des Marterpfahls befestigt war. So konnte er dreimal um den Pfahl laufen, bis sich das Tau aufgewickelt hatte, und umgekehrt sechsmal. Die Reisigbündel wurden angezündet, und als die Flammen ringsum prasselten und Feuer und Rauch den Beginn des Festes anzeigten, begann die grausame Marter.

Es war ein schreckliches Schauspiel, und die Zuschauer kamen auf ihre Kosten. Zu ihnen zählten auch die übrigen Gefangenen, die dem gleichen Schicksal entgegensahen.

Hinter dem Kreis der Zuschauer stand Simon Girty, unbewegten Gesichts, aber mit finsterem Blick. Ab und zu wandte er die Augen unruhig nach Norden: Wann würde Drouillard kommen? Konnte er rechtzeitig eintreffen, um hier noch einzugreifen? Aber solche Hoffnung war unsinnig. Es war alles so schnell gegangen, daß George unmöglich in Sandusky am See sein konnte, solange Crawford noch lebte. Und selbst wenn Drouillard sofort aufbräche, konnte er nicht vor Morgengrauen hier sein.

Nein, von dort gab es keine Rettung für Oberst Crawford. Und alles, was er, Girty, hatte tun können, war getan. Niemand konnte etwas ausrichten, der Oberst mußte sterben. Wäre es nur schon vorbei! Und wäre er, Girty, nur nicht hierhergekommen, um als machtloser Zuschauer eine unwürdige Rolle zu spielen!

Jetzt stürzte der Gefangene zu Boden und blieb liegen, offensichtlich erschöpft und von Schmerzen überwältigt. Hoffentlich ist er ohnmächtig! dachte Girty.

Plötzlich rappelte sich Crawford wieder hoch. Er wandte das schmerzverzerrte Gesicht zu Girty hin und rief:»Schießt, Girty, schießt! Um Himmels willen, macht ein Ende!«

Den traf es wie mit Keulen. Er schloß die Augen zu schmalen Schlitzen und zerbiß sich in ohnmächtiger Verzweiflung die Lippen. Schießen? Womit? Er hatte die Büchse am Sattel angeschnallt, und sein Pferd stand in Georges Stall. Sollte er sein Messer schleudern, den Unglücklichen von seinen Qualen zu erlösen? Aber das war Unsinn, er stand viel zu weit entfernt. Und wenn er mit einem Satz durch die Menge sprang? Doch da blickten ihn die kalten Augen des Häuptlings Pfeife an, der seinen Tomahawk in der Faust wiegte. Spring, Girty, sagte dieser Blick, ich warte auf dich, ich kenne deine Gedanken!

Abermals klang der Schrei des Gemarterten:»Girty, Simon Girty, habt Erbarmen! Schießt, macht ein Ende, ich kann nicht mehr!«

Dem Angerufenen wurde es schwarz vor Augen. »Ich kann nicht, habe keine Büchse, Mann!« schrie er zurück, außer sich vor Wut über sein eigenes Versagen, über die furchtbare Quälerei und über die Zumutung, er solle helfen, ohne es zu können. Zorn und Scham schlugen über ihm zusammen, ein hartes, verzweifeltes Lachen schüttelte ihn, er wandte sich mit einem Ruck um und eilte mit großen Schritten davon.

Zwei Stunden dauerte Crawfords namenlose Qual. Dann brach er stöhnend in die Knie und war endlich von seinen Leiden erlöst. Die Indianer häuften Glut und Brände über seine Leiche und verbrannten die sterbliche Hülle des Mannes, der so tapfer für die Schuld eines anderen gebüßt hatte.

Drouillard kam am andern Morgen. Er war die Nacht hindurch geritten, aber er kam zu spät. Noch zwei weitere amerikanische Offiziere waren am Abend zu Tode gemartert worden.

Nur der kleine Dr. Knight entging diesem Schicksal. Er war noch am Abend mit dem Boten der Shawnees nach Wapatomica aufgebrochen. Unterwegs schlug er seinen Bewacher nieder und bemächtigte sich seiner Büchse. Der Wilde floh voller Schrecken, entsetzt, daß der kleine Mann soviel Kraft hatte. Der Doktor kam nach zwanzig Tagen, nur noch ein wankendes Gespenst, in Fort Pitt an.

Drei Wochen dauerte es, bis er sich soweit erholt hatte, daß er von seinen Erlebnissen und vom Ende des Obersten Crawford erzählen konnte. Dann aber verfaßte er einen Bericht, der bald darauf in allen Zeitungen der Grenze und des Hinterlandes veröffentlicht wurde. Es war ein Heldenlied auf Oberst Crawford – und ein Bild von Simon Girty, das ihn als den leibhaftigen Teufel zeigte. Hatte er doch, trotz seines Versprechens, nichts zu Crawfords Rettung unternommen, ja sogar auf die Bitte des Obersten hin, ihn mit einem Schuß von seinen Leiden zu erlösen, nur höhnisch gelacht und sich davongemacht!

Konnte es ein verkommeneres Subjekt geben, als diesen Simon Girty, den Weißen Wilden, den Abtrünnigen?

# Was fängt man
# mit dem Frieden an?

»Kannst du reiten, Junge?«

»Komische Frage, Sir! Habt Ihr schon mal 'nen Grenzer gesehen, der nicht reiten kann?«

»Hoho, hör einer den Knirps an – Grenzer! Siehst mir eher danach aus, als hättest du in Henrys Drugstore Sauerkraut abgewogen!«

Simon Girty betrachtete den schmächtigen Jungen mit Schmunzeln. Vielleicht ließ sich ein brauchbarer Kerl aus ihm machen? Wie er sein sommersprossiges Gesicht mit der kecken Stubsnase zu dem Reiter hob und ohne Furcht antwortete, das gefiel ihm nicht schlecht. Aber jetzt war keine Zeit für Unterhaltungen. Man war nur wenige Meilen von Pittsburg entfernt, hatte am Neunmeilenbach Briefe königstreuer Bürger aus einem hohlen Baum geholt und dabei diesen Jungen gefangen, der das Pech gehabt hatte, dem kleinen Trupp von Wyandots unter Girtys Führung über den Weg zu laufen. Nun war es Zeit zu verschwinden, ehe man einer Armeestreife in die Arme lief.

»Binde ihn los!« befahl Girty dem Indianer, der den Jungen am langen Riemen geführt hatte. »Und gebt ihm eins von den Beutepferden, den Fuchs dort!« Während die Indianer seine Weisung ausführten, wandte sich Girty nochmals an den Jungen, der das Pferd abschätzend musterte, und sagte: »Wirst ja wohl ohne Sattel reiten können, wenn du ein Grenzer bist, he?«

»Klar, Sir!«

»Also los, und laß dir nicht einfallen zu fliehen, wenn du dein Leben und deinen Skalp behalten willst! Du reitest vor mir her.«

In diesem Augenblick erschütterte ein dumpfes Dröhnen die Luft, dreimal rollte der Donner einer Geschützsalve über die Hügel und Wälder dahin.

»Nanu!« rief Girty verdutzt, »was ist denn das? Die Kanonen von Fort Pitt! Was soll das bedeuten?«

»Das wißt Ihr nicht, Sir?« entgegnete der Junge mit heller Stimme. »Das ist der Frieden! Die Kanonen schießen Salut, den Frieden zu grüßen. Der Krieg ist zu Ende!«

»Unsinn, Bengel!« brummte Girty ärgerlich. »Das ist doch ausgeschlossen, müßte ja wohl auch davon wissen. Los, sitz auf, Bursche, wir wollen reiten!«

»Es ist der Frieden, was ich Euch sage! Und Ihr habt kein Recht mehr, Gefangene zu machen!«

»Daß dich der Satan, Kerl! Aufs Pferd, sonst mach' ich dir Beine!«

Gewandt schwang sich der Junge auf den Rücken des Fuchses, und gleich darauf galoppierte die kleine Schar nach Westen, dem Mingogrund entgegen, wo man nach Einbruch der Dunkelheit den Ohio überqueren wollte. Es war ein stummer, eiliger Ritt über Hügel, durch Wälder und Auen. Er führte auf verschwiegenen Wegen abseits der zahlreichen Siedlungen, die in den letzten Jahren das Land im großen Ohiobogen der Wildnis entrissen und in fruchtbare Äcker und fette Weiden verwandelt hatten.

Am Abend wurde auf den Höhen östlich des Stromes Rast gemacht, um die Dunkelheit abzuwarten. Die Maitage waren lang, erst spät sank die Sonne über dem Ohiotal hinter die Uferberge. Während die Krieger im Dickicht lagerten und sich mit Pemmikan und Popcorn stärkten, nahm sich Girty den jungen Gefangenen vor.

»Wie heißt du, Junge, und wie alt bist du?« fragte er.

»John Burkhard, Sir, bin fünfzehn Jahre alt.«

»Fünfzehn Jahre, so…« Der Bengel war also genauso alt, wie er, Simon Girty, damals gewesen war, als er in Fort Granville in indianische Gefangenschaft geriet. »Und nun hast du natürlich Angst, daß du an den Marterpfahl kommst, stimmt's?«

»Angst, Sir? Da irrt Ihr gewaltig! Ihr habt kein Recht, mich zu verschleppen, wo Frieden ist, und ich habe nichts zu befürchten!«

273

»So weißt du also nicht, wer ich bin?«

»Woher soll ich's wissen?«

»Ich bin Simon Girty!« Gespannt sah der Mann dem Jungen ins Gesicht: jetzt mußte seine dreiste Sicherheit zusammenbrechen wie ein Kartenhaus. Denn es gab keinen Namen an der Grenze zwischen Kittanning und den Fällen des Ohio, der soviel Schrecken enthielt und soviel Furcht verbreitete unter den Siedlern.

»Dacht' ich's mir doch!« rief der Junge erregt. »Wer sollte auch sonst den Mut haben, fast unter den Kanonen von Fort Pitt herumzustreifen!«

»Ja, Donnerwetter, Bengel, fürchtest du dich denn nicht, daß ich dich auffresse oder skalpiere?« Jetzt wußte Girty wirklich nicht mehr, was er davon halten sollte. Denn nach allem, was er inzwischen gehört hatte, mußte er den amerikanischen Grenzern als der leibhaftige Teufel erscheinen.

»Sir!« erwiderte der Junge, und seine Augen glänzten, »sie haben einen Kinderschreck aus Euch gemacht. Die Mütter bringen ihre Kleinen, wenn sie nicht schlafen wollen, mit Eurem Namen zu Bett. Aber wir Jungen wissen es besser. Ihr seid der Feind unseres Landes, und wenn wir Euch fangen könnten, wir würden es nur zu gern tun. Aber ein Satan, wie die Alten es wahrhaben wollen, seid Ihr nicht!«

Girty spürte ein merkwürdiges Brennen in der Kehle, seine Augen füllten sich mit Wasser. So also war das! Er räusperte sich und sagte rauh: »Was wißt ihr schon von mir, ihr Kinder! Was die Alten euch vorreden in ihrem Haß!«

»Täuscht Euch nicht, Sir, wir wissen allerlei! Habt im vergangenen Herbst die Kentuckyer bei den Blauen Lecken geschlagen, obwohl die besten Männer der Grenze gegen Euch standen, Boone, McGary, die Todds, und wie sie alle heißen. Glaubt mir, es wird viel über Euch geredet, und nicht nur Schlechtes. Wovor sollte ich mich fürchten? Habt Ihr nicht Henry Baker vom schwarzen Pfahl gerettet und so manchen anderen jungen Burschen, und war nicht Simon Kentons Befreiung Euer Werk?

Nein, Sir, wir Jungen hassen Euch nicht. Aber viele träumen davon, Euch eines Tages auf den Rücken eines Pferdes gebunden nach Pittsburg zu bringen. Verlaßt Euch darauf: wenn wir einmal groß sind, dann geht es andersrum!«

Girty schwieg lange. Als der Junge verstohlen zur Seite blickte, sah er die Augen des Mannes versonnen in die Ferne gerichtet, wo weit im Westen über der Ohiowildnis der letzte Abendschein erlosch. Und wenn der Tabak in der halblangen Pfeife aufglühte, konnte John Burkhard ein Lächeln erkennen, das die harten Züge überflog.

»Frieden, Junge, wie kommst du auf so was?« Girty nahm das Gespräch wieder auf. Das Wort hatte einen fremden Klang für ihn, es paßte nicht in seine Welt, der er sich seit fünf Jahren ganz verschrieben hatte.

»Was ich Euch sage, Sir! War ja schon länger davon die Rede, aber keiner wußte was Genaues. Doch gestern kam die Nachricht, daß General Washington die Armee entlassen hat. Heute feiern sie ein großes Fest in den Straßen von Pittsburg, der Salut war das Zeichen zum Beginn, und ich bin nicht dabei!«

Da war nun eigentlich kein Zweifel mehr möglich, und Girty wußte natürlich, daß schon im vergangenen Winter Verhandlungen über einen Sonderfrieden zwischen England und den ehemaligen Kolonien stattgefunden hatte. Aber daß nun wirklich der Kampf zu Ende sein sollte, das konnte, das wollte er nicht glauben. Also nahm er seinen Gefangenen mit über den Ohio und in sein Hauptquartier am Sandusky.

Als er drei Tage später nach scharfem Ritt in Ober-Sandusky eintraf, empfing ihn Lukas vor seiner Hütte und rief ihm entgegen: »Gut, daß Ihr endlich kommt, Herr! Es ist ein eiliger Brief vom Kommandanten in Detroit gekommen, gleich nachdem Ihr fortgeritten wart!«

»Lies vor, Lukas!« erwiderte Girty unmutig. Er ahnte schon, was darinstand.

Lukas erbrach das Siegel und las: »An Hauptmann Girty, Ober-Sandusky. Ich ersuche Sie, dafür Sorge zu tragen, daß sofort alle Unternehmungen gegen die Grenze eingestellt werden. Ich erwarte Sie baldmöglichst hier in Detroit. 30. April 1783. De Peyster, Oberst.«

Das war nicht viel und sagte noch immer nichts Genaues über Krieg oder Frieden. Girty gab die Weisung an den Halbkönig weiter, fertigte eilige Boten an seine Brüder ab, die Agenten bei den Delawaren und den Shawnees, und brach am nächsten Morgen mit seinem Gefangenen nach Detroit auf.

Dort erfuhr er die volle Wahrheit, nicht nur, daß der Frieden da war, sondern auch, was für ein Frieden: England trat den ganzen Westen südlich von Kanada bis zum Mississippi an die Kolonien ab, deren Anerkennung als unabhängiger Staat nunmehr besiegelt war.

Simon Girty wurde auf Halbsold gesetzt – Pension der Krone, lautete die anspruchsvolle Bezeichnung dafür – und erhielt einen halben Dollar pro Tag. Da der Kommandant Wert darauf legte, ihn für gelegentliche Aufträge zur Hand zu haben, blieb er vorerst in Detroit.

John Burkhard, sein letzter Gefangener, war noch am Tage seines Eintreffens auf freien Fuß gesetzt worden und mit dem ersten Transport entlassener Gefangener nach Pittsburg aufgebrochen.

Bald darauf lud Oberst De Peyster die Häuptlinge und Abordnungen der Ohiostämme und der See-Indianer zu einem Kongreß nach Detroit ein und forderte alle indianischen Völker auf, das Kriegsbeil zu begraben. Aber schon im Herbst hielt Sir John Johnson, der Superintendent der Krone für die indianischen Angelegenheiten, mit den Stämmen eine Beratung in Sandusky am See ab. Er beschwor die Indianer, sich für ihr Recht gegen die Amerikaner zu erheben und lieber das Kriegsbeil erneut auszugraben, als ihren Heimatboden abermals den ewigen Landräubern zu überlassen. In beiden Versammlungen versah Simon Girty das Amt des Dolmetschers.

Als er Sir Johnsons Rede übersetzte, flammte noch einmal die Hoffnung in ihm auf, das mächtige England könne das Indianerland vor dem drohenden Zugriff der Grenze retten. Sein Herz schlug höher, als er den Häuptlingen zurief: »Besser den Tod erleiden als wie ein Hund leben!« Wohl brandete mit Rufen und Waffengeklirr der Beifall auf, aber es waren die Jungen, die ihren Gefühlen freien Lauf ließen. Doch die alten, erfahrenen unter den Häuptlingen schwiegen mit steinernen Mienen: hatten sie nicht acht Jahre lang für England gekämpft und gesiegt – und mußten nun doch den Langmessern ihr Land öffnen? War es nicht ihren Vätern mit ihrer Freundschaft zu den Franzosen einst ebenso ergangen? Nein, sie wollten den Frieden nach all den vergeblichen Opfern, sie durften die Hand nicht zurückweisen, die sich ihnen jetzt auch von amerikanischer Seite entgegenstreckte.

Das war nun der Frieden: er trug den Keim neuer Konflikte bereits in sich, und was der eine zu seiner Verwirklichung tat, das tat der andere, ihn zu verhindern. Es war schwer für Simon Girty, sich zwischen solchen Widersprüchen zurechtzufinden. Da war niemand, der ihm in der abermals veränderten Welt seinen Platz anwies oder ihm auch nur eine neue Ordnung aufzeigen konnte, in der er einen Sinn fand.

Seine Hütte in Ober-Sandusky stand leer, Lukas war mit dem inzwischen genesenen Ben zur Mährischen Brüdergemeine zurückgekehrt, die in Südkanada eine neue Heimat gefunden hatte. Girtys Brüder lebten unter den Indianern mit ihren indianischen Frauen, George bei den Delawaren, James bei den Shawnees. McKee und Elliott hatten ihren Handel mit den Ohiostämmen wiederaufgenommen und machten gute Geschäfte. Alle hatten sie ihren Platz gefunden, nur Simon Girty nicht. Spät genug hatte er für sein Leben einen Sinn gefunden im Dienst für die Krone und zugleich für seine roten Freunde, denen er sich verbunden fühlte. Noch war sein Glaube an England nicht zerbrochen, aber der Gedanke an die Vergeblichkeit seines Wirkens quälte ihn oft.

Kleine Gelegenheitsaufträge als Führer und Dolmetscher und die Pension der Krone hielten Girty den Winter über in Detroit fest. Doch die laute, geschäftige Stadt, die in den vergangenen

Jahrzehnten rund um das wehrhafte Fort entstanden war, behagte ihm wenig. Und als der Frühling über den Eriesee kam, zog es ihn mit allen Fasern nach Süden in die Ohiowildnis zurück.

## Die Gefangene des Grauen Bibers

Als er eines Morgens im April vom Fort, wo er sein Quartier hatte, durch die Straßen der Stadt ging, um sich in den Schenken nach einem Trip als Dolmetscher für den Indianerhandel umzusehen, hörte er plötzlich seinen Namen rufen:

»Mr. Girty! Hallo, Mr. Girty!«

Er blieb stehen und sah eine zierliche, grauhaarige Frau auf sich zukommen, deren Gesicht ihm bekannt vorkam.

»Kennt Ihr mich nicht mehr, Mr. Girty?« rief sie erregt und ergriff ihn am Arm. »Ich bin Mable Malott! Erinnert Ihr Euch, damals in Coshocton, als der Verräter Greathouse die Delawaren auf Euch hetzen wollte.«

Ja, gewiß, das war doch die Frau, die ihn damals beschworen hatte, ihre Familie aus der indianischen Gefangenschaft zu befreien! Plötzlich stand ihm die Szene wieder lebendig vor Augen. Und da war es wieder, das Bild: ein schlankes junges Mädchen, fast ein Kind noch, hatte seine dunklen Augen auf ihn gerichtet. Der Blick war ihm durch und durch gegangen, nie mehr hatte er dieses ernste, blasse Gesicht zwischen den schwarzen Flechten vergessen können.

Er nickte. »Ja, Mrs. Malott, ich weiß, ich weiß. War eine böse Geschichte damals, auch für mich, konnte beim besten Willen nichts für Euch tun.«

»Aber Ihr habt gesagt, später würdet Ihr etwas tun können, Mr. Girty! Ich bitte Euch, kommt, laßt uns ein wenig beiseite gehen, damit wir in Ruhe miteinander sprechen können! Ich bin ja so glücklich, Euch zu treffen, habe so oft vergeblich nach Euch gefragt.«

Girty folgte ihr widerstrebend. Am liebsten wäre er seiner

Wege gegangen, aber irgend etwas war da, was ihn zwang, ihr zu folgen. Sie gingen zu einem Holzplatz abseits der belebten Straße. Dort fuhr Mrs. Malott sogleich fort:

»Mr. Girty, Ihr müßt mir helfen, und jetzt, wo endlich Frieden ist, habt Ihr auch Zeit dafür, nicht wahr?«

»Nun, Mrs. Malott, kann mir denken, was Ihr wollt: nach Haus mit Euren Kindern. Das wird schon werden, habe gehört, daß die Transporte schon im Gange sind.«

»Nein, Mr. Girty, das ist es nicht. Wir reisen in den nächsten Tagen. Mein Mann ist schon unterwegs, uns abzuholen. Es geht nicht um mich und die Jungen, die ich bei mir hatte die ganze Zeit – es geht um mein Mädel, um Catharine!«

Jetzt war Simon Girty hellwach, und er hatte gar nicht mehr den Wunsch, schleunigst seiner Wege zu gehen. »Ja, ist sie denn nicht bei Euch, Mrs. Malott?« fragte er bestürzt.

»Das ist es ja, Mr. Girty! Wir wurden damals gleich getrennt, der Häuptling Grauer Biber hat sie mitgenommen, während wir am Muskingum blieben und später an den unteren Sandusky zogen. Ich habe nie erfahren können, wo sie ist. Nur einmal hat mir ein kanadischer Händler erzählt, sie solle irgendwo am Scioto sein und werde dort versteckt gehalten, weil sie sich weigere, dem Grauen Biber als Squaw in seine Hütte zu folgen!«

Girty runzelte die Stirn. »Dann muß doch dieser Bursche, der Graue Biber, sie bei sich haben! Das läßt sich ja immerhin feststellen, wo er mit seiner Sippe haust!« Die Vorstellung, daß Catharine Malott bei irgendeinem Splitter des Delawarenvolkes versteckt gehalten wurde, beunruhigte ihn auf eine merkwürdige Weise.

»Darum geht es, Mr. Girty, und das ist es, worum ich Euch bitten möchte! Wenn irgend jemand auf der Welt sie finden und aus ihrem Elend erlösen kann, so seid Ihr es, Mr. Girty. Ich bitte Euch, ich flehe Euch an: sucht mein Kind, rettet meine Catharine! Wenn Ihr selbst Kinder habt, wenn ein lebendiges Herz in Eurer Brust schlägt, Mr. Girty, so rettet mein Kind!«

Simon Girty versprach weniger, als er zu halten gedachte. Er ließ die unglückliche Mutter nicht ohne Hoffnung, aber er gab nicht zu erkennen, wie sehr ihn das Schicksal dieses Mädchens beschäftigte. Er wies auf die Schwierigkeiten hin, sie zu finden und gar aus der Gewalt der Indianer zu befreien, versprach jedoch, bei seiner nächsten Reise an den Scioto die Augen offenzuhalten.

Monate vergingen, bis sich endlich eine Spur zeigte. Es war im Sommer des Jahres 1784, als er in Chillicothe am Scioto mit Wolf zusammentraf. Girty hatte einen kanadischen Pelzhändler durch die Ohiowildnis geführt und ihm Dienste als Dolmetscher geleistet. Der Handel war abgeschlossen, die Ware auf Packpferde verladen, der Händler konnte seinen Weg nach Sandusky am See ohne weiteres allein finden.

So konnte sich Simon Girty sogleich frei machen, als Wolf ihm, mit einem verhaltenen Lächeln in den Augenwinkeln, sagte: »In den Wäldern am Salzbach, eine halbe Tagereise von hier nach Sonnenaufgang und ein weniges gen Mittag, hat der Graue Biber seine Burg. Er lebt dort einsam mit seiner Sippe. Man sagt, er scheue die Sonne, solange er noch um das Herz eines weißen Mädchens wirbt, das er dort versteckt hält.«

»Es ist Catharine Malott!« rief Girty erregt. »Komm mit, Wolf, wir müssen sie holen!«

»Der Biber wird nicht hergeben wollen, woran sein Herz hängt«, erwiderte Wolf ernst. »Und der Wolf hat kein Recht, Unfrieden in seine Burg zu tragen. Der Häuptling ist ein Delaware, seine Sippe gehört dem Wolfsclan an.«

»So muß ich sie loskaufen!« rief Girty ungeduldig. »Drouillard und McKee, meine Freunde, werden mir Waren borgen, soviel ich brauche. Geh zu ihm, Wolf, und frag ihn, was er haben will!«

Wolf schüttelte den Kopf. »Grauer Biber lebt noch nach der Weise seiner Väter, er begehrt die Güter der Weißen nicht. Pulver, Blei und Salz handelt er gegen Felle ein, und mehr braucht er nicht. Wenn mein Bruder die weiße Frau haben will, so muß er sie sich holen, ohne zu fragen.«

»Das ist zu gefährlich, Wolf, wie leicht kann ihr etwas passieren dabei!«

Der Delaware lächelte. »Noch nie hat der Mut des Weißen Falken die Gefahr gewogen. Wenn er aber für das Leben der Frau fürchtet, wenn also sein Herz mit im Spiel ist, so muß er um sie freien. Willigt sie ein, sein Weib zu werden, so wird der Graue Biber zu stolz sein, sie festzuhalten.

»Ausgeschlossen!« Girty war aufgesprungen. Er fühlte, wie ihm das Blut zu Kopfe stieg, und er wollte das verräterische Anzeichen verbergen. »Das ist doch Unsinn, Wolf! Sie ist noch ein Kind und könnte meine Tochter sein!« Er ging ein paarmal unruhig auf und ab und blieb dann vor dem Freund stehen. »Zeig mir den Weg, Wolf. Will mir die Biberburg aus der Nähe besehen. Vielleicht kann ich mit dem Mädchen sprechen. Ist dann immer noch Zeit, Pläne zu machen, wie wir sie aus dem Bau herausholen.«

Drei Tage lang lag Simon Girty in den Wäldern am Salzbach, beobachtete das Dorf der Bibersippe und schlich nachts ganz nahe an die Hütten heran, um das Versteck der Gefangenen ausfindig zu machen. Seinen Falben hatte er im Dickicht angepflockt und ließ ihn nur bei Nacht weiden. Schon kannte er fast jeden Bewohner des kleinen Dorfes, aber das Mädchen hatte er noch nicht zu Gesicht bekommen.

Endlich, gegen Mittag des vierten Tages, als er schon alle Hoffnung aufgegeben hatte, sah er aus der größten Rundhütte eine Frauengestalt kommen und leichtfüßig in den Wald eintauchen. Sie ging bachaufwärts den Wildwiesen zu, auf denen Girty sein Pferd zu weiden pflegte. Kaum einen Steinwurf entfernt, folgte ihr ein Delawarenkrieger, offenbar ihr Wächter.

Simon schlug das Herz bis zum Halse. Noch konnte er das Gesicht nicht erkennen, aber der Gang und die Haltung sagten ihm, daß es keine Indianerin sein konnte. Eilig zog er sich in den Wald zurück und lief im Schutze des Unterholzes bis zum Eingang des Tales, in dem sich die Wildwiesen aneinanderreihten. Dort verbarg er sich neben dem kleinen Pfad im Dickicht.

Keine Minute zu früh. Denn dort kam das Mädchen schon zwischen den Stämmen des Hochwaldes heran. Sie ging mit eiligen Schritten, als wollte sie den lästigen Begleiter abschütteln. Als Simon sie so plötzlich aus der Nähe sah, zuckte er unwillkürlich zusammen: kein Zweifel, das war Catharine Mallot. Aber es war nicht mehr das zarte, blasse Mädchen von einst, das er in Erinnerung hatte, das war eine vollerblühte Frau, deren Anblick ihn verwirrte. Sie ging barfuß. Das halblange Kleid aus blauem Wollstoff wurde von einem mit Silberplatten verzierten Gürtel gehalten. Das üppige, tiefschwarze Haar trug sie hochgesteckt unter einem leuchtendroten Kopfband.

Simon hielt den Atem an. Fast hätte er sie greifen können, so nahe ging sie an seinem Versteck vorüber. Aber sie durfte ihn nicht bemerken, sonst war alles verloren. Denn dort, nur zwei Dutzend Schritte entfernt, kam schon mit lautlosen, wiegenden Schritten der indianische Wächter, ein junger Krieger von kräftiger Gestalt.

Da war nicht mehr viel Zeit, Pläne zu machen, hier mußte gehandelt werden. Simon mußte Catharine sprechen und den Bewacher erledigen. Zumindest unschädlich machen, denn er wollte kein Blut an seinen Fingern haben bei dieser Sache.

Schon war der Indianer fast auf seiner Höhe und nur noch durch den starken Stamm einer Akazie, hinter der Simon kauerte, von ihm getrennt. Blitzschnell richtete sich Simon auf, sah den bloßen Rücken des Mannes vor sich und schnellte vorwärts. Hart griffen seine Hände zu, umschlossen den Hals des Indianers wie ein Schraubstock und rissen ihn rücklings zu Boden. Der Wächter stürzte, ohne einen Ton herausbringen zu können. Girty hatte sich mit ihm fallenlassen und wälzte sich nun blitzschnell herum, bis der Indianer unter ihm lag. Wohl tastete dessen Hand nach dem Messer, aber er hatte nicht mehr die Kraft, den Feind damit zu erreichen. Als Girty spürte, daß der Widerstand nachließ, löste er den Griff der Rechten und schlug dem Indianer schnell mit den Knöcheln der Faust zweimal gegen die Schläfe. Augenblicklich streckte der Überfallene die Glieder.

Girty band ihm Hände und Füße rücklings zusammen, steckte ihm sein Halstuch als Knebel in den Mund und trug das leblose Bündel seitwärts ins Gebüsch.

Catharine war vom Geräusch des Sturzes erschrocken zusammengefahren. Als sie den Überfall erkannte, stieß sie einen entsetzten Schrei aus und wollte im ersten Augenblick fliehen. Aber dann sah sie, daß es ein Weißer war, der ihren Wächter zu Boden gerissen hatte. Unschlüssig blieb sie stehen und starrte halb ängstlich, halb neugierig auf die Stelle, wo jetzt der weiße Mann mit seinem Opfer verschwunden war.

Simon Girty trat, von der Anstrengung des Kampfes außer Atem, auf die Lichtung. Wo mochte Catharine sein? Wahrscheinlich war sie geflohen – einen Atemzug lang empfand er, daß das, was hinter ihm lag, der leichteste Teil seines Vorhabens gewesen war.

Da traf ihn der halblaute Ruf: »Mr. Girty! Ihr seid es?« Mit zögernden Schritten kam Catharine ihm entgegen.

Simon ergriff sie am Arm: »Kommt, Catharine, schnell weg von hier! Ich muß Euch sprechen, Ihr werdet alles erfahren!« Er zog sie mit sich in den schützenden Wald bis in einen Tannengrund, wo er sein Pferd versteckt hielt. Dort setzten sie sich auf einen umgestürzten Stamm, und Simon berichtete ihr in fliegender Hast von ihrer Mutter und daß er versuchen wolle, sie zu befreien. »Habt Vertrauen zu mir, Miß Malott«, sagte er dann, »ich will Euch loskaufen oder sonst tun, was nötig ist, Euch mit Eurer Familie zu vereinen!«

Catharine schüttelte den Kopf. »Loskaufen? Das wäre aussichtslos. Der Häuptling wird mich niemals freigeben. Wozu lange überlegen, Mr. Girty, dort steht Euer Pferd, laßt uns reiten! Mein Leben gilt mir nichts mehr, wenn ich noch länger in der Gewalt der Wilden bin!«

»So wollt Ihr Euch mir anvertrauen?« fragte Girty. »Es wird eine beschwerliche Reise! Wir müssen nach Detroit. Am Ohio darf ich mich nicht sehenlassen, und die Indianer in Chillicothe würden dem Grauen Biber seine Gefangene sogleich zurückgeben. Erst am Sandusky, bei den Wyandots, meinen Freunden, sind wir sicher!«

Catharine sah den Mann an, der dort neben ihr saß, in der ledernen Fransenhose des Waldläufers, die mächtige Brust mit dem wollenen Buschhemd bedeckt. Sie schien in seinem Gesicht lesen zu wollen, aber er schlug die Augen nieder und zerpflückte ein Blatt mit den Fingern. Das also war der berühmte Weiße Falke, von dem an den Lagerfeuern erzählt wurde, und der berüchtigte Überläufer, der Schrecken der Grenze! Durfte sie sich ihm anvertrauen? Doch jetzt erschien er ihr eher wie ein unbeholfener großer Junge, der seine Befangenheit zu verbergen suchte und sich gern dem prüfenden Blick der Frau entzogen hätte.

»Kann verstehen, Miß Malott«, sagte er stockend, »daß diese Aussicht Euch nicht rosig erscheint. Habe nicht den besten Ruf unter Euren Landsleuten, halten mich wohl für ein schlimmeres Scheusal als den schlimmsten Roten. Ich will mich Euch auch nicht aufdrängen, hab' aber Eurer Mutter in die Hand versprochen, alles zu Eurer Rettung zu versuchen.«

Catharine legte die Hand auf seinen Arm, nun mußte er ihr den Blick zuwenden, und ihr Lächeln verwirrte ihn vollends. »Mr. Girty«, sagte sie bittend, »haltet mich nicht für so töricht, daß ich solchem Geschwätz Glauben schenke. Ihr wagt Euer Leben für mich, und ich will es Euch danken.« Sie erhob sich mit einer entschlossenen Bewegung. »Kommt, laßt uns reiten, je schneller, je lieber!«

Girty pflockte den Falben los, hob das Mädchen aufs Pferd und schwang sich hinter ihm in den Sattel. Einen Augenblick lang stieg es wie Triumph in ihm auf, aber er verdrängte das Gefühl und schalt sich im stillen einen Toren. Hier galt es einfach, die Aufgabe zu meistern und dieses Mädchen – es war halb so alt wie er! – zu befreien und der Mutter zuzuführen. Oder es jedenfalls nach Detroit zu bringen, wo es sicher war, denn die Mutter würde schon fort sein. Sein Herz hatte damit nichts zu schaffen. Wozu sollte sich auch sein Herz ins Spiel mischen, dem er so lange keinen Raum in seinem Leben gegeben hatte? Er brauchte jetzt einen kühlen Kopf und wache Sinne, sonst nichts. Vorwärts, Falber, zeig, was du kannst!

Sie ritten zügig, holten im Bogen nach Osten aus und schlugen erst gegen Abend nördliche Richtung ein. Der Falbe griff wacker aus und schien die doppelte Last nicht zu spüren. Sie sprachen kaum miteinander, und hätte der Reiter nicht den warmen Körper des Mädchens in seinen Armen gespürt, den Duft ihres Haares geatmet, wo wäre ihm das Ganze wie ein Traum erschienen.

Als der Abend über die Wälder sank, kamen sie an den Oberlauf des Hockhocking. Girty ritt im seichten Uferwasser flußaufwärts, bis er eine Furt fand. Am andern Ufer folgte er dem Flußlauf noch eine Weile nach Nordwesten. Unter einer vom Sturm gefällten Tanne richtete er Catharine ein Lager aus Reisig und Moos, hüllte sie in seine Decke und teilte seinen Vorrat an Dörrfleisch und Maismehl mit ihr. Er selbst hockte sich mit dem Rücken an den Stamm, legte die gespannte Büchse auf seine Knie und hielt, den Blick zum Flußufer gerichtet, Wache.

Nichts störte seine Gedanken. In die vertrauten Geräusche der Nacht mischten sich die regelmäßigen Atemzüge der Schlafenden und hin und wieder das leise Schnauben des Falben. Wie oft hatte Simon so dagesessen in der nächtlichen Wildnis und den Schlaf eines Gefährten bewacht! Aber nie hatte er diese Besorgnis empfunden, wie sie nun seine Sinne geschärft, seine Gedanken wach hielt. Und es war nicht die Gefahr, was ihn erregte, Gefahr gehörte zu seinem Leben wie Wind und Wolkenzug. Es war etwas Unbekanntes, Neues, das in sein dreiundvierzigjähriges Leben getreten war und alles Vergangene überflutete. Im nächsten Augenblick aber quälten ihn die Zweifel: Durfte ein Mann wie er überhaupt seine Wünsche zu solch einem Geschöpf erheben, konnte er je daran denken, eine Frau an sein wildes, unstetes Dasein zu binden? Und stand dieses Mädchen nicht unerreichbar hoch über ihm? Dann schüttelte ihn ein lautloses, hartes Lachen: Narr, der er war, sich so etwas vorzumachen! Bleib, wo du bist, Simon Girty, solch ein Glück ist nicht für dich geschaffen!

Mitten in der Nacht erwachte Catharine. Sie schlug die Augen auf und sah den Mann immer noch dasitzen, die Büchse auf den Knien, den Blick unbeweglich zum Flußufer gerichtet. »Mr. Girty!« rief sie halblaut, »Ihr seid ja noch immer wach! Aber ich hab' Euch die Decke weggenommen, nicht wahr? Kommt, sie reicht für uns beide, Ihr müßt morgen frisch sein!«

Der Mann fuhr zusammen, es schien, als suche er nach der richtigen Antwort. »Schlaft, Catharine!« sagte er trocken. »Haben einen langen Ritt vor uns morgen. Macht Euch keine Gedanken um mich, bin hier zu Haus in der Wildnis, hab' schon manche Nacht so verbracht.«

»Ich danke Euch, Mr. Girty, Simon Girty!« flüsterte Catharine. Dann schwiegen beide, und nach einer Weile zeigten die tiefen Atemzüge an, daß das Mädchen eingeschlafen war.

Dank? Nein, ihn wollte Simon Girty nicht. Was er tat, war selbstverständlich, es gehörte zu seinem Handwerk. Und sich einen Lohn zu erschleichen wie ein Händler, die Not eines Menschen zu seinem Vorteil umzumünzen, dazu war er zu stolz. Wer den Panzer durchdringen wollte, den die langen Jahre in der Wildnis um sein Herz gelegt hatten, der mußte mehr geben als Dank.

Allmählich fand er zu sich selbst zurück. Schließlich konnte er lächeln über seine Torheit, und als der Morgen über den Wipfeln graute, sank er gelöst in den gewohnten Halbschlaf des Waldläufers.

War es das unruhige Schnauben des Falben, was ihn aufschrecken ließ, oder war es das Schelten des Hähers – plötzlich war Simon Girty hellwach und versuchte, mit Auge und Ohr die Dämmerung zu durchdringen. Aber sosehr er sich mühte, er konnte nichts Verdächtiges entdecken. Gewiß war es ein Fuchs gewesen, der vorübergeschnürt war und den Wächter des Waldes erregt hatte, oder eine Wildkatze.

## Das stärkere Gesetz

Girty stand auf, reckte die steifen Glieder und entfachte aus trockenem Reisig ein kleines Feuer. Darauf briet er einen Fetzen Hirschkeule aus der Satteltasche und weckte Catharine, als das einfache Mahl bereit war. Das Mädchen schlug die Augen auf, sah verständnislos in die Runde und stieß einen Schrei des Entsetzens aus. Mit weit aufgerissenen Augen starrte sie an Girty vorbei in den Wald.

Simon fuhr herum und blickte in das grimmige Gesicht des Häuptlings Grauer Biber. Seine Hand fuhr zum Messer, aber er ließ sie gleich darauf sinken: ringsum sah er in die Mündungen von Büchsen, und der Häuptling sagte mit kaltem Hohn: »Der Weiße Falke hat Sand in den Augen und Moos in den Ohren. Wer dem Grauen Biber die Beute abjagen will, muß wach sein und darf nicht träumen!«

Dann wandte er sich an Catharine, die neben Girty getreten war, und fuhr fort: »Meine kleine Schwester hat uns traurig gemacht, weil sie den falschen Worten dieses Mannes Gehör geschenkt hat. Waren wir nicht gut zu ihr? Ist nicht seit drei Wintern das Büffelfell in der Hütte des Grauen Bibers leer, wartet er nicht lange genug auf die Blume des Waldes?«

Catharine hatte sich schneller gefaßt als Simon Girty, der in ohnmächtigem Zorn seine Augen rundum gehen ließ und vergeblich nach einer Möglichkeit suchte, mit seiner Schutzbefohlenen zu entkommen.

»Nie werde ich dir in deine Hütte folgen, Häuptling!« rief sie entrüstet. »Das weißt du seit drei Jahren! Laß mich frei, du hast kein Recht, mich gefangenzuhalten, es ist Frieden im Land!«

»Ich habe keinen Frieden geschlossen mit den Langmessern!« entgegnete der Graue Biber finster. »Und du gehörst mir und meinem Volk nach den Gesetzen des roten Mannes, die in diesem Land gelten. Wer dem Indianer ein Pferd stiehlt, hat sein Leben verwirkt. Wer mir die Blume des Waldes stiehlt, ist ein toter

Mann. Der Skalp des Weißen Falken wird die Hütte des Grauen Bibers schmücken!«

Catharine aber gab nicht auf. Es ging nun nicht mehr um ihre Freiheit allein, es ging um das Leben des Mannes, der sie aus der unwürdigen Knechtschaft befreien wollte. »Du kennst die Gesetze, Häuptling!« rief sie. »Dem Weißen Falken gehört mein Herz, ich bin sein Weib und will ihm in seine Hütte folgen! Du hast kein Recht, mich daran zu hindern!«

Auf dem Gesicht des Häuptlings malte sich grenzenloses Erstaunen. Was ihm drei Jahre lang versagt geblieben war, das sollte der Weiße Falke in wenigen Stunden erreicht haben? »Deine Zunge redet falsch!« schrie er wütend. »Seit wann ist es Sitte, daß Mann und Frau so die Nacht verbringen? Ich sehe kein Zeichen, daß dein Herz für den Weißen Falken schlägt! Mir scheint, du hast gar kein Herz!«

Das Mädchen warf dem Häuptling einen zornblitzenden Blick zu. Dann flog sie an Simon Girtys Brust, schlang ihre Arme um seinen Nacken und preßte ihm, der nicht wußte, wie ihm geschah, die Lippen auf den Mund. »Glaubst du mir nun, Häuptling, wem mein Herz gehört? Ich bin sein Weib, und in Detroit wird unsere Ehe von einem weißen Priester geweiht werden!«

Der Graue Biber senkte den Kopf. Bestürzung und Trauer lagen in seiner Miene, aber er war zu stolz, sich mit Gewalt zu nehmen, was seiner geduldigen Werbung versagt geblieben war. Er faßte sich sogleich und ließ den Blick zwischen den beiden so plötzlich Verlobten hin- und hergehen: Vom Weißen Falken, dessen Narbe über den finster gerunzelten Brauen glühte, zu dem Mädchen, das jetzt über und über errötet war und die Augen niederschlug.

Doch der Stolz ließ den Zweifeln keinen Raum. Der Häuptling Grauer Biber war der indianischen Würde stärker verpflichtet als seinen eigenen Wünschen. Schmerz und Enttäuschung schwanden aus seinem Gesicht, seine Miene gefror zur starren Maske des Gleichmuts, als er sagte:

»Der Weiße Falke hat ein Weib aus den Hütten des Wolfsstammes gefreit. Die Blume des Waldes schenkt ihm ihr Herz. Die alte Frau, die den Kriegern meiner Sippe das Gesetz gibt und über die Sitte unserer Mädchen wacht, wird den Großen Geist um seinen Segen bitten für diesen Bund. Wäre der Freier zu ihr gekommen und hätte um die Hand der Braut angehalten, so müßte diese jetzt nicht arm und bloß in seine Hütte einziehen: wir hätten ihr Kessel und Schüsseln für ihren Haushalt und Hakken für ihren Garten mitgegeben, ein Gewand aus Hirschhaut, bestickte Mokassins für ihre Füße und Felle für ein warmes Lager. Wir hätten ein Fest gerichtet, wie es unserer Familie würdig ist. Drei Tage lang hätte das Fleisch in den Kesseln gedampft, der Boden hätte gedröhnt vom Tanz der Krieger, der Wald widergeklungen vom Gesang der Frauen und Mädchen, und die Braut wäre mit den schönsten Blumen geschmückt worden.«

Er hielt einen Augenblick inne, wandte sich um und raunte einem der Krieger etwas zu. Der verschwand im Dickicht. Simon Girty warf ihm einen besorgten Blick nach: Was sollte das? Wollte der Häuptling sie mit seinem Redeschwall in Sicherheit wiegen und plante irgendeine Teufelei, ihn doch noch an den schwarzen Pfahl zu bekommen? Er wollte auf der Hut sein, so leicht fing man den Weißen Falken nicht. Wenn nur das Mädchen nicht wäre! Es hatte seine Rolle glänzend gespielt, aber er dankte ihr das Schaustück wenig, das ihn hatte rot werden lassen wie einen dummen Jungen.

Jetzt fuhr der Häuptling fort: »Aber die Blume des Waldes soll nicht unbeschenkt von uns gehen. Der Graue Biber will ihr das beste Gut, das er besitzt, mit auf den Weg geben: möge es ihr Glück bringen und sie leicht und sicher in die Hütte des Freiers tragen!« Er wandte sich abermals um und nahm aus der Hand des Kriegers, der soeben mit einem Pferd am Zügel zurückkehrte, seinen herrlichen Rappen entgegen. Ihn führte er nun zu Catharine, gab ihr die Zügel in die Hand und war gleich darauf mit seinen Kriegern im Wald verschwunden.

Girty war tief beschämt – von der Großmut des Häuptlings, gegen den er nichts als Argwohn empfunden hatte, über seine eigene klägliche Rolle und wegen der Komödie, die Catharine mit ihm gespielt hatte. Wortlos schwang er sich in den Sattel, während Catharine den Rappen bestieg. Dann warf er ihr eine mürrische Aufforderung zu, ihm zu folgen, und begann den langen, schweigsamen Ritt nach Nordwesten.

Sie ritten den ganzen Tag und wechselten kaum ein Wort miteinander. Zwar hatte Girty seinen Ärger bald überwunden, weil ihn Sonne und Wind im Sattel stets frei machten. Aber das flüchtige Glücksgefühl, das ihn beseligt hatte, wollte nicht wiederkehren. Je mehr er über Catharines Verhalten nachdachte, um so deutlicher wurde ihm, wie unsinnig es war, ihr gram zu sein. Sie hatte in Notwehr gehandelt, nicht zuletzt für ihn, und eigentlich mußte er sie bewundern, wie sie die Lage gemeistert hatte. Auf keinen Fall aber durfte er sich irgendwelche unsinnigen Hoffnungen machen.

Am Abend, als der Scioto vor ihnen lag, glitt Girty aus dem Sattel und machte sich daran, das Nachtlager für Catharine herzurichten. Sie hatte ihr Pferd versorgt und trat neben ihn, als er gerade seine Decke auf die Erde breitete. Er wandte den Kopf und sah, daß sie etwas sagen wollte. Wieder spürte er die Befangenheit, die ihn ihr gegenüber stets befiel, und brummte: »Legen Sie sich schlafen, Miß Malott, will sehen, daß ich einen Truthahn vor die Büchse kriege und uns eine ordentliche Mahlzeit bereite. Haben es beide nötig nach diesem Ritt...«

Er zuckte zusammen. Sie hatte ihm die Hand auf die Schulter gelegt und sagte leise: »Habe ich Euch gekränkt, Mr. Girty, durch mein Verhalten? Verzeiht mir! Ich... es kam so plötzlich über mich... ich mußte es einfach tun!«

»Unsinn!« knurrte Girty und zupfte an der Decke herum, die längst gänzlich ausgebreitet war. »Habt eine vortreffliche Braut abgegeben, aber nun ist's genug!«

Die Augen des Mädchens füllten sich mit Tränen. »Um Himmels willen, Mr. Girty, gewiß habt Ihr Frau und Kinder daheim – und ich glaubte Euch frei.«

Simon fuhr auf. Ihre Worte hatten ihn auf die Beine gebracht.

290

Die Narbe auf seiner Stirn färbte sich dunkelrot, als er mit mühsam beherrschter Stimme antwortete: »Ihr irrt, Catharine, ich bin frei. Aber Ihr sollt Euch nun keinen Zwang mehr antun. Der Häuptling ist weit, Ihr habt ihn überlistet.«

»Nein!« rief das Mädchen, »das ist nicht wahr! Es war keine Lüge, wie könnt Ihr so von mir denken! Ich danke Euch mein Leben – es gehört Euch!«

»Kind!« sagte Girty, und in seinem Gesicht wetterleuchtete es, »was ich tat, geschah nicht um Lohn. Hab's deiner Mutter versprochen. Du schuldest mir nichts.«

Catharine lächelte unter Tränen. »Verzeiht, Mr. Girty«, flüsterte sie, »mein Herz hat mir einen Streich gespielt. Was sollt Ihr schon an mir dummen Mädchen finden...«

Da war es wieder, das Glück, und diesmal fegte es alle Zweifel beiseite. Er wollte sie an sich ziehen, sie wie ein Kind auf die Arme nehmen, aber sie hing schon an seinem Nacken und küßte ihn auf den Mund. Simon Girty schoß keinen Truthahn mehr an diesem Abend, und wenn der Graue Biber des Wegs gekommen wäre, in dieser Nacht hätte er an den Brautleuten nichts mehr auszusetzen gefunden.

Am nächsten Abend trafen sie in Simons verlassenem Blockhaus in Ober-Sandusky ein, und der Halbkönig Dunquat beschenkte die Braut reich: ein ledernes Gewand, kostbare bestickte Mokassins und eine Decke aus Waschbärenfell begründeten Catharines Aussteuer.

Wenige Tage darauf wurden die beiden in Detroit von einem katholischen Priester getraut. Es war das erstemal, daß Simon Girty eine Kirche betrat, und er tat es mit klopfendem Herzen. Seine Freunde McKee und Elliott waren die Trauzeugen, und Simon gab sich der heiligen Handlung hin, wie er vor fast dreißig Jahren dem Medizinmann Schwarze Eule gegenübergestanden hatte, bereit für das Wunder, das er erwartete – und das doch schon leibhaftig an seiner Seite kniete, eine späte Frucht seines wilden Lebens in den Wäldern am Ohio.

Bald darauf teilte ihm der Kommandant von Detroit ein Stück

Land zu. Er brauchte nur noch die Einwilligung der rechtmäßigen Eigentümer, und das waren die Wyandots, die östlich des Detroit River an der Küste des Eriesees wohnten. Welchem Engländer sollten sie lieber ein Recht auf Land zubilligen als dem Weißen Falken, ihrem Verbündeten und Vertrauten in langen Jahren des Krieges gegen die verhaßten Langmesser? So wurde Simon Girty Eigentümer von etlichen hundert Morgen fruchtbaren Landes im Südwestzipfel von Kanada, wenige Meilen südlich von Malden, und errichtete dort ein geräumiges Blockhaus. Sein Nachbar im Süden war Alexander McKee, und die Arbeitskräfte für seine Farm stellten die christlichen Delawaren, seine alten Bekannten, die auf der Halbinsel zwischen Eriesee und Detroit River siedelten. Lukas und Ben waren häufige Gäste im Hause des Farmers Girty, der nun doch noch Mais und Bohnen pflanzte, was er früher weit von sich gewiesen hätte. Aber was tut man nicht alles für eine Frau wie Catharine!

So hatte der Frieden Simon Girty schließlich doch Glück gebracht, ein Glück von der Art, wie er es sich am allerwenigsten hatte träumen lassen. Daß seine junge Frau Kessy eine Schönheit war, wußte man bald im weiten Umkreis von Detroit. Es fehlte nicht an offenen und heimlichen Bewunderern. Doch wenn einmal einer der alten Gefährten der Wildnis vorüberkam und sah, wie Simon seine Äcker bewirtschaftete, dann schüttelte er den Kopf und murmelte vor sich hin: »Das geht nicht mit rechten Dingen zu: was keine Rebellenarmee konnte, das hat dieses Teufelsmädchen geschafft, sie hat den wilden Girty gezähmt!«

# Die Entscheidung

Durch die Straßen von Pittsburg fegte ein eisiger Nordwind. Er trieb einen körnigen Schnee vor sich her, der den wenigen Passanten wie mit Messern ins Gesicht schnitt. Kein Wunder, daß an diesem unwirtlichen Dezembertag des Jahres 1792 jeder in der warmen Stube blieb, den nicht dringende Erledigungen auf die Straße trieben.

Der rüstige Sechziger, der jetzt vor Rocks Schenke aus dem Sattel sprang, schien von dem bösen Wetter keine Notiz zu nehmen. Er schüttelte den Schnee aus dem pelzbesetzten Mantel, trat auf die Schenkentür zu und schlug mit dem Klöppel ein paarmal kräftig gegen die eiserne Pflugschar, die neben dem Eingang im Winde schaukelte.

Nach einer Weile öffnete sich die Tür, und ein alter Neger streckte seinen weißen Wuschelkopf vorsichtig durch den Spalt. »He, Jonas!« rief der Reiter und warf ihm die Zügel zu, »pennst wohl wieder? Hier, bring meine Bleß in den Stall und gib ihr Hafer, aber anständig, sonst schneide ich dir ein Ohr ab!«

Der Alte grinste und brabbelte mit hoher Stimme: »Oh, Massa Peter, bei diesem Wetter unterwegs! Gebt her Euer Pferd, werde es striegeln und trockenreiben. Kommt rein, Massa Peter, 's ist warm in Rocks Schenke!«

Als der Reiter den Schankraum betrat, schlug ihm wogender Lärm entgegen. Die Luft war zum Schneiden dick, Schwaden von Tabakrauch hingen unter der niedrigen Balkendecke, und der Geruch von Bier und Whisky ließ keinen Zweifel darüber, daß hier wacker gezecht wurde. Die Schenke war voll von Soldaten, Reguläre und Männer der Miliz saßen dichtgedrängt um die langen Tische, schwatzten, lachten und tranken.

Der Ankömmling stand einen Augenblick verdutzt in der Tür und machte schon Miene, den Raum wieder zu verlassen, als der weißhaarige, immer noch quicklebendige Wirt ihn erspäht hatte und auf ihn zueilte. »Hallo, Mr. Walker!« rief er freudig, »sieht man Euch mal wieder! Hiergeblieben! Seltene Gäste, noch dazu so alte Bekannte, läßt George Rock nicht so schnell wieder gehen!«

Peter Walker schüttelte ihm die Hand. »Nichts für ungut, George, war nur ein bißchen erschrocken vor dem Lärm. Dachte, Ihr hättet auch ohne mich Gäste genug.«

»'s ist Sonntag, Peter, da haben die Helden Ausgang. Die Männer der Legion haben die Woche über strammen Dienst gemacht, und General Wayne schenkt ihnen nichts. Wollen ihnen heute den Spaß gönnen; wie Ihr seht, haben sie das Wetter nicht gescheut, die zwanzig Meilen den Ohio raufzukommen. Aber nun kommt mit, am runden Tisch sitzen ein paar alte Bekannte von Euch, die werden sich freuen, Euch zu sehen!«

Neben dem Schanktisch lag eine Art Anbau, ein erkerähnlicher kleiner Nebenraum, den ein großer runder Tisch fast ausfüllte. An ihm saß eine Gruppe von Pittsburger Bürgern, die Peter Walker mit Hallo begrüßten. Ein hagerer Mann mit grauem Backenbart, der als einziger in der Runde stand und offenbar gerade eine Rede hielt, rief:

»Hierher an meine Seite, Mr. Walker! Gentlemen, ich freue mich, einen der ältesten Mitbürger unserer Stadt begrüßen zu können. Ihm gegenüber sind wir alle nur Zugereiste!«

Es war der Advokat Wilkinson, einer der führenden Köpfe der Republikanischen Partei im Lande, ein Mann von großem Einfluß. Walker drückte ihm die Hand und sagte: »Habe Euch unterbrochen, Mr. Wilkinson, verzeiht. Eigentlich wollte ich vor dem Gewühl hier kehrtmachen, aber George ließ mich nicht gehen.«

»Recht hat er getan, Mr. Walker!« unterbrach ihn der Anwalt. »Wir wollen dankbar sein, daß diese jungen Burschen dort ihre Haut für uns zu Markte tragen. Denn, Gentlemen, wir alle haben doch darunter zu leiden, daß immer noch kein Frieden ist an der Westgrenze. Wir ereifern uns hier wegen der Whiskysteuer – ihr wißt, Gentlemen, ich bin der schärfste Gegner dieser ungerechten Abgabe, die den kleinen Mann trifft, den Grenzer, den Hinterwäldler –, aber wir wollen das Große nicht vergessen, das auf dem Spiel steht: den Frieden, den wir brauchen wie das liebe Brot. Ihr wißt alle, wie es aussieht. Seit zehn Jahren hält England die Forts und Handelsstützpunkte in der Ohiowildnis besetzt, weil der unglückliche Frieden von Paris ihm das Recht dazu gibt. Warum, fragt Ihr, Gentlemen? Weil wir zuvor die konfiszierten Vermögen der Abtrünnigen, der Überläufer auszahlen müssen – und Ihr wißt selbst, wie es um die Finanzen unseres jungen Landes bestellt ist! Und während wir uns mühen, unsere Verhältnisse zu ordnen, hetzt England uns die Ohiostämme auf den Hals! Täglich und stündlich, seit fünf Jahren, werden unsere Siedler überfallen, brennen die Blockhäuser an der Grenze. Wie sollen wir je das riesige Land zwischen dem Ohio und den Großen Seen in Besitz nehmen, wenn wir nicht endlich einmal Schluß machen mit dem verdammten Kleinkrieg! Wenn wir die roten Bestien und ihre weißen Drahtzieher nicht so vernichtend schlagen, daß sie ein für allemal Ruhe geben! Ihr wißt, Gentlemen, es sind nicht allein die Indianer, die uns das Leben schwer machen, es sind die Engländer und ihre Agenten: McKee, Elliott...«

»Girty!« riefen die Männer der Runde, »Simon Girty, der Weiße Wilde, der Abtrünnige!«

»Ja, Simon Girty, der einmal Bürger unserer Stadt war, er ist unser gefährlichster Feind! Und er ist es, der bisher alle unsere Anstrengungen zunichte gemacht hat. Was ist Anno neunzig aus General Harmars Feldzug geworden? Ein Schlag ins Wasser, und der Rückzug war eine Katastrophe! Und als wir im nächsten Jahr mit äußerster Mühe und riesigen Kosten eine neue Armee auf die Beine gestellt hatten – zweitausend Mann, Gentlemen, mit Artillerie und den besten Waffen, unter dem erfahrenen General St. Clair...«

»Ein Trottel! – Unfähig war er! – Ein gichtkranker Lebemann, hatte in der Wildnis nichts zu suchen!« Zornige, leidenschaftliche Zwischenrufe unterbrachen den Redner.

»Mag sein, Gentlemen, daß unsere Wahl nicht glücklich war...«

»Warum habt Ihr nicht George Rogers Clark genommen, er hätte anders unter den Roten aufgeräumt!« rief ein Graukopf.

Wilkinson dämpfte die Stimme, es war still geworden in Rocks Schenke. Die Soldaten der Legion der Vereinigten Staaten, wie die von General Wayne aufgestellte Armee sich nannte, lauschten interessiert zum runden Tisch herüber. »Ist ein trauriges Kapitel mit Clark, Gentlemen. Ein großartiger Kerl, gewiß, aber das war einmal. Er ist verkommen, leider, hat sich ganz dem Trunk ergeben. Nein, St. Clair hat tapfer gekämpft, aber er war Simon Girty in der Wildnis nicht gewachsen. Denn Girty war es, der das große Bündnis aller Indianerstämme im Nordwesten zusammenbrachte, und Girty führte die Indianer, voran seine Wyandots, in die Schlacht.«

Jetzt rief ein rothaariger Sergeant von einem Nachbartisch herüber: »Natürlich war er's, der Bluthund, kann's bezeugen, bin schließlich dabeigewesen an den Wabashquellen unter St. Clair! Sechshundert tote amerikanische Soldaten lagen auf dem Schlachtfeld und fast vierzig Offiziere. Die roten Bestien stopften ihnen Erde in den Mund und schrien: ›Da, friß, friß dich satt an unserm Land, von dem du nicht genug kriegen kannst!‹ Und General Butler lag schwerverwundet, er bat Girty um den Gnadenschuß. Aber der Verräter hetzte die Indianer auf ihn und sagte: ›Es ist General Butler!‹ Kann's bezeugen, hab' den General selbst liegen sehen, ohne Skalp und ohne Herz in der zerfleischten Brust! Das war Girtys Werk!«

»Das ist nicht wahr, wie könnt Ihr so reden!« Alle Augen starrten zur Schenkentür. Dort stand ein junger Mann im zerschlissenen Ledergewand. Das bleiche Gesicht war von einem struppigen schwarzen Bart umrahmt, die tiefliegenden Augen zeugten von Entbehrung und Anstrengung.

»Willst du etwa behaupten, ich lüge, du Strolch!« Der stämmige Sergeant ging mit geballten Fäusten auf den Ankömmling los. Der sah ihm ruhig entgegen und sagte nur spöttisch: »Bist ein guter Sergeant, Jonny, bei der Bagage. Warst immer rechtzeitig da, wenn die Schlacht vorbei war.«

Der Rothaarige war stehengeblieben und starrte den Fremden an wie ein Gespenst. »May, William May aus Redstone!« sagte er fassungslos. »Du lebst? Das ist unmöglich, bist längst abgeschrieben in meiner Liste, gefallen an den Quellen des Wabash!«

Inzwischen aber hatte der weißhaarige Wirt den Gast aus der Wildnis am Arm genommen und ihn an den Schanktisch geführt. »Komm her, mein Junge, wer du auch bist. Iß und trink erst mal, du hast es nötig!«

»Ich danke Euch, Sir, laßt mir etwas zu essen machen, will nur eben noch den Herren hier ein Wort sagen.« Er trat an den runden Tisch, ließ den Blick rundumgehen und sagte: »Nichts für ungut, Gentlemen, aber uns allen kann nur die Wahrheit nützen. Ich bin William May und komme von Fort Erie, wo mich die Engländer aus der Gefangenschaft entlassen haben. Ich lag verwundet mit General Butler in einem Zelt. Es stimmt, daß Girty ihn gesehen hat, aber da war Butler schon tot. Er mag sein, wie er will, der Verräter, wie Ihr ihn nennt, aber solch ein Hundsfott ist er nicht. Er war weiß vor Wut, als er den skalpierten General und die erschlagenen Verwundeten sah, und er fluchte schrecklich auf die roten Bestien. Ich war der einzige, der noch lebte im Zelt, er ließ mich sofort raustragen und verbinden.«

»Girty?« rief Peter Walker erregt, »Simon Girty? Und Ihr habt Euch nicht getäuscht, Mann?«

»Nein, Sir, verlaßt Euch drauf. Es geht noch weiter: Ich wurde an den Maumee geschafft. Dort, wo der Auglaize mündet und die Indianerdörfer eine einzige riesige Stadt bilden, pflegten mich die Delawaren gesund. Als meine Schulterwunde verheilt war, verurteilten sie mich feierlich zum Tode und wollten mich an den Pfahl stellen. Schon war ich bis zum Gürtel schwarz angemalt und hatte mein Henkersmahl aus Hundefleisch runtergewürgt – da kam Simon Girty, machte einen Heidenkrach mit den Roten und rettete mir das Leben. So wie er Mary Moore und Mrs. Cunnigham und manch einen vorm Tode gerettet hat in den

297

Jahren zuvor. Wollen bei der Wahrheit bleiben, Gentlemen, nützen uns wenig, die Märchen.«

Der Graukopf hatte ihn am Arm gefaßt. »Aber Mann, wenn Ihr bei den Indianern am Maumee wart und lebt noch, so sagt mir doch nur: Warum geben sie nicht endlich Ruhe?«

»Es wird keinen Frieden geben, Gentlemen, so lange nicht der Ohio als Grenze zwischen unsern Siedlungen und dem Indianerland anerkannt wird!« erwiderte May, und es war nicht zu erkennen, ob er für oder wider eine solche Grenzziehung war.

»Zur Hölle mit Eurem Girty!« rief der Graukopf. »Warum bleibt er nicht auf seiner Farm in Kanada, soll einen schönen Besitz dort haben, Kinder und eine verteufelt hübsche Frau.«

»Das kann ich Euch versichern, Gentlemen«, warf der alte Rock ein, »die Kessy war ein Bild von einem Mädchen, hab' sie hier erlebt in meiner Schenke Anno achtzig, sie muß heute eine Schönheit sein!«

»Es ist das ruhelose Leben in der Wildnis, das ihn umtreibt«, sagte Peter Walker versonnen. »Er ist der Wildnis verfallen, Freiheit nennt er's, und sein Herz hängt an den Indianern. War schon immer so, Gentlemen, kenne ihn seit vierzig Jahren. Es war sein Schicksal, daß er bei den Senecas aufwuchs – damals, als sie noch nicht zu kämpfen hatten um ihr Land.«

Jetzt hielt es Wilkinson an der Zeit, einzugreifen. »Ihr Land?« rief er. »Es ist unser Land, erworben mit dem Schweiß und dem Blut unserer Väter! Go ahead, heißt unsere Losung. Wir dürfen nicht stehenbleiben, es geht um die Zukunft unserer Enkel! Gott hat uns dieses große Land gegeben, und kein Indianer wird uns daran hindern, es in Besitz zu nehmen, so weit unser Arm reicht. Die Zukunft liegt im Westen, Freunde, eine glückliche Zukunft: unermeßliches Land, Grund und Boden für Millionen, für jeden freien Bürger Amerikas! Und diesmal werden wir es schaffen, General Wayne, der Tolle Anthony, er wird es schaffen! Er kennt den Indianerkrieg. Wildniserfahrene Männer bilden die Legion aus, alles wird aufs beste vorbereitet. Fünftausend Mann, die Blüte unserer Jugend steht bereit, die stärkste Streitmacht, die wir je an der Grenze gesehen haben! Kein Indianer, kein Girty und kein König von England wird uns aufhalten. Go ahead, Freunde, es lebe die Freiheit!«

»Hoch die Freiheit!« dröhnte der Bescheid durch Rocks Schenke, und es war unzweifelhaft, wessen Freiheit gemeint war.

## Bruder des roten Mannes

Um diese Zeit war Simon Girty längst in sein Heim bei Malden zurückgekehrt, wo er den Winter verbrachte. Wohl nahmen ihn bisweilen die Stunden des stillen Glücks inmitten seiner Familie gefangen, wenn er die eineinhalbjährige kleine Sarah auf den Knien wiegte oder mit der sechsjährigen Ann und dem um ein Jahr jüngeren Thomas Indianer spielen mußte. Doch ließ ihn auch jetzt die Unruhe, mit der ihn das große Geschehen am Maumee verfolgte, nicht los.

Denn Simon Girty stand nun, mit zweiundfünfzig Jahren, auf dem Gipfel seines Lebens. Nie zuvor war ihm eine solche Rolle beschieden gewesen wie jetzt, als er im Herzen des Indianerlandes als einziger Weißer am größten Indianerkongreß der Geschichte teilgenommen hatte.

Wo der Auglaize in den Maumee mündet, auf der Halbinsel zwischen den Flüssen, hatte lange Wochen hindurch das große Ratsfeuer gebrannt. Siebenundzwanzig Indianervölker, aus dem riesigen Land von den Alleghenies bis zu den großen Prärien jenseits des Mississippi, hatten ihre Häuptlinge und Abordnungen entsandt, und sieben der benachbarten Stämme aus dem südlichen Kanada. Mächtige und berühmte Häuptlinge hatten ihr Wort in die Waagschale geworfen, in der die Entscheidung über Krieg oder Frieden, Freiheit oder Knechtschaft gewogen wurde, und so mancher alte Freund und Kampfgenosse des Weißen Falken war dabei.

Weder McKee noch Elliott, noch sonst einer der englischen Beauftragten durfte den geweihten Grund betreten; sie hockten in den wenigen Blockhütten der Indianerhändler am Flußufer und warteten auf die Berichte, die ihnen Simon Girty abends oder nachts gab, wenn er von den Beratungen in das Haus seines Bruders James zurückkehrte. Dies war die schönste Frucht seines Lebens in der Wildnis: daß er als einziger Weißer das uneingeschränkte Vertrauen der Indianer genoß, er, der Sieger über die Armee St. Clair, der Freund und Bruder des roten Mannes.

War es nicht greifbar nahe, daß sich der Traum seines Lebens erfüllte: die Indianer frei zu sehen, auf freiem Grund, gesichert durch unverbrüchliche Verträge und durch Englands Freundschaft? Aber wie schwer war es, die widerstrebenden Kräfte und Meinungen zu einigen! Er hatte mit Engelszungen geredet und doch nicht verhindern können, daß die Kriegserklärung an die Amerikaner immer wieder hinausgeschoben wurde. Schließlich hatte sich sogar der Senecahäuptling Rotjacke durchgesetzt, der Bevollmächtigte des immer noch mächtigen Irokesenbundes. Auf seiner Brust blinkte die silberne Medaille, die ihm im Frühjahr in Philadelphia Präsident Washington umgehängt hatte. Schnelle Entschlüsse geziemten sich nicht, hatte er gesagt, wo es um das Schicksal aller indianischen Völker gehe. Man solle dem Weißen Vater in Philadelphia Zeit lassen, einen Friedenskongreß vorzubereiten, der im kommenden Frühjahr am Maumee stattfinden solle.

So wurde es endlich beschlossen. Eine Botschaft der im Rat vereinten Indianervölker wurde an den Präsidenten gesandt. War es ein Wunder, da die Dinge derart auf des Messers Schneide standen, wenn Simon Girty daheim keine Ruhe fand, trotz allem häuslichen Glück mit seinen drei Kindern und seiner jungen Frau Catharine?

Schon im Februar 1793 war er wieder am Maumee. Aber erst im Juni kam Antwort vom Kongreß in Philadelphia: Bevollmächtigte Unterhändler seien unterwegs, sie würden bald in Fort Erie eintreffen. Es wurde dann Ende Juli, bis die Zusammenkunft zustande kam, und sie fand auf einer Insel im Detroit River statt, wenige Meilen von Girtys Heim entfernt. Mit der indianischen Abordnung vom Maume kamen McKee, Elliott und Simon Girty, den amerikanischen Unterhändlern stellte sich der Missionar Heckewelder zur Verfügung. Doch Girty duldete nicht, daß er sich in die Verhandlung einschaltete.

Die Unterhändler versprachen den Indianern, falls diese in der Gebietsfrage Entgegenkommen zeigten, eine große Summe Geld und zahlreiche Waren, außerdem einen vollen Jahresbedarf an lebenswichtigen Gütern. Nach kurzer Beratung erwiderten die Häuptlinge:

»Geld brauchen wir nicht. Es ist für uns wertlos. Ihr sprecht von Zugeständnissen. Es erscheint uns sonderbar, daß ihr etwas von uns erwartet, da wir lediglich unser gutes Recht verteidigen gegen eure Invasion. Gebt uns unser Land zurück, und wir werden nicht länger eure Feinde sein!«

Die Amerikaner antworteten ausweichend. Was sollten sie auch sagen? Sie waren gekommen, Land zu erwerben, und nicht, bereits erworbenes zurückzugeben. Hatte nicht der Irokesenbund vor neun Jahren im Vertrag von Fort Stanwix das ganze große Land nordwestlich des Ohio an die Vereinigten Staaten verkauft? Was ging es Amerika an, daß der Rechtsanspruch der Irokesen auf einer längst überlebten Ordnung beruhte und noch aus jener Zeit stammte, da die Fünf Nationen mit ihren Vizekönigen den ganzen indianischen Nordwesten beherrscht hatten! Natürlich verkauften die Irokesen mit leichter Hand, was ihnen ohnehin nicht mehr gehörte, wie damals in Fort Pitt das große Land Kentucky. Aber bitte: Geschäft ist Geschäft! Mochten die Indianer doch sehen, wie sie untereinander eins wurden.

Doch die Abgesandten vom Maumee wußten, was sie wollten. Sie unterbrachen die Ausflüchte der Amerikaner mit der nüchternen Frage, ob diese bevollmächtigt seien, den Ohio als endgültige Grenze des Indianerlandes anzuerkennen. »Nein!« lautete die Antwort, und Girty, der die Verhandlung dolmetschte, beeilte sich zu sagen: »Dann geht nach Haus, Gentlemen!«

Aber damit waren die Indianer nun doch nicht einverstanden. Zuviel stand für sie auf dem Spiel. Sie bestanden darauf, die Entscheidung des großen Indianerrats einzuholen, der jetzt an den Fällen des Maumee tagte. Sie kam Mitte August und lautete: Keine andere Grenze als der Ohio wird je zwischen uns und den Langmessern anerkannt werden! Die Verhandlung war gescheitert, die Gesandten der Vereinigten Staaten reisten ab.

Das bedeutete den Krieg. Doch er ließ vorerst auf sich warten. Denn General Wayne hatte Zeit. Seine Armee lag inzwischen bei Fort Washington am mittleren Ohio, sie erhielt täglich Zuwachs aus Kentucky und wurde auf das sorgfältigste für den Kampf in der Wildnis ausgebildet. Der Tolle Anthony wußte, was er zu tun hatte, wenn er das Schicksal vermeiden wollte, das zwei amerikanische Armeen vor ihm getroffen hatte. Und während sein Heer ständig an Zahl und Schlagkraft zunahm, sorgten Zeit und Zwietracht dafür, daß von dem großen Bündnis der Indianervölker ganze Gruppen abfielen.

Die übrigen hockten hartnäckig an den Fällen des Maumee, halbwegs zwischen der Mündung des Auglaize und dem Eriesee, und erwarteten den Angriff der Schwarzen Schlange, wie sie den Führer der Invasionsarmee nannten. Es wurde Frühjahr 1794, bis General Wayne seine Truppe in Bewegung setzte. Langsam und unter allen erdenklichen Sicherungsmaßnahmen zog er den Kleinen Miami aufwärts, errichtete unterwegs mehrere Forts und erreichte mit Beginn des Sommers den Oberlauf des Maumee. An der Mündung des Auglaize, wo noch vor zwei Wintern der große Indianerkongreß getagt hatte, baute er inmitten riesiger Maisfelder und verlassener Indianerdörfer das starke Fort Defiance als Operationsbasis für die Entscheidungsschlacht, die er nun suchte.

Der Sommer ging zu Ende, der Mais auf den Feldern färbte sich goldgelb, und am Maumee reifte die Entscheidung heran. Noch waren die Indianer zuversichtlich. Hatte man nicht zwei amerikanische Armeen geschlagen und sollte vor der dritten den Mut verlieren! Hatten nicht britische Truppen wenige Meilen unterhalb des großen Indianerlagers das Fort Miami errichtet, wiesen nicht seine Kanonen nach Westen gegen den anrückenden Feind! In der Tat schien ein Krieg zwischen England und Amerika fast unvermeidbar zu sein; der Präsident hatte John Jay nach London entsandt, einen letzten Versuch zur friedlichen Einigung zu machen.

## Girtys Schlachtplan

»Dieser Wayne ist ein Satan!« McKee hieb mit der Faust auf den rohgezimmerten Tisch, der neben ein paar Hockern und einer Herdstelle aus Feldsteinen die einzige Einrichtung des kleinen Blockhauses bildete. »Seit einem halben Jahr beobachten wir jeden Schritt seiner Armee, Tag und Nacht sind unsere Späher am Feind – und was haben wir erreicht? Nichts!«

Elliott zuckte die Achseln. »Wenn ich nicht selbst dabeigewesen wäre, Alex, ich könnt's nicht glauben. Er marschiert in weitoffener Formation, Sicherungen nach allen Seiten, vornweg ein weitgefächerter Vortrupp aus den besten Waldläufern der Grenze. Männer wie Kenton und William Wells sind dabei, die sich in der Wildnis auskennen wie der beste Indianer. Am frühen Nachmittag schon macht er halt, bildet ein offenes Karree und läßt einen Wall aus gefällten Bäumen und Gestrüpp ringsum errichten. Noch nie ist eine Armee so durch dieses Land geführt worden. Man kann ihm nicht beikommen. Was sollen wir tun?«

Simon Girty hob den Kopf. Aus seinen schwarzen Augen, die er bisher vor sich auf die Tischplatte gerichtet hatte, blitzten Zorn und unverhohlener Ärger. »So geht!« rief er wütend. »Was wollt ihr noch hier? Geht nach Detroit und sagt dem Kommandanten, der Kampf sei verloren, noch ehe er angefangen hat! Besser ihr geht, als daß ihr mit eurer Schwarzseherei hier alles verderbt!«

McKee lächelte. »Bist ein guter Schütze, Simon, mit der Büchse. Aber mit dem Munde schießt du immer übers Ziel hinaus. Warum sollen wir die Gefahr nicht sehen, wie sie ist?«

Aus Girtys Augen sprühte Haß. Er galt nicht der Person, er

galt den Tatsachen, dem Schicksal, das er auf sich zukommen fühlte, ohne es sehen zu wollen. »Ich will euch sagen, was mit euch los ist: ihr habt Angst, ganz gewöhnliche Angst!« zischte er.

»Dummes Zeug!« rief McKee nun ärgerlich. »Merk dir, Simon: es gehört mehr Mut dazu, den Tatsachen ins Auge zu sehen, als sich blind zu stellen und sie zu leugnen!« Er fuhr mit der Hand durch die Luft, als wollte er den nutzlosen Streit wegwischen. »Sag uns lieber, was du tun willst. Hast du einen Plan?«

Simon zog sein Messer aus dem Gürtel und ritzte eine Linie quer in die morsche Tischplatte. »Seht her«, seine Stimme war heiser vor Erregung, »dies ist der Maumee, er fließt von West nach Ost. Hier sind die Fälle«, er schraffierte eine Strecke des Flußlaufes mit Querstrichen, »hier sind wir, dort, eine Meile oberhalb, liegt Fort Miami.« Er hielt inne und sah McKee an. »Fort Miami, darauf kommt alles an, Alex, das ist deine Sache. Bist du sicher, daß wir uns auf Campbell verlassen können?« Er kannte den Kommandanten des britischen Forts und traute seiner kaltschnäuzigen Art nicht recht.

»Selbstverständlich!« erwidert McKee überzeugt.

»Wird er seine Kanonen einsetzen, wenn sich die Schlacht den Maumee abwärts dem Fort nähert?«

»Wie kannst du daran zweifeln, Simon! Warum hat Hauptmann Campbell im Frühjahr das Fort gebaut, wenn er nicht schießen will?«

»Nun gut, Alex, ich verlasse mich auf dich dabei. Seht her!« Er zog einen Strich senkrecht zum Flußufer nach Norden, vier Meilen oberhalb des Forts. »Hier ist unsere Verteidigungslinie. Davor liegt der große Windbruch, den der Tornado gelegt hat. Es gibt kein besseres Vorfeld.« Er ritzte einen Pfeil von West nach Ost ein, der mitten auf die indianische Linie zulief. »Dort rückt der Tolle Anthony an. Er wird seinen Stoß am Flußufer entlang führen, durch die Uferwiesen. Er soll es. Wir geben dort nach, ziehen uns langsam zurück. Nach vier Meilen stößt er auf das Fort, er kann dort nicht vorbei, läuft mitten in die Kanonen hinein. Ist er mit der Hauptmacht im Sack, so machen wir zu.« Er zog einen Strich hart oberhalb des Forts bis an den Fluß. »Zwischen Fort Miami und unserer zweiten Linie, die nach Osten Front macht, haben wir ihn in der Zange.«

»Und wenn er über den Fluß geht?« warf Elliott ein. »Die Stromschnellen sind hier flach, voller Steine und Felsen. Man kommt ohne große Schwierigkeiten an das andere Ufer.«

»Dort stehe ich mit einem Teil der Wyandots!« erwiderte Girty eifrig. »Nichts kann uns lieber sein als ein Wettschießen auf die verdammten Rebellen, die über die glitschigen Felsen hüpfen!«

»Simon!« sagte McKee mit Wärme, »dein Plan ist gut. Aber jetzt frage ich dich: Kannst du dich auf deine roten Freunde verlassen? Werden sie kämpfen, werden sie nach deinem Plan handeln?«

Bevor Girty antworten konnte, wurde die Tür der Hütte aufgestoßen, und herein kam Katepacomen, atemlos vom eiligen Ritt. Man sah ihm an, daß er darauf brannte, seine Nachricht loszuwerden, aber die indianische Würde verbot ihm, damit herauszuplatzen.

»Wolf!« rief Girty verdutzt. »Was gibt's? Schieß los!«

»Die Schwarze Schlange hat eine Friedensbotschaft gesandt«, sagte der Delaware, »die Häuptlinge kommen zur Beratung zusammen. Es wird Zeit, daß mein Bruder reitet, will er sein Wort in die Waagschale werfen.«

Girty sprang auf.

»Ich komme! Wer weiß, was sie nun wieder aushecken. Los, Wolf, wir wollen nicht noch mehr Zeit verlieren!«

Katepacomen, mit den Farben des Krieges bemalt, auf dem Hinterhaupt den Wedel aus rotgefärbten Hirschgrannen, blickte den Freund von oben bis unten an und rührte sich nicht vom Fleck.

»Was ist?« fragte Girty. »Gefalle ich dir nicht?«

»Der große Rat der Häuptlinge tritt zusammen«, erwiderte Wolf langsam, »sie kommen im großen Kriegsschmuck. Will mein Bruder sich nicht schmücken?«

Girty lachte halb ärgerlich, halb belustigt auf: »Hast recht, Wolf, habe die Maskerade ganz vergessen. Warte einen Augenblick, bin gleich wieder da.«

Als er kurz darauf die Hütte wieder betrat, trug er anstelle der schlichten Waldläufertracht ein indianisches Kostüm: mit Stachelschweinkielen besetzte Mokassins, Leggings mit silbernen Spangen und ein Oberkleid aus kostbarem Biberpelz. Bis auf die fehlende Bemalung und den üblichen Hals- und Armschmuck glich er einem vornehmen Indianer, nur trug er anstatt des Federputzes ein gelbseidenes Halstuch um den Kopf, das die entstellende Narbe auf der Stirn verdeckte. Zwei silberbeschlagene Pistolen blitzten im Gürtel, und an der linken Hüfte hing ein kurzer, breiter Dolch.

Er lächelte ein wenig, als die Freunde seine Erscheinung musterten. »Komm, Wolf!« sagte er dann und fügte, an McKee gewandt, hinzu: »Geh zu Campbell ins Fort, Alex, und erklär ihm den Schlachtplan. Hoffe, er wird seine Pflicht tun. Ich werde inzwischen dafür sorgen, daß kein fauler Frieden gemacht wird.«

Als er mit Katepacomen fortgeritten war, sagte McKee kopfschüttelnd zu Elliott: »Für ihn ist jeder Frieden faul. Ich glaube, er kann sich eine Welt ohne Kampf und Krieg gar nicht mehr vorstellen.«

»Ich fürchte, hier hat er recht, Alex«, erwiderte Elliott. »Was Wayne im Sinne hat, wäre wirklich ein verdammt fauler Frieden, für die Roten wie für England!«

Die beiden Reiter ritten durch die Uferwiesen flußaufwärts, ließen die Wälle von Fort Miami rechts liegen und gelangten bald darauf in das große, weitverstreute Lager aus Zelten und Rindenhütten, das die Ebene zwischen dem Fort und den Wäldern im Westen ausfüllte. 3000 indianische Krieger waren hier versammelt, dazu eine unübersehbare Menge von Frauen und Kindern, die die weite Fläche mit wogendem Lärm erfüllten. Es wimmelte wie in einem Ameisenhaufen, und wäre nicht ein oder zwei Meilen weiter westlich in der Tiefe des Waldes die indianische Front gewesen, so hätte man meinen können, im tiefsten Frieden zu leben. Tagsüber lagen eintausend Krieger am Rande des großen Windbruchs in Stellung, nachts zog sich alles bis auf eine dünne Postenkette ins Lager zurück, um an den zahllosen kleinen Feuern den Hunger zu stillen und dann bis zum ersten Morgengrauen in bleiernen Schlaf zu sinken.

Auf einem großen freien Platz brannte Tag und Nacht das Ratsfeuer. Hier sprang Girty vom Pferd und übergab einem der indianischen Posten die Zügel. Er kam nicht eine Minute zu früh: die über fünfzig Häuptlinge der Miamis, Shawnees, Delawaren, Ottawas, Wyandots und einer Anzahl kleinerer Stämme aus der westlichen Prärie waren schon versammelt. Blaujacke, der Sachem der Shawnees, beanspruchte die höchste Autorität. Die hochgewachsene Gestalt bot einen glänzenden Anblick: er trug einen scharlachroten Rock, reich mit Gold besetzt und mit einer leuchtendbunten Schärpe gegürtet. Seine roten Mokassins und die Leggings waren nach feinster indianischer Weise geschmückt. Auf den Schultern trug er ein Paar goldener Epauletten, an den Armen schwere silberne Ringe und um den Hals einen Ringkragen aus massiven Silberplatten mit einer großen Medaille König Georgs III. auf der Brust.

»Brüder!« rief er mit mächtiger Stimme über die Versammlung der Häuptlinge hin, »die Schwarze Schlange hat uns einen Wampumgürtel gesandt, auf der einen Seite weiß, auf der anderen schwarz. Wir sollen wählen zwischen Krieg und Frieden. Hört nicht, so sagt er, auf Girty, McKee und auf die falschen englischen Freunde, sie können euch nicht helfen, noch wollen sie es. Laßt uns einen Friedensrat halten, der euch Ruhe und Sicherheit verschafft im Schutze der mächtigen Vereinigten Staaten. Steht zu den Verträgen, die ihr mit uns geschlossen habt, und fordert nichts Unmögliches, was euch eure falschen Ratgeber vorreden. Bei uns ist Frieden, Brot und Freiheit, nur bei uns!«

Simon Girty trat neben den Sachem der Shawnees und hob die Hand. Sogleich verstummte das Gemurmel, das den Worten des Oberhaupts der Versammlung gefolgt war, und der Weiße Falke begann mit vor Erregung grollender Stimme zu reden:

»Eure Väter und deren Väter haben erfahren, was Frieden und Freiheit bedeuten, von denen die Langmesser so viel reden. Vom Großen Wasser über die Alleghenies, vom Ohio bis in die Prärien am Wabash sind die roten Völker gewichen, immer auf der Flucht vor dem Frieden und der Sicherheit, die ihnen in zahllosen Verträgen, mit feierlichen Gelöbnissen versprochen waren. Nennt mir einen Vertrag, den die Langmesser nicht gebrochen haben, zeigt mir einen Ort, von dem der rote Mann nicht vertrieben wurde, mochten noch so viele feierliche Versprechungen seinen Anspruch sichern! Gebt den Ohio auf als Grenze eures Landes – und ihr werdet euch morgen auf der Flucht vor den unersättlichen Landräubern finden, auf der ewigen Wanderung bis in die sonnendurchglühten Prärien jenseits des Mississippi.«

Wie oft hatte er das alles gesagt! Gab es noch etwas, was er den Häuptlingen in diesen Wochen, Monaten, Jahren nicht hundertmal eingehämmert hatte? Abermals wies er auf die gesammelte Kraft der indianischen Völker hin, auf die Waffenhilfe des mächtigen England – und wieder schlug ihm aus den Reihen der Jüngeren Beifall, Zustimmung, ja Begeisterung entgegen.

Aber die alten Häuptlinge, die ruhiger wägten und eine größere Spanne des indianischen Schicksals überblicken konnten, sie hüllten sich auch diesmal in Schweigen oder brachten ihre wohlabgewogenen Gegengründe vor. Und Kleine Schildkröte, der kluge Kriegshäuptling der Miamis, sagte: »Zweimal haben wir den Feind unter verschiedenen Generalen geschlagen. Wir können nicht erwarten, daß uns dasselbe günstige Geschick immer zuteil wird. Diesmal haben die Amerikaner einen Führer, der niemals schläft. Tag und Nacht sind ihm gleich, die ganze Zeit, da er gegen unsere Dörfer marschiert ist, haben wir ihn trotz der Wachsamkeit unserer Krieger nicht ein einziges Mal überraschen können. Nie haben wir besser gekämpft als vor zwei Monaten bei Fort Recovery, und wir haben zweimal soviel Krieger verloren wie vor drei Wintern, als wir auf demselben Fleck Erde St. Clairs Armee vernichteten.«

Jetzt hielt es einen jungen Shawneehäuptling nicht länger, er trat vor in den freien Raum, der das Feuer umgab, und rief: »Kleine Schildkröte redet mit glatter Zunge, seine Worte sind voll Weisheit, die ihm sein Kopf eingibt! Wäre er nicht der Sachem der Miamis, so könnte man meinen, er sähe nach der Seite der Langmesser, und wäre er nicht ein berühmter Krieger, so müßte man glauben, er hätte Angst! Kein Gras darf jetzt auf der Straße des Krieges wachsen, Brüder! Sollen wir das Kriegsbeil unter die Bettstatt schieben, da wir den Sieg schon greifen können? Was uns der Kopf sagt, Brüder, ist wie das Singen eines Vogels, der im Wind vorüberfliegt. Ein Krieger hört auf sein Herz! Werft euer Herz in die Schlacht, Brüder, dann wird der Sieg unser sein!«

Es war der junge Tecumseh, der mit einer Schar auserlesener Krieger monatelang jeden Schritt der feindlichen Armee bewacht und unzählige kleine Geplänkel mit dem Gegner geführt hatte. Er war der unversöhnlichste, glühendste Feind der Langmesser und trotz seiner jungen Jahre schon ruhmbedeckt seit den Kämpfen gegen die Armeen der Generale Harmar und St. Clair. Er konnte es sich erlauben, selbst einen Häuptling wie Kleine Schildkröte im Rat anzugreifen.

Die halbe Nacht hindurch dauerten die Reden an, wurden Für und Wider leidenschaftlich oder besonnen gewogen. Und als die Beratung schließlich ihr Ende fand, war keine Entscheidung gefallen. Die Antwort an General Wayne enthielt lediglich die Bitte um zehn Tage Bedenkzeit.

## Verraten und verkauft

Doch die Schwarze Schlange war schon auf dem Marsch zu den Fällen des Maumee. In aller Stille kroch der gewaltige Heerwurm durch die Wälder heran, und am Morgen des 20. August 1794 stieß die Vorhut auf die indianische Postenkette am Westrand des großen Windbruchs, der unter dem Namen Fallen Timber in die Geschichte eingegangen ist.

Eilig raffte Girty seine Abteilung Wyandots zusammen und setzte über den Strom auf das Südufer. Und während er seine Krieger gegenüber dem Fort verteilte, entbrannte jenseits des Maumee, vier Meilen weiter westlich, die Schlacht.

Girty spähte angestrengt über den Fluß zu den Wäldern im Nordwesten hin, von wo ein lebhaftes Gewehrfeuer herüberdrang. Es mußte vom jenseitigen Rand des großen Windbruchs kommen, dort lagen die indianischen Sicherungen, verstärkt durch kleine Abteilungen kanadischer Miliz und Freiwilliger. Harte, wildniserfahrene Männer, er kannte sie gut und wußte, daß sie den Rebellen das Eindringen in das dichte Gewirr gestürzter Baumriesen schwer machen würden. Inzwischen konnte die Hauptmacht der Indianer – es waren tagsüber nur etwa tausend in den beiden Linien diesseits des Windbruchs eingesetzt – sich formieren und Stellung beziehen.

In der Tat war das Indianerlager auf dem gegenüberliegenden Ufer in Bewegung geraten wie ein aufgescheuchtes Wespennest, immer mehr Trupps von Kriegern zogen westwärts dem Wald zu. Aber auch flußabwärts nach Osten und nordwärts in die Wälder bewegten sich Trauben von Menschen: die Frauen und Kinder der versammelten Stämme flohen in Hast mit notdürftiger Habe.

Es mochte eine knappe Stunde vergangen sein, das Gewehrfeuer war verstummt, als der Gefechtslärm schlagartig wieder einsetzte. Auf der ganzen Breite der Front, wohl zwei Meilen vom Flußufer nach Norden, prasselte das Feuer der Büchsen, dröhnten die Kriegsrufe der Indianer und das Hurra der Angreifer. Kam es näher, das Geschrei, fraß sich die Schlacht schon durch das dichte Verhau des Windbruchs, das doch ein sicheres Bollwerk sein sollte?

Simon Girty fieberte vor Erregung. Wenn sie nur hielten, die Indianer! Wenn sie nur jeden Meter Heimaterde so zähe verteidigten, wie es ihnen die günstige Stellung hier ermöglichte!

Doch da – was war das? Girty hielt den Atem an und preßte die Fäuste zusammen: dort, durch die sonnengedörrten Uferwiesen, sah er es herankommen, eine gewaltige, unübersehbare Flut von Reitern! Staub wirbelte hoch in den klaren Augusthimmel, dumpf dröhnte der Boden unter tausend und aber tausend Hufen, und im Sonnenlicht blinkten die Büchsen und blankgezogenen Säbel!

Wo war die indianische Linie, die sich mit dem linken Flügel an den Fluß anlehnen und langsam kämpfend zurückweichen sollte? Mit weit aufgerissenen Augen starrte Simon Girty über das Wasser, ein hartes, verzweifeltes Lachen brach aus seiner Brust und zerriß ihm die Kehle. Die Linie? Weg war sie, niedergeritten von tausend Reitern, zerstampft von aber tausend Hufen! Das war das Ende!

Und schon kamen sie auch aus dem Waldrand westlich des großen Lagers hervor: die Krieger der zweiten Linie, natürlich, sie wollten eine neue, rückwärtige Stellung beziehen und die weichende Front auffangen. Gewiß, so mußte es sein! Aber was taten sie? Sie liefen, schrien, warfen ihre Waffen weg, immer mehr fluteten aus dem Wald zurück auf den freien Plan – sie flohen! Regellose Flucht war das! Und da waren auch schon die Amerikaner! In breiter Linie, tief gestaffelt, rückten sie vor, unaufhaltsam, ihre aufgepflanzten Bajonette blitzten…

Girty stöhnte auf: Bajonettkampf, das Schlimmste, was es für Indianer gab! Im Bajonettkampf hatten sie die Roten aus dem Dickicht des Windbruchs geworfen, nun war kein Halten mehr!

Plötzlich war auch im Norden die Hölle los: Frauen und Kinder kamen schreiend aus dem Wald gerannt, und auch von dort brach die Flut herein mit donnernden Hufen und Hurra und tausend blinkenden Säbeln!

General Wayne hat die sechzehnhundert berittenen Freiwilligen aus Kentucky, die erst vor wenigen Tagen zu ihm gestoßen waren, auf beiden Flügeln zur Umfassung eingesetzt, und damit war das Schicksal der Indianer besiegelt. Girty sah, wie es stand, aber er klammerte sich noch an die letzte Hoffnung: das Fort. Noch waren die Kanonen von Fort Miami da! Sie konnten die Schlacht noch wenden, nur sie!

Und da rannten auch schon die fliehenden Indianer auf die Wälle zu, Frauen und Kinder dabei, sie schrien, hoben die Arme: Das Tor, macht das Tor auf! Man konnte das Geschrei nicht verstehen, aber es war gewiß, was es bedeutete.

In ohnmächtigem Grimm knirschte Girty mit den Zähnen. »Ach was, Tor«, murmelte er, »schießt! Schießt doch endlich!«

Die Tore von Fort Miami blieben geschlossen. Und als die Indianer verzweifelt mit den Fäusten dagegenhämmerten, da peitschte vom Wall her eine Salve vor ihre Füße, daß ihnen die Erde in die angstverzerrten Gesichter flog.

Girty war wie von Sinnen. »McKee!« schrie er gegen jede Vernunft über den gischtenden Strom, »Alex! Schießen! Die Kanonen, Campbell soll endlich schießen! Warum schießt er denn nicht?«

Dabei sah er es ganz genau: das britische Bataillon stand dicht gedrängt an der Brustwehr, die Gewehre im Anschlag. Und auf der Bastion am Tor stand der Kommandant, Hauptmann Campbell, in seiner leuchtendroten Uniform, die Arme vor der Brust verschränkt, und blickte mit eisiger Miene auf das rasende Gewimmel der Schlacht zu seinen Füßen. Vielmehr der Flucht, der regellosen, aufgelösten Flucht des geschlagenen Indianerheeres.

Hauptmann Campbell schoß nicht, die Kanonen von Fort Miami schwiegen weiterhin, und die Tore blieben geschlossen. Hätte er geschossen, so wäre es das Ende seiner Truppe und der Krieg zwischen England und den Vereinigten Staaten von Amerika gewesen. Er wußte es genau, und er hatte eine scharfe und klare Order aus Detroit bekommen. Denn John Jay schloß in London einen Vertrag mit England, und das Indianerland, die Heimat des roten Mannes zwischen dem Ohio und dem Eriesee, war schon verloren gewesen, bevor die Schlacht am Morgen begonnen hatte.

Auf dem Südufer des Maumee stand Simon Girty und starrte in die Flammen, die überall drüben auf dem weiten Plan aufzüngelten. Die Hütten und Zelte der Indianer brannten, und zwischen ihnen jagten die kentuckyschen Reiter umher und trieben zusammen, was an Männern, Frauen und Kindern nicht mehr rechtzeitig hatte entkommen können. Von Westen rückten in breiter Front die Bataillone der Legion heran, und dort, mitten auf dem freien Platz, wo noch gestern das Große Ratsfeuer der verbündeten indianischen Nationen gebrannt hatte, empfing General Wayne im Sattel schon die ersten Häuptlinge, die gekommen waren, sich dem Sieger zu beugen.

Dort brannte nicht nur die Freiheit der Indianer zu Asche, dort sank auch der Inhalt eines Lebens in den Staub, der Sinn langer, entbehrungsreicher Jahrzehnte, in denen Simon Girty für diese Freiheit gekämpft hatte. Denn eine Niederlage, selbst eine so vernichtende, hätte überwunden werden können. Aber was dort vor den Wällen von Fort Miami geschah, das war unwiderruflich. Für England, für die Indianer – und für Simon Girty, der sich von England verraten fühlte und an seinen roten Freunden schuldig geworden war, ohne es zu wollen.

Eine Hand legte sich auf seinen Arm, eine hohe Gestalt war neben ihn getreten. Er wußte, es war sein alter Freund und Kampfgefährte Tarhe der Kranich. Aber er wandte den Blick nicht, als er sagte: »Geh, Tarhe, kann dir nicht mehr in die Augen sehen. Kann keinem Indianer mehr ins Gesicht sehen, nie mehr.« Er biß die Lippen zusammen und schwieg.

»Der rote Mann hat Augen im Kopf«, erwiderte Tarhe der Kranich, »wir wissen, was vor sich geht. Der weiße Mann redet mit gespaltener Zunge. Wären alle Bleichgesichter wie der Weiße Falke, so stünde es anders. Wir werden Frieden machen müssen mit der Schwarzen Schlange und dem Weißen Vater in Philadelphia. Und dann werden wir abermals wandern, hinter der sinkenden Sonne her. Sie geht unter, die Sonne des roten Mannes, wir müssen uns eilen und weit wandern, wenn wir uns noch an ihren Strahlen wärmen wollen. Auch der Weiße Falke kann daran nichts ändern.

Komm, Bruder, laß uns reiten!«

# NACHWORT

Oh, great-souled chief, so long maligned
By old calumniators;
The world shall not be always blind,
Nor all men be thy haters.
If ever on the field of blood
Man's valor merits glory,
Then Girty's name and Girty's fame
Shall shine in song and story.

(Aus Ohio)

»Von der Parteien Gunst und Haß verwirrt«, erscheint Simon Girtys Gestalt in einem ungewissen Zwielicht. In den Berichten, die uns von der amerikanischen Grenze überliefert sind, tritt er uns meist als verkommener weißer Führer indianischer Banden entgegen, grausamer, wilder und unversöhnlicher in seinem Haß gegen die ehemaligen Landsleute als der wildeste Indianer. Ähnlich wird sein Bild von den meisten Historikern gezeichnet, wenn man auch hin und wieder auf die Einschränkung stößt, zweifellos werde manche Untat, die in Wirklichkeit auf das Konto seiner Brüder James und George Girty gehe, zu Unrecht ihm zugeschrieben. Es kann aber nicht bestritten werden, daß er eine stattliche Reihe von Landsleuten vor dem Tode am Marterpfahl bewahrt hat, darunter Simon Kenton, eine der am höchsten geachteten Gestalten unter den Pionieren der alten Grenze. Zwar sieht man darin nur die gelegentliche Regung seiner besseren Natur inmitten eines Lebens »voll Schmach, Blut und Tod«, aber es gibt auch Gegenmeinungen, wie das oben zitierte Gedicht aus Ohio zeigt; sie erheben Simon Girty in den Rang eines strahlenden Helden, der er gewiß ebensowenig war.

Es ist das Verdienst seines Biographen Butterfield, Licht in das Dunkel gebracht zu haben. Seine Lebensbeschreibung der Brüder Girty bringt eine Fülle von Tatsachen, verzichtet jedoch mit wissenschaftlicher Strenge auf alle Vermutungen an den Punkten und Lebensabschnitten, wo Girtys Weg im Dunkel bleibt. Aus seiner Darstellung gewinnen wir ein Bild von Girtys Persönlichkeit und müssen feststellen, daß dieser Simon Girty war, was wir alle sind: ein Mensch in seinem Widerspruch. Er war kein strahlender Held, aber auch kein blutrünstiger Unhold, sondern ein Mensch, den ein ungewöhnliches Schicksal mitten in die geschichtliche Auseinandersetzung zwischen Weiß und Rot gestellt hat und der nach seinem Vermögen darin bestand und schuldig wurde.

Bis auf die Jahre bei den Senecas, über die nur der Zeitraum bekannt ist, fußt die Handlung dieses Romans auf überlieferten Tatsachen. Gewiß ist indes, daß diese drei Jahre seine Zuneigung zu den Indianern und sein lebenslanges Eintreten für ihre Rechte begründet haben.

Simon Girtys geschichtliche Rolle endete mit der Schlacht bei »Fallen Timber«. Er zog sich in sein Heim bei Malden zurück, grollend, verbittert, ein alter Mann. Nachdem 1797 sein letztes Kind, der Sohn Prideaux, geboren war, verließ ihn um 1800 seine Frau Catharine. Mag sein, daß Groll und Kummer ihn unleidlich gemacht hatten, daß er im Trunk Vergessen suchte und seine Frau schlecht behandelte; auch Catharines Bigotterie mag mitgespielt haben – oft genug wird sie versucht haben, den wilden Girty unter die Zucht der Geistlichkeit zu nötigen, die ihm unverständlich war. Jedenfalls finden wir die Mutter einige Zeit danach im Hause ihrer Tochter Ann, deren Mann ein Wirtshaus betrieb.

Im Jahre 1800 brach sich Girty das rechte Fußgelenk. Seither lahmte er. Das Augenlicht ließ nach. Als 1812, im sogenannten Zweiten Revolutionskrieg, der Shawneehäuptling Tecumseh noch einmal das Bündnis der Indianerstämme des Nordwestens zustande brachte – es war der letzte große Versuch, das indianische Schicksal zu wenden –, blieb Girty abseits. Die Behauptung, er habe 1813 in der Schlacht an der Thamse (Südkanada) an der Seite des großen Tecumseh den Tod gesucht und gefunden, gehört ins Reich der Legende. Tatsächlich ist Girty vor dem siegreichen Heer der Amerikaner zu den Mohawks geflohen, die damals zwischen Erie- und Ontariosee siedelten. Von dort kehrte er drei Jahre später zurück und fand, erblindet und von Rheuma gequält, Zuflucht im Hause seiner Tochter Ann in Malden. Hier pflegte ihn seine Frau Catharine, hier ist er am 18. Februar 1818 gestorben. Er wurde auf seiner Farm beerdigt, mit militärischen Ehren; britische Soldaten schossen eine Salve über sein Grab.

Es gibt eine stattliche Reihe berühmter Gestalten aus der Zeit der Indianerkriege. Ihnen, den Pionieren der alten Grenze, hat die Überlieferung den Lorbeer der Helden ums Haupt gewunden. Mit derselben Freigebigkeit hat sie Simon Girty, der in diesem Ringen auf der anderen Seite stand, alle erdenklichen Schandmale angeheftet. Wir dürfen uns frei halten von solchen Vorurteilen. Gewiß ist, daß in kaum einer anderen Gestalt die Tragik des Untergangs der roten Rasse so deutlich sichtbar wird wie in dieser, der der Makel des Überläufers, des Abtrünnigen anhaftet.

G. S.

# Zeittafel

**1755–1763** Englisch-französischer Krieg in Nordamerika

1755, 5.–12. 7. Niederlage der englischen Armee unter General Braddock bei Fort Duquesne

1756, 17. 5. Kriegserklärung Englands an Frankreich

1. 8. Zerstörung von Fort Granville

8. 9. Zerstörung von Kittaning

1758, 24. 11. Der englische General Forbes besetzt Fort Duquesne

**1763** Frieden von Paris. Frankreich verliert Kanada und Louisiana östlich des Mississippi an England, Louisiana westlich des Mississippi an Spanien

**1763–1765** Pontiacs Krieg

**1774** Erster Kontinentalkongreß in Philadelphia

1774, 30. 4. Logans Familie ermordet

Lord Dunmores Krieg

10. 10. Schlacht bei Point Pleasant

6. 11. Logans Rede an die weiße Rasse

**1775** Erste Gefechte zwischen englischen und amerikanischen Truppen bei Lexington und Bunker Hill

George Washington Oberbefehlshaber der Freiheitsarmee

**1776** 4. 7. Unabhängigkeitserklärung der 13 nordamerikanischen Staaten

**1778** Bündnis der amerikanischen Freistaaten mit Frankreich; Spanien schließt sich an

1778, 28. 3. Simon Girty, McKee, Elliot »desertieren« von Pittsburg nach Detroit

1780, 1. 4. Catharine Malott von Indianern gefangen

**1781** 19. 10. Der englische General Cornwallis kapituliert bei Yorktown

1782, 8. 3. Massaker von Gnadenhütten

5. 6. Niederlage von Oberst Crawfords Expeditionstruppe in der Sandusky-Ebene

11. 6. Crawfords Tod

| | |
|---|---|
| 1782 | 30. 11. Sonderfrieden zwischen England und den Vereinigten Staaten |
| 1783 | 19. 4. Frieden von Versailles. England tritt seinen nordamerikanischen Landbesitz außer Kanada an die Vereinigten Staaten ab, Florida an Spanien |
| | Anerkennung der Unabhängigkeit der 13 nordamerikanischen Staaten |
| 1789–1797 | George Washington erster Präsident der Vereinigten Staaten |

1790 Vergebliche Expedition der Armee des amerikanischen Generals Harmar gegen die Indianer des Nordwestens

1791 Indianer vernichten die Armee des Generals St. Clair an den Wabash-Quellen

1794, 20. 8. Schlacht bei »Fallen Timber« am Maumee. Die »Amerikanische Legion« unter General Wayne schlägt die Nordwest-Indianer vernichtend

| | |
|---|---|
| 1812–1814 | Krieg zwischen England und den Vereinigten Staaten, auch »Zweiter Revolutionskrieg« genannt |

1814, 24. 12. Frieden zu Gent, Wiederherstellung des Status quo ante

1818, 18. 12. Simon Girty (geb. 1741) stirbt in Malden, Südkanada

# Worterklärungen

| | |
|---|---|
| Agalashima | Delawarische Bezeichnung für Engländer |
| Claim | hier: Anspruch des Siedlers auf Land, das er zunächst bewirtschaftet, um es später zu erwerben |
| Fort Washington | Cincinnati |
| Großer Fluß | Delaware |
| Indianersommer | Nachsommer, der in diesem Gebiet meist noch im Oktober eine Schönwetterperiode bringt |
| Jengi | Irokesische Bezeichnung für Engländer (Yankee) |
| Kalumet | Friedenspfeife der nordamerikanischen Indianer |
| Lachanwake | Easton am Delaware |
| Langes Haus | Der Bund der fünf Nationen: Mohawks, Oneidas, Onondagas, Cayugas und Senecas, insgesamt als Irokesen bekannt; etwa 1715 wurden die Tuscaroras als sechste Nation in den Irokesenbund aufgenommen |
| Laudanum | Beruhigungsmittel |
| Leggings | Gamaschenähnliches Beinkleid aus weichem Leder |
| Lenape | »Wir, das Volk« – so nannten die Delawaren sich selbst |
| Manitu | Inbegriff des Übersinnlichen, Unbegreiflichen, auch persönlicher Schutzgeist wie Totem; in der Vorstellung der Weißen fälschlich als Gott personifiziert |
| Mehtikoshe | Delawarische Bezeichnung für Franzosen |
| Moravier | Die »Mährischen Brüder« |
| Pauwau | Ratsversammlung der indianischen Dorfgemeinschaft |
| Ranger | eigentlich: leichte Reiterei; hier: bewegliche Kampftruppe aus wildniserfahrenen Männern |
| Sachem | Oberhäuptling |
| Schöner Fluß | Ohio |
| Squatter | Siedler ohne bestätigten Rechtsanspruch |
| Testeid | Nach einem von Karl II. unter dem Druck des englischen Parlaments 1673 erlassenen Gesetz mußte jeder öffentliche Beamte der katholischen Lehre der Transsubstantiation abschwören; dadurch wurden alle Katholiken von allen Staatsämtern ausgeschlossen; das Gesetz wurde erst 1829 aufgehoben |

| Totem | Tier (später auch Pflanze oder Naturerscheinung), dem sich der einzelne magisch verbunden fühlt: eine Art Schutzgeist; auch für Gruppen, Familien oder Sippen Sinnbild gemeinsamer Bräuche |
| --- | --- |
| Tory | Abweichend von der Bedeutung in der englischen Geschichte, in Nordamerika: königstreuer »Loyalist« während des Unabhängigkeitskrieges |
| Unreiner Pfad | Kriegspfad |
| Venango | Delawarensiedlung am unteren Franzosenbach nahe Fort Machault |
| Wampum | Schnur mit Muschelschalen, eine Art Urkunde |

# Benutzte Literatur

Boyd, Thomas: Simon Girty, The White Savage. New York 1928

Butterfield, Consul Willshire: History of the Girtys. Cincinnati 1890/Columbus, Ohio 1950

Cronau, Rudolf: Drei Jahrhunderte deutschen Lebens in Amerika. Berlin 1924

Filson, John: The Discovery, Settlement and the present State of Kentucke. Wilmington 1784

Friederici, Georg: Indianer und Anglo-Amerikaner. Braunschweig 1900

Hamilton, Charles: Cry of the Thunderbird. New York 1951

Hanna, Charles A.: The Wilderness Trail. New York/London 1911

Heckewelder, Johann: Nachricht von der Geschichte, den Sitten und Gebräuchen der indianischen Völkerschaften. Göttingen 1821

Kenton, Edna: Simon Kenton. Garden City, New York 1930

Lafarge, Oliver: A Pictorial History of the American Indian. London 1958

Loskiel, Georg Heinrich: Geschichte der Mission der evangelischen Brüder unter den Indianern in Nordamerika. Barby 1789

Parkman, Francis: The Conspiracy of Pontiac. London 1899

Roosevelt, Theodore: The Winning of the West. New York 1924

Samhaber, Ernst: Geschichte der Vereinigten Staaten von Nordamerika. München 1954

Sipe, C. Hale: The Indian Wars of Pennsylvania. Harrisburg, Pa. 1929

Underhill, Ruth Murray: Red Man's America. Chicago 1953

Wissler, Clark: Das Leben und Sterben der Indianer. Wien 1948

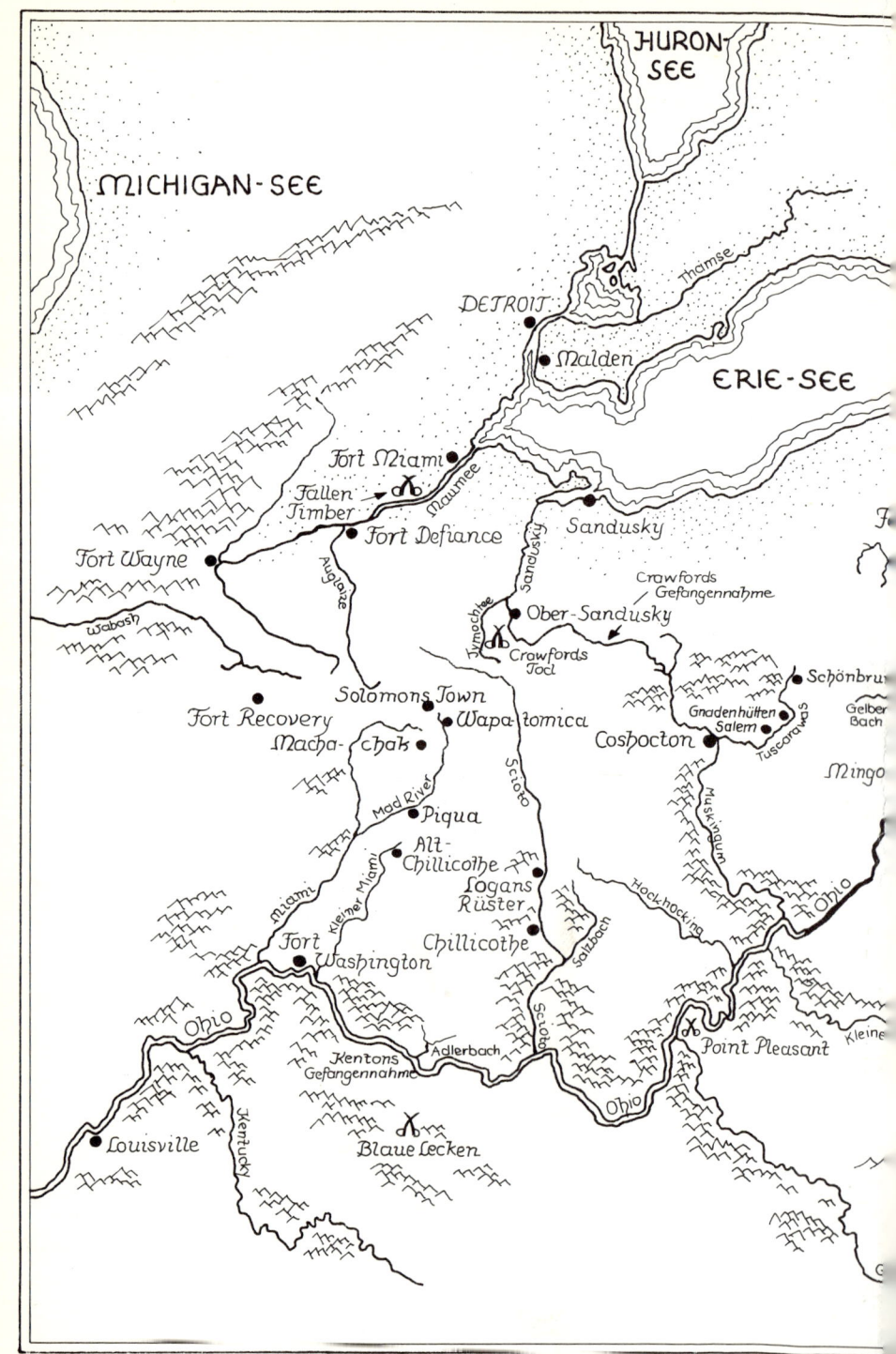